国家出版基金项目
NATIONAL PUBLICATION FOUNDATION

调查就是解决问题
——毛泽东调查研究之路

蒋建农 著

学习出版社

图书在版编目（CIP）数据

调查就是解决问题 ：毛泽东调查研究之路 / 蒋建农著. -- 北京：学习出版社，2023.12（2024.3 重印）

ISBN 978-7-5147-1237-7

Ⅰ. ①调… Ⅱ. ①蒋… Ⅲ. ①毛泽东思想研究－调查研究 Ⅳ. ①A84

中国国家版本馆CIP数据核字（2023）第197509号

调查就是解决问题

DIAOCHA JIUSHI JIEJUE WENTI

——毛泽东调查研究之路

蒋建农　著

责任编辑：宋　飞
技术编辑：朱宝娟
装帧设计：壹读闻话

出版发行：学习出版社
北京市崇外大街11号新成文化大厦B座11层（100062）
010-66063020　010-66061634　010-66061646
网　　址：http://www.xuexiph.cn
经　　销：新华书店
印　　刷：北京中科印刷有限公司

开　　本：710毫米×1000毫米　1/16
印　　张：32.25
字　　数：432千字
版次印次：2023年12月第1版　2024年3月第2次印刷

书　　号：ISBN 978-7-5147-1237-7
定　　价：128.00元

序篇

在延安时期，为了增强全党上下对中国社会的了解，普遍树立实事求是的学风，毛泽东曾经谈到当年在兴国进行的农村调查。他说，从调查中得知，兴国“地主人口不过百分之一，富农人口不过百分之五，而贫农、中农人口则占百分之八十。一方面以百分之六的人口占有土地百分之八十，另方面以百分之八十的人口则仅占有土地百分之二十。因此得出的结论，只有两个字：革命。因而也益增革命的信心，相信这个革命是能获得百分之八十以上人民的拥护和赞助的”。[①]

的确，在一个世纪以前的旧中国，在半殖民地半封建社会条件下，占人口不到 10% 的地主、富农，占有 70%—80% 的土地，地主依靠出租土地剥削农民，地租率一般在 50% 以上，广大农民劳动终年而不得温饱，遇到灾年歉收，只能卖儿卖女；在城市，现代工业极不发达，而且主要由官僚资产阶级和帝国主义掌控，中国的 500 万产业工人遭受着比其他资本主义国家的产业工人更为沉重的奴役和剥削；先天不足的民族资本主义企业，在帝国主义、封建主义和官僚资本主义的挤压下，纷纷破产，生存维艰；城市小资产阶级，特别是青年，普遍地处于失学、失业状态，生活没有着落。在旧中国，占人口 90% 以上的劳动大众，

① 《毛泽东农村调查文集》，人民出版社 1982 年版，第 26 页。

不仅在经济上遭受沉重的剥削，而且在政治上也毫无权利可言。他们当中有 80% 以上是文盲，根本没有就学的条件，实际被剥夺了受教育的机会；旧法律虽然规定人人都有集会、结社、游行等自由，但在实际上却完全没有可能；由于军警、特务横行和保甲制度、连坐法的禁锢，他们动辄被殴打、监禁和屠杀，连基本的生存权都时时受到侵害和威胁。于是，争取民族独立、人民解放和实现国家富强、人民幸福，成为近代中国的两大历史任务，也是所有不甘忍受压迫和剥削的中华儿女的共同梦想。

为实现这一梦想，100 多年间，中国的各派政治力量，无论是地主阶级中以林则徐为代表的改革派，还是曾国藩等洋务派；也无论是康有为等资产阶级改良派，还是以孙中山为代表的资产阶级革命派；即使是驰骋十八省、纵横十四年，把中国旧式农民战争推到最高峰的太平天国运动及以后的义和团运动，几经奋斗，但也未能改变中国沦为半殖民地半封建社会的悲惨命运。1921 年 7 月 23 日，一个崭新的革命政党——中国共产党诞生了。从此，中国近代历史的两大使命，历史性地落在了中国共产党人的肩上。中国产生了共产党，这是开天辟地的大事变。这一开天辟地的大事变，“深刻改变了近代以后中华民族发展的方向和进程，深刻改变了中国人民和中华民族的前途和命运，深刻改变了世界发展的趋势和格局”①。毛泽东，无疑是中国共产党领导全体人民完成这场历史巨变的代表性人物。

在纪念毛泽东诞辰 100 周年时，诗人臧克家套用旧时塾师赞颂孔子的话给笔者写过这样一幅字：“大哉毛泽东，大哉毛泽东。毛泽东之前没有毛泽东，毛泽东之后谁若毛泽东！大哉毛泽东，大哉毛泽东。”

① 《习近平著作选读》第 2 卷，人民出版社 2023 年版，第 477 页。

一、中国出了个毛泽东

130 年前，中国—湖南—湘潭—韶山，一个坐落在偏僻山坳里的普通农家，诞生了一个男婴，他就是毛泽东。他后来成为在 20 世纪的大变革年代改变中国面貌的一代历史伟人。

一个偏僻山村的农家之子，生活在那个风雨如磐的年代，却成为推动中国历史发生翻天覆地变化的世纪伟人。是什么铸就了毛泽东？是什么使他摆脱了父亲为他设计的由米店学徒逐步发家致富的道路？毛泽东 16 岁才读高小，最高学历是中专，而和他同时期的青年才俊，或是海外留学，或是在国内的著名高校就读，是什么使他由一个说湘潭土话的私塾学生成为五四时期的一方青年领袖？是什么使他由相信皇权至上发展为信奉维新改良，进而成为坚定的资产阶级民主主义者？在中国第一批接受马克思主义的青年中，毛泽东是为数很少的不能借助外语读原著而是通过译著了解马克思主义的，是什么使他由崇拜武者小路实笃的新村主义到确定马克思主义为其一生的唯一信仰？是他救国济民的赤子之心，是他以改造中国与世界为目的的宏大志向，是他“自信人生二百年，会当水击三千里”的坚强意志，是他“读有字之书，又读无字之书”的求真务实精神。

毛泽东对真理的追求是执着的。为寻求救国之路，他走三湘、下武汉、两上北京、三赴上海；为求民众的大联合，他从发出二十八画生的征友启事，到组织新民学会、俄罗斯研究会和自修大学，直至参与创建青年团和创建中国共产党。

毛泽东对真理的追求又是务实认真和富有创造性的。湖南中共地方组织的建立，晚于上海、北京等地，但是由于建党前后毛泽东在工作中的深入细致而成效显著，一再得到当时的总书记陈独秀的赞许和推崇；湘区近代工业在全国而言，也远谈不上发达，但在以毛泽东为主任的中国劳动组合书记部湖南分部的发动组织下，湖南工人运动却开展得既轰轰烈烈又扎扎实实。1923 年 2 月 7 日，京汉铁路工人大罢工被残酷镇压后，全国各地工人运动都陷入低潮，唯有毛泽东领导的安源路矿工人大罢工取得了胜利。这被著名的工人运动领袖邓中夏称为“硕果仅存”。

出身农家的毛泽东，既非世家子弟，也没有参加过同盟会及其后续斗争的经历，但在第一次国共合作时期毛泽东却以他执行孙中山新三民主义的真诚和坚定，以他卓越的统战才华和远见，受到国民党左派的推戴和右派的敌视，不仅被选为国民党中央执行委员会候补委员，还一度出任国民党中央代理宣传部部长。

毛泽东也不是中国共产党内最早从事现代农民运动的，在他 1925 年冬回韶山开展农民运动之前，浙江萧山衙前和广东海陆丰的农民运动早已闻名遐迩。但是毛泽东经过认真的调查和科学的分析，最早认识到农民是中国革命的主力，谁赢得农民谁就赢得了革命。他在担任中共中央农民运动委员会书记后，领导发动湘、鄂、赣、豫等省近千万加入农会的农民，在几个月内就成就了“孙中山先生致力国民革命凡四十年，所要做而没有做到的事”。

除去 1911 年辛亥革命时在湖南新军中的半年下士经历外，毛泽东谈不上有什么军旅阅历，更没有因统率一支军队而掌控一个地区统治权的机会，但他却在大革命的洪流中切实感受到了建立革命武装的急切和重要，在中国共产党内第一个明确地提出：“须知政权是由枪杆子中取得的”……

如果说 1918 年毛泽东从湖南第一师范毕业时是作为后起之秀投入中国社会变革洪流的话，那么，经过近 10 年的砥砺锤炼，到 1927 年大革命失败时他已经成长为具有独立见解，并深受广大农民群众拥护的革命领袖。蔡和森曾生动地记载了毛泽东当时的重要作用，“泽东一向反对中央农民政策，一九二六年冬季以来，完全代表湖南土地革命的倾向，为一切敌人之所痛恨，而为一切农民之所欢迎”[①]。他在党的八七会议上总结大革命失败的教训时指出：“广大的党内党外的群众要革命，党的指导却不革命，实在有点反革命的嫌疑。这个意见是农民指挥着我成立的。我素以为领袖同志的意见是对的，所以结果我未十分坚持我的意见。”[②]毛泽东这不无懊悔的话语，透映着他思想的成熟。在中国新民主主义革命的第一个大的危急关头，他毅然回绝了要他去苏联深造或是去上海中共中央领导机关工作的建议，而是选择了“下湖上山”，开始探索符合中国国情的革命之路。

马克思说：“每一个社会时代都需要有自己的伟大人物，如果没有这样的人物，它就要创造出这样的人物来。”毛泽东，就是 20 世纪中国社会的暴风骤雨所造就的一代历史伟人。

二、历史选择了毛泽东

中国革命的道路是艰难曲折的，而且是史无前例的。毛泽东对此问题的独特贡献，不仅在于他从更深刻更广泛的意义上论证并阐明了斯大林关于中国革命的特点是武装的革命反对武装的反革命这一著名论断，更主要的在于他从理论和实践上解决了在一个半殖民地半封建的大国、在产业工人数量少而广大农民居于革命战争主力地位的情况下，中国的无产阶级如何在敌人统治力量薄弱的农村而不是在敌人力量强大的中心城市，领导其可靠的同盟军——农民，通过武装斗争取得革命胜利的问题。

作为一个没有读过一天军校、从未带过一个兵的师范毕业生，毛泽东凭着对革命必胜的坚定信念和在实践中对中国国情的深刻认识，

① 《中国共产党重要文献汇编》第 11 卷，人民出版社 2022 年版，第 500 页。

② 《毛泽东文集》第 1 卷，人民出版社 1993 年版，第 46、47 页。

从浏阳文家市到永新三湾村，到宁冈，到茨坪，直至赣西南、闽西和闽粤边，深深地印下了他跋涉探索的踪迹；蒋介石，保定军校和日本士官学校的毕业生，粤军参谋长、黄埔军校校长和国民革命军总司令，如此阅历留下的却是“进剿”“会剿”“围剿”一次次失败的耻辱。这绝对是两个等量级的较量。毛泽东靠什么打败蒋介石倾一国之力武装起来的精锐之旅？靠的是苏区人民的众志成城，靠的是红军指战员压倒一切的英雄气概，靠的是他在血与火的斗争中摸索总结的灵活机动的战略战术。毛泽东把根据地建设、土地革命和武装斗争有机地统一起来，创造了红色政权的理论，进而独立自主地开辟了有别于城市中心论的农村包围城市的革命道路。实践证明，这是唯一能引导中国革命最终取得胜利的光辉道路。在这条道路的指引下，全国各红色根据地人民和各路红军同中外反动势力进行了英勇顽强的斗争，先后开辟了十几块革命根据地，红军最多时发展到 30 万人，特别是成立了以毛泽东为主席的中华苏维埃共和国临时中央政府。以毛泽东为代表的中国共产党人所创造的苏区新天地，给在国民党黑暗统治下苦苦挣扎的四亿五千万同胞带来了希望。正如毛泽东当时所描绘的那样：它是站在海岸遥望海中已经看得见桅杆尖头了的一只航船，它是立于高山之巅远看东方已见光芒四射喷薄欲出的一轮朝日，它是躁动于母腹中的快要成熟了的一个婴儿。

通往胜利的大道并非尽是坦途。毛泽东能指挥他那支原来并不被人们看重的农民武装粉碎拥有现代化武器装备的国民党正规军的一次次“围剿”，却无法说服党内那些奉共产国际决议为神明的“左”倾教条主义者。他因坚持符合中国实际的正确主张，而一再受到指责和排挤。眼见亲手创建的红军在强敌的进攻下受挫而锐减，苦心经营的苏区在一块块地丧失，毛泽东的心情是万分沉痛的。但是他没有消沉，而是尽可能地设法避免和减少“左”倾冒险主义给革命事业造成的损害。为了扭转红军在第五次反“围剿”中的败势，他几次犯颜直谏，而不被采纳。在长征的危急时刻，为防止红军在国民党军的重重围追堵截中被彻底围歼，他又反复建议放弃原定与红二、六军团会师的计划，力主向敌人力量薄弱的贵州开进。在他的积极努力下，1935 年 1 月党中央召开了遵义会议，在党和红军的生死关头挽救了革命。从此，中国革命的航船有了毛泽东这位伟大的舵手，英勇的红军在他的指挥下跨越万水千山，踏上胜利的彼岸。

三、没有毛泽东，中国至少还要在黑暗中再徘徊二三十年

邓小平曾深情地说："如果没有毛泽东同志的卓越领导，中国革命有极大的可能到现在还没有胜利，那样，中国各族人民就还处在帝国主义、封建主义、官僚资本主义的反动统治之下，我们党就还在黑暗中苦斗。所以说没有毛泽东就没有新中国，这丝毫不是什么夸张。毛泽东思想培育了我们整整一代人。"

这是邓小平对毛泽东的中肯评价，也是对中国革命自遵义会议到 1956 年社会主义改造完成这 20 年间，不断地从胜利走向胜利的历史的客观总结。在这 20 年间，虽然中外反动势力的进攻依然强劲，虽然中国革命的任务依然艰巨而复杂，虽然还有无数次惊涛骇浪的拍打冲击，虽然在很长时间里毛泽东和他的战友们还处在要为一个连部的照明油灯究竟是用一根灯芯还是两根灯芯而踌躇的困境，但是航向已经明确，党的核心领导空前的坚强有力。因此，再也没有出现像大革命后期和第二次国内革命战争前期、中期那样，来自右的或"左"的机会主义和教条主义路线对中国革命的全局性的颠覆和失误。在毛泽东和毛泽东思想的指引下，中国共产党和中国人民劈波斩浪，战胜了一个又一个的困难和险阻，演出了一幕又一幕威武雄壮的历史活剧。

1935 年 10 月，中央红军长征胜利抵达陕北后，毛泽东征尘未洗就投入到摆脱尾追之敌、创建西北革命根据地的急迫任务之中。他亲自率

部东征，运筹西征，联合张杨，抗日反蒋，迎接三大主力红军的会师。毛泽东为红军的生存和发展日夜操劳，更为日本对中国的侵略所造成的民族危亡而焦虑。如果说长征中毛泽东指挥红军战胜国民党几十万大军的围追堵截，从而挽救了党和红军，是他对中国革命的一个重要贡献的话，那么，在中华民族生死存亡的危急时刻，毛泽东科学地分析中国社会的主要矛盾和阶段关系的变化，正确地制定并促成坚持了最广泛的抗日民族统一战线，带领全党和全国人民经过十四年的浴血奋战，最终战胜了武装到牙齿的日本侵略者，使中国人民在近百年反对帝国主义侵略的无数次斗争中，终于第一次取得了彻底胜利。这无疑是对中华民族的独立和解放事业的一个伟大贡献。

在中国人民求生存、求解放、争独立、争民主的奋斗历程中，毛泽东的贡献是多方面的。其中最重要的一个贡献就是他不仅在理论上把马克思列宁主义同中国革命的具体实践相结合创立了无产阶级领导的，以工农联盟为基础的，人民大众的，反对帝国主义、封建主义和官僚资本主义的新民主主义革命的理论，而且在实践中他始终战斗在按照这一理论对敌斗争的第一线，并且承担了最重要的领导职责，表现出高超的领导艺术和大无畏的英雄主义气概。在毛泽东身上，敢于胜利的斗争精神和善于胜利的超人智慧是交相辉映的。抗日战争结束后，为了争取一个光明的中国，他毅然亲赴重庆谈判，揭露了国民党反动派假和谈、真备战的阴谋；在和平协议被蒋介石撕毁后，面对气势汹汹的几百万国民党军队的进攻，他提出“一切反动派都是纸老虎”的著名论断，并在战争中阐明了十大军事原则，领导解放区军民先后粉碎了强敌的全面进攻和重点进攻；在转战陕北的艰险岁月里，毛泽东以战略家的眼光和气魄，指挥刘邓大军千里跃进大别山，使人民解放军由战略防御转入战略进攻；随后，他和他的战友们精心部署并指挥了同国民党军的战略大决战。这场大决战，其规模之大、参战人数之多、战况之激烈在中外历史上都属罕见。三大战役和渡江战役的胜利彻底埋葬了蒋家王朝，也彻底结束了中外反动势力对中国的黑暗统治。

建立一个社会主义的新中国，是一个世纪以来千百万仁人志士梦寐以求的愿望，也是毛泽东在《新民主主义论》等著作中反复构想过的奋斗目标。随着人民解放战争在隆隆炮声中的胜利推进，毛泽东开始逐步把主要精力转向创建人民共和国的工作。1949 年元旦，他发表新年献词《将革命进行到底》，号召各族人民在全国范围内彻底推翻国民党的反动统治，建立无产阶级领导的以工农联盟为基础的人民民主专政的共和国。同年 3 月，他主持召开中共七届二中全会，讨论和制定夺取最后胜利建立中华人民共和国的具体战略。6 月，他发表《论人民民主专政》，全面阐述新生政权的国体和政体。9 月 21 日，毛泽东在中国人民政治协商会议第一届全体会议的开幕式上，向全世界庄严宣告："占人类总数四分之一的中国人从此站立起来了。"这次会议制定并通过了具有宪法意义的《共同纲领》，并选举毛泽东为中华人民共和国中央人民政府主席。1949 年 10 月 1 日，一个崭新的人民共和国巍然屹立于世界的东方。

四、毛泽东——社会主义中国的奠基人

当 1949 年 10 月 1 日毛泽东在天安门城楼上亲手升起第一面五星红旗的时候，萦绕在他心际的既有胜利的自豪和喜悦，又有任重道远的历史责任感。但他坚信："中国的命运一经操在人民自己的手里，中国就将如太阳升起在东方那样，以自己的辉煌的光焰普照大地，迅速地荡涤反动政府留下的污泥浊水，治好战争的创伤，建设起一个崭新的强盛的名副其实的人民共和国。"面对纷繁复杂的国内外形势和开国之初百废待举的局面，担任党、军队、国家和政协最高领导职务的毛泽东，凭借着多年斗争中积累起来的经验和知识，审慎地观察和研究领导一个几亿人口的大国所面临的新问题。他和战友们一起为新中国制定了一系列基

本国策，使各项工作有条不紊地开展起来。在政治上，他狠抓民主建政工作，在召开各级人民代表会议的基础上，于1954年召开第一届全国人民代表大会，讨论并通过了由他亲自主持起草的《中华人民共和国宪法》，确立了社会主义中国的国体和政体，并建立健全了各级政权机构；在经济上，他在领导全国人民平抑了新中国成立初期的大涨价和国民党遗留下来的通货膨胀之后，致力于合理调整工商业结构和全面恢复经济，医治战争创伤，经过3年的努力，初见成效；在军事上，他指挥人民解放军继续向全国进军，彻底肃清大陆上残余的国民党军队，在西藏和平解放之后，完成了除台湾等岛屿之外的祖国大陆的解放和统一；在外交上，他为新中国制定了独立自主的外交方针，在此方针指导下，根据当时的国际形势，对苏联东欧社会主义国家、对周边国家、对敌视新中国的一些帝国主义国家，分别采取了“一边倒”、睦邻友好和开展民间外交等政策，迅速打破了以美国为首的资本主义国家对中国的封锁，树立起新中国的国际地位；在思想文化工作方面，他积极推进教育改革和发展方针，号召广大知识分子通过参加土地改革等社会实践，进行自我教育和自我改造。与此同时，为了彻底完成民主革命的遗留任务，为了保卫和巩固新生政权以及捍卫国际主义原则的需要，以毛泽东为首的中共中央，领导全国人民取得了抗美援朝、土地改革和镇压反革命这三大运动的胜利，从根本上消灭了延续2000多年的封建剥削制度，基本上肃清了中国大陆上的反革命残余势力，再加上没收官僚资本和对美国等帝国主义国家在华资产的冻结的清理，大大巩固了人民民主专政，建立起新民主主义的社会经济秩序。

在这种政通人和、社会稳定和经济发展的大好形势下，毛泽东开始酝酿向社会主义过渡问题。他把列宁关于过渡时期的学说同中国的具体实际相结合，创造性地制定出社会主义工业化和社会主义改造同时并举的方针，采取一套切实可行的理论和方法，用非暴力的方式，顺利地实现了对农业、手工业和资本主义工商业的社会主义改造。在中国这样一个大国消灭了持续几千年的封建剥削制度，破天荒地建立起社会主义公有制，奠定了社会主义中国的基石。这是毛泽东对中华民族的又一个划时代的伟大贡献。

五、实事求是——毛泽东思想活的灵魂

2013 年 12 月 26 日，当全党和全国人民在以习近平同志为核心的党中央领导下开启新的历史征程之初，习近平总书记指出："毛泽东思想活的灵魂是贯穿其中的立场、观点、方法，它们有三个基本方面，这就是实事求是、群众路线、独立自主。新形势下，我们要坚持和运用好毛泽东思想活的灵魂，把我们党建设好，把中国特色社会主义伟大事业继续推向前进。"

毛泽东领导中国革命和建设事业的一个最基本的经验，就是提出和坚持了实事求是的思想路线，把马克思列宁主义同中国的具体实际相结合。循着这条路线，在民主革命时期毛泽东领导全党同把马克思主义教条化、把共产国际决议和苏联革命经验绝对化和神圣化的错误倾向作斗争，独立自主地开辟了农村包围城市最后占领城市的中国革命之路，从而在实践中逐步形成了毛泽东思想，指导中国人民取得新民主主义革命的伟大胜利；还是循着这条路线，在新中国成立之后，毛泽东又独立自主地开辟了中国的社会主义改造之路，使中国确立起社会主义的基本制度；仍旧是循着这条路线，毛泽东没有盲从他国的建设经验，在社会主义制度确立伊始，就率先开始探寻与苏联不完全相同的适合中国实践的社会主义建设道路。

毛泽东通过调查研究，对进入社会主义社会后中国的阶级关系和社会经济状况作出正确的分析与判断，最早明确了以经济建设为中心的思想，尽管曾有过把阶级斗争扩大化的严重失误，但是"要把国民经济搞上去"一直是他始终不渝的奋斗目标；他独创性地提出了社会主义发展

阶段的理论，认为可以把社会主义社会分为不发达和比较发达两个阶段；他提出并阐明了以工业为主导、农业为基础这样一条有别于苏东国家的，实际是工农业并举的工业化道路；他在马克思主义发展史上第一次系统地阐述了关于社会主义社会矛盾的理论，特别是创立了关于严格区分和正确处理两类不同性质矛盾的学说，并把正确处理人民内部矛盾问题作为我国政治生活的主题；他提出要对高度中央集权的计划管理体制进行改革，要调动中央和地方两个积极性，要兼顾国家、集体和生产者个人三方面的积极性，要实行“两参一改三结合”的国营企业管理制度等；他系统地论述了“自力更生为主，争取外援为辅”的方针，并响亮地提出：“我们的方针是，一切民族、一切国家的长处都要学，政治、经济、科学、技术、文学、艺术的一切真正好的东西都要学。”

毛泽东对中国式社会主义建设道路的探索是多方面的，从微观到宏观，涉及政治、经济、军事、文化、外交等各个领域，所取得的成就也是巨大的。比如在社会主义政治建设方面，他对中华人民共和国的国体、政体、政党制度、民族政策等都作了原则的规定和深刻的阐述。当苏联和南斯拉夫等国家因民族问题四分五裂时，人们无不深感毛泽东为新中国确定的民族区域自治政策的英明与伟大。正如习近平总书记在纪念毛泽东诞辰 120 周年座谈会上所指出：“新民主主义革命的胜利，社会主义基本制度的建立，为当代中国一切发展进步奠定了根本政治前提和制度基础。”

特别应强调的是，新中国成立后，毛泽东依然保持着注重调查研究的传统，除通过会议、审阅汇报材料等方式进行调研之外，有材料统计，从 1949 年到 1976 年的 27 年间，他 58 次 2943 天离开中南海，近三分之一的时间在全国各地巡视、开会、调查研究，探索开辟中国式社会主义建设道路。毛泽东不仅自己身体力行，还率领全党共同进行中国式的社会主义建设道路的探索。他鲜明提出“第二次结合”，即必须把马克思列宁主义的普遍真理同中国社会主义建设的具体实际相结合，并在国民经济发展一度遭遇严重困难时期，再次号召全党“大兴调查研究之风”，他强调：“必须从实践出发，从没有经验到有经验，从有较少的经验，到有较多的经验，从建设社会主义这个未被认识的必然王国，到逐步地克服盲目性、认识客观规律、从而获得自由，在认识上出现一个飞跃，到达自由王国。”正是由于他注重调动和发挥全党同志的智慧，才使得全党对中国式社会主义建设道路的探索取得了全面的丰硕成果，并指导中国的建设事业取得了辉煌的成就。习近平总书记指出：“在不长的时间里，我国社会就发生了翻天覆地的变化，建立起独立的比较完整的工业体系和国民经济体系，独立研制出‘两弹一星’，成为在世界上有重要影响的大国，积累起在中国这样一个社会生产力水平十分落后的东方大国进行社会主义建设的重要经验。”

毛泽东在探索中也有过偏差和严重的失误，并且由于他的失误所造成的教训也是非常沉痛的。但那毕竟是探索中的失误。如果毛泽东当年不是顶住各种压力另辟蹊径去探索适合中国国情的建设道路，而是亦步亦趋地跟着苏联走，不仅意味着中国会走上一条不那么明朗的社会主义道路，甚至会成为苏联的一个“卫星国”，那么，一旦出现像苏联解体、东欧剧变那样的情形，其后果不堪设想。邓小平科学地评价了毛泽东和毛泽东思想的历史地位，他在谈到毛泽东的失误时指出：“因为我们现在的路线、方针、政策是在总结了成功时期的经验、失败时期的经验和遭受挫折时期的经验后制定的。历史上成功的经验是宝贵财富，错误的经验、失败的经验也是宝贵财富。这样来制定方针政策，就能统一全党思想，达到新的团结。这样的基础是最可靠的。”他语重心长地告诫后人：“毛泽东思想不仅过去引导我们取得革命的胜利，现在和将来还应该是中国党和国家的宝贵财富。所以，我们不但要把毛主席的像永远挂在天安门前，作为我们国家的象征，要把毛主席作为我们党和国家的缔造者来纪念，而且还要坚持毛泽东思想。”习近平总书记也中肯地指出：“党的十八大以来，我们所做的一切工作，就是要团结带领全党全国各族人民坚持党的十一届三中全会以来的理论和路线方针政策，把以毛泽东同志为核心的党的第一代中央领导集体、以邓小平同志为核心的党的第二代中央领导集体、以江泽民同志为核心的党的第三代中央领导集体、以胡锦涛同志为总书记的党中央开创和发展的伟大事业坚持好、发展好。”

可以告慰毛泽东的是，在他之后的中国共产党人，仍然继续和发展着他的未竟之业，秉承着他实事求是和勇于创新的精神，以及坚持调查研究的工作作风。进入新时代，以习近平同志为核心的党中央，率领中国人民取得新的举世瞩目的发展成就，续写了经济快速发展和社会长期稳定的新篇章，中国日益走近世界舞台的中央，已经不可逆转地踏入实现中华民族伟大复兴的历史轨道。

但与此同时，面对世界百年未有之大变局，中国的发展面临新的战略机遇、新的战略任务、新的战略阶段、新的战略要求、新的战略环境。以调查研究开路是习近平治国理政思想的鲜明特色，他强调指出，调查研究是谋事之基、成事之道，没有调查就没有发言权，没有调查就没有决策权；正确的决策离不开调查研究，正确的贯彻落实同样也离不开调查研究；调查研究是获得真知灼见的源头活水，是做好工作的基本功；要在全党大兴调查研究之风。2023 年 3 月，中共中央办公厅印发了《关于在全党大兴调查研究的工作方案》，列举了 12 个方面重点调研内容，一场深入持久广泛的大规模调查研究活动正在全国兴起。为了更好地响应党中央和习近平总书记的号召，推动调查研究工作的深入开展，我们在以往研究的基础上，编写此书，以为借鉴。同时也以此书作为毛泽东诞辰 130 周年的献礼。

目录

第一章 调查研究立志改造中国与世界

一、读有字之书，又读无字之书

晚清以来，受湖湘文化影响，随着历史的变迁，湖南涌现出许多著名的经纶济世之才，形成的“湘学”实学学风在全国范围内影响很大。从陶澍、贺长龄到曾国藩、左宗棠，再到谭嗣同、黄兴等，近代的湖南成为一个新旧思想斗争特别剧烈复杂的地方。这对毛泽东求实创新、实事求是、敢为人先作风特质的形成有潜移默化的影响。毛泽东曾讲：“我没有正式进过大学，也没有到国外留过学。我的知识，我的学问，是在一师打下了基础。一师是个好学校。”[①]1913 年，毛泽东考入湖南省立第四师范学校，1914 年第四师范被合并到第一师范，一直到 1918 年暑期在一师毕业，毛泽东前后共做了 5 年半的师范生。该校的教育方针是“除照部定教育宗旨外，特采最新民本主义（即民主主义）规定教育方针。所谓民本主义教育包括 3 个方面：一、道德实践。二、身体活动。三、社会生活（包括智识及课程教育）以及职业训练（包括智能实习和各种学生会活动）”。该校《教养学生之要旨》中规定国民教育趋重实际，宜使学生明今之大事，察社会之情状。在这种教学导向之下，加上青年毛泽东有着强烈的救国救民之志和对知识的极度渴求，他逐渐养成了刻苦、勤学、求实的优良学风，这也为其日后善于开展社会调查、善于向人民群众和社会实践学习，从而分析、研究和解决一系列中国革命问题奠定了最初的基础。

身处时代交替之中的毛泽东，对国家前途的担忧成为他始终“无法

---

① 吴海坤：《毛泽东与姓名艺术》，人民出版社 2011 年版，第 67 页。

摆脱的意念”[①]。他改变以往对学校课堂的态度，认为“吾于课程荒甚，从前拿错主意，为学无头序”，为学之道应“先博而后约，先中而后西，先普通而后专门”[②]。循着这一路径，毛泽东刻苦攻读，“从早到晚，读书不止”。他坚持“不动笔墨不读书”的学习方法做了大量笔记。毛泽东特别注重自修，制订读书计划，起早贪黑地学习，有时甚至通宵不眠。他治学严肃，注重积累，认为“吾生也有涯，而智也无涯”，学问犹如“百丈之台，其始则一石耳”，“台积而高，学积而博”，“积久而成学”[③]。毛泽东指出要求得真本事必须刻苦勤学，要以“颜子之箪瓢与范公之画粥”之精神，“将全副工夫，向大本大源处探讨”。他还主张不要拘于一家一派之言，认为“庇千山之材而为一台，汇百家之说而成一学，取精用宏，根茂实盛”。由此可见，毛泽东强调独立思考的重要性，认为对各种学说要持批判态度，“挈其瑰宝，而绝其淄磷”。

在第一师范，毛泽东常对人讲“学问”两字组成一个名词很有意义，即告诉人们不仅要好学，而且要好问，要经常进行思想碰撞，探讨交流，以拓眼界增才学。毛泽东认为“少年学问寡成，壮岁事功难立，乃发内宣，所以效嘤鸣而求友声”[④]，虽然“有所寸进”，但从书本中收获较少，在“质疑问难”中收获很多。毛泽东经常利用课余时间和萧子升等同学到老师杨昌济居住的板仓公寓问学求教，也时常到徐特立、方维夏等老师的住处探讨释疑。1914 年上半年，毛泽东和同学们组成了一个哲学研究小组，定期探讨哲学和伦理学问题，经常向杨昌济等老师求学问道。杨昌济的儿子杨开智后来回忆：“1916 年暑假，怀中先生在板仓家中度假，暑假期间的一天，毛泽东同志风尘仆仆，一把雨伞，一双草

---

① 〔美〕斯图尔特·R.施拉姆:《毛泽东的思想》，田松年、杨德等译，解放军文艺出版社 2002 年版，第 107 页。

② 《毛泽东早期文稿》，湖南人民出版社 2013 年版，第 6 页。

③ 《毛泽东早期文稿》，湖南人民出版社 2013 年版，第 70 页。

④ 《毛泽东早期文稿》，湖南人民出版社 2013 年版，第 26 页。

鞋，从长沙城出发，步行了一百二十里，来到当时还是穷乡僻壤的板仓冲杨家下屋我们家中。这是他第一次来板仓。在板仓期间，他曾以很大的兴趣浏览了我父亲的藏书，特别是所订阅的新书报刊，和我父亲讨论了一些学术问题和社会问题。”可见毛泽东刻苦而执着的“问学”精神给他留下了极为深刻的印象。毛泽东最初的这些治学理念和坚毅品格为他日后开展大量调查研究提供了方法路径。

毛泽东不仅刻苦求学，善于读有字之书，且非常注重实践，提倡读无字之书。毛泽东常跟同学们说，要读活书，不要读死书。他曾在读书笔记上写道：“农事不理，则不知稼穑之艰难；休其蚕织，则不知衣服之所自。”①他认为一切有用的知识必须能解决实际问题，又必须结合实际去探求。毛泽东在读书时整理的课堂笔记《讲堂录》中强调：“闭门求学，其学无用。欲从天下国家万事万物而学之，则汗漫九垓，遍游四宇尚已”，“游之为益大矣哉！登祝融之峰，一览众山小；泛黄勃之海，启瞬江湖失；马迁览潇湘，泛西湖，历昆仑，周览名山大川，而其襟怀乃益广。”②他反对脱离生产和实际，仅用书本知识来解决实际问题。他提倡要走出校园，游历社会，周知一切，以增长见识，拓宽视野，开阔胸襟，“友天下之善士也”③。毛泽东曾在《〈伦理学原理〉批注》中写道：“伦理学之正鹄在实践，非在讲求”，“伦理学示人生正鹄之所在，有裨于躬行”④。

1917 年 7 月中旬，《民报》刊载两学生旅行全国之事，毛泽东深受启发，利用暑假，开启平生的第一次游学。毛泽东和好友萧子升避易就难，穿着草鞋，背着包袱和雨伞，深入广大农村进行调查研究。他们要

① 周世钊：《毛泽东青少年时代的故事》，长江文艺出版社 2019 年版，第 60 页。

② 《毛泽东早期文稿》，湖南人民出版社 2013 年版，第 530 页。

③ 《毛泽东早期文稿》，湖南人民出版社 2013 年版，第 530 页。

④ 《毛泽东早期文稿》，湖南人民出版社 2013 年版，第 114、115 页。

从社会的最底层去经历百态，“看看新的事物，并且希望获得全新的经验”，因为“天下任何困难也不及身无分文而要想法生活在别人的社会中更困难的了”[①]。毛泽东游历了长沙、宁乡、安化、益阳、沅江五县农村，广泛接触社会生活，历时一个月，徒步九百余里。其间，经何叔衡介绍，毛泽东来到宁乡县（今宁乡市）沙田镇杓子冲一位贫农家访问。这家主人告诉他，自己是佃农，种东家的田，要交“倒三七的租”，即每年必须把收获的七成交给东家。整年起早贪黑地劳作，到头来却难以糊口。毛泽东听后心情沉重。之后，他又到宋家潭，在破旧的茅草屋访问了一位老年农民和一位青年农民。这两位农民上无片瓦，下无寸地，是当地受苦很深的佃农。毛泽东向他们询问了一系列问题：种谁家的地？种了多少亩？每年能收多少谷？需要交多少租？家里有几口人？生活怎么过法？东家的态度如何？等等。两人详尽诉说了自己的苦楚和东家的苛刻。通过这些调查访问，毛泽东对贫困农民的生活情况有了深切体会。在去沩山的路上，毛泽东还和一位曾在县衙里当过门房的老人作了深入交谈。老人告诉了他“八字衙门朝南开，有理无钱莫进来”的腐败情况。当他们走到沅江县（今沅江市）时，遇上洞庭湖涨水。毛泽东目睹了洪水泛滥成灾，大片良田和房屋被洪水淹没的悲惨景象，流离失所的灾民向他诉说了官兵搜刮民脂民膏不修堤防造成灾害的事实。这次调查使他获得了比较丰富的社会知识，对农村情况有了进一步了解，锻炼了克服困难的能力。

1917 年冬，毛泽东还步行到浏阳文家市陈赞周同学家，和附近农民一起劳作，同农民交谈，了解他们的生活状况。次年春，毛泽东又和蔡和森一道考察了湖南的几个县。他们从长沙岳麓山出发，只带一把雨伞、一条手巾和一双草鞋，经湘阴、岳阳、平江、浏阳等县，周游洞庭湖，大概游历了一个多月才回家。一路上，毛泽东深入了解了沿途各县

---

① 《早年毛泽东：传记、史料与回忆》，生活·读书·新知三联书店 2011 年版，第 332 页。

农村农民的生活状况和风土人情，包括如何收租、送租、贫农的痛苦等情况，开阔了眼界，丰富了社会知识，加深了对农村和农民的了解。[①]虽然这一路游学非常辛苦，但毛泽东学到了许多书本上没有的知识。毛泽东的同学周世钊后来回忆："毛泽东的学习方法，除多读、多写、多想、多问这四多之外，还有'理论联系实际，读书结合游历一条'。"

通过丰富的游学经历，毛泽东广泛了解了中国社会和各地的风土民情，考察了各阶层人民的生活状况，尤其更加全面地了解了中国农村和农民的现实状况，接触了新问题，收集了新材料，获得了新的知识和实践经验，这为他之后进行大量和深入的调查研究奠定了初步的实践基础，也为他日后投身革命作了重要锻炼和必要准备。注重调查研究，一切从实际出发，理论联系实际等思想观念在他的心中扎根并生长。

二、中华民族的社会，将较任何民族为光明

近代以后，由于西方列强的入侵和封建统治的腐败，到了清朝末年，中国处在半殖民地半封建社会，山河破碎，生灵涂炭，中国人民遭受帝国主义和封建主义的双重压迫，中华民族遭受了前所未有的苦难。中华民族因遭受帝国主义列强的侵略而沉沦的惨痛历史，是他确定"初心与使命"的直接动因。出身农家的毛泽东，生活在那个风雨如磐的年代，自少年时期就养成对邻里百姓的同情和对下层劳动群众惺惺相惜的朴素感情，以及对人压迫人的社会现状的不满和要打破人间不平等的冲动。毛泽东 17 岁之前的活动只限于韶山冲和唐家托，接受的主要是封建传统儒家教育，且有着农民的质朴。随着中国社会的剧烈变动和新思想新观念的不断冲击，毛泽东强烈的求知欲和爱国志不断推着他向新的世界迈进，开始投身于寻求救国救民道路的伟大历史洪流。

① 《早年毛泽东：传记、史料与回忆》，生活·读书·新知三联书店2011年版，第74页。

毛泽东在第一师范的 5 年，正值第一次世界大战和袁世凯称帝与病亡的变乱，中国人民遭受的苦难进一步加深，中国社会也在经历深刻动荡。在他看来，想要改造中国和世界必须先认识中国和世界。直接向社会作调查，是认识中国和世界的必要手段之一，而个人进行直接调查的范围有限，要想了解古今中外，还必须通过间接调查的方式，即广泛涉猎各种书籍、报纸杂志和相关资料。他十分关注世界和国内政治军事形势变化，他刚到长沙读书后甚至拿出学费的三分之一来订阅报纸和购置杂志。毛泽东后来讲："我在长沙师范学校的几年，总共只用了 160 块钱——里面包括我许多次的报名费！在这笔钱里，想必有三分之一花在报纸上，因为订阅费是每月一元。我常常在报摊买书、买杂志。我父亲责骂我浪费。他说这是把钱挥霍在废纸上。可是我养成了读报的习惯。从 1911 年到 1927 年我上井冈山为止，我从来没有中断过阅读北京、上海和湖南的日报。"① 毛泽东还经常在饭后、课余时间等到第一师范阅读室阅看各地的重要报纸。虽然到阅读室看报的人很多，但每天必到，从不间断，一看就一两个钟头的人只有毛泽东。他看报仔细认真，时常带着中国地图、世界地图和笔记本。看到重要的材料，他就摘录下来。同学们都称毛泽东是个"时事通"。这时毛泽东经常与同学分析探讨时政，包括萨拉热窝事件，德国如何出兵，德俄、德法、德英怎样宣战，凡尔登如何难攻，美法如何联盟以及美国如何参战发财，日本如何趁火打劫提出灭亡中国的"二十一条"等问题。在谈列强如何侵略中国、中国为何被侵略而不能抵抗、中国青年所担负的救国责任等问题时，他讲得详尽明晰，有理有据。他在关于日本侵略中国的资料《明耻篇》的封面上写道："五月七日，民国奇耻。何以报仇？在我学子！"如何"在我学子"？满怀报国救国之志的毛泽东，开始在社会调查中用实际行动作出回答。

---

① 〔美〕埃德加·斯诺：《西行漫记》，董乐山译，东方出版社 2010 年版，第 141 页。

辛亥革命后，军阀混战，湖南成为各路军阀长期拉锯的战场。湖南政局混乱，汤芗铭、刘人熙等互相更迭，统治黑暗。毛泽东逐渐从早年“天下兴亡，匹夫有责”的认知开始转向通过革命斗争的实践来改造国家和社会。他发表演说、撰写文章，参加组织进步师生开展的反袁、反日斗争。随着时局发展和对社会问题的调查和思索，以及同许多学生朋友建立广泛联系，毛泽东强烈感觉到要实现救国报国的宏志，亟须更加紧密地联合有志于爱国工作的青年。1915 年秋，毛泽东以“二十八画生”署名登广告发出征友启事，“愿嘤鸣以求友，敢步将伯之呼”，要结交“刻苦耐劳、意志坚定、随时准备为国捐躯的青年”[①]。他广交志同道合之士，周围逐渐团结了一批青年，如蔡和森、何叔衡、萧子升、张昆弟、罗学瓒等。1915 年到 1917 年，毛泽东和这一批有志青年经常到岳麓山、橘子洲等地畅谈时局，评说人物，切磋学问，痛抒豪情。在两年多的酝酿和讨论的基础上，他们认为要“集合同志，创造新环境，为共同的活动”[②]。毛泽东认识到“有必要建立一个比较严密的组织”[③]，于是和蔡和森等人发起成立新民学会。

与其他团体不同的是，新民学会从成立起就有明确的目的，即研究新思想，寻求改造中国的道路和方法，成为一个坚强性、战斗性的革命组织，以便在中国革命运动中真正有所作为。为实现这一奋斗目标，他们在理论上、组织上、思想教育上进行了不懈探索，很快就使学会成为五四时期发起最早、影响最大的革命团体，起到了楷模的作用。其中，毛泽东为新民学会的成长壮大作出了卓越贡献。毛泽东等人非常重视吸收会员的工作，严格规定会员入会的具体条件和相处态度。1919 年 5 月，新民学会 12 位会友在上海半淞园开会。会议主张对于会员学会

---

① 《毛泽东年谱（1893—1949）》（修订本）上卷，中央文献出版社 2013 年版，第 20 页。

② 《毛泽东年谱（1893—1949）》（修订本）上卷，中央文献出版社 2013 年版，第 34 页。

③ 〔美〕埃德加·斯诺：《西行漫记》，董乐山译，东方出版社 2010 年版，第 138 页。

态度应“潜在切实，不务虚荣，不出风头”，毛泽东特别注重发挥会员的主观能动性，主张“学会本身不多做事，但以会友各个向各方面去创造各样的事”。当就某些问题发生争论时，毛泽东经常亲自主持讨论会，开展思想上的碰撞和交流。他认为，个人的研究和冥想是“人自为战”，是“浪战”，“用力多而成功少”，“最不经济”，没有效果。他主张，只有通过“共同的讨论”，将来才有“共同的研究，共同的准备，共同的破坏和共同的建设”，保证政治和思想上的统一，学会才能巩固和壮大，成为“高尚、纯粹、勇猛、精进的同志团体”。他还非常善于运用组织力量开展工作，指出学会的活动应“受一种合宜的分配，担当一部分责任，为有意识的有组织的活动”，“人才最要讲究经济”。他不仅对会员的力量有充分估计，也深信广大群众的伟力，指出“改造中国与世界的大业，断不是少数人可以包办的”[①]，“非得组织联军共同作战不可”[②]，鼓励大家“随时联络各人接近的同志，以携手共上于世界改造的道路。不分男，女，老，少，士，农，工，商，只要他心意诚恳，人格光明，思想向上，能得互助互勉之益，无不可与之联络，结为同心”[③]。可以说，新民学会是“完全意义上的政治组织”[④]，也是毛泽东的政治摇篮。它诞生于五四时期，在毛泽东等爱国青年的组织和努力下，成为湖南地区五四时期的领导核心，它将文化斗争和政治斗争有机结合起来，带领青年学生、知识分子以及社会各界响应五四爱国浪潮，起到了领导湖南革命力量的核心作用。

当时，毛泽东还没有机会接触到辩证唯物主义，从他与同学、朋友之间往来的书信及读书笔记等资料中，可以看出这一时期的毛泽东是从

① 《新民学会资料》，人民出版社1980年版，第152页。
② 《新民学会资料》，人民出版社1980年版，第60页。
③ 《新民学会资料》，人民出版社1980年版，第152页。
④ 〔美〕罗斯·特里尔：《毛泽东传》，何宇光、刘加英译，中国人民大学出版社2013年版，第35页。

古今中外各种唯心主义哲学和伦理学中加以分析和选择，既有唯心论又有唯物论、二元论，还带有个人主义色彩，即认为“个人之价值大于宇宙之价值”[①]，主张将改造国家和社会同改造个人的哲学和伦理学思想联系在一起，从“大本大源”处着手。毛泽东结合形势分析，辛亥革命后在中国尝试的议会制、宪法制、总统制、内阁制和军事、实业和教育改革等是“枝节”问题，解决问题的关键是找到“本源”，“本源”即“宇宙之真理”，应该以“大本大源”为号召，“从哲学、伦理学入手，改造哲学，改造伦理学，根本上变换全国之思想”[②]，如此“天下之心”才能“动”，“天下之事”才可为，国家才能富强，人民才能幸福。怎样才能动天下人之心？毛泽东提出要寻真志、立真志，“必先研究哲学、伦理学，以其所得真理，奉以为己身言动之准，立之为前途之鹄，再择其合于此鹄之事，尽力为之，以为达到之方，始谓之有志也。如此之志，方为真志，而非盲从之志”。“十年未得真理，即十年无志；终身未得，即终身无志。”这时的毛泽东虽片面夸大了哲学和伦理学在社会发展中的决定作用，但他寻求真志的信念却从未停止。读书时期，毛泽东与同学约定“三不谈”：不谈金钱，不谈男女之事，不谈家庭琐事。只谈大事：“人的天性，人类社会，中国，世界，宇宙！”[③]其思想之宏阔、志向之远大可见一斑。

和五四时期那批参加创建共产党的先进知识分子一样，毛泽东也是由爱国主义者发展到民主主义者进而转变到接受马克思主义的。他从探讨康有为、梁启超的维新改良主义转向拥护资产阶级的民主主义，从注重唯心主义转向赞赏无政府主义、实用主义、新村主义，最后才信仰唯物主义，走上马克思列宁主义革命道路。青年时期的毛泽东用了整整 10

---

① 《毛泽东早期文稿》，湖南人民出版社 2013 年版，第 132 页。

② 《毛泽东早期文稿》，湖南人民出版社 2013 年版，第 73 页。

③ ［美］埃德加·斯诺：《西行漫记》，董乐山译，东方出版社 2010 年版，第 138 页。

年时间，经过艰难探索，才寻得自己的“真志”完成“理想的涅槃”[①]。毛泽东满怀憧憬预言：“我们中华民族原有伟大的能力！压迫愈深，反动愈大，蓄之既久，其发必速。我敢说一怪话，他日中华民族的改革，将较任何民族为彻底。中华民族的社会，将较任何民族为光明。中华民族的大联合，将较任何地域任何民族而先告成功。”[②]反映了毛泽东热切期盼中华民族未来“光华灿烂的世界”并坚信其必然实现。

三、踏着人生社会的实际说话

随着五四运动的蓬勃发展，中国人民逐渐觉醒，新文化、新思想的宣传高潮迭起，新刊物如雨后春笋先后出现400余种。为提高当地群众的觉悟、扩大革命影响，更好推动湖南爱国运动发展，发行一种有高度政治思想性的刊物十分必要。湖南学联根据毛泽东的建议，决定创办《湘江评论》周报。毛泽东担任《湘江评论》主编和主要撰稿人。毛泽东在《湘江评论》临时增刊第一号发表《健学会之成立及进行》一文，提出要“踏着人生社会的实际说话”，反对脱离实际、“凑热闹”的“空虚的思想”，倡导“引入实际去研究实事和真理”[③]。青年毛泽东一方面注重对自身学识的提升，一方面更注重结合国家形势和社会实际，去深入调查研究，从而进行初步的革命实践。

在第一师范期间，为了推动学校与社会之间的联系融合，担任第一师范学友会总务兼教育研究部部长的毛泽东，提议开办一所附属于学友会的工人夜学，这也是毛泽东接触工人的开始。毛泽东根据自己在工人中进行调查研究的情况，总结了办夜学的必要性：（1）从国家现状来

① 张锦力：《解读青年毛泽东》，中央文献出版社2018年版，第101页。

② 《毛泽东早期文稿》，湖南人民出版社2013年版，第359页。

③ 《毛泽东早期文稿》，湖南人民出版社2013年版，第333—334页。

看，“社会之中坚实为大多数失学之国民”，十分不利于推行政令、组织自治、改良风俗和普及教育。（2）从欧美情况来看，教育普及度非常广，有工人夜校、露天学校、半日学校、林间学校等，即使民众天赋和境遇各有不同，但人人都有接受教育的机会。（3）从学生角度来看，夜学可为师范三、四年级学生提供实习锻炼平台。（4）从社会和学校关系来看，可疏通社会和学校之间的隔阂，使社会与学校“团结一气，社会之人视学生如耳目，依其指导而得繁荣发展之益；学生视社会之人如手足，凭其辅佐而得实施所志之益。久之，社会之人皆学校毕业之人，学校之局部为一时之小学校，社会之全体实为永久之大学校”[①]。

毛泽东以极大热情和耐心投入夜校筹办和组织工作中。当时第一师范附近集中了长沙的一些新式工厂，如电灯公司、造纸厂和黑铅炼厂等。还有一些粤汉铁路武昌—长沙—株洲段铁路的工人都住在这一带。毛泽东办夜校的主要对象就是这些产业工人和第一师范校内工友。刚开始张贴夜校广告后，效果并不好，报名的人屈指可数。毛泽东和同学们到工人中去了解调查，主要原因是：（1）当时工人夜校在长沙是新事物，不易使人理解相信。（2）仅仅将广告贴在街上并不能引起人们的充分注意和认识夜校的真正意义。随后，毛泽东根据工人讲求务实的特点，用白话撰写夜学招生广告，列举上夜学的种种好处。毛泽东亲自组织同学带着几百份广告深入工厂、铁路及工人宿舍散发，耐心地进行口头宣传。后来报名人数有百余人，“如嗷嗷之待哺也”[②]。1917 年 11 月工人夜校开办后，为提高工人学习效果，毛泽东非常注意倾听工人的意见和要求，根据实际情况不断完善和改进夜学课程安排和教学方法，每天写学友会夜学日志，还亲自为夜学学生讲授历史常识课。毛泽东热情鼓励和团结周围的人们。尽管当时长沙局势不稳定，对工人夜校造成了困

① 《毛泽东早期文稿》，湖南人民出版社 2013 年版，第 83—84 页。

② 《毛泽东早期文稿》，湖南人民出版社 2013 年版，第 89 页。

难，但是在毛泽东的感召和严格管理下，工人们仍坚持学习，坚持上课。毛泽东在第一师范毕业时，学校附近的许多工人都尊称他“毛先生”，认为“毛先生”是他们的好老师、好朋友。毛泽东通过办工人夜校的实践活动开始与工人有了深入交流，同工人阶级建立了感情，取得了同工人接触和联系的初步经验。

除了在校外主办工人夜校，毛泽东还积极投入湖南社会的实际革命之中。当时北洋皖系军阀张敬尧于 1918 年 3 月出任湖南省督军兼省长，可谓“焚杀淫掠，横暴贪残，枉法殃民，抑又加甚”[①]，张敬尧在湖南的残酷统治，激起了湖南人民的强烈痛恨和坚决反对，湖南人民以其兄弟四人的名字编成顺口溜，控诉道：“堂堂乎张，尧舜禹汤。一二三四，虎豹豺狼”，“张毒不除，湖南无望”[②]。为拯救湖南百姓于水火，进一步推动五四运动在湖南的深入发展，毛泽东在 1919 年春夏以新民学会为核心组织驱逐张敬尧的运动。《湘江评论》被查封后，毛泽东加紧革命的行动步伐，湖南地区的反帝反封建的爱国民主运动再次被推向高潮。

当时，毛泽东和湖南学生联合会骨干就驱逐张敬尧问题进行了认真研究、大力动员和周密谋划。1919 年 9 月中旬，在酝酿驱逐张敬尧的会议上，毛泽东通过细致的社会考察，作了详尽分析，指出要抓住北洋军阀内讧的有利时机，利用军阀之间的矛盾展开联合斗争运动；提出应以学生为主力，使人民组织和行动起来，就可以达到驱张的目的。毛泽东当即部署：一是尽可能策动教员和新闻界人士支援学生驱张；二是指派学联及商专等骨干赴沪宣传，联络省外力量；三是积极恢复学联。毛泽东同湖南教育界千余人联署发出公启，揭露张敬尧派其私党操纵改选并控制省教育会的内幕。在毛泽东领导下，之前被张敬尧解散的湖南

---

① 《新民学会资料》，人民出版社 1980 年版，第 180 页。

② 《新民学会资料》，人民出版社 1980 年版，第 421 页。

学联得到重建，发表再组宣言，指斥张敬尧一类军阀“植党营私，交相为病，如昏如醉，倒行逆施，刮削民膏，牺牲民意，草菅人命，蹂躏民权”。

1919 年 12 月初，因张敬尧镇压长沙人民爱国运动，阻止焚烧日货，侮辱学生代表，大规模公开的驱张运动爆发。为在全省及全国造成巨大声势，获得人民鼎力支持，毛泽东和新民学会会员、湖南学联骨干等人于 12 月 3 日集会，商量发动全省学校总罢课，联合省内外力量共同开展驱张运动。毛泽东清晰地分析了当时形势，认为驱张条件已成熟：“青年学生的愤怒，全湖南省人民的愤怒，全国舆论的抨击，直皖两系狗咬狗的斗争，都使张完全陷于孤立，陷于四面楚歌之中。这回的压迫爱国运动，侮辱学生，更是引火自焚的举动。我们必须利用这个有利时机，坚决把张敬尧赶走，从水深火热中救出湖南三千万人的生命。”[①]此后，他们又在楚怡小学召开紧急会议，决定组织驱张代表团，分赴北京、天津、上海、汉口、广州等地扩大驱张宣传。

1919 年 12 月 6 日，在毛泽东动员下，长沙全部专门学校、中学、师范和一部分小学相继宣布罢课，湖南学联代表长沙一万三千名学生向全国发出“张敬尧一日不去湘，学生一日不回校”的誓言。接着，教师代表率领学生代表分赴北京、广州、上海等处进行请愿和联络，毛泽东亲率湖南驱张请愿团奔赴北京。为使湖南驱张运动在全国造成声势，获得全国人民的支持，毛泽东率领驱张代表团于 12 月 18 日抵达北京。这是他第二次来北京。北京遂成为湖南驱张运动的大本营，毛泽东以小学教师的身份成为这场驱张运动的主要领导人。抵京后，立刻组成“旅京湖南各界联合会”及“旅京湘人驱张各界委员会”。毛泽东还组织成立平民通讯社，发出大量驱张稿件，分送京、津、沪等各报，将张敬尧祸湘的罪恶及驱张运动的消息广为传播，形成了强大的舆论氛围，为

① 《新民学会资料》，人民出版社 1980 年版，第 422—423 页。

赶走张敬尧创造了有利条件。毛泽东和代表团在京奔走呼号，开展驱张斗争。12月28日，毛泽东出席湖南旅京各界公民大会，讨论驱张办法。31日，毛泽东等人以湖南旅京公民名义就张敬尧违禁运烟上书国务院，要求“将湖南督军张敬尧明令罢职，提交法庭依律处办，以全国法而救湘民”。1920年1月15日，陈独秀发表《欢迎湖南人底精神》，对驱张运动表示支持，认为湖南人的“奋斗精神”，“在一班可爱可敬的青年身上复活了”，这对毛泽东等人进行的驱张运动给予极大鼓舞。

1920年1月18日，为反对张敬尧侵吞湘省米盐公款，毛泽东等人向知名人士和群众团体发出快邮代电，要求米盐公款“在张贼未去，湘乱未宁以前，只可暂归湘绅保管，不得变动。涘湘事平定后，再由全省民意公决作用”。翌日，上海《民国日报》发表毛泽东等代表的呈文《湘人控张敬尧十大罪》，提出：“张督祸湘，罪大恶极。湘民痛苦，火热水深。张督一日不去湘，湘民一日无所托命。”同日，毛泽东还与教职员代表联名控诉张敬尧摧残教育的种种罪行，恳求撤惩张敬尧。1月28日，代表团向北洋政府国务院进发，高举“代表三千万湘民请愿”“请政府速即撤惩张敬尧”等大旗，毛泽东作为首席请愿代表进行交涉。代表们痛陈了张敬尧祸湘十大罪状，要求时任国务总理靳云鹏当众宣布解决办法。但终因兵警设防，请愿未获结果。驱张请愿代表团两个月内到新华门总统府和国务院先后进行过七次请愿活动。在湖南人民和毛泽东等坚持不懈的斗争下，加上直皖军阀之间的矛盾，张敬尧陷入省内外一片声讨之中，地位岌岌可危。3月25日，由毛泽东领衔的代表们向全国发出快邮代电，声讨被张敬尧收买的政客，重申湖南人民“以驱张除奸为职志”。6月9日，毛泽东在上海《时事新报》发表《湘人为人格而战》，他尖锐指出：张敬尧“欺人太甚，有些难忍。驱张运动的发起，名流老辈小子后生，一齐加入，就是缘于这几种很深刻的激刺。故湘人驱张，完全因为在人格上湘人与他不能两立。湘人驱张，完全是‘为人格而战’”[①]。6月11日，直皖战争即将爆发，张敬尧于当晚出走。6月16日，张敬尧军队全部撤出湖南，历时半年多的驱张运动取得胜利。

驱张运动是五四运动在湖南的进一步发展，是毛泽东民众大联合思想的一次重要社会实践，也是当时毛泽东主张“呼声革命”的具体行动，是向上层、向统治者和强权者呼吁并持续地“忠告”，但实际上没有根本效力。易礼容在给毛泽东等人的信中指出：包括驱张运动在内的“这两年的运动，效力还不十分大”，今后“要预备充分的能力”[②]。毛泽东在给易礼容的回信中作了反思：“驱张运动只是简单的反抗张敬尧这个太令人过意不下去的强权者”，是“应付目前环境的一种权宜之计，决不是我们的根本主张，我们的主张远在这些运动之外”，但“也是达到根本改造的一种手段，是应付‘目前环境’最经济最有效的一种手段”[③]。在这些丰富的校外实践和社会革命活动中，毛泽东的调查研究能力和组织创造力迅速提升。

四、试验工读主义和组织旅法勤工俭学

对于如何创造一个新社会，毛泽东同其他先进的中国知识分子一样在不断摸索。五四时期，各种新思潮来势汹汹，中国人民的思想得到了一次大解放。到后期，社会主义逐渐成为进步思想界的主流。但当时既有马克思主义的科学社会主义，又有号称“社会主义”实际上是小资产阶级空想社会主义混合物的无政府主义、新村主义、合作主义、泛劳动主义、基尔特社会主义等。中国先进分子一时还分不清科学社会主义与

① 《毛泽东早期文稿》，湖南人民出版社2013年版，第434页。

② 《新民学会资料》，人民出版社1980年版，第90页。

③ 《新民学会资料》，人民出版社1980年版，第91—92页。

其他社会主义流派的界限。绝大多数进步青年正在进行分析、比较和选择，希望能从中找到挽救民族危亡和改造中国社会的良方。随着新文化运动的深入发展和马克思主义的广泛传播，新文化运动阵营逐渐发生分化，出现了“问题”与“主义”之争。毛泽东虽未直接参与这场论争，但他在长沙曾计划组织一个问题研究会，并亲自为之拟定章程，提出了教育问题、女子问题、婚姻家族国家制度相关问题、劳动问题、民族问题、经济问题、社会主义问题等144个认为有研究价值的问题。其中第一条指出“凡事或理之为现代人生所必需，或不必需，而均尚未得适当之解决，致影响于现代人生之进步者，成为问题。同人今设一会，注重解决如斯之问题，先从研究入手，定名问题研究会”；第三条还指出“问题之研究，须以学理为根据。因此在各种问题研究之先，须为各种主义之研究”；第五条强调指出“问题之研究，有须实地调查者，须实地调查之”，“无须实地调查，及一时不能实地调查者，则从书册、杂志、新闻纸三项着手研究”，提倡将直接的调查和间接的调查结合起来。①

对于“问题”与“主义”之争的双方代表胡适和李大钊，毛泽东都十分崇敬。但是，这时的毛泽东还没认清这场论争的本质，也没认清科学社会主义与其他主义之间的本质区别。他对工读主义更感兴趣，这是他数年来梦想的“新社会生活”②。从湖南一师毕业后，毛泽东便邀请蔡和森、张昆弟等在岳麓书院半学斋湖南大学筹备处寄居。他们组成“工读同志会”，共同学习共同生产，讨论社会改造问题，走遍岳麓山周围的乡村。但这一试验很快因组织赴法勤工俭学中断。到北京后，毛泽东又读了些无政府主义的小册子。1919年3月，周作人发表《日本的新村》，详细介绍了日本作家武者小路实笃的新村主义，虽然当时毛泽东还没看到。北大学生组成类似新村的“工读互助团”，试图创建新生活

① 《毛泽东早期文稿》，湖南人民出版社2013年版，第362—367页。

② 《毛泽东早期文稿》，湖南人民出版社2013年版，第406页。

新社会。毛泽东受到感染。4 月，毛泽东回到长沙，试图在岳麓山建设一个以“新家庭新学校及旁的新社会连成一块为根本理想”的“新村”。他专门草拟了一份翔实的“新村”建设计划——《学生之工作》，1919 年 12 月 1 日在《湖南教育月刊》上发表。毛泽东所要构建的“新村”是集新学校、新家庭、新社会三位一体，人们在“新村”里共同学习、共同生产、共同生活，主张兴办新学校，实行新教育，以创造新生活为主体，从而创造新家庭，创造新社会。毛泽东认为要将学习和工作结合起来，将脑力劳动和体力劳动结合起来，半工半读，工读结合。毛泽东指出，作为改造国家主力军的青年学生，毕业后“多骛都市而不乐田园。农村的生活非其所习，从而不为所乐”[①]。广大农村没有知识青年，地方自治缺少“中坚之人”，那么“美满”的社会改造方案就无法有力推行。他认为欲除弊就必须有经济的工作，使知识青年直接从事生产；必须是现实社会普遍需要，合于实际生活的；而其工作场所必须在农村，工作内容为农村生产劳动，从而使之“养成乐于农村生活之习惯”[②]，实现知识青年与农村社会的结合，以推动社会进步。

毛泽东这时所主张的工读主义存在很大局限性。它是建立在自给自足的小农经济之上，是一种施行平均主义的“公社所有制”，是亟欲拯救处于半殖民地半封建的中国，但在历史的激荡中还没有找寻到光明道路的情况下，怀着对农村田园生活的向往而产生，属于空想社会主义。毛泽东在北京领导驱张运动的同时在积极组织工读活动。1920 年 2 月，他参观了少年中国学会发起人王光祈试办的女子工读互助团，并在给陶毅的信中说：“觉得很有趣味！但将来的成绩怎样？还要看他们的能力和道德力如何，也许终究失败（男子组大概可说已经失败了）。”他还提

① 《毛泽东早期文稿》，湖南人民出版社 2013 年版，第 407—408 页。

② 《毛泽东早期文稿》，湖南人民出版社 2013 年版，第 408 页。

到彭璜等人在上海组织的工读互助团“也是一件好事”[①]。后来，毛泽东离开北京到上海，应彭璜之邀与一师同学张文亮等试验工读生活，租了几间房子一起过“共同做工，共同读书，有饭同吃，有衣同穿”的简朴生活。一个月后，彭璜经过考察北京各工读团的现状，调查社会生活现实，发现工读生活不容易办到，上海工读互助团不能说不失败。在不断调查研究中，毛泽东也同样感到工读组织并不是改造社会的良方。1920年6月，毛泽东在致黎锦熙的信中指出“工读团殊无把握，决将发起者停止”，于是放弃了工读主义的构想。

在工读主义思想影响下，毛泽东全力投入到湖南青年留法勤工俭学运动中。当时，由蔡元培、吴玉章等倡导的留法勤工俭学运动在全国掀起浪潮。已离开长沙出任北京大学伦理学教授的杨昌济，将该活动情况写信告诉了毛泽东和蔡和森等人，盼着他们组织有志青年来北京。这时新民学会许多会员已毕业或即将毕业，都在寻找出路。因军阀连年混战，湖南人民正被张敬尧的军队劫掠，乌烟瘴气笼罩着全省，可谓“教育摧残殆尽。几至无学可求”[②]。以毛泽东为代表的湖南有志青年认为中国和湖南都需要改造，必须加紧学习和锻炼，担当改造湖南、改造中国的责任。1918年6月，毛泽东从湖南第一师范毕业。6月下旬，毛泽东同蔡和森、何叔衡、萧子升等人在一师附属小学召开会议，集中讨论“会友向外发展”问题。他们一致认为赴法勤工俭学很有必要，“应尽力进行”，蔡和森、萧子升“专负进行之责”。

在毛泽东看来，组织有志青年到法国勤工俭学，不仅能使其学习新知识、新思想，而且通过劳动锻炼，与穷苦工人一起，能够更加熟悉工人、了解工人，和工人阶级建立深厚感情。只有这样才能真正了解劳苦大众的问题，担当起改造国家和社会的艰巨责任。赴法勤工俭学是青年

---

① 《毛泽东早期文稿》，湖南人民出版社2013年版，第420页。

② 《新民学会资料》，人民出版社1980年版，第5页。

学生的好出路，也是培养和锻炼学会会员的好途径之一。后来，毛泽东在致陶毅的信中指出："我们同志，在准备时代，都要存一个'向外发展'的志。"[①]主张学会会员应该"散于世界各处去考察，天涯海角都要去人，不应该堆积在一处。最好是一个人或几个人担任去开辟一个方面。各方面的'阵'，都要打开。各方面都应该去打先锋的人"[②]。

为了帮助湖南青年学生解决赴法旅费、出国护照、学习法文等问题，毛泽东建议蔡和森到北京联系，自己留在长沙继续做赴法勤工俭学的组织工作。6 月 25 日，蔡和森到北京后，与李石曾、蔡元培接洽，认为"留法俭学及留法勤工俭学颇有可为"，遂函告毛泽东等人从事邀集志愿留法的同志。[③]毛泽东等会员纷纷到长沙的一些学校里进行宣传鼓动，很快就有 30 余人报名。蔡和森刚到北京就立即给毛泽东写信，信中强调杨昌济老师也非常希望毛泽东来北京大学。[④]他还将在北京所了解到的情况告知毛泽东等人，探讨"京保留法预备班的创设及新民学会的大计"[⑤]。蔡和森非常赞同毛泽东在回信中所讲的"才、财、学"三事及"大规模之自由研究"的主张，指出"欲往保定预备之人，颇繁有徒；此万不可以'人数有限'遏其动机，绝其希望；当另筹一调剂办法，尽量容收，成一大组织，然后始符初心，始无遗恨"[⑥]，"可靠不可靠，有把握没有把握，全在自己创造"[⑦]，"吾人之穷极目的，惟在冲决世界之层层网罗，造出自由之人格，自由之地位，自由之事功"[⑧]。蔡和森在信中多

---

① 《毛泽东早期文稿》，湖南人民出版社 2013 年版，第 418 页。

② 《毛泽东早期文稿》，湖南人民出版社 2013 年版，第 419 页。

③ 《新民学会资料》，人民出版社 1980 年版，第 5 页。

④ 《新民学会资料》，人民出版社 1980 年版，第 43 页。

⑤ 《新民学会资料》，人民出版社 1980 年版，第 46 页。

⑥ 《新民学会资料》，人民出版社 1980 年版，第 46 页。

⑦ 《新民学会资料》，人民出版社 1980 年版，第 47 页。

⑧ 《新民学会资料》，人民出版社 1980 年版，第 56 页。

次表达希望毛泽东尽快来京，认为只要毛泽东决定来北京，“来而能安，安而能久”[①]，自己从前所有顾虑都不成问题，指出赴法勤工俭学“殊不好为计，故亦望兄来指教”[②]。

1918年8月，毛泽东一行到达北京，随即同蔡和森等人以主要精力从事赴法勤工俭学的准备工作。这时，湖南青年陆续到达北京准备赴法的已有四五十人。毛泽东等人在发起赴法勤工俭学时并未预料到后来的种种困难，“会友所受意外的攻击和困难实在不少，但到底没有一个人灰心的”[③]。毛泽东劝大家耐心等待，不要盲目行动。他认真起草湖南青年留法勤工俭学计划，又和蔡和森等人与有关方面多次接洽联系，使大家先进入留法预备班学习，并积极筹措旅费，陆续为大家办理出国手续赴法勤工俭学。这期间，他和蔡和森、萧子升等人还专门到河北保定育德中学看望在“留法高等工艺预备班”学习的湖南学生。毛泽东等人组织的这个活动，“在某种意义上，促进了湖南与北方新文化运动的联系”[④]。

在湖南学子旅法勤工俭学成行后，作为“出力甚多”的组织者毛泽东却选择留在了国内。其实，他可以和新民学会的会友一起赴法留学，也有不少会友竭力邀请他一同出去，但他却有深远打算。1920年3月，毛泽东在致周世钊的信中对“国内研究与出国研究的先后问题”做了较为全面的分析。在讲到自己为何不愿出国求学，毛泽东解释道：“求学实在没有‘必要在什么地方’的理，‘出洋’两字，在好些人只是一种‘迷’。中国出过洋的总不下几万乃至几十万，好的实在很少。多数呢？仍旧是‘糊涂’；仍旧是‘莫名其妙’，这便是一个具体的证据。”[⑤]这并不代表

---

① 《新民学会资料》，人民出版社1980年版，第56页。
② 《新民学会资料》，人民出版社1980年版，第59页。
③ 《新民学会资料》，人民出版社1980年版，第5—6页。
④ 《早年毛泽东：传记、史料与回忆》，生活·读书·新知三联书店2011年版，第85页。
⑤ 《毛泽东早期文稿》，湖南人民出版社2013年版，第427页。

毛泽东反对出国，他是主张留学的，只是基于目前的情况暂时不出国，先留在国内做更紧要的研究工作。他指出这样有3点好处：其一，“看译本较原本快迅得多，可于较短的时间求到较多的知识”；其二，东西方文明各占“半壁江山”，东方文明可以说就是中国文明，应先研究中国古今学说制度的大要，再到西方留学才有“可资比较的东西”；其三，欲为世界发展贡献力量是离不开“‘中国’这个地盘”。先对中国的情形进行调查研究，一方面可避免出国后回来再做时因人事及生活关系的生疏而产生困难，另一方面可以将调查研究的经验带到西方“借资比较”。毛泽东强调，其实自己对于种种主义和学说还没得到一个比较明了的概念，对中国的了解还不够，他想先从书籍、译本及报章杂志中获取古今中外学说的精华，“使他们各构成一个明了的概念”①。可以看出，毛泽东既主张有人留在国内深入研究中国的国情，也主张派人到国外广泛地探求救国真理；既主张每个志于救国的人独立进行调查研究，也主张组织“联军”“同盟军”进行“共同作战”。当时毛泽东自己的调查研究重点首先是“‘中国’这个地盘”。

五、确立马克思主义信仰

1919年12月，毛泽东为组织驱张运动第二次抵京。这期间，毛泽东研读了大量关于俄国情况的书刊。他热切地搜寻着当时所能找到的为数不多的关于共产主义书籍的中文本。罗章龙在20世纪90年代回忆：“毛泽东第二次来北京的时候，我们有一个庞大的翻译组，大量翻译外文书籍，《共产党宣言》就是其中一本。《共产党宣言》不长，全文翻译了，按照德文版翻译的，我们还自己誊写，油印，没有铅印稿，只是油印稿。

① 《新民学会资料》，人民出版社1980年版，第64页。

我们酝酿翻译时间很长，毛主席第二次来北京后看到了。”[①]毛泽东还同正在北京大学秘密建立马克思学说研究会的李大钊等人联系，认真阅读马克思主义的书籍报刊。

在李大钊的影响下，毛泽东较多地受到马克思主义学说和俄国革命历史的影响。1920 年 2 月，毛泽东在给新民学会会员陶毅的信中指出“要结合一个高尚纯粹勇猛精进的同志团体”，提出改造社会要有共同的讨论，讨论共同的目的和共同的方法，再讨论如何实践。这样“将来才有共同的研究（此指学问），共同的准备，共同的破坏，和共同的建设”[②]。新民学会经过五四运动的洗礼，在驱张运动中由一个进步的学术团体发展为爱国革命团体。毛泽东则希望将其进一步发展为具有急进民主主义的革命团体，开始有意识地组织革命活动。毛泽东在信中提到了令他“脑子里装满了愉快和希望”的留俄一事。他激动地说：“彭璜君和我，都不想往法，安顿往俄。何叔衡想留法，我劝他不必留法，不如留俄。我一己的计划，……想和同志成一‘自由研究社’（或径名自修大学），预计一年或二年，必将古今中外学术的大纲，弄个清楚，好作出洋考察的工具（不然，不能考察）。然后组一留俄队，赴俄勤工俭学。”[③]毛泽东还与李大钊等人就留俄问题进行了认真的讨论商量。

毛泽东又经李大钊、王光祈等人介绍，于 1920 年 1 月加入少年中国学会。这是五四时期著名的带有学术性的政治社团，可以说当时中国少年的精英尽数在此。它的宗旨为“本科学的精神，为社会的活动，以创造‘少年中国’”，还有 4 个信条：奋斗、实践、坚忍、俭朴。张闻天、蔡和森、邓中夏、恽代英、高君宇、赵世炎、向警予等都是少年中国学会的成员，有许多人成为共产党早期组织成员。时任北大校长蔡元培高

① 《毛泽东年谱（1893—1949）》（修订本）上卷，中央文献出版社 2013 年版，第 56 页。
② 《毛泽东早期文稿》，湖南人民出版社 2013 年版，第 418—419 页。
③ 《毛泽东早期文稿》，湖南人民出版社 2013 年版，第 420 页。

度评价："现在各种集会中，我觉得最有希望的是少年中国学会。因为他的言论，他的举动，都质实得很，没有一点浮动与夸张的态度。"[①]少年中国学会中有一大批向往俄国十月革命的先进学生，毛泽东与他们一起进行研究讨论，进一步加深了对社会主义的认识。加入少年中国学会，对毛泽东来说是一场难忘的经历，对其影响很深，以至于后来重庆谈判期间，毛泽东曾邀请各界民主人士，3 次邀请少年中国学会的发起人之一周太玄赴宴，并询问其能否重新恢复少年中国学会。

毛泽东第二次在京期间，当时社会上各种学说学派、思想斗争十分激烈，尽管这时毛泽东已非常关注李大钊等人宣传的马克思主义和支持的进步团体，但对于确立自己的人生信仰和选择何种"主义"来改造中国社会，毛泽东还没有完全明确。他还专门到黎锦熙的住处讨论改造中国究竟应该选择哪一种主义的问题，他和黎锦熙一致认为中国的问题应该从"根本解决"[②]下手。1920 年 3 月，毛泽东在致周世钊的信中指出："老实说，现在我于种种主义，种种学说，都还没有得到一个比较明了的概念，想从译本及时贤所作的报章杂志，将中外古今的学说刺取精华，使他们各构成一个明了的概念。"毛泽东已注意到将中外学说结合，将外来的主义与中国的现实结合起来。他进一步谈道："我们是脱不了社会的生活的，都是预备将来要稍微有所作为的。那么，我们现在便应该和同志的人合力来做一点准备工夫。我看这一层好些人不大注意，我则以为很是一个问题，不但是随便无意的放任的去准备，实在要有意的有组织的去准备，必如此才算经济，才能于较短的时间（人生百年）发生较大的效果。我想：（一），结合同志，（二），在很经济的可能的范围内成立为他日所必要的基础事业。我觉得这两样是我们现在十分要注意的。"[③]

---

① 蔡元培：《蔡孑民先生言行录》，岳麓书社 2010 年版，第 81 页。

② 《毛泽东早期文稿》，湖南人民出版社 2013 年版，第 424 页。

③ 《毛泽东早期文稿》，湖南人民出版社 2013 年版，第 428—429 页。

经过组织成立新民学会，组织赴法勤工俭学运动，投身五四运动大潮，积极领导驱张运动，毛泽东逐渐意识到这些不能从根本上改变中国的现状。第二次北京之行虽不到 4 个月，但毛泽东收获极大，他总结道："这一次出游，观察多方面情形，会晤得一些人，思索得一些事，觉得这几种问题，狠有研究的价值。"[①]毛泽东回忆这段日子时讲："我第二次到北京期间，读了许多关于俄国情况的书。……有三本书特别深地铭刻在我的心中，建立起我对马克思主义的信仰。我一旦接受了马克思主义对历史的正确解释以后，我对马克思主义的信仰就没有动摇过。这三本书是:《共产党宣言》，陈望道译，这是用中文出版的第一本马克思主义的书;《阶级斗争》，考茨基著;《社会主义史》，柯卡普著。"[②]这时候，毛泽东才知道人类有史以来就存在阶级斗争，"阶级斗争是社会发展的原动力"，他初步得到认识问题的方法论。对于他来说，这些书上并没有中国的湖南、湖北，更没有中国的蒋介石和陈独秀。他只取了它 4 个字"阶级斗争"，便"老老实实地来开始研究实际的阶级斗争"[③]。

为了寻找从根本上真正改造社会的方案，毛泽东决定到上海同彭璜率领的驱张代表团会合，商讨下一步行动计划。同时顺便为即将从上海出发的第二批赴法勤工俭学的会友送行。1920 年 4 月 11 日，毛泽东离开北京奔赴上海。途中，在天津、济南、泰山、曲阜、南京等处参观游历。5 月 5 日到达上海。在上海的两个多月里，毛泽东多次到霞飞路老渔阳里拜访陈独秀。他同陈独秀讨论自己读过的马克思主义书籍和组织湖南改造促进会的计划。1920 年 5 月，陈独秀在上海发起组织成立马克思主义研究会。6 月，陈独秀同李汉俊等人开会商议，决定成立党组织，还起草了党的纲领。这对毛泽东产生了巨大的影响。后来，毛泽东对斯

---

① 《毛泽东早期文稿》，湖南人民出版社 2013 年版，第 419 页。

② 〔美〕埃德加·斯诺:《西行漫记》，董乐山译，东方出版社 2010 年版，第 147 页。

③ 《毛泽东文集》第 2 卷，人民出版社 1993 年版，第 378—379 页。

诺谈道："我第二次到上海去的时候，曾经和陈独秀讨论我读过的马克思主义书籍。陈独秀谈他自己的信仰的那些话，在我一生中可能是关键性的这个时期，对我产生了深刻的印象。"①"他对我的影响也许超过其他任何人。"②并特别指出："我一旦接受了马克思主义对历史的正确解释以后，我对马克思主义的信仰就没有动摇过。……到了 1920 年夏天，在理论上，而且在某种程度的行动上，我已成为一个马克思主义者了，而且从此我也认为自己是一个马克思主义者了。"③

1920 年下半年，毛泽东在进行传播马克思主义的活动中就已经在考虑和酝酿建党建团的问题。在与新民学会国内外会员的通信中以及新年大会上，毛泽东对这一关系到发展方向的重要问题与会员进行了深入激烈的讨论。1920 年 5 月在上海召开的半淞园会议讨论了新民学会进一步发展问题和会务问题，刚到法国的萧子暲等人将会议精神带到法国。根据关于"巴黎等会员较多之处可组织学术谈话会，定期召集"的意见，赴法勤工俭学的新民学会会员于 7 月在蒙达尼公学召开集会，集中讨论改造中国与世界的问题。但在改造方法上出现了两种完全不同的声音：蔡和森等人主张激烈的革命，组织共产党，实行无产阶级专政，仿效俄国革命，从根本上改造中国社会；相反，萧子升等人则主张温和的革命，即"以教育为工具的革命，为人民谋全体福利的革命。以工会合社为实行改革之方法"，倾向于无政府主义和无强权主义的蒲鲁东式的革命，实质是资产阶级改良主义。由于会前准备不够充分，这一关键问题的争论没有得到充分讨论。会议决定将两种意见写信告诉毛泽东，听取国内会员的建议。

1920 年 8 月，蔡和森在给毛泽东的信中详述了自己的观点。蔡和森

---

① 〔美〕埃德加·斯诺：《西行漫记》，董乐山译，东方出版社 2010 年版，第 148 页。
② 〔美〕埃德加·斯诺：《西行漫记》，董乐山译，东方出版社 2010 年版，第 146 页。
③ 〔美〕埃德加·斯诺：《西行漫记》，董乐山译，东方出版社 2010 年版，第 147 页。

认为："阶级战争——无产阶级专政"是"现世革命唯一制胜的方法"。对于下一步的具体行动，他提出："我以为先要组织党——共产党。因为他是革命运动的发动者，宣传者，先锋队，作战部，以中国现在的情形看来，须先组织他，然后工团，合作社，才能发生有力的组织。革命运动，劳动运动，才有神经中枢。……我以为现在就要准备。"①这一主张与在国内经过实际的调查研究和革命实践而打算"另造环境"、寻找"真同志"进行"主义的结合"的毛泽东不谋而合。由于当时国际交通慢，毛泽东几个月后才收到蔡和森和萧子升的信，他看后既激动又兴奋，进行了认真研究，于12月1日半夜在文化书社完成了数千言的回信。毛泽东肯定了"改造中国与世界"作为学会新方针的主张，这与他平素的主张正好吻合，且与多数会员的主张相一致。同时，他又结合中国的实际现状和特点指出："我们生在中国地方的人，为做事便利起见，又因为中国比较世界各地为更幼稚更腐败应先从此着手改造起见，当然应在中国这一块地方做事；但是感情总要是普遍的，不要只爱这一块地方而不爱别的地方。"②这时的毛泽东对待问题已经看得十分全面，超越了同时代大多数年轻人，他既能从全局从长远着眼，又能够从局部从当下出发。这一思想特征在之前就已有体现。1920年3月，他在给周世钊的信中指出："如果要在现今的世界稍为尽一点力，当然脱不开'中国'这个地盘。关于这地盘内的情形，似不可不加以实地的调查，及研究。"③青年的毛泽东经过深入的调查研究和革命实践，这时的他既不会因为沉陷于具体革命斗争而忘记最终的奋斗目标，也不会仅仅空怀远大理想而放弃在现实中为人民争取利益，这是即将成为坚定的共产主义革命领导者和组织者所应具备的高超智慧和优秀品质。

---

① 《新民学会资料》，人民出版社1980年版，第129—130页。

② 《新民学会资料》，人民出版社1980年版，第146页。

③ 《毛泽东早期文稿》，湖南人民出版社2013年版，第428页。

对于究竟用什么方法达到“改造中国与世界”的目的，毛泽东在信里作出了明确回答。他完全赞同蔡和森的主张，认为“应用俄国式的方法去达到改造中国与世界，是赞成马克思的方法的”。而对于萧子升等人用平和的教育手段来谋全体人类的幸福的主张，毛泽东则表示从理论上是说得通，但事实上实现不了。这是他通过亲身革命的实践而得出的符合斗争实际的正确认知，对蔡和森的主张“表示深切的赞同”①。后来1950年5月，毛泽东会见新民学会会员邹蕴真时坚定地说：“当年我们想把中国搞好，苦于没有办法，东找西找，最后才找到马克思主义。”②毛泽东1920年12月给蔡和森等人的回信是其世界观彻底转变的标志，青年的毛泽东经过长期的寻找和徘徊，终于找到了真理——马克思主义。这面在他心中高高竖起的旗帜，正如一把熊熊燃烧的火炬，指引着他在革命的道路上不断向前。

为了讨论新民学会会务和改造中国与世界的问题，新民学会于1921年1月1日至3日在长沙召开新年大会。与会者重点围绕以“改造中国与世界”为学会方针以及改造的方法和目的问题进行了热烈讨论。讨论前，毛泽东在会上报告了蒙达尼会议关于三大问题的讨论结果：对于“新民学会应以什么作共同目的”，主张以“改造中国与世界”为共同目的；对于以什么改造方法达到目的则有激烈争论，一部分会友主张用急进的方法，一部分则主张用缓进的方法；对于方法应如何着手，一部分会友主张组织共产党，一部分会友主张实行工学主义及教育改造。这次新年大会的意义是极为深远的，经过热烈的研究和讨论，大多数会员在毛泽东的引导和启发下，在关于学会会务和发展的重要问题上达成了一致意见，这对提高会员的思想觉悟，澄清各种错误的想法，明确了正确的前进方向。从此，长沙出现了一批赞同

① 《新民学会资料》，人民出版社1980年版，第147—150页。

② 《新民学会资料》，人民出版社1980年版，第545页。

俄国十月革命、初具共产主义思想的先进青年，他们紧紧跟随革命形势发展，为实现改造中国、改造世界的远大理想而不懈奋斗。毛泽东在大会上的精辟发言，也成为他确定选择马克思列宁主义革命道路的宣言书。大会结束后不久，1921 年 1 月 21 日，毛泽东给蔡和森写了一封简短的回信，对蔡和森 9 月关于共产党重要讨论的来信进行了答复。毛泽东在信中明确表示："唯物史观是吾党哲学的根据，这是事实，不象惟理观之不能证实而容易被人摇动。……你这一封信见地极当，我没有一个字不赞成。"毛泽东在信中向蔡和森介绍了国内建党的一些情况："党一层陈仲甫先生等已在进行组织。出版物一层上海出的《共产党》，你处谅可得到，颇不愧'旗帜鲜明'四字（宣言即仲甫所为）。"[①]毛泽东所言"唯物史观是吾党哲学的根据"点出了建设马克思主义政党的核心问题，这也是通过他亲身实践得出的，将马克思主义的唯物史观作为在中国进行建党的指导思想，将其与中国革命实际初步结合，是毛泽东接受马克思主义过程中的鲜明特点，也是他从事理论创造和革命实践的新起点。

毛泽东返湘后，与陈独秀一直保持着书信往来，他还多次邀请陈独秀到湘参加活动，因其他原因，陈独秀赴湘事宜未能成行。1936 年秋在保安（今陕西省志丹县），毛泽东曾对斯诺说："1920 年冬天，我第一次在政治上把工人们组织起来了，在这项工作中我开始受到马克思主义理论和俄国革命历史的影响的指引。"[②]

接受马克思主义信仰后，毛泽东还以很大的精力调查、研究和宣传马克思主义，传播新思想新文化。1920 年，毛泽东在返湘途中经过武汉，与武昌利群书社创办人恽代英会面。他详细考察了利群书社的经营情况，萌生了在长沙也创办这样一个书社的想法。回到长沙，毛泽东便

① 《新民学会资料》，人民出版社 1980 年版，第 162—163 页。

② 〔美〕埃德加・斯诺：《西行漫记》，董乐山译，东方出版社 2010 年版，第 147 页。

积极联络何叔衡、彭璜、易礼容等作为共同发起人，8月2日在楚怡小学开会，通过由毛泽东起草的《文化书社组织大纲》。大纲规定文化书社"以运销中外各种有价值之书报杂志"为宗旨，便宜且迅速地发售国内外各种书报杂志，从而使"各种有价值之新出版物，广布全省，人人有阅读之机会"。毛泽东、易礼容、彭璜在会上被推定为筹备员，负责起草议事会及营业部细则，寻找社址及联系外省订购书报等事宜。不久，租用了长沙湘雅医学专门学校的3间房子作为社址，9月9日，文化书社开始正式营业。创办长沙文化书社，可以说是毛泽东在最短的时间内办成的一件大事，整个书社从筹备到开业只用了两个月的时间。

毛泽东创办文化书社的主要目的是宣传新思想新文化，特别是马克思主义，以启发和提高群众的觉悟。随着世界思潮的日趋变化，国内新文化运动随之而起，继而"文学革新，思想解放，全国风传，进行甚速"[①]，逐渐转向宣传俄国十月革命和马克思主义。而湖南的现状却仍是民智未开，尤其在张敬尧统治时期，一切新事物被禁遏，社会上暮气沉沉。针对外省有人赞誉湖南搞新文化的情况，毛泽东批评指出，"湖南人和新文化，相去何止十万八千里"，认为湖南三千万民众中大部分没进过学堂，文化基础差，全体湖南人和新文化是不相干的。他分析湖南之所以没有新文化是"由于没有新思想，没有新思想由于没有新研究，没有新研究由于没有新材料"，指出"湖南人现在脑子饥荒实在过于肚子饥荒，青年人尤其嗷嗷待哺"，所以他创办文化书社，"以最迅速、最简便的方法"向湖南青年以及全体湖南人介绍作为"新研究的材料"的国内外各种最新书报杂志。[②]

其实，毛泽东这时所讲的新思想新文化已不再是之前他所接触的各种各样的"新思潮"，他的思想已有了方向。1920年上半年，毛泽东先后

① 《毛泽东早期文稿》，湖南人民出版社2013年版，第446页。

② 《毛泽东早期文稿》，湖南人民出版社2013年版，第449—450页。

在北京、上海和李大钊、陈独秀直接接触。这两个城市的马克思主义传播状况和共产主义者活动情况对他产生了很大影响。回湖南后，他在思考湖南建设问题时也表达了对俄国十月革命的向往："在相当环境相当条件之下，如列宁之以百万党员，建平民革命的空前大业，扫荡反革命党，洗刷上中阶级，有主义（布尔失委克斯姆①），有时机（俄国战败），有预备，有真正可靠的党众，一呼而起，下令于流水之原，不崇朝而占全国人数十分之八九的劳农阶级，如响斯应。俄国革命的成功，全在这些处所。"②实质上毛泽东更具体的指向在俄国，他说："不但湖南，全中国一样尚没有新文化。全世界一样尚没有新文化。一枝新文化小花，发现在北冰洋岸的俄罗斯。"③

发起文化书社后，紧接着，毛泽东又和方维夏、何叔衡等人准备组织成立湖南俄罗斯研究会。筹备会于8月22日在长沙县知事公署举行，会议确定以"研究俄罗斯一切事情"为宗旨，以及一些具体筹备事宜。9月15日，湖南俄罗斯研究会在文化书社正式成立。大家一致认为，"研究俄国学术精神及其事情，有十分必要，一班脑筋陈腐的人，盲目反对，是不中用的"④，并推举毛泽东为书记干事。会议还决定派人赴俄考察，并在船山学社创办俄文班，还讨论了发行《俄罗斯丛刊问题》等事宜。在毛泽东积极推荐下，湖南《大公报》转载了上海《共产党》月刊上一批重要文章包括《俄国共产党的历史》《列宁的历史》等，在广大青年中产生了广泛影响。湖南俄罗斯研究会还介绍刘少奇、任弼时、萧劲光等16名进步青年到上海学习俄语，然后赴俄国留学。可见，这时的他已把中国和世界的希望寄托在马克思主义指引下的俄国十月革命的

---

① 指布尔什维主义。

② 《毛泽东早期文稿》，湖南人民出版社2013年版，第456页。

③ 《毛泽东早期文稿》，湖南人民出版社2013年版，第449页。

④ 《毛泽东年谱（1893—1949）》（修订本）上卷，中央文献出版社2013年版，第64页。

榜样上。

文化书社在毛泽东的精心经营下，业务频繁，日趋发达。据《文化书社社务报告》第二期载，自 1920 年 9 月到 1921 年 3 月，书社先后与省内外 65 家书局及杂志社等单位发生营业关系，包括上海泰东图书馆、广州新青年社、上海亚东图书局、北京大学出版部、上海中华书局、武昌利群书社等。在湖南省内还分别成立了平江、浏西、武冈、宝庆、衡阳、宁乡、溆浦 7 处分社。书社销售的书籍总计 160 余种，杂志 40 余种，报纸 3 种，均很畅销且总是供不应求。其中，销量在 200 本以上或 80 本以上的书有:《马克思资本论入门》《社会主义史》《新俄国之研究》《劳农政府与中国》《杜威五大讲演》《晨报小说第一辑》等；销量最多的杂志有:《劳动界》周刊（5000 份）、《新生活》半月刊（2400 份）、《新青年》月刊（2000 份）等；重要的报纸有:《时事新报》（每天 75 份）、北京《晨报》（每天 45 份）。[①]文化书社尽最大可能迅速而全面地搜集国内外新文化书籍、杂志和报纸，特别是将共产党早期组织主编的刊物和宣传马克思主义的书刊作为重点推销，将它们传播到湖南广大群众尤其是学生和工人手中，帮助其及时了解中国和世界的革命形势，启发其思想进步。

文化书社由一批怀着社会主义理想的有志青年经营，是一个社会公有并不是私人营利的机关，一切社务都公正公开，受到了群众的普遍喜爱和欢迎。毛泽东作为主要创办人事无巨细，以身作则，积极主动带领社员埋头苦干，亲自起草或制定文化书社的缘起、组织大纲和社务报告。他还想方设法为那些无钱购买书报的人提供方便，发动群众阅读进步书刊，设立书报阅览处，陈列各种新书报刊供大家阅览选购。书社还印制一些宣传单，随书社所售书刊附送。在书社出售的《新青年》第八卷一期中就夹有由毛泽东起草的两份传单《文化书社敬告买这本书的先

① 《新民学会资料》，人民出版社 1980 年版，第 279—297 页。

生》和《读书会的商榷》。作为书社筹备员之一的易礼容后来回忆："文化书社曾发卖过一种三个铜板一份的新刊物，许多学生、工人常准确按出版日期，一星期、一个月、一年至几年，一次、十次、百次至几百次，持续不断地来书社购买这刊物，他们对精神食粮的需求是多么如饥似渴呵！我还记得当年不少先进人物来社买此类刊物时的音容笑貌，真是至可尊敬的形象！因而可以说文化书社在群众中的作用是十分可观的。"[①]

毛泽东曾说："我在长沙创办了文化书社，这是一个研究现代文化和政治趋势的团体。"文化书社不仅仅是一个进步团体，它从 1920 年 9 月营业到 1927 年马日事变时被查封，在条件极为困难的情况下坚持存在了近 7 年之久，"它的创设和发展，是湖南人民文化生活和政治生活上一件大事"[②]，为广泛传播马克思主义、推动新文化运动的发展作出了极大贡献。1925 年 9 月的湖南《大公报十周年纪念特刊》评价文化书社"专以介绍新文化书籍为务"，"销售新出版物最力者为文化书社"。文化书社继承了《湘江评论》、新民学会的革命精神，得到了社会各界的广泛支持，为冲破长期统治湖南人民的封建势力，发展革命运动奠定了坚实基础。

① 《新民学会资料》，人民出版社 1980 年版，第 527 页。

② 《新民学会资料》，人民出版社 1980 年版，第 430 页。

第二章 披荆斩棘的探路人

一、湖南建党、建团

随着马克思主义在中国的广泛传播并且日益同中国工人运动相结合，陈独秀等人的目光已经逐渐从青年学生转向工农大众，他们深入工人中，了解工人的疾苦并将其组织起来开展劳动运动。马克思主义与工人运动相结合，必然会产生无产阶级的政党。经过周密的酝酿和准备，在陈独秀主持下，上海的共产党早期组织于1920年8月成立，这是中国第一个共产党组织。上海的共产党早期组织通过写信联系、派人指导或具体组织等方式，积极推动各地共产党早期组织的建立。毛泽东离开上海时，陈独秀就嘱咐他在长沙作建党准备。李达回忆说上海早期党组织成立后，陈独秀等人找关系在各地发起组织共产党，其中“在湖南由毛泽东同志负责”[①]。张国焘回忆：“陈先生与在湖南长沙主办《湘江评论》的毛泽东等早有通信联络，他很赏识毛泽东的才干，准备去信说明原委，请他发动湖南的中共小组。”[②]应陈独秀函约，在毛泽东的筹划下，长沙共产主义小组于1920年冬在新民学会先进分子中秘密诞生。

在筹建长沙共产主义小组的同时，毛泽东积极进行湖南社会主义青年团的组建工作。1920年10月，毛泽东在接到北京、上海寄来的社会主义青年团章程后，便立即着手建立团的组织。他在湖南第一师范、商业专门学校、第一中学的学生中寻找发展对象，调查青年的情况，建立

① 《“一大”前后——中国共产党第一次代表大会前后资料选编》第2卷，人民出版社1980年版，第8页。

② 张国焘：《我的回忆》第1册，东方出版社1991年版，第98页。

了团的组织。湖南进步分子彭平之、易礼容、杨开慧、陶斯咏、郭亮、张文亮、毛泽覃等都加入了长沙社会主义青年团。11月，毛泽东还给湖南一师附属学校的张文亮送了10份青年团章程，请其帮忙“代觅同志”。毛泽东对发展团员工作极为负责，十分谨慎，他主张“青年团此时宜注重找真同志，只宜从缓，不可急进”，认为发展团员应分两个步骤：一是研究，二是实行。他多次强调要多找“真同志”。毛泽东所谓的“真同志”就是确立了马克思主义信仰的先进分子，在他看来，“因非同志，不论个人或团体，均属无益”①。在毛泽东的努力下，1921年上半年，长沙青年团员已发展到近40人，是全国团员较多的地区之一。

在建党建团过程中，毛泽东注意将马克思主义灌输到工人群众中去。1920年秋，他开办了一所工人夜校，还办了一个工农子弟补习班。除学习文化外，还重点向工人传播马克思主义的基本常识。1920年11月，毛泽东等以新民学会会员为骨干，组织长沙工人、学生举行游行，庆祝俄国十月革命三周年。在毛泽东、何叔衡等人的支持和帮助下，湖南劳工会成立。劳工会的领导人黄爱、庞人铨曾受无政府主义影响，后来在毛泽东影响下，接受马克思主义并参加了社会主义青年团。据李达回忆，在党的一大召开期间，各地代表在住所里互相交换意见，当时党的主要工作是进行马克思列宁主义宣传与工人运动两项，“北京小组在长辛店做了一些工人运动，武汉方面，京汉铁路工人运动及其他各工厂的工人运动也是刚才开始。长沙小组，宣传与工运都有了初步成绩。看当时各地小组的情形，长沙的组织是比较统一而整齐的，其他各地小组的组织却比较散漫些。”②

与此同时，在李大钊、陈独秀等人联络推动下，中共各地的早期组

① 《新民学会资料》，人民出版社1980年版，第28页。

② 《“一大”前后——中国共产党第一次代表大会前后资料选编》第2卷，人民出版社1980年版，第12页。

织纷纷建立起来，他们所努力开展的工作进一步促进了马克思主义同工人运动相结合。革命的知识分子学习马克思主义，深入工人群众，进行实际斗争，逐步锻炼成为无产阶级的先锋战士，而工人群众中也逐渐涌现出一批具有共产主义思想的先进分子。正式成立中国共产党的条件已具备。

1921 年 6 月，上海的共产党早期组织向北京、武汉、长沙、济南、广州和旅日的共产党早期组织发出约函，各派代表两人到上海开会。1921 年 7 月 23 日，中国共产党第一次全国代表大会在上海秘密开幕。参加会议的代表有：上海的李达、李汉俊，北京的张国焘、刘仁静，武汉的董必武、陈潭秋，长沙的毛泽东、何叔衡，济南的王尽美、邓恩铭，广州的陈公博，旅日的周佛海；包惠僧受陈独秀派遣，出席了会议。他们代表全国 50 多名党员。共产国际代表马林和尼克尔斯基出席了会议。陈独秀和李大钊因事务繁忙未出席会议。由于会场受到暗探注意和法租界巡捕搜查，最后一天的会议转移到浙江嘉兴南湖的游船上举行。

大会期间，毛泽东担任记录，并在会上报告了长沙的共产党早期组织成立的情况。他不像其他一些与会者一样精通外文，饱读马克思列宁主义著作。与会代表对他的印象是稳重老成，沉默寡言。毛泽东虽不多发言，但十分注重听取别人发言的内容。他特别注重思考大会讨论的内容和问题，经常在住所里“走走想想，搔首寻思”，以至于“同志们经过窗前向他打交道的时候，他都不曾看到，有些同志不能体谅，反而说他是个‘书呆子’、‘神经质’”[①]。殊不知，毛泽东正在苦心思索如何将大会的精神和湖南革命的实际充分结合起来，以推动中国革命事业的发展。

---

① 《“一大”前后——中国共产党第一次代表大会前后资料选编》第 2 卷，人民出版社 1980 年版，第 12 页。

亲历中共一大，毛泽东感触很深，对此，他后来进行了多次评述。1936 年接受斯诺采访时，他讲道：“在上海这次有历史意义的会议上，除了我以外，只有一个湖南人。其他出席会议的人有张国焘、包惠僧和周佛海。我们一共有十二个人。”[①]1945 年，党的七大预备会议上毛泽东感慨：“1921 年，我们党开第一次代表大会。……本来是在上海开的，因为巡捕房要捉人，跑到浙江嘉兴南湖，是在船上开的。发了宣言没有？我不记得了。当时对马克思主义有多少，世界上的事如何办，也还不甚了了。……什么经济、文化、党务、整风等等，一样也不晓得。当时我就是这样，其他人也差不多。……我们开始的时候，也是很小的小组。这次大会发给我一张表，其中一项要填何人介绍入党。我说我没有介绍人。我们那时候就是自己搞的，知道的事也并不多，可谓年幼无知，不知世事。”[②]1949 年，毛泽东对党的创建进行了高度凝练而精辟的评价：“1917 年的俄国革命唤醒了中国人，中国人学得了一样新的东西，这就是马克思列宁主义。中国产生了共产党，这是开天辟地的大事变”，“从此以后，中国改换了方向”[③]，这也是对中国革命的总结。

毛泽东回到长沙后，根据中共一大决定，立即开始筹建中共湖南支部，开展工人运动。当时，毛泽东担任湖南第一师范中学部国文教员，住在船山学社。他经常在文化书社和清水塘同何叔衡、易礼容等人讨论在湖南成立共产党支部的问题以及如何在学生和工人中进行革命宣传活动，对此，萧三后来详细地记述道：“一个秋凉的日子，在长沙城外协操坪旁边的公共坟墓场里，有几个人在散步。他们一时沉默地站在坟墓堆子和墓碑的中间，一时在坟墓中间的小路上走动，彼此热烈地谈论。在高高身材背略有点躬的毛泽东同志的旁边，走着宽眉膀，矮矮身

① 〔美〕埃德加·斯诺：《西行漫记》，董乐山译，东方出版社 2010 年版，第 149 页。
② 《毛泽东文集》第 3 卷，人民出版社 1996 年版，第 291 页。
③ 《毛泽东选集》第 4 卷，人民出版社 1991 年版，第 1514 页。

材，一口黑胡子的何叔衡同志。此外还有三个人，内中有异常热诚朴实的湘乡人彭平之同志，这五个人这一天在这里讨论组织湖南共产党的问题。”①

1921年10月10日，中国共产党湖南支部正式成立，毛泽东任书记，何叔衡、易礼容等为成员。关于支部办公地址，毛泽东等认为不宜设在公共场合，经过调研考察，选择了离船山学社不太远而又不易引起人注意的清水塘22号，租了几间屋子作为办公和联络点，这也是毛泽东的生活住所。清水塘当时属于长沙野郊，青砖黛瓦，绿塘碧水，清幽雅致，潋滟如画，既是毛泽东和妻子杨开慧温馨的家，也是中共湖南支部及之后成立的中共湘区委员会秘密活动阵地，更是毛泽东开展中共革命活动的起点。从1921年冬到1923年4月，毛泽东经常往来于船山学社、第一师范、文化书社和工人群众之间，直到深夜才回到清水塘。在外人看来这是一座普通的住宅，而实际上这里成了领导湖南革命斗争的核心指挥部。

1921年11月，中共中央局发出关于建立与发展党团工会组织等工作的通告，要求上海、北京、广州、武汉、长沙5区最低限度必须在当年内或最迟翌年7月党的二大召开前，发展到30人并成立区执行委员会；同时要求尽全力组织铁路工会、开展青年和妇女运动。根据要求，毛泽东努力开展湖南地方党团工作，推进湖南革命事业的发展。毛泽东先在原有革命组织新民学会和社会主义青年团中慎重、个别地吸收先进分子入党，并在湖南第一师范、商业专门学校、省立一中等学校开展动员，发展了一批党员。毛泽东注重发展工人中的先进分子入党，分别在长沙第一纱厂、电灯公司、粤汉铁路以及泥木、缝纫、印刷等行业工人中发展党员，还多次赴长沙以外的安源、衡阳等地考察情况，积极发展

① 《早年毛泽东：传记、史料与回忆》，生活·读书·新知三联书店2011年版，第99—100页。

工人党员。1921年10月，毛泽东与夏明翰到衡阳三师与进步教师和学生开座谈会，亲自作演讲，分析历代农民起义之所以失败，是因为没有先进阶级和政党的领导，并以俄国十月革命的伟大胜利为例说明工人阶级的领导和无产阶级革命的必要性，在师生们心中播下希望的火种。1922年4月，毛泽东再到衡阳，为师生们深入分析社会主义是最好最正确的理想，马克思主义是科学的社会主义，并介绍马克思生平及奋斗经历。在毛泽东的动员下，衡阳三师有许多进步青年加入共产党和青年团组织。这期间，中共安源支部、中共湖南第一师范学校支部、衡阳湖南省立第三师范学校支部等相继成立，统一由中共湖南支部领导。

在毛泽东领导下，湖南地区的党员数量逐渐增加，5月底发展至30多人，根据中央局要求，中共湘区执行委员会成立，毛泽东任书记，区委机关设在清水塘22号。对毛泽东在清水塘的活动，周世钊回忆："为了开展建党建团工作和工人罢工运动，毛主席常约集有关的同志在这里开会。开会时间，一般都在晚上。到会的人，有工人，有农民，有学生，有教师，也有店员、学徒和机关干部……住在清水塘的一段时间，他的工作比以前任何时期都要忙。一师附小、自修大学、湘江中学的工作要抓；文化书社的工作要抓；建党建团的工作更要抓。这些工作都要付出很多的时间和精力。"①

在发展和壮大党组织的同时，毛泽东领导中共湖南支部继续积极发展社会主义青年团团员，为党的发展不断准备力量。1922年6月，社会主义青年团长沙执行委员会召开改组大会。大会通过由毛泽东修改定稿的《长沙S.Y.执行委员会细则》，规定执委会下设书记部、经济部、宣传部3个部门，还组织学生、劳工、社会教育、妇女、农民等特别委员会。选举毛泽东为书记。毛泽东注重将党组织和团组织开展的革命活动结合起来，在斗争中培养团员的同时亦能使团组织自觉置于同级党组织

① 周世钊:《毛主席青年时期的故事》，中国少年儿童出版社1977年版，第82—83页。

领导之下，避免某地曾出现过的只知有团而不知有党的现象。至 1923 年 12 月，湘区的青年团员发展至近 800 人。

建党建团伊始，毛泽东十分重视党的制度和纪律建设。面对个别党员对党费缴纳制度的质疑或因年纪较大不参加组织生活，毛泽东便对其提出严肃批评，进行耐心教育。毛泽东极度注重发扬党的民主作风，坚持批评和自我批评。他经常深入群众，倾听各种呼声，认真进行调查研究，撰写地方向中央或省委的报告和负责组织之间的通信联系。他从一开始就十分注重保持同人民群众的密切联系，常对身边的党员讲小组织大运动的道理：精干有力的党组织同大规模的群众运动、群众组织相结合，两者才能互相依存，互相发展。周世钊对毛泽东此间的状态这样描述："他日里到外面联络、开会，常常忙得吃不上饭；夜里写文章，往往写到天亮。头发长了，衣服破了，也没有时间去料理。他的精力完全用在对军阀、资本家的尖锐、复杂的斗争上。"①

建党建团必须要有干部，必须发现和培养具有一定理论水平和实践能力的得力干部。毛泽东出席党的一大后返回长沙，便立即同何叔衡、贺民范为聚英才而谋事，利用船山学社的经费和社址，于 1921 年 8 月间创办了一所宣传马克思主义和培养革命干部的学校——湖南自修大学，可以说这是中共第一个"党校"，也是中共在湖南地区的活动场所之一。毛泽东实际负责学校的一切事务。船山学社是一座三进四合院，宁静幽深，早先是曾国藩祠，民国初年长沙出现了一批以刘人熙为代表的以保存国粹、弘扬国学为己任的知识分子，他们为纪念明末清初思想家王船山，在祠堂的基础上建立了船山学社，是研究王船山思想、弘扬爱国精神的一个学术团体，在湖南教育界产生了很大影响。从湖湘学派集大成者王船山到近代湖湘文化的代表人物曾国藩的活动遗迹，毛泽东选择此处办学，颇有深意。

创办自修大学是毛泽东多年以来的夙愿。他早在湖南图书馆度过了

① 周世钊：《毛主席青年时期的故事》，中国少年儿童出版社 1977 年版，第 84 页。

一段自修时光，读第一师范时对学校刻板的教育也颇为不满，他向来提倡学生进行独立思考、自主钻研和共同讨论。1917 年 8 月，毛泽东在给黎锦熙的信中讲："弟对于学校甚多不满之处……弟久思组织私塾，采古讲学与今学校二者之长，暂只以三年为期……怀此理想者，四年于兹矣。"[①]1920 年 2 月，他又在给陶毅的信中谈，"我一己的计划，……湘事平了，回长沙，想和同志成一'自由研究社'（或径名自修大学）"[②]。3 月，他在给周世钊的信中说："我们在长沙创造一种新的生活，可以邀合同志，租一所房子，办一个自修大学（这个名字是胡适之先生造的）。"[③]6 月，他在信中又对黎锦熙言："我一生恨极了学校，所以我决定不再进学校。自由研究，只要有规律，有方法，未必全不能。"[④]到 1921 年 8 月，这时已完全接受马克思主义、以共产主义为最高目标且已成为湖南革命青年一面旗帜的毛泽东，在形式上延续了过去办自修学校的愿景，而在实质上已摆脱了之前受新村主义的影响，将马克思主义融入办学理念之中，有了比过去更为明确远大的目标和内容。

毛泽东亲自为自修大学起草《组织大纲》《创立宣言》。《组织大纲》第一章第一条规定："本大学鉴于现在教育制度之缺失，采取古代书院与现代学校二者之长，取自动的方法，研究各种学术，以期发明真理造就人才，使文化普及于平民，术学周流于社会。"[⑤]这指出了自修大学的办学宗旨、目的和特点，终极目的是"发明真理，造就人才"，本质上其实是积极探索怎样将马克思主义与中国的具体实际相结合，寻找适合中国的正确革命道路。在组织机构方面，该大学设有校董事会，主要负责筹措经费，把握办学大纲，由船山学社社员推荐。校董事会推举驻校校董作为校长

① 《毛泽东早期文稿》，湖南人民出版社 2013 年版，第 76 页。
② 《毛泽东早期文稿》，湖南人民出版社 2013 年版，第 420 页。
③ 《毛泽东早期文稿》，湖南人民出版社 2013 年版，第 429 页。
④ 《毛泽东早期文稿》，湖南人民出版社 2013 年版，第 431 页。
⑤ 《毛泽东年谱（1893—1949）》（修订本）上卷，中央文献出版社 2013 年版，第 84 页。

（1922年毛泽东邀请李达出任校长），管理学校日常事务，学校的组织机构成员还包括学长、办事员、通信员等。

毛泽东全面分析了古代书院和官办学校的优缺点，指出“自修大学乃取其利去其弊”，自修大学最大的特点是坚持平民主义。入学不受学历限制，“凡中等以上学校毕业学生，不分男女长少，具有自修能力，志愿用自修方法以研究高深学术者：经本大学证明认可，得报名入学。非中等以上学校毕业，而具有与之相等之学科根柢者：经本大学证明认可，亦得入学”[①]。这样完全打破了旧式书院和官式学校“极严峻的程限”和神秘感，使“无产阶级”的人“不须多钱”就可以求学，让“人人都有机会得到一份高深学问”[②]。

虽然降低了入学的门槛，但对于具体招收什么样的学生，对于每一个新招入的学生，自修大学都持十分谨慎的态度。《入学须知》明确写道：“我们求学不是没有目的的，我们的目的在改造现社会。我们求学是求实现这个目的的学问。我们不愿意我们同学中有一个‘少爷’或‘小姐’，也不愿意有一个麻木或糊涂的人。”[③]为此，学生在入校前先要以通信的方式详细答复以下问题：“（1）以前进过什么学校？做过什么事？家庭和个人的经济情形怎样？（2）要研究哪几科？为什么要研究这几科？（3）以前学过什么学科？（4）愿来研究几个学期？以后再作什么打算？（5）对于人生观的主张。（6）对于社会的批评。”经学长评阅后“再行当面接洽决定”[④]。已入学的学生在校期间，若发现没有自修能力，对选定的学科不能尽心研究，没有论文；或假名自修，分心校外事务；不能自治，不积极向上；妨害公共秩序等，随时会被责令退学。因为自修

① 湖南省图书馆校编：《新时代》，湖南人民出版社1980年版，第85页。
② 湖南省图书馆校编：《新时代》，湖南人民出版社1980年版，第80页。
③ 湖南省图书馆校编：《新时代》，湖南人民出版社1980年版，第90页。
④ 湖南省图书馆校编：《新时代》，湖南人民出版社1980年版，第90—91页。

大学的学生不但要修学，而且要有积极向上的人生态度，要“养成健全的人格，湔涤不良的习惯，为革新社会的准备”[①]，其任务就是“自完成自发展自创造他们各个及全体特殊的个性和特殊的人格”，自修大学设立的目的也是“窃取此意”[②]。

自修大学的学习内容分为文、法两大类，包括中国文学、西洋文学、英文、心理学、伦理学、教育学、社会学、历史学、地理学、新闻学、哲学、法律学、政治学和经济学。学友以学科为单位选择其中一科或数科都可以，其成绩考核主要根据平时表现以及记录和论文进行综合评定。学习方法主要为单独研究，“自己看书，自己思索”，打破过去灌输式的教育方式，由被动学变为自主学，充分发挥自身主观能动性。自修大学将船山学社的藏书楼改为图书馆，采购中外各种重要图书、杂志和报纸供学生研究参考。

自修大学的学生还要进行团体研究，将个人研究和集体研究充分结合起来。为此，学校组织了各种研究会，如马克思学说研究会、文学研究会、哲学研究会、经济学研究会等，定期开展研究讨论，交流学习心得，拓宽加深学习成果。同时，特设3种补助学习法：通函指导、特别授课、特别讲座。当时自修大学经常请一些著名的革命家进行通函指导或到校讲学，李大钊、陈独秀、邓中夏、李达等都被邀请过（有的未能成行）。有时，毛泽东和何叔衡主动召集学生开展座谈会，讨论马克思列宁主义和中国革命的各种问题。无论是冬夜围炉向火还是夏夜月下乘凉，学生们时常围绕在毛泽东身边，聆听他分析国际国内形势，解释一些理解不透的理论问题。有次，学生们坐在院子里，听毛泽东讲述俄国十月革命斗争的过程，一直讲到深夜两点钟后，大家都听得入神，不觉疲倦，更不觉蚊子叮扰、夜露沾衣。

---

① 湖南省图书馆校编：《新时代》，湖南人民出版社1980年版，第81页。

② 湖南省图书馆校编：《新时代》，湖南人民出版社1980年版，第82页。

自修大学还十分重视教育与生产相结合，要求学生“破除文弱之习惯”，“注意劳动”，以实现“脑力与体力之平均发展，并求知识与劳力两阶级之接近”，开设了艺园、印刷、铁工等课程。[①]为了满足一般工人的求学需求，1922 年 9 月，毛泽东等还开办自修大学附设补习学校，提高工人觉悟，组织工人斗争。可以说，湖南自修大学是当时的一所敢破敢立、锐意创新的具有现代化特征的大学。

为了继续扩大马克思主义的影响和研讨中国革命问题，毛泽东同李达等人于 1923 年 4 月创办自修大学校刊《新时代》。对这一刊物的创办，毛泽东 3 年之前就已有计划：“如果自修大学成了，自修有了成绩，可以看情形出一本杂志。(此间的人，多以恢复《湘江评论》为言。)”[②]毛泽东专门为该刊撰写了《发刊词》，他写道：“本刊和普通校刊不同，普通校刊兼收并列，是文字的杂货店，本刊却是有一定主张和一定宗旨的。同人自信都有独立自强的精神，都有艰苦不屈的志气，只因痛感着社会制度的不良和教育机关的不备，才集合起来，组织这个学问上的‘亡命之邦’，努力研究致用的学术，实行社会改造的准备。”[③]创刊号登载的第一篇是毛泽东撰写的《外力、军阀与革命》。他初步运用马克思主义阶级分析方法，阐明了当时中国社会各阶级的主要政治势力和发展趋势。除毛泽东文章外，《新时代》共刊出 4 期，先后发表李达的《何谓帝国主义》《马克思学说与中国》等文章，以及李维汉的《观念史观批评》、罗学瓒翻译的《共产主义与经济进化》等宣传马克思主义理论，阐述唯物主义思想，探讨改造社会方法的文章，对于帮助青年党员提高理论水平，指导中国革命实践具有重要意义。《新时代》继承了《湘江评论》的革命特色，以鲜明的观点、战斗的风格、犀利的文笔受到进步

① 湖南省图书馆校编：《新时代》，湖南人民出版社 1980 年版，第 88 页。

② 《毛泽东早期文稿》，湖南人民出版社 2013 年版，第 429 页。

③ 湖南省图书馆校编：《新时代》，湖南人民出版社 1980 年版，第 3 页。

人士的广泛关注。

在毛泽东用心经营下，自修大学已有一定规模并发展壮大，在社会上引起了强烈反响。教育家蔡元培专门撰写《湖南自修大学的介绍与说明》，指出湖南自修大学注重研究，注重图书馆、实验室，“全与我的理想相合，我喜欢得了不得”，赞扬“自修大学的组织可以为各省的模范。……他们的主义，实在是颠扑不破的”①。还有教育界人士称其创办是“新教育制度之纪元”“高等教育普及之先导”②。但也有不少守旧的人认为它是不伦不类、无根无叶的组织。而这一切引起了湖南反动军阀赵恒惕的不安。1923 年 11 月，赵以“该校所倡学说不正，有关治安”为由下令封闭自修大学及附设补习学校，《新时代》被迫停办。湖南自修大学开办两年多，培养了来自湖南省 34 个县和外省 4 个县的 200 多名革命青年，为中国共产党培养了一大批革命干部，成为湖南革命的大本营，李维汉、罗学瓒、夏明翰、毛泽民、毛泽覃、陈赓等革命家都曾在这里留下足迹。

二、劳工是社会的台柱子

中共一大根据共产国际的指导和各地共产党早期组织开展工人运动的经验，认为中国工人阶级已进入有组织有目的地进行政治斗争和经济斗争的阶段，通过了党的第一个决议，规定党的基本任务是成立产业工会，加强党对工会的领导，用阶级斗争精神武装工人。一切产业部门均要成立工人学校，使其变成工人政党的中心机构，提高工人的阶级觉悟，从而培养大批革命力量。会后，中国劳动组合书记部于 1921 年 8 月在上海成立，这是中国共产党公开领导工人运动的总机关，接着北京、

① 湖南省图书馆校编:《新时代》，湖南人民出版社 1980 年版，第 93—94 页。
② 湖南省图书馆校编:《新时代》，湖南人民出版社 1980 年版，第 95—96 页。

武汉、长沙等地分部纷纷成立，毛泽东任湖南分部主任。从上海返回长沙后，毛泽东根据党的一大确定的工作重心，抓紧时间进行调查研究，用比以前更大的精力“猛烈地”投入湖南的工人运动之中。

毛泽东对长沙工矿工人情况进行深入的调查研究。长沙虽是湖南省会，但当时仍很落后，工业并不发达，没有什么大型工业企业。产业工人为数不多，主要分布在粤汉铁路江沙段、长沙第一纱厂、电灯公司、造币厂等一些企业。建党以前，湖南地区的工人无论在思想上还是组织上，都处于比较混杂的状态，存在一些工会组织：有封建色彩浓厚的行会、会馆等；有资产阶级立宪派组织的湖南工业总工会；也有一些政客建立的中华工会湖南分会；还有受各种改良主义、无政府主义影响的工人团体，如湖南劳工会。湖南劳工会在工人和青年学生中影响很大，是黄爱、庞人铨二人于 1920 年 11 月在长沙创办的劳工团体，受无政府工团主义影响颇深。湖南劳工会的宗旨是改善劳工的物质生活，增进劳工的知识，组织原则是“铲除领袖的合议制”。经过调查了解，毛泽东知道了黄爱、庞人铨都是有爱国心的正直青年，是五四运动和湖南驱张运动中的激进分子，但他们只注意单纯的经济斗争，没有远大的政治目标。毛泽东仔细了解到劳工会的方方面面情况后，决定深入劳工会做工作，力争将劳工会改变为党领导下的工人组织。

湖南劳工会成立初期的成员多数是工业学校的学生，其发展路径是以一个大团体的形式去吸收各种职工，包括铁路、矿工、电气、机械、土木、印刷、缝纫、纺纱等多种职业的工人。短短两年内，会员增加到 7000 余人。它和大多数近现代工人运动的性质一样，主要任务是将工人组织起来，增进工人知识，改善物质条件，谋求工人福利。组织形式采取合议制，提倡打破领袖观念和男女界限，但它并没有明确的政治方向和严密的组织。1921 年春，湖南劳工会发起收回湖南第一纱厂公有运动，遭到赵恒惕镇压，这次失败令黄爱、庞人铨意识到军阀和财阀相互勾结，劳资之间的矛盾不可调和，劳工会需要寻找新的出路。毛泽东抓住时机，深入劳工会内部进行调查，运用马克思主义辩证唯物论的基本原则进行具体分析，将真正的工人群众跟其中上层分子区别开来；在上层分子中又将黄爱、庞人铨等纯洁、正直、勇敢和具有一定反帝反封建思想的人，跟混入劳工会内部的野心家区别开来；对一般会员，则弄清进步的和落后的；对进步工人，则重点培养，紧紧依靠。毛泽东多次找黄爱、庞人铨等人谈心，赞扬他们反抗资本家和军阀的勇敢斗争精神，同时对他们只作经济斗争，组织和章法不够完备且没有远大的政治目标进行批评。

1921 年 11 月 21 日，湖南劳工会成立一周年纪念时，毛泽东在劳工会的刊物《劳工周刊》发表《所希望于劳工会的》一文。他对劳工会一年多来的斗争予以充分肯定："劳工会现在已周年了，我同情于劳工会也一周年了。……劳工会这一年来的艰难缔造，在湖南劳动运动史上已写完了头一叶，现在要开始写第二叶了。"他认为劳工会在湖南近现代工人运动史上具有开创性意义，并针对劳工会存在的问题和弱点进一步提出了 3 项建议：其一，从阶级斗争角度提出劳动组合的目的，不仅在于团结工人以罢工的手段获得应有的劳动福利，最根本的还在于要使工人"养成阶级的自觉，以全阶级的大同团结，谋全阶级的根本利益"。其二，从组织机构角度指出劳工会应学习西方工会组织，由代表会议产生一定名额的委员，全权组织委员会负责会务。其三，从长远发展上提出工人应该自己养活工会，准备罢工基金和选举基金，按月缴纳会费，以推动劳工会的健康壮大发展。最后，提出"不劳动的不得食""劳工神圣""各尽所能，各取所值""全世界劳动者团结起来"等口号鼓励劳工会员进行新的斗争①。

在毛泽东的争取和影响下，黄爱、庞人铨接受了建议，对劳工会进行了改组，把工团合议制改为书记制，将过去的 8 个部门集中为书记、

① 《毛泽东文集》第 1 卷，人民出版社 1993 年版，第 6—7 页。

宣传、组织3个部门，并请毛泽东助理会务。劳工会刊物《劳工周刊》宣布：今后的任务是提高劳工知识，申诉劳工痛苦，目的是促进劳工的阶级斗争觉悟，倡导劳动组合大同盟。黄爱、庞人铨等逐渐摆脱无政府主义影响，开始接受马克思主义，加入社会主义青年团。12月中旬，共产国际代表马林受邀前往桂林访问准备北伐的孙中山，路经长沙时会见了毛泽东、黄爱、庞人铨等。他们请马林花了一个晚上向湖南工人群众讲阶级斗争、俄国革命的情况和经验。对于毛泽东的才干，黄爱这样高度赞扬："润之大智若愚，我则锋芒太露。润之是将才，我不过是过河卒子而已。"毛泽东后来也对劳工会的活动进行了回顾："许多斗争中，我们都是支持他们的。……但是我们同无政府主义者达成妥协，并且通过协商，防止了他们许多轻率和无益的行动。"①

12月25日，在毛泽东和中共湖南支部指导和组织下，湖南劳工会和学联发动长沙工人及各界群众近万人，举行反对华盛顿会议的盛大集会和游行，高呼"打倒帝国主义""我们的朋友在俄国"等口号，散发传单，揭露帝国主义和中国军阀政客勾结的恶行，对帝国主义侵犯中国主权表示强烈抗议。后来，陈独秀在总结全国反对华盛顿会议游行示威活动时总结除上海外"长沙工人最猛烈"②。然而，黄爱、庞人铨因反对太平洋会议、鼓吹承认苏维埃的示威游行及参加纱厂罢工被湖南军阀赵恒惕阴谋杀害。劳工会遂被武力解散，《劳工周刊》也被查封。毛泽东极为悲愤，立即召开会议，筹划对赵恒惕的斗争和稳定工人情绪。他专门赴上海组织反对赵恒惕的运动，出席追悼黄、庞大会。黄、庞二人的牺牲令毛泽东等人明白面对手里有政权有军队的敌人，无产阶级必须要有强大的组织力和战斗力，必须由强大的共产党作指导，必须将无产阶级联合团结起来进行斗争，夺取政权，实行无产阶级革命与专政。李大钊

① 〔美〕埃德加·斯诺：《西行漫记》，董乐山译，东方出版社2010年版，第150页。

② 《陈独秀文集》第2卷，人民出版社2013年版，第257页。

为《黄庞流血记》作序道："黄、庞两位先生的死，……乃是为救助他的劳动界的同胞脱离资本阶级的压制而死，为他所信仰的主义而死。……最后的阶级争战，在世界、在中国均已开始了。黄、庞两先生，便是我们劳动阶级的先驱。……我们的目的，在废除人类间的阶级，在灭绝人类间的僭擅，……中国社会运动史的首页，已由黄、庞两先生用他们的血为我们大书特书了一个新纪元！以下的空白怎样写法？要看我们的努力了！"[①]

在改组劳工会的同时，为争取工人的正当权益，毛泽东积极参与领导劳动立法运动。毛泽东在接受马克思主义的过程中，通过一系列政治斗争，在调查实践中逐渐形成了马克思主义法律思想，最突出的是提倡人民立法。在领导湖南自治运动期间，毛泽东就建议由人民选出代表组织宪法会议来起草湖南省宪法。他指出："俄国的政治全是俄国的工人、农人在那里办理。……大战而后，政治易位，法律改观。从前的政治法律，现在一点都不中用。以后的政治法律，不装在穿长衣的先生们的脑子里，而装在工人们农人们的脑子里。他们对于政治，要怎么办就怎么办。他们对于法律，要怎么定就怎么定。"[②]这充分突出了毛泽东人民当家作主的法律思想。湖南军阀赵恒惕挤走谭延闿取得对湖南的统治权后，1921 年 4 月公布《湖南省宪法草案》，而在毛泽东看来，这个草案第一个最大缺点是对人民权利规定不够，第二个最大缺点是规定无正当职业之人也有被选举权。他提出对省宪法草案作根本性质修改的建议，尤其主张要规定人民有求得正当职业的自由权，实现利于平民的政治局面。然而，次年元旦，赵恒惕不顾人民反对颁布了湖南省宪法，两个月后改造省议会，上演了一场"民选省长"的丑剧。

对此，毛泽东一方面发表文章揭露赵恒惕"全民政治"的欺骗和

---

① 《李大钊全集》第 4 卷，人民出版社 2013 年版，第 73 页。

② 《毛泽东早期文稿》，湖南人民出版社 2013 年版，第 466 页。

伪装，另一方面充分利用赵恒惕制造的假民主倡议劳动立法。1922 年 5 月 1 日，为纪念“五一”国际劳动节，毛泽东在湖南《大公报》上发表《更宜注意的问题》，公开指出：“自治省的湖南，以全民政治相号召的湖南，若全然撇开劳工，岂非笑话？”[①]毛泽东提出希望“自治省的湖南”更加注意劳工的这 3 项重要权利：一是生存权，即在老年和少年不能做工的阶段应享有保障基本生活的权利；二是劳动权，即工人有要求做工并获得相应工资的权利；三是劳动全收权，即工人制作出来的东西应完全归工人自己所有的权利。实际上，劳动全收权的提法是不科学的，以往历史上不存在，即使在共产主义社会也不可能实现，但他所强调的生存权和劳动权是完全正确的，符合马克思主义工人运动的基本主张。毛泽东在文中还尖锐地批评省宪法是“冠冕堂皇”的，“实际抛弃了至少百分之九十九的劳工”，不要对省宪法抱有幻想。

毛泽东的这些立法思想比后来中国劳动组合书记部提出的劳动法案大纲十九条要早一年多，是中国劳动立法运动的首倡者。1922 年 6 月，中共中央第一次发表《对于时局的主张》，把劳动立法作为党“目前奋斗的目标”之一。中共二大进一步提出：“工会进而为劳动者的经济改良运动，必须进行劳动立法运动。”中国劳动组合书记部贯彻中央决定，于 8 月向全国各地工会发出开展劳动立法运动的通告。接到通知后，毛泽东积极参与领导劳动立法运动，并同总部和负责人联名向众议院递呈请愿书及劳动法案大纲十九条，并将这些内容发表在湖南《大公报》。

同年 9 月，他还领导中国劳动组合书记部湖南分部、长沙土木工会、新河粤汉铁路工人俱乐部、工友协进社、长沙理发工会、安源路矿工人俱乐部等团体举行劳动立法运动大会，组织湖南劳动立法同盟，并致电北京参众两院，要求从速通过劳动法案大纲十九条。通电告诫议员们：若劳动法案未能通过，则“诸君不啻自绝于民众，我全国劳动者不得不

① 《毛泽东文集》第 1 卷，人民出版社 1993 年版，第 8 页。

奋其神圣之威权，起为一致之团结，为自由而战，为生存而战，为取得应有之权利而战”[①]。为扩大影响，湖南分部还将电文发送给外地的多个报刊，请报界、工界和各界“办事公道，大加赞助”。

建党以后，毛泽东以高度的自觉精神，深入工人中调查研究，始终遵循革命知识分子和工人群众的结合、马克思主义和工人运动的结合的原则从事工人运动。毛泽东后来回忆：“到 1922 年 5 月，湖南党——我那时是书记——已经在矿工、铁路工人、市政职员、印刷工人和政府造币厂工人中组织了二十多个工会。那年冬天，展开了蓬蓬勃勃的劳工运动。那时共产党的工作主要集中在学生和工人身上，在农民中间做得非常少。大部分大矿的工人都组织起来了，学生几乎全数组织了起来。在学生战线和工人战线上，进行了多次的斗争”，“第二年春天，湖南发生多次罢工，要求增加工资，改善待遇和承认工会。大部分罢工都是成功的。5 月 1 日湖南举行了总罢工，这标志着中国工人运动的力量已经达到空前的地步”[②]。

1922 年下半年，以毛泽东为首的中共湘区委员会、劳动组合书记部湖南分部，在组织工人运动中始终贯穿一条红线，即将马克思主义同工人运动相结合，与中国社会实际相结合，领导和发动安源路矿工人大罢工、粤汉铁路工人大罢工、长沙泥木工人大罢工和铅印工人大罢工等 10 多处 4 万余工人罢工斗争，形成了湖南第一次工人运动高潮。毛泽东在组织和领导湖南工人运动中，通过全面系统的调查，及时研究总结了工人运动的经验，提出了正确有效的斗争策略，并注重运用这些策略从思想上行动上对工人加以指导。

其一，以革命知识分子与工人广泛相结合的形式，加强对工人的教

① 湖南《大公报》，1922 年 9 月 10 日。

② 〔美〕埃德加·斯诺：《西行漫记》，董乐山译，东方出版社 2010 年版，第 149—150 页。

育，提高工人思想觉悟，促其养成阶级自觉，为壮大党组织奠定坚实的政治基础。打破知识分子和工人阶级之间的隔阂和界限，其本身在当时的旧中国就具有革命性意义。知识分子要真正走入劳农群众之中，与工农打成一片，了解工农，获得其信任，不是件容易的事。在第一师范时，毛泽东就倡导开办工人夜校，还亲自进行管理教学。1920 年，毛泽东在担任湖南第一师范附小主事时创办补习班，招收附近工厂工人，积极宣传马克思主义，为工人讲授马克思的剩余价值和社会发展史。据萧三回忆："毛泽东同志最初接触工人的办法是煞费苦心的。他曾作工人打扮，到工人们聚集的地方去和他们接近，到茶馆去和工人们一块喝茶，谈心，交朋友。"① 为了调查铁路工人情况，毛泽东曾在长沙北站的茶馆中，同一些铁路工人一连许多天在一起喝茶，亲切谈心。他交到的第一个铁路工人朋友是广东人陈地广。陈是火车头修理厂的工人，技术熟练，在工人中很有威信。毛泽东经常到陈地广家中访问，使得陈感到毛泽东很亲切。经过陈地广介绍，毛泽东又认识了更多的工人。这样，毛泽东交的工人朋友越来越多，大家愿意主动与他拉家常，谈生活、说思想，把毛泽东当成自己的知心朋友。毛泽东在担任中国劳动组合书记部湖南分部书记后，还专门派党的干部实地进行调查研究，设法联系群众，开办工人夜校。毛泽东先后派遣郭亮、杨开慧等赴粤汉铁路，李立三、蒋先云、刘少奇、毛泽民等到安源，蒋先云、彭平之等到水口山，夏明翰、罗学瓒等到长沙土木、铅印活版等行业办工人补习学校或工人夜校，向工人灌输马克思主义思想，激发阶级斗争的觉悟。

其二，注重调查研究，发挥党组织堡垒作用，产业工人与行业工人运动并举，以全阶级的大团结谋求全阶级的根本利益。从 1921 年冬到 1923 年春，毛泽东先后 7 次来到安源。李立三后来回忆："我们党建立

① 《新民学会资料》，人民出版社 1980 年版，第 389 页。

不久，毛泽东同志就很快到安源做了一段调查研究工作。”[①]第一次到安源，毛泽东是一个人，亲自下到井矿，同工人亲切交谈，走入工人间，体验他们的生产情况，了解他们的生活疾苦。他用通俗生动、深入浅出的语言为工人讲道理，举例说：路上有点儿小石子，大老板抬脚随便一踢，就踢开了，要是把许多小石子掺上沙子、石灰合成团，大老板搬也搬不动。他鼓励工人团结起来，组织工会，打倒帝国主义、官僚买办和封建地主，为自己应有的政治和经济权利而斗争。毛泽东陆续派李立三、刘少奇、蒋先云等人来到安源开展工作，创办安源平民学校，开办工人补习学校。1922 年 5 月 1 日，安源路矿工人俱乐部宣告成立，在此基础上中共安源党支部建立，这是中共第一个产业工人党支部。这年 9 月初，毛泽东再次来到安源，他同安源党组织和俱乐部负责同志一起调查分析了革命形势和敌我力量对比的情况，决定举行大罢工并对罢工进行部署。毛泽东指出：要争取罢工的胜利必须有坚固的团结和坚强的斗志，同资本家作“义无反顾”的斗争，采取“哀兵必胜”的策略，提出哀而动人的口号，争取社会各界的广泛同情和大力支持。中共安源路矿支部根据形势发展和工人需求，按照毛泽东部署，采取“哀兵必胜”的策略，争取了社会的广泛同情，分化孤立路矿当局，组织工人举行大规模罢工运动，提出保障政治权利、改良待遇等要求。由于工人的英勇斗争和社会各界的广泛声援，路矿当局被迫承认工人提出的大部分条件，罢工取得胜利。

此外，毛泽东还发动和领导了长沙 6000 多名泥木匠工人和铅印工人的罢工斗争等。实际上，湖南是一个内陆省，产业并不发达，为数不多的厂矿都掌握在帝国主义和封建买办官僚的手中。然而，湖南的手工业却比较发达，尤以泥木、人力车、纺织等工人居多。毛泽东经过认真调查，根据实际情况，创造性地将产业工人运动和行业工人运动充分结

---

① 李立三：《看了“燎原”以后》，《人民日报》1963 年 8 月 4 日。

合起来，相互呼应，形成了湖南工人运动区别于其他省份的一大亮点。

早在 1919 年 7 月，毛泽东就在《民众大联合》中明确指出了工人做工的各种问题，认为工值的多少、工时的长短、红利的均分与否、娱乐的增进与否等问题“均不可不求一个解答。不可不和我们的同类结成一个联合，切切实实章明较著的去求一个解答”[①]，他认为工人的联合是“很大很笼统”，像铁路工人的联合，矿工的联合，电报司员的联合，电话司员的联合，造船业工人的联合，航业工人的联合，五金业工人的联合，纺织业工人的联合，电车夫的联合，街车夫的联合，建筑业工人的联合等都是小联合，提出要“由许多小的联合，进为一个大的联合。由许多大的联合，进为一个最大的联合”[②]。两年之后毛泽东的这一重要思想在湖南工人运动中得到了充分的实践。

在毛泽东领导下，湖南党组织不仅在各产业、行业中建立了工人俱乐部或工会，为了便于统一领导和更大规模地开展湖南地区的工人运动，1922 年 11 月，毛泽东还组织成立全省统一的工人组织——湖南全省工团联合会，这是全省统一的工人组织，也是当时中共领导的全国“两大地方组合”之一（另一个为湖北省工团联合会）。毛泽东被选举为总干事。自此，湖南工人阶级紧密地团结在以毛泽东为总干事的全省工团联合会周围，实现了全省各行业工人组织空前的大联合。12 月，毛泽东率领 11 个工团的代表 20 余人会见省长赵恒惕，就政府对工界的态度、工人集会、结社等问题，同赵恒惕等进行面对面的说理，迫使赵恒惕承认“宪法当然完全有效”。这次说理斗争是毛泽东和湖南工人阶级进行合法斗争的一个典范。到 1923 年年底，参加湖南全省工团联合会的有 32 个工会组织，会员达 4 万人。

其三，主张“弯弓待发”策略，注重把工人运动、农民运动以及学

① 《毛泽东早期文稿》，湖南人民出版社 2013 年版，第 343 页。

② 《毛泽东早期文稿》，湖南人民出版社 2013 年版，第 345 页。

生运动结合起来。1923 年京汉铁路工人大罢工被血腥镇压后，全国工人运动转入低潮，而湖南工人运动可谓独树一帜，代表了工人运动的新趋向。获悉二七惨案消息后，毛泽东和中共湘区委员会立即研究应对措施，采取“弯弓待发”的方针，及时整顿工会组织，巩固工运成果，加强对工人的思想教育，继续发展党团员，保存积蓄革命力量，并将工人运动和反帝斗争、学生运动、农民运动结合起来，促使湖南工人运动得到继续发展。铜官陶业、湖南造币厂、汉冶萍公司株洲转运局、常德泥木、第一纱厂、长沙人力车、衡阳染织业等或建立工会，或要求提高工资，或举行罢工。其中，安源党组织和安源路矿工人俱乐部充分贯彻“弯弓待发”的策略，使整个矿区秩序井然，有“小莫斯科”之称，被邓中夏在《中国职工运动简史》中誉为“硕果仅存”。二七惨案后，毛泽东认识到工人阶级不能孤军奋战，必须要将农民运动发动起来，建立巩固的工农联盟。1923 年 4 月，毛泽东派水口山工人、共产党员刘东轩、谢怀德回家乡衡山岳北白果乡开展农民运动。在水口山工人运动的鼓舞和党的领导下，湖南衡山县白果地区农民成立了湖南第一个农会——衡山岳北农工会组织，开展一系列斗争，树起湖南农民运动第一面旗帜。工人运动与农民运动的结合，是湘区工运的又一大特色。

毛泽东和中共湘区区委及中国劳动组合书记部湖南分部领导的湖南工人运动取得了很大成绩且极富特色，“引起社会之注目”。1923 年 6 月，陈独秀在中共三大报告中，在批评上海、北京、湖北工作有疏漏的同时，对湖南地区的工作予以充分肯定和高度评价：“湖南几乎所有拥有三万人以上的工会，都在我们的影响之下”，“只有湖南的同志可以说工作得很好”[①]。在中共一大后各地成立省级以上的党组织中，形成稳定的领导核心并持续发挥出重要作用的，只有李大钊负责的北方区委和

① 《建党以来重要文献选编（1921—1949）》第 1 册，中央文献出版社 2011 年版，第 245、246 页。

毛泽东牵头的湘区委员会，这种先进状况一直持续到1927年大革命失败。1923年1月，陈独秀着手筹备党的三大，便调毛泽东到中共中央工作，由李维汉担任中共湘区执行委员会书记。

建党初期，毛泽东领导湖南工人运动虽只有1年8个月，却直接改变了湖南工人的状况，使广大工人群众紧密团结在中共领导的俱乐部或工会周围，成为组织严密、队伍纯洁、纪律性好、战斗力强的强大社会力量，对湖南地区的革命产生了深刻影响，在中国革命史和工人运动史上写下了光辉的一页。这一重要经历为毛泽东进一步探索中国革命的规律和道路奠定了重要的实践基础，积累了丰富的工人运动经验。他逐步了解了中国无产阶级的先进性，认识到无产阶级在中国革命中的地位和作用，无产阶级的领导权必须调动广大农民的积极性，建立工农联盟。同时，他还认识到加强党的建设、建立统一战线的重要性。这一切，对他之后的人生道路、革命道路都起到了非常重要的作用，也积累了宝贵的经验。

三、在联合战线的博弈中分析中国社会各阶级

经历了京汉铁路工人大罢工惨遭镇压、中国工人运动再度陷入低潮的教训，毛泽东更加明确地认识到，要推翻帝国主义和中国封建军阀的反动统治，仅仅依靠中国工人阶级的力量是不够的，于是开始主张联合国民党建立工人阶级与各民主阶级联合战线。

早在五四时期，毛泽东在《民众的大联合》中就初步分析了阶级的产生和发展，阐明了民众联合的阶级基础和阶级斗争的性质，充分表明这时的毛泽东已获得认知和解决社会问题的新方法——阶级和阶级斗争。在阶级产生和发展上，他指出，贵族、资本家和其他强权者相比普通民众，人数虽不多，但其所赖以维持自己特殊利益的基础“第一是知识，第二是金钱，第三是武力”，从而生出“智愚的阶级”“贫富的阶

级”“强弱的阶级”。[1]毛泽东虽然对阶级的认知还比较简单和笼统，还没有从根本上说明对生产资料占有关系是阶级产生的经济根源和阶级存在的经济基础，是阶级划分的决定性依据。但是，他力图从经济关系上对贫富阶级的产生加以说明，指出贵族、资本家和其他强权者利用其占有的资本和土地、机器、房屋等生产资料来“剥削多数平民的公共利益”，已部分接受了马克思主义关于阶级分析的观点。

随着对中国社会调查的深入，毛泽东对中国社会和国情的认识也越发实际。1923 年 4 月，他在湖南自修大学主办的《新时代》创刊号上发表《外力、军阀与革命》一文。他在文中初步运用马克思主义阶级分析方法，阐明了当时中国社会各阶级的主要政治势力和发展趋势。毛泽东从国际资本帝国主义的反动本质、国内派系林立的政治状况、中国社会落后的农业经济和落后的文化环境有利于军阀的割据统治 3 个方面分析指出：在革命的民主派、非革命的民主派、反动派这 3 派之中，由于反动势力太大，前两派在“稍后的一个期内是会要合作的”，而且必将建立以急进的共产党和较急进的国民党合作为中心的，包括缓进的非革命的民主派的大的民主派队伍，断定将来中国政治的结局必定是“民主派战胜军阀派”，但需比较长的一个时期。他深刻分析了在近一段时期内反动派必会对中国进行黑暗统治的理由和基础，指出帝国主义和反动军阀勾结为恶，“必然成功一种极反动极混乱的政治”，“但政治愈反动愈混乱的结果，是必然要激起全国国民的革命观念，国民的组织能力也会要一天进步一天”[2]。他号召革命民主派和广大人民要在这个混乱的时代里行动起来，和帝国主义、封建军阀进行坚决斗争。可以看出，这时的毛泽东实际上主张的是国共两党进行党外合作，也包含着革命的民主派与非革命的民主派暂时建立合作的思想。

---

① 《毛泽东早期文稿》，湖南人民出版社 2013 年版，第 313—314 页。

② 《毛泽东文集》第 1 卷，人民出版社 1993 年版，第 10—12 页。

中共三大召开之后，毛泽东通过研究革命形势，再次强调：半殖民地半封建的中国政治是军阀、外力相互勾结钳制中国国民的二重压迫政治，中国国民深受痛苦，所以“中国现在的政治问题，不是别的问题，是简单一个国民革命问题；用国民的力打倒军阀并打倒和军阀狼狈为奸的外国帝国主义，这是中国国民历史的使命”。只有“建立严密的联合阵线，这个革命才可以成功”[①]。

1922 年 8 月，共产国际建议中国共产党同国民党实行党内合作、建立国共合作统一战线。中共中央随即在杭州西湖举行特别会议，决定同国民党开展党内合作。西湖会议后不久，中共领导人李大钊、陈独秀、瞿秋白等陆续以个人身份加入国民党，开始从事帮助国民党改组和建立统一战线的工作。毛泽东大约在 1923 年 4 月秘密离湘赴沪进入中共中央工作后，也以个人名义加入国民党。1923 年 6 月，中国共产党第三次全国代表大会在广州举行。会前，毛泽东已会同共产国际代表马林等先期到达广州，与陈独秀、李大钊等人为中共三大的召开作充分的准备工作。毛泽东以湘区党的代表身份出席。会议的主要议题是讨论国共合作、共产党员加入国民党的问题。会上大多数代表赞成国共合作，但在具体的组织形式上争论十分激烈。毛泽东在会上认真倾听各位代表的意见，提出许多理由赞成党内合作，共产党员以个人身份加入国民党。他结合革命形势，分析了实行联合阵线的必要性，提出“我们不应该害怕加入国民党”[②]。根据以往对工人阶级的深入调查和组织湖南工人运动的丰富经验，毛泽东指出工人觉悟高，战斗力强，工人是国民革命的中坚力量。大批工农加入国民党，可以改造国民党的阶级成分，和资产阶级建立联合阵线，共同完成民族民主革命。他赞成在工人中发展国民党

---

① 《毛泽东新闻作品集》，新华出版社 2014 年版，第 89、91 页。

② 《中国共产党第三次全国代表大会档案文献选编》，中共党史出版社 2014 年版，第 56 页。

员，建立国民党的基层组织。他的观点赢得多数代表的支持，也得到马林的欣赏。会议期间，毛泽东还利用休息时间，经常去谭延闿居住的简园与其耐心谈国共合作问题，因谭手里有兵权且在孙中山大元帅府担任要职，想把他争取过来，以推动孙中山接受国共合作。

中共三大接受了共产国际关于国共合作的决议，决定共产党员以个人身份加入国民党，明确了现阶段“应该以国民革命运动为中心工作”，建立各民主阶级的革命统一战线。规定加入国民党时，必须在政治上、思想上、组织上保持自己的独立性。毛泽东被选为由 9 人组成的中央执委会委员和由 5 人组成的中央局成员。随后被推为中央局秘书，协助中央局委员长陈独秀处理中共中央日常事务。中共三大通过的《中国共产党中央执行委员会组织法》规定：“秘书负本党内外文书及通信及开会记录之责任，并管理本党文件。本党一切函件须由委员长及秘书签字。”[①]迈入而立之年的毛泽东首次进入中共中央领导的核心层，负责中央秘书工作。次年 5 月，毛泽东又在中央执委会扩大会议上被任命为中央组织部部长，负责全党的组织工作。为了方便指导全国工作，中央决定将中央执委会机关迁回中国工人运动的中心区上海。7 月下旬，毛泽东离开广州到上海工作。

中共三大后，国共合作步伐大大加快。在共产国际和中国共产党的帮助下，国民党一大于 1924 年 1 月在广州召开。大会审议通过的宣言对三民主义作出新解释，即“新三民主义”，成为第一次国共合作的政治基础。大会确认共产党员以个人身份加入国民党的原则和联俄、联共、扶助农工的三大革命政策，标志着第一次国共合作正式形成。毛泽东作为湖南地方组织代表出席大会。这期间，毛泽东被大会主席团指定为《中国国民党章程草案》审查委员会委员之一。他分别就《组织国民

---

① 《建党以来重要文献选编（1921—1949）》第 1 册，中央文献出版社 2011 年版，第 268 页。

政府之必要》《出版及宣传问题》《本党设立研究会》《比例选举制》等议案作了多次发言申明自己的立场和观点，推动大会在国共合作问题上朝正确方向发展。在关于《本党设立研究会》提案讨论上，提案人指出：凡关于本党策略和对于国内外各种政治经济社会诸重要问题，在本党决定态度及进行方针之前，应聘定有关专门知识者组织研究部进行研究；已确定应研究的问题，未经研究部研究就不得执行，已经研究之问题其执行与否由执行部决定。毛泽东认为该提案将理论与实践相脱离，提出明确的反对意见：本案根本意思是把实行与研究分开；但本党为革命党，不能如此。本席意思，本案精神可以成立，条文不能成立。毛泽东在大会上的表现，给孙中山和一些国民党人士留下了深刻印象。1 月 30 日，毛泽东作为由孙中山亲手书列的名单之一，被选为国民党候补中央执行委员。自此，毛泽东的政治生涯进入了新的阶段。

会后，毛泽东出席孙中山主持召开的国民党一届一中全会。会议决定设立中央机构，组成国民党中央党部，还决定派中央执行委员分赴上海、北京、汉口等地组织执行部，指导监督党务工作。毛泽东被派到国民党上海执行部，主要从事党务方面的工作。2 月中旬，毛泽东从广州返回上海，住在闸北香山路三曾里中共中央机关内。可以看到，毛泽东在 1923 年 6 月召开的中共三大上成为中共中央执委会委员，并担任中央局成员和秘书，是中共党内的“第一助手”和“大管家”；1924 年 5 月在扩大的中央执行委员会上又兼任中央组织部部长。1924 年 1 月国民党一大上成为国民党中央候补执行委员，之后担任国民党上海执行部组织部秘书，代理文书科主任。刚刚 30 岁出头、初出茅庐的毛泽东在全国政治舞台上一人分饰多角，在两党的领导机构内均占据比较重要的地位，负责一个方面的工作，毛泽东始终殚精竭虑，尽职尽责。

在国共合作时期，毛泽东竭诚拥护国共合作，他在中共三大上就赞成中共党员以个人身份加入国民党，并主张在产业工人中发展国民党员，而且一直都是中共党内力主保持中共的独立性和坚持争取中共领导地位，遵循孙中山新三民主义精神，坚持独立自主、又联合又斗争的原则，在国民党上海执行部一直工作到1924年12月。

毛泽东以国家民族利益为重，努力实干，相忍为国，注重国民党组织的发展，耐心地组织了对国民党员进行重新登记这项烦琐的工作。上海各区的国民党区党部、区分部也在毛泽东的指导下相继成立。毛泽东注重对国民党员的教育培训，主持了平民教育运动，还专门邀请瞿秋白为现代政治班宣讲国民党宣言和章程等内容。根据执行部决定，毛泽东具体负责了黄埔军校在上海的招生和复试事宜，他鼓励优秀的共产党员、青年团员积极报考黄埔军校。然而，毛泽东在这里的工作不是一帆风顺的，在复杂而充满对峙气氛的环境下，他在积极团结国民党左派的同时，对以叶楚伧等人为首的国民党右派破坏国共合作的行径，进行了坚决斗争。

叶楚伧是执行部3个常委之一，担任上海《民国日报》主编。他反对国共合作，企图破坏国共合作。在国民党上海第四区区分部成立时，国民党右派为争取领导权，获得更多的选票，纠集了一帮流氓打手混入会场，企图破坏选举。毛泽东得知后，立即动员共产党员、青年团员和国民党左派出席会议，组织纠察队，严格控制会场，制止了武斗，保证了会议的顺利进行。

国民党右派制造的一系列破坏活动，使一些同志对国共合作的信心递减。面对有人提出不必花这么多力量搞统一战线，毛泽东耐心地讲：我们要认真地对待，不要瞧不起他们。对合作大小事都要做，每次会都要参加，要多动脑筋搞好两党合作。毛泽东还亲自给罗章龙谈过一桩事，开始建立执行部时，中共内部认为不要都去，有的同志不想去。但毛泽东认为应认真对待这项工作。孙中山当时是欢迎中共派人去的，认为多多益善。虽然我们中有些人在社会上并不知名，孙中山还是完全信任的①。

---

①《中国共产党第三次全国代表大会档案文献选编》，中共党史出版社2014年版，第136页。

当时，在毛泽东的带领下，恽代英、施存统、邓中夏、沈泽民等人联名上书孙中山，控告叶楚伧“主持不力，迹近纵容”，制造混乱，蓄意破坏国共合作。此后，毛泽东和叶楚伧等国民党新老右派的斗争公开化。叶楚伧宣称“毛泽东是共产党在上海执行部的中心人物”，用拖欠薪金的办法，企图将毛泽东等共产党员和异己分子驱逐。由于叶楚伧的排挤打击、独断专行，也因在国共合作的联合阵线策略上与一些党内同志的观点存在分歧，加上工作劳累，身体虚弱，失眠严重，1924 年 12 月底，经中共中央同意，毛泽东请假回湘疗养，直到 1925 年 9 月。这期间，毛泽东则充分利用“养病”契机领导发动了韶山等地的农民运动，深入进行农村阶级结构调查，为中共日后开展农民运动开辟道路。

根据中共中央指示，毛泽东于 1925 年 9 月上旬从湖南到达广州。在国共合作的大背景下，国民政府主席兼国民党中央宣传部部长并以左派自居的汪精卫很欣赏毛泽东的才能，推荐毛泽东任国民党中央代理宣传部部长。在国民党二大召开前，国民党中央党部常务会议于 10 月 5 日推举毛泽东代行汪精卫国民党中央宣传部部长一职。12 月 5 日，为了反对国民党右派的反共宣传，巩固国共合作统一战线，毛泽东又创办了《政治周报》并担任主编。毛泽东到任不久，就发现国民党原来的宣传工作存在诸多问题，例如无计划、不敏捷、不普遍等。为纠正这些缺陷，他经过细致深入的调查研究，采取了多种措施以改变国民党宣传系统的糟糕局面。

一是完善和健全宣传工作体制。通过报刊和交通工具向各省市宣传部布置宣传要点，要求定期向中央宣传部报告工作，极大增强了国民党中央宣传部同广东以外各省市党部宣传部门的联系。同时，通过设立宣传委员会、检阅会议制度、设立上海交通局、增办党报、支持地方办报、接办上海国民通讯社、编印国民运动丛书等措施，不断加大宣传力度。到 1926 年 5 月，向中央宣传部报告工作的省市已达 12 个，国民党宣传工作很快出现生机勃勃的局面。

二是确定实事求是的工作方针。毛泽东要求宣传部的工作人员每遇国内外大事件发生，要先广泛地搜集材料，撰写文章和通讯，给本党和全国民众参阅。同时，要分析事件发生的原因、实质和产生的影响，学会有效地利用社会事件来广泛宣传本党的思想主张。毛泽东强调宣传工作的成效不只表现在它的规模和数量方面，更重要的是它贴近时事的深刻内容和战斗风格。在这一方面，毛泽东自己就是一个标杆，他善于及时抓住重大事件进行有理有据的深刻分析，从而反对军阀混战，揭露反动派本质，引导广大民众参加和支持国民革命。1925 年 10 月，直系军阀孙传芳带兵反奉。在直系将领冯玉祥策划下，奉系将领郭松龄倒戈，这引发了北京等各地群众团体举行反对奉系军阀扶植的段祺瑞临时执政府的大示威。11 月 27 日，毛泽东受国民党中央党部委托，向国民党中央执行委员、监察委员、各部部长第 123 次联席会议提交起草的《中国国民党之反奉宣传大纲》，对各方面势力进行了深刻分析，揭穿了帝国主义国家和中国军阀以及各政治派别的阴谋，阐明了直奉战争爆发的根本原因，强调人民群众在反奉战争中的主体地位和斗争主张。毛泽东起草的大纲发出后，全国各地掀起了反奉高潮。

三是毛泽东亲自出席国民党各级党部的代表大会，参加和组织各种纪念活动，进行革命宣传。1925 年 10 月 20 日，毛泽东出席中国国民党广东省党部第一次代表大会并发表演说，参与起草大会宣言，还为这次会议的日刊撰写《发刊词》。他指出，国民党改组以来反帝反军阀斗争的高涨不是“个人主观的突现或一时事变的偶然”，而是“察观环境的必然，和历史事实的推进”。他号召广东的革命同志积极发展各界人民组织，尤其是广东两千多万的农民群众组织，以实现三民主义的革命目标。毛泽东在运用马克思主义阶级分析的方法剖析中国社会各阶级的基础上，科学地阐释了新三民主义的内涵，同时对中共的“初心与使命”也进行了深刻的阐述：“革命的民族主义叫我们反抗帝国主义，使中国民族得到解放。革命的民权主义叫我们反抗军阀，使中国人民自立于统治地位。革命的民生主义叫我们反抗大商买办阶级，尤其是那封建宗法性一切反动势力根本源泉之地主阶级，使中国大多数穷苦人民得享有经济幸福。”①

在毛泽东主持下，国民党的宣传工作得到了很大改善。然而，随着国民革命的深入发展，革命内部资产阶级和无产阶级争夺领导权的斗争日益尖锐。国民党内部发生新的分裂，除原有的老右派外，又出现新的右派。戴季陶主义的出现，就是这种新分化的标志。戴季陶是国民党新右派的重要人物，孙中山逝世后，他接着连续发表《孙文主义之哲学的基础》《国民革命与中国国民党》等小册子，打着信仰、研究、宣传孙文主义的旗帜，反对马克思主义的阶级斗争学说，反对孙中山的新三民主义，要求加入国民党的共产党员退出国民党，或脱离一切党派只做单纯的国民党员。

戴季陶主义的出现立即引起中共高度警惕，为反击国民党右派的疯狂进攻，按照中共中央要求，1925 年 10 月 27 日，毛泽东以国民党候补中央执行委员和代理宣传部部长的身份，在国民党广东省党部第一次代表大会闭幕会上发表关于“中间派”这一重要问题的演说，这也是他第一次提出这一概念。毛泽东指出，一部分国民党员似乎要造成中间派的样子，“以为右也不好，左也不好，只有不左不右所谓中庸之道才是好的”，“依我的观察，这中间派是不能存在的”。他从国内外历史发展的情状分析：一方面，第一次世界大战以后，世界分为两个大本营，一个是大资产阶级领袖的反革命大本营，一个是无产阶级领袖的革命大本营，一旦短兵相接，中间派的基础就会动摇。另一方面，中国自辛亥革命以来，自命为中间派的人，诸如政学系、研究系等所谓的“中间派”最后都成了帝国主义、军阀的走狗，完全成了反革命派。所以在革命高潮中，革命与反革命决斗，中间派是不能立足的，必然发生两极分化，

① 《毛泽东文集》第 1 卷，人民出版社 1993 年版，第 16 页。

所以，只有革命的理论策略才是国民党的理论策略[①]。

随后，毛泽东在填写《少年中国学会改组委员会调查表》时明确表态："本人信仰共产主义，主张无产阶级的社会革命。惟目前的内外压迫，非一阶级之力所能推翻，主张用无产阶级小资产阶级及中产阶级左翼合作的国民革命，实行中国国民党之三民主义，以打倒帝国主义，打倒军阀，打倒买办地主阶级（即与帝国主义军阀有密切关系之中国大资产阶级及中产阶级右翼），实现无产阶级小资产阶级及中产阶级左翼的联合统治，即革命民众的统治。"[②]他还专门对国民党右派分离的原因及其对革命的影响进行深入分析，指出："中国的资产阶级（除开其左翼即中产阶级中历史和环境都有特别情况的人，可与其余阶级合作革命，但人数不多），到现在还在梦想前代西洋的民主革命，还在梦想国家主义之实现，还在梦想由中产阶级一阶级领袖、不要外援、欺抑工农的'独立'的革命，还在梦想其自身能够于革命成功后发展壮大的资产阶级，建设一个一阶级独裁的国家。……我们料到在不远的将来情况之下，中间派只有两条路走：或者向右跑入反革命派，或者向左跑入革命派（其左翼有此可能），万万没有第三条路。"[③]毛泽东关于中产阶级右翼提出的所谓"独立"政治路线的论断为此后中国革命实践所证明是完全正确的马克思主义观点。

在毛泽东的革命实践中，他先是投身于以知识分子和青年学生为主体的新文化运动，继而发起创建共产党并领导了湘区的工人运动，中共三大后又参加了国共合作的统一战线工作。1924 年年底至 1925 年 8 月回湖南养病时，他又发动领导了韶山地区的农民运动。丰富的革命实践

① 《毛泽东年谱（1893—1949）》（修订本）上卷，中央文献出版社 2013 年版，第 138—139 页。

② 《毛泽东年谱（1893—1949）》（修订本）上卷，中央文献出版社 2013 年版，第 139 页。

③ 《毛泽东文集》第 1 卷，人民出版社 1993 年版，第 28—30 页。

和系统全面的调查研究，使得他广泛地接触了各阶级和各阶层的人士，加深了对中国社会各阶级的认识。

为了回击国民党右派篡夺革命领导权的阴谋，反对当时中共内部“左”的和右的两种错误倾向，毛泽东在总结革命实践经验的基础上，通过调查各阶级和各阶层人士的状况，吸收陈独秀、蔡和森、瞿秋白等人研究的成果，撰写发表《中国社会各阶级的分析》等文章，用马克思主义的阶级分析方法，比较系统地考察中国社会各阶级的经济地位及其对革命的态度，用思想和政治多重标准判断革命的敌人和朋友，对一些重大问题进行了多方面的思考、探索和论述，初步提出了中国新民主主义革命的基本思想。

毛泽东认为革命最关键的策略是找准真正的朋友，瞄准真正的敌人，分清敌、我、友关系，分清楚依靠谁、团结谁、打击谁，从而确定正确的革命策略，实现革命的成功。他用极富战斗性的话语开宗明义：“谁是我们的敌人？谁是我们的朋友？这个问题是革命的首要问题。中国过去一切革命斗争成效甚少，其基本原因就是因为不能团结真正的朋友，以攻击真正的敌人。”[①]为了避免作为“群众的向导”的革命党（实际上指共产党）在复杂的战斗中迷失方向，认敌为友或将友作敌，革命党首先要分清楚敌人和朋友，那么就必须对“中国社会各阶级的经济地位及其对于革命的态度”做分析，掌握各阶级政治动向，掌握革命主动权，将无产阶级领导权落到实处，确定正确的革命策略。

毛泽东依据阶级基础和阶级意识的形成发展来认识中国的阶级问题。他创造性地分析了中国资产阶级的特殊状况，明确地将中国的资产阶级划分为大资产阶级（地主阶级和买办阶级）、中产阶级（民族资产阶级）、小资产阶级。对于大资产阶级，毛泽东指出他们“完全是国际资产阶级的附庸”，代表中国最落后的生产关系，“附属于帝国主

① 《毛泽东选集》第 1 卷，人民出版社 1991 年版，第 3 页。

义”，是帝国主义对中国进行经济盘剥和政治统治的工具，他们与民族革命的目的完全不相容，是“极端的反革命派”，是革命的敌人，即革命的对象[①]。中山舰事件发生后，蒋介石的立场已转到大地主大资产阶级方面。然而，中共一些领导人在阶级关系上却犯了“定型化”等错误，不懂得人是会变的，仍把蒋当作中间派对待，不敢斗争，怕导致破裂。毛泽东则看清了蒋的真面目，主张同蒋进行坚决斗争，对其予以武力制裁。

对于中产阶级即民族资产阶级，毛泽东将其划分为左翼和右翼，全面精准地论述了其两面性，否定了其对中国新民主主义革命的领导资格。毛泽东指出，民族资产阶级的本性和目的是要达到大资产阶级的地位的，所以对中国革命具有“矛盾的态度”：当受外资打击、军阀压迫不能发展而感觉痛苦时，则需要革命；但是，当革命在国内有本国无产阶级的勇猛参加，在国外有国际无产阶级的积极援助，对于其欲达到大资产阶级地位的发展感到威胁时，又怀疑革命。毛泽东专门引用戴季陶曾发表在报纸上的评论，“举起你的左手打倒帝国主义，举起你的右手打倒共产党”，鲜活展现了民族资产阶级的矛盾态度。他们企图实现民族资产阶级一阶级统治的国家“完全行不通”。在革命和反革命作最后斗争时，这个中间阶级必定很快分化，“或者向左跑入革命派，或者向右跑入反革命派，没有他们‘独立’的余地”[②]。毛泽东对民族资产阶级的分析，较为客观地反映了当时阶级斗争的实际状态，认为它蕴含着革命的力量，但却不是我们依靠的力量。这一认识促使他在国共合作中积极有为，努力实干，竭诚与以孙中山、廖仲恺为首的国民党左派合作；又基于民族资产阶级的两面性、软弱性和妥协性，在必要时坚决斗争，为批评西山会议派和戴季陶主义提供了重要的思想理论基础。

---

① 《毛泽东选集》第 1 卷，人民出版社 1991 年版，第 3—4 页。
② 《毛泽东选集》第 1 卷，人民出版社 1991 年版，第 4 页。

对于小资产阶级，如自耕农、手工业主、小知识阶层等都属于这一阶级。毛泽东将其分为有余钱剩米的、经济上大体自给的、生活下降的3个不同的部分，即右翼、中间、左翼三派，认为这个阶级“在人数上，在阶级性上，都值得大大注意”。毛泽东从1925年五卅运动和各地农民运动的经验中认定：小资产阶级“对于革命的态度，在平时各不相同；但到战时，即到革命潮流高涨、可以看得见胜利的曙光时，不但小资产阶级的左派参加革命，中派亦可参加革命，即右派分子受了无产阶级和小资产阶级左派的革命大潮所裹挟，也只得附和着革命”[①]。理论上的清醒，带来行动上的坚定。毛泽东不仅认为小资产阶级由其阶级地位所决定，而且即使是民族资产阶级也一样，只要无产阶级力量大，他们都是可以参加革命的。

毛泽东提出“半无产阶级”的概念，包括绝大部分半自耕农、贫农、小手工业者、店员、小贩等。他指出绝大部分半自耕农和贫农是农村中一个数量极大的群众，农民问题主要就是他们的问题。通过对他们经济情况的分析，毛泽东指出半自耕农的革命性优于自耕农而不及贫农，贫农中的佃农的革命性优于半自耕农而不及另一部分贫农，所谓另一部分贫农是农民中极艰苦者，极易接受革命的宣传。小手工业者、店员、小贩等和贫农地位不相上下，都“需要一个变更现状的革命”。此外，我们可以看到，毛泽东对农民的各个阶层进行了初步的界定，对其所处的经济地位和革命态度进行了比较全面的阐述，他把农民分为自耕农、半自耕农、贫农、雇农，中共后来在农村划分阶级时大体上与这一分法是吻合的。

对于无产阶级，毛泽东指出，中国现代工业无产阶级人数虽然不多，却是中国新的生产力的代表者，是近代中国最进步的阶级。他们比任何阶级都更为集中，而且经济地位低下，失去了生产手段，绝了发财

① 《毛泽东选集》第1卷，人民出版社1991年版，第6页。

的念头，又受着帝国主义、军阀、资产阶级的极残酷剥削，因此他们特别能战斗，是“革命运动的领导力量”，在斗争中比任何别的阶级都坚决彻底，最富于革命性。与此同时，毛泽东特别指出，农村中的无产阶级——雇农，没有占有任何生产资料，在乡村中是生活最感困难者，“在农民运动中和贫农处于同一紧要的地位”，是革命的坚定者。此外，毛泽东还提到游民无产者，他们多为失去土地的农民和失去工作机会的手工业者，“很能勇敢奋斗，但有破坏性”，必须加以正确的领导，使之成为一种革命的力量。

通过对各阶级及其革命态度的分析，毛泽东得出了符合中国革命实际的正确的革命策略，即“一切勾结帝国主义的军阀、官僚、买办阶级、大地主阶级以及附属于他们的一部分反动知识界，是我们的敌人。工业无产阶级是我们革命的领导力量。一切半无产阶级、小资产阶级，是我们最接近的朋友。那动摇不定的中产阶级，其右翼可能是我们的敌人，其左翼可能是我们的朋友——但我们要时常提防他们，不要让他们扰乱了我们的阵线。”[①]毛泽东从经济社会结构关系的角度出发，宏观上将中国社会各阶级分为地主阶级和买办阶级、中产阶级、小资产阶级、半无产阶级、无产阶级和游民等几个部分，区分出了革命要依靠的主体、团结的朋友和斗争的对象。他还根据各阶级内部不同群体占有生活资料的多寡进行了进一步的划分，剖析了各个不同部分对于中国革命的态度。这是他在反对国民党右派和中国共产党内错误思想的斗争中，把马克思主义普遍真理与中国革命具体实践相结合的初步尝试，集中了当时共产党人探索中国新民主主义革命理论的最初成果。毛泽东在马克思主义唯物史观的基础上充分立足中国国情，从整体上对中国的社会性质和社会构成及其阶级状况和政治倾向进行了深入考察和科学分析，初步厘清了中国民主革命的对象、任务、动力、领导、性质和前途等一系

① 《毛泽东选集》第 1 卷，人民出版社 1991 年版，第 9 页。

列基本问题，特别是突出强调中国现代工业无产阶级“是我们革命的领导力量”的重要观点，揭示了农民是无产阶级最广大最重要的同盟军地位，从而初步阐述了关于中国新民主主义革命的基本理论，对中国新民主主义革命思想的形成和发展作出了突出贡献。

四、谁赢得了农民，谁就赢得了中国革命

关注和致力于中国现代农民运动，毛泽东并不是中共党内的第一人，但是就农民问题的理论建树和实践而言，毛泽东是理论研究最深入和取得成就最突出的，这都离不开毛泽东对中国农村深入而周密的调查研究。

毛泽东从小生长在农村，多年的农民生活经历影响了他 20 世纪 20 年代初思想的形成和发展。早在 1919 年，毛泽东就在其庞大的新村计划中号召学生到农村中去，“养成乐于农村生活之习惯”。1922 年，毛泽东在创办湖南自修大学附设补习学校时，将李达首次论述农村各阶级的经济地位和政治状况的《告中国的农民》一文，选入国文讲义，列为必读教材。1923 年年初，毛泽东派水口山工人、共产党员刘东轩、谢怀德回家乡衡山岳北农村开展农民运动。同年 6 月，毛泽东在党的三大上逐渐认识到农民运动的重要性，他提出：“我们党不应只看见处于广州一隅的国民党，而应重视全国广大的农民，任何革命，农民问题都是很重要的。国民党在广东有基础，无非是有些农民组成的军队，如果我们党也注重农民运动，把农民发动起来，也不难形成广东这样的局面。”[①]在毛泽东等人关于注意农民运动的提议下，中共三大通过了党内第一个关于农民问题的文件——《农民问题决议案》。毛泽东对农民问题在中国革命中地位

① 中国社会科学院现代史研究室编：《中国共产党历次代表大会（新民主主义时期）》，中共中央党校出版社 1982 年版，第 59 页。

的认识虽经历了一个发展过程，但他始终未忽视过农民。

（一）在韶山开展农运的实践

1924 年 12 月底，毛泽东从上海回到长沙，与中共湘区区委书记李维汉交换了情况，对于国民运动、农民运动作了详细的谈话和讨论。次年 2 月初，毛泽东偕家人回到韶山。他趁着养病之机，白天走山路去亲戚朋友和邻居家串门，与农民们促膝长谈，访察人民疾苦；晚上和韶山的乡亲们一起聊天、座谈，广泛接触群众，了解他们的生产生活状况、宣传革命道理，以唤起农民的革命觉悟。此外，他还特地到安化县调查了当地的社会和革命情况。这期间，来往较多的有从安源煤矿回来的共产党员、贫苦知识分子、小学教员以及韶山的一些知名人士。经过同各种人的接触和调查，毛泽东了解到韶山地区农民的生产和生活情况，农村的阶级状况和各种社会情况。同时，毛泽东注重用通俗易懂、生动形象的语言向他们讲述国家的政治形势，说明农民遭穷受苦并非命定，而是“洋财东”和“土财东”互相勾结剥削、压迫所致，分析农民穷苦的原因和摆脱贫困的办法等，以启发他们的阶级觉悟。为了宣传革命思想，加强对农民的思想启蒙教育，毛泽东等人发动进步教师，吸取办工人夜校的经验，利用赵恒惕为装饰门面而搞“平民教育”的合法形式，在祠堂、族校等处创办夜校。除了教识字、珠算外，还宣讲三民主义，讲述国内外大事，向农民灌输革命道理。到 7 月间，夜校发展至 20 余所。在深入的思想发动基础上，毛泽东团结了一批清贫农民与贫苦知识分子，决定把他们组织起来，秘密组织农民协会。夜校的学员大部分发展成为农协的骨干，夜校场所一般也是秘密农协的会址。从 1925 年二三月间起即组织乡秘密农协，不久便发展到 20 余个。

不久之后，中国共产党领导的五卅运动激荡全国，大大促进了群众的觉醒，激发了民众的反帝爱国斗志。五卅惨案的消息亦在韶山不胫而走，毛泽东等人以秘密农协为中心，以“打倒列强，洗雪国耻”为口号，在韶山一带成立了 20 多个乡雪耻会。在湘潭西二区上七都雪耻会成立大会上，毛泽东发表演讲，揭露帝国主义的侵略罪行，号召大家联合起来共同反对帝国主义。在毛泽东的领导下，雪耻会作为公开合法的群众组织，积极组织进步教师和学生以及有觉悟的农民成立宣传队，广泛开展演讲、散发传单、游行示威、检查洋货等反帝爱国活动。

在组织农民的过程中，毛泽东十分注重在农村建立中共的基层组织。在毛泽东的指导和带领下，毛新梅、庞叔侃、李耿侯、钟志申等人很快成长为韶山农民运动的骨干。经过几个月的培养和了解，6 月中旬，毛泽东同毛福轩介绍他们加入中国共产党，发展他们为韶山第一批中共党员，秘密举行了新党员入党仪式，成立中共韶山支部，委派毛福轩为党支部书记。至年底，韶山、银田一带发展党员近百人。毛泽东还在韶山秘密发展共产主义青年团，建立团的组织。韶山建立党组织后，毛泽东领导韶山人民开展了政治、经济和文化教育方面的初步斗争。1925 年 7 月，韶山大旱，粮食奇缺。当地的地主乘机囤积居奇，高抬谷价。毛泽东便召集党支部和农协骨干发动农民展开了一场韶山历史上有名的“平粜阻禁”谷米斗争。同时，他还领导了韶山地区夺取教育权的斗争。

毛泽东这次回乡养病，从 1925 年 2 月 6 日到韶山，到 8 月 28 日离开韶山，共住了半年多。这段时间，毛泽东名为休养，实际上是全力投入发动韶山地区的农民运动，十分艰苦。毛泽东在韶山从事农民运动时间虽不长，却很有章法，即使是在偏僻山村，这里的农民运动也开展得有声有色。1926 年 12 月，湘潭县农会在《湘潭县农民运动报告》中介绍说：“湘潭农运，为湖南全省之中心。其地域为全省之要塞，故其发展亦在各县之先。”这一段经历也让毛泽东看到了农民巨大的革命潜力，此后，毛泽东将主要的精力由工人运动转向农民运动。韶山初期的农民运动是毛泽东在农村中开展艰苦细致调查研究工作的成果，是中共领导农民斗争、坚持统一战线中领导权的局部尝试。毛泽东从而对开展农运的意义和如何开展农运有了比较全面的切身体会，积累了第一手的经验。他还写下大量的调查研究笔记，从而使他对中国农村的了解和对中国农民的认识大大前进了一步。

（二）在第六届农民运动讲习所的调查研究

为适应全国农民运动发展之要求，国民党二大后，以林伯渠为部长的国民党中央农民部提议设立农民运动委员会。1926 年 2 月 5 日，国民党中央常委会决定继续开办农讲所，设立农民运动委员会，以“研究农民运动之理论与实施计划之指导”。同日，毛泽东成为国民党农委会首届委员之一。鉴于毛泽东在领导农运方面的成就，又对农民问题作了大量的调查和研究，3 月中旬，农委会决定由毛泽东担任第六届广州农讲所所长。毛泽东出任所长之后一如既往地重视调查研究。除负责处理日常事务之外，毛泽东一直坚持亲自为学生上课，以丰富的革命理论和革命实践经验讲授中国农民问题、农村教育、地理 3 门课程，共达 36 个小时。

毛泽东注重理论联系实际，坚持课堂教学与社会实践相结合，让学生在校内外参加调查研究、农运实习和现实斗争。毛泽东按省籍将学生编成 13 个农民问题研究会。各研究会每周开会一两次，专门研究本地区实际的农民问题。毛泽东自拟 36 个调查项目，引导学生调查研究经济、政治、军事状况，包括地主的来源、主佃关系、租率、田赋、厘金杂税杂捐及临时捐、抗租减租平粜等风潮、地方政治组织、贪官污吏、团防、会党、土匪、兵祸、妇女的地位、农民的观念、教育、农村组织状况等。学生通过调查研究，不仅培养了研究分析能力，也提高了解决问题的能力。

为加强理论与实际相结合，1926 年 7 月，毛泽东组织 50 多名学生到粤北韶关学习一星期。8 月，又组织全体师生赴海丰实习两星期，参加当地农民斗争，深入农村社会进行广泛的革命宣传，调查了解农民需求和思想感情，增加学生开展农民运动工作的经验和感性认识，使学生们“亲入革命的农民群众中，考察其组织，而目击其生活，影响学生做农民运动之决心极大”[①]。而且，与往届相比，第六届农讲所学生参加社会活动是最多的，毛泽东组织学生参加五四运动纪念会、马克思诞辰107周年纪念大会、援助英国工人大罢工大会、纪念六二三沙基惨案一周年反帝示威游行、北伐誓师大会等活动。毛泽东组织学生参加农运实习和进行的社会活动，既促进了国民革命运动的发展，又使学生受到了教育，在实际斗争中提高了政治觉悟和独立革命能力。

为了总结和推广国内外特别是广东农民运动的经验，指导和促进全国农民运动的发展，毛泽东还把有关政策、策略、论著以及农讲所的教材和师生调查研究成果等，编入由他主编的《农民问题丛刊》正式出版，作为研究和指导农民运动的重要参考资料。毛泽东十分推崇彭湃的农村调查模式，专门将彭湃根据自己的调查研究以及从事农民运动的实践经验撰写出的《海丰农民运动》编进丛刊，并评价其为“本书最精粹部分”，“给了我们做农民运动的方法”，“又使我们懂得中国农民运动的性质”[②]，规定其为第六届农讲所学员的必读教材。

第六届农讲所学生于1926年9月结业。毛泽东在毕业典礼上勉励学生要拜农民为老师，同农民做朋友，脱掉知识分子的衣服，放下臭架子；敢于同反动势力作斗争，不怕艰苦、不怕牺牲，为农民求解放，为农民谋利益，这才是我们的好学生。次月，第六届农讲所大部分学生奔赴各地，深入农村，发动农民，成立农民协会，组织农民自卫军，开展反帝反封建斗争，有力推动了农民运动的迅猛发展，支援了北伐战争，促进

---

① 广州农民运动讲习所旧址纪念馆编：《广州农民运动讲习所资料选编》，人民出版社1987年版，第389页。

② 广州农民运动讲习所旧址纪念馆编：《广州农民运动讲习所资料选编》，人民出版社1987年版，第166页。

了国民革命运动的发展。

据第六届农讲所湖南籍学员王首道回忆，“在农讲所的整个学习过程中，毛泽东同志教育和引导我们始终坚持理论联系实际的革命学风。在这期间，他除了引导学员坚持社会调查外，还以学员为对象，作了许多关于农民问题的调查研究工作，并在教学中充分运用这些材料，坚持理论与实际相结合，为我们树立了光辉的榜样”①。另据学员张明远回忆，毛泽东“在学员中成立农民问题研究会，充分利用学员来自全国各地这一有利条件，亲自主持召集来自各省的学员开调查会。不能参加调查会的，都发给调查提纲。从阶级关系、宗教信仰，到风俗习惯、农民的地亩田产、地税负担、地主的剥削方式、农民反抗的情况、秘密社团以及歌谣谚语等等，都在调查之列”②。对于毛泽东这一时期作出的卓越贡献，周恩来高度评价：“1925 年五卅运动以后，工人运动、农民运动在全国得到空前的大发展，规模之大是过去所从来没有的。从这个运动中，能看到革命的发展是走向农民的革命战争，能看到革命发展这个全局的，在我们党内的代表是毛泽东同志。他接办农民运动讲习所，进行农民土地问题的调查研究，出了二十几种小册子。历届讲习所的学生后来分散到湖南、湖北和其他各地，发动了广大的农民运动。”③

（三）指导和推动全国农民运动

毛泽东在第六届农讲所结束后不久，便接到中央通知，要他离开广州赴上海，出任中央农民运动委员会书记。中央农民运动委员会原已设立，但组织尚未完备，实际上没有专人负责，直到 1926 年 11 月，毛泽东到任后才正式办公。自此，毛泽东从对中国农民问题的研究，转

---

① 王首道：《王首道回忆录》，解放军出版社 1988 年版，第 26—27 页。

② 张明远：《我的回忆》，中共党史出版社 2004 年版，第 41 页。

③ 《周恩来选集》上卷，人民出版社 1980 年版，第 117 页。

入对全国农运进行指导和部署。他制定了《目前农运计划》，于 11 月 15 日得到中央局批准。《计划》规定目前农运发展的重点、原则及与国民党左派的协作关系。《计划》指出根据当前情况，农民运动发展应采取集中原则，强调重点抓好基础较好、意义较大的地方的农民运动，即大力发展北伐军经过的湘、鄂、赣、豫四省的农民运动，同时在陕西、四川、广西、福建、安徽、江苏、浙江全面展开。《计划》提出“省城及其他重要城市之近郊农民，须特为组织‘近郊农民协会’。此等城市之国民党市党部或特别市党部，均须设立农民部指导近郊农运”[①]。《计划》还决定在武昌开办农民运动讲习所。当时，毛泽东虽从理论上认识到农民运动最本质的问题是推翻现政权，但在出任中央农委书记之初制定全国农运计划时，却没把夺取政权列入农民运动的重点，他是在考察湖南农民运动时，从农民自发的行动中，才感受到这一问题的紧迫性。

毛泽东在大革命后期不仅是中共中央农民运动委员会书记（从 1926 年 11 月到中共五大），还被聘请为国民革命军总政治部农民问题讨论委员会委员、国民党中央农民部农民运动委员会常务委员、国民党中央土地委员会委员、全国农民协会临时执委会常务委员（兼组织部部长），并且是武昌中央农民运动讲习所的 3 位常委之一，主持日常工作。这时的毛泽东已成为全国农民运动的领军人物，他为发展各地农会组织、培训农民干部、扩大农民武装、建立农民革命政权、着手解决土地问题等，付出了巨大而艰苦的劳动。

为了进一步推动农村大革命，毛泽东收集了崇明、江阴、无锡、丹阳、青浦、泰兴、泰县（今泰州市姜堰区）、慈溪等地农民状况的资料，于 1926 年 11 月在党的机关刊物《向导》第 179 期上，发表了《江浙农民的痛苦及其反抗运动》一文。事后，他联络江西、湖南、湖北三省的

---

① 《建党以来重要文献选编（1921—1949）》第 3 册，中央文献出版社 2011 年版，第 462 页。

中共党组织和国民党省党部，拟在武昌合办农讲所，得到国民党三省党部的支持。1927年春，毛泽东考察湖南农民运动结束后，对农村大革命更有信心。他在国民革命军政治部农民问题讨论会上作《中国各地农民状况》报告，指出农民运动已席卷湘、鄂、粤、赣四省，波及黄河流域，为进一步巩固和发展农民运动，急需继续主办中央农民讲习所，大力培养农运人才。1927年4月初，毛泽东在武昌出席国民党中央农讲所开学典礼。和在广州第一至六届农讲所不同，名义上同是隶属国民党中央农民部，但武昌农讲所的学员来自全国各地，毛泽东后来对斯诺讲甚至有来自内蒙古的。陈克文回忆该所"实际是完全独立的"，"所里一切训练工作全在毛周两人手上（指毛泽东和周以栗——引者注）"。他说，毛泽东"一方面调查农村实况，了解农民生活，找寻他的农运理论根据，创造他的革命策略。又一方面指示他的党徒组织农民，鼓动农民，布置共产党的势力，准备农村暴动。讲习所的农运理论，便全以老毛的调查所得和他的意见为张本"[①]。6月，中央农讲所举行毕业典礼，毛泽东精心培育的800多位农运骨干成为大革命失败后中共在广大农村掀起土地革命高潮的重要骨干。

随着全国农民运动高涨，各地农民协会纷纷成立，急需一个统一的农民协会组织来领导。1927年3月，湘、鄂、赣、豫四省农协共同发起联席会议，讨论筹建全国农民协会问题，并得到国民党中央农民部部长邓演达的支持。4月9日，中华全国农民协会临时执行委员会委员发表就职通电，宣布"就职视事"，推定邓演达为宣传部部长，毛泽东为组织部部长，彭湃为秘书长。由于邓演达肩负国民革命军总政治部主任、国民党中央农民部部长、湖北省政府主席等重任，全国农协临时执委的日常工作主要由毛泽东负责。

全国农协临时执委会刚组成就面临严峻形势。羽翼丰满的蒋介石在

① 陈克文：《陈克文日记》，社会科学文献出版社2014年版，第1332页。

上海突然发动四一二反革命政变。国民党反动派以“清党”为名大肆屠杀共产党员和革命群众。面对命悬一线的紧迫形势，全国农协临时执委会在毛泽东的领导下克服重重困难开展工作。毛泽东和国民党中央农民部、国民革命军总政治部组织“战区农民运动委员会”，指导战区农民运动。毛泽东还以全国农协临时执委会名义连续发布《对湘鄂赣三省农协重要训令》《临字第四号训令》等训令，要求发展农协、创设区乡县的自治机关、武装农民和没收土豪劣绅及大地主的土地，要求各级农协一致请求国民政府：明令保护工农组织及其自卫武装，惩办一切屠杀工农的反动派。在全国农民运动蓬勃发展的重要时刻和蒋介石集团叛卖革命的危急关头，中共五大于 4 月 27 日至 5 月 9 日在汉口召开。毛泽东在会上提出支持农民开展土地革命，猛烈发展农民武装，建立农民民主自治政权的提案。但是大会在陈独秀、彭述之把持下，毛泽东的意见没有引起大会注意。中共五大没有能够挽救蒋介石叛变革命后造成的险恶局势，更没有回答人们最焦虑的如何从危机中挽救革命的问题。

中共五大后，武汉国民政府所辖地区的危机越来越严重。随着夏斗寅、许克祥相继叛变革命，毛泽东对如何进一步开展农运提出了指导性意见，号召武装保卫革命。在毛泽东的指导下，全国农民运动又有深入发展。据 1927 年 6 月武汉政府农民部调查，湖南有农协会员 600 余万人，河南有 24 万，湖北有 250 万，陕西有 70 万，广东有 70 万，江西有 38 万,四川、福建、山西、广西、安徽、热河等省农协会员也日益增多。全国有统计的农民协会会员已超过 1000 万。在以毛泽东为代表的共产党人和国民党左派邓演达等的努力下，珠江流域、长江流域，乃至黄河流域的广大农民，为了一个共同的目标被组织起来。上千万的农民参加农协，并且有了他们自己的全国性组织——中华全国临时农民协会，其声势和规模远远超过历史上的任何一次农民起义。组织起来的农民爆发出他们所蕴藏的巨大能量，正如毛泽东在《湖南农民运动考察报告》中所指出的那样：“孙中山先生致力国民革命凡四十年，所要做而没有做到的事，农民在几个月内做到了。这是四十年乃至几千年未曾成就过的奇勋。”大革命后期轰轰烈烈的农民运动高潮的兴起，是国共合作在军事领域之外最重要的成果，也是国共合作的大革命具备前所未有的革命彻底性的具体写照。

（四）湖南农民运动调查研究报告

随着北伐战争胜利推进，在中共领导下，以湖南为中心的农民运动暴风骤雨般开展起来。湖南本身也是党的力量较强的地区，农民运动也最有基础。北伐出师前，湖南全省已有农协会员约40万人，受党直接影响的群众有100多万。北伐军进入湖南后，到1926年年底和1927年1月，农协会员就激增到200万，能直接领导的群众达1000万以上。1926年十二月会议后，在农民运动形成高潮却又受到各方责难的情况下，为了支持和推动农民运动的发展，驳斥国民党反动派对农民革命的造谣，澄清一些党内同志对农民运动的模糊认识，毛泽东打算实地考察湖南农民运动。当时正值湖南全省第一次农民代表大会召开，邀毛泽东回湘指导。12月17日，毛泽东由汉口回到长沙，参加湖南全省第一次农民代表大会。在毛泽东指导下，大会成立了湖南省农民协会，并通过了铲除贪官污吏和土豪劣绅，减租减息，建立农民自卫武装和农民政权等40个决议案，确定了今后与一切反动派斗争的方针，极大地推动了湖南农民运动的发展。

会后，毛泽东于1927年1月4日至2月5日在湖南农村进行了32天的实地考察，主要考察了湘潭、湘乡、衡山、醴陵、长沙5个县的农民运动情况。第一个阶段考察湘潭、湘乡、衡山3个县。1月4日，毛泽东从长沙启程到湖南农村考察农民运动，4日至9日在湘潭县的县城，韶山、银田一带考察。9日至14日在湘乡县考察，15日至23日到衡山县考察，24日返回长沙。之后，将考察情况向中共湖南区委作了详细报告，并在党校、团校作了报告。第二个阶段考察了醴陵、长沙两县。1 月 27 日至 2 月 3 日到醴陵县考察，2 月 4 日回到长沙，在长沙县郊区邀请农协负责人进行座谈，了解长沙农运情况。2 月 5 日，历时 32 天，行程 700 多公里的五县考察结束。通过这次考察，毛泽东广泛接触了农民群众和有经验的农民干部，普遍走访了农、工、青、妇各种群众组织的积极分子和负责人，召开了各种类型的调查会，获得了极其丰富的准确的关于湖南农村大革命的第一手材料。

1927 年 2 月 12 日，毛泽东离开长沙回到武汉。16 日，毛泽东就视察湖南农民运动问题给中共中央写了一个简要的报告，扼要叙述了他的基本观点，并说将在三四日内写一个详细的报告。随后毛泽东在短短几天内完成了长达两万余字的《湖南农民运动考察报告》(以下简称《考察》)。在这篇考察报告中，毛泽东用生动具体的事实、热情洋溢的语言，歌颂了当时的农村大革命，讴歌了广大农民的革命功绩，有力驳斥了党内怀疑和指责农民运动的论调，根据客观历史发展实际，高度总结了农民运动和农民革命斗争的丰富经验，提出了解决中国民主革命各方面重要问题的原则。其重要价值是：

其一,《考察》再次充分估计了农民运动在中国革命中的重要地位和巨大作用。毛泽东指出，湖南农民仅仅几个月的斗争“把几千年封建地主的特权，打得个落花流水。地主的体面威风，扫地以尽”，真正做到了“一切权力归农会”,“简直是急风暴雨，顺之者存，违之者灭”①。强调一切革命同志要知道“国民革命需要一个大的农村变动”，辛亥革命没有这个变动所以失败了,“现在有了这个变动”，就是民主革命成功的重要因素②。

毛泽东始终站在无产阶级的革命立场，代表几万万农民的利益斥责一切反动派所谓“糟得很”的论调，称赞农民运动“好得很”，完全不是

① 《毛泽东选集》第 1 卷，人民出版社 1991 年版，第 14 页。

② 《毛泽东选集》第 1 卷，人民出版社 1991 年版，第 16 页。

什么“糟”，更不是什么“糟得很”。毛泽东从阶级利益的角度特别指出：“‘糟得很’，明明是站在地主利益方面打击农民起来的理论，明明是地主阶级企图保存封建旧秩序，阻碍建设民主新秩序的理论，明明是反革命的理论。”①所以，一切革命同志要拥护这个变动，否则就站在反革命立场上。在艰巨而复杂的革命斗争中，毛泽东挺身而出，运用马克思列宁主义探索中国农民运动，歌颂农民狂风暴雨般的革命行动。毛泽东在《考察》中科学地预言：“很短的时间内，将有几万万农民从中国中部、南部和北部各省起来，其势如暴风骤雨，迅猛异常，无论什么大的力量都将压抑不住。他们将冲决一切束缚他们的罗网，朝着解放的路上迅跑。一切帝国主义、军阀、贪官污吏、土豪劣绅，都将被他们葬入坟墓。”②

其二，《考察》明确指出了在农村建立农民政权和农民武装的极端重要性，为解决政权、武装、土地问题提出全面的行动纲领。革命的根本问题就是政权问题。他指出：“农村革命是农民阶级推翻封建地主阶级的权力的革命。”③打倒地主政权，建立农民政权，实现新的阶级权力代替旧的阶级权力，是“极严重极紧要的斗争”④。湖南农民在斗争中建立农民协会，推翻封建统治，实现了农民专政，“农会在乡村简直独裁一切”⑤。毛泽东认为“必须建立农民的绝对权力。必须不准人恶意地批评农会。必须把一切绅权都打倒”⑥，不然“一切减租减息、要求土地及其他生产手段等等的经济斗争，决无胜利之可能”⑦。

为了推翻地主政权，击败地主武装的攻击，为了建立和巩固农民政

---

①《毛泽东选集》第 1 卷，人民出版社 1991 年版，第 16 页。
②《毛泽东选集》第 1 卷，人民出版社 1991 年版，第 13 页。
③《毛泽东选集》第 1 卷，人民出版社 1991 年版，第 17 页。
④《毛泽东选集》第 1 卷，人民出版社 1991 年版，第 23 页。
⑤《毛泽东选集》第 1 卷，人民出版社 1991 年版，第 14 页。
⑥《毛泽东选集》第 1 卷，人民出版社 1991 年版，第 17 页。
⑦《毛泽东选集》第 1 卷，人民出版社 1991 年版，第 23 页。

权，毛泽东特别强调必须“推翻地主武装，建立农民武装”[①]，建立在农民政权的乡村自治机关管理下的农民武装。他在总结当时湖南农民武装梭镖队击败地主武装的经验时，指出农民武装“是使一切土豪劣绅看了打颤的一种新起的武装力量”，主张“应使这种武装力量确实普及于七十五县二千余万农民之中，应使每个青年壮年农民都有一柄梭镖，而不应限制它”[②]。

在土地问题上，毛泽东在 2 月 16 日给中央的报告中明确提出农民土地问题。这个问题早在 1925 年 10 月中共中央扩大会上毛泽东就提出过，后来到了 1926 年十二月会议上被陈独秀否定。毛泽东在 2 月 16 日的报告中认为：“农民问题只是一个贫农问题，而贫农的问题有二个，即资本问题与土地问题。这两个都已经不是宣传的问题而是要立即实行的问题了。”[③]随着革命形势发展，许多地方已经发生严重的土地问题，贫农对土地的要求极为迫切。所以，只有解决这两个问题，特别是实行土地革命，才能争取可靠的同盟军。后来，毛泽东在国民党二届三中全会和中央土地委员会的会议上，进一步强调“每一个农村里都必须有一个大的变革”，论述了中国农民问题的中心是土地问题，土地问题的解决，可以使农民得到解放。

其三，《考察》通过分析农村各阶层及其经济地位与在革命中的表现，提出中共在农村革命中依靠贫农、团结中农的阶级路线。毛泽东指出，“革命大业，革命重要工作，是不是农民全体做的呢？不是的”[④]，因为各阶层农民经济状况不同，那么，他们对革命的态度和观感也各有区别。根据湖南农村革命经验，毛泽东认为：富农的态度始终是消极的；

---

① 《毛泽东选集》第 1 卷，人民出版社 1991 年版，第 28 页。
② 《毛泽东选集》第 1 卷，人民出版社 1991 年版，第 29 页。
③ 《毛泽东年谱（1893—1949）》（修订本）上卷，中央文献出版社 2013 年版，第 180 页。
④ 《毛泽东选集》第 1 卷，人民出版社 1991 年版，第 19 页。

中农的态度是游移的，但不同于富农，到革命潮流高涨时也能参加革命；而贫农则是“一向苦战奋斗的”，是农民中最革命的力量，“最听共产党的领导”。贫农在乡村中占绝大多数。毛泽东指出：“据长沙的调查：乡村人口中，贫农占百分之七十，中农占百分之二十，地主和富农占百分之十。”[①]贫农中的许多人“上无片瓦，下无插针之地”，是农民协会的中坚力量，是打倒封建势力的先锋，是“成就那多年未曾成就的革命大业的元勋”[②]。湖南农民协会中所有最下一级的委员长、委员几乎全是贫农，因为最富革命性，所以取得了农会的领导权。如果没有贫农的领导，“决不能造成现时乡村的革命状态，决不能扫倒土豪劣绅，完成民主革命”。所以毛泽东认为：“贫农领导，是非常之需要的。没有贫农，便没有革命。若否认他们，便是否认革命。若打击他们，便是打击革命。”[③]

其四，《考察》着重强调了发动群众、组织群众、依靠群众首创精神的历史唯物主义观点。农村的反封建斗争，是一场激烈的阶级斗争，要摧毁农村中历经几千年根深蒂固的封建势力，就必须在农村掀起一个大的革命热潮，鼓动成千成万的群众形成磅礴伟力，就是要放手发动群众。毛泽东指出：“革命不是请客吃饭，不是做文章，不是绘画绣花，不能那样雅致，那样从容不迫，文质彬彬，那样温良恭俭让。革命是暴动，是一个阶级推翻一个阶级的暴烈的行动。”他继续阐述：“所有一切所谓‘过分’的举动，在第二时期（指革命时期——引者注）都有革命的意义。质言之，每个农村都必须造成一个短时期的恐怖现象，非如此决不能镇压农村反革命派的活动，决不能打倒绅权。矫枉必须过正，不过正不能矫枉。”他鲜明批判了那些所谓“过分”“未免太不成话”等指责农民运动的议论，是“拥护特权阶级利益的地主理论”，阻碍了农民运动的

---

① 《毛泽东选集》第 1 卷，人民出版社 1991 年版，第 20 页。
② 《毛泽东选集》第 1 卷，人民出版社 1991 年版，第 21 页。
③ 《毛泽东选集》第 1 卷，人民出版社 1991 年版，第 21 页。

发展，破坏了革命，必须坚决反对[①]。毛泽东呼吁将农民广泛地组织起来，在农民协会的领导下行动起来，“造成一个空前的农村大革命”[②]。

毛泽东的这篇《考察》最早刊登在1927年3月出版的中共湖南省委机关刊物《战线》周刊,《湖南民报》、汉口《中央日报》副刊均先后连载。中共中央机关报《向导》周刊在发表这篇报告前7个部分之后却不再发表。4月，刚从上海来到武汉担任中共中央宣传部部长的瞿秋白以《湖南农民革命》为题，出版了毛泽东这篇考察报告的单行本，他完全赞同毛泽东关于农民问题的主张，并为此写序：“中国革命家都要代表三万万九千万农民说话做事，到战线去奋斗，毛泽东不过开始罢了。中国的革命者个个都应当读一读毛泽东这本书，和读彭湃的《海丰农民运动》一样。”1927年5月、6月，共产国际执委会机关刊物《共产国际》先后用俄文和英文转载了《湖南农民运动考察报告》，也是该杂志反映中国人自己观点的第一篇论文。

此外，毛泽东在撰写《湖南农民运动考察报告》之前写过另外一份报告，即《视察湖南农民运动给中共中央的报告》[③]（以下简称《视察》)，不大为人关注。实际上，该份《视察》系统记述了毛泽东本人考察湖南农民运动的活动足迹，阐明了毛泽东关于农民运动特别是关于乡村民主自治、联合国民党左派共同推动农村大革命和解决农民土地问题的观点和主张，体现了毛泽东鲜明的阶级立场和尊重群众、信任群众、为群众服务的态度，对于研究毛泽东考察湖南农民运动的具体历程、毛泽东关于农民问题理论的形成发展过程等有重要意义。

第一,《视察》是《考察》的提要和浓缩版，是全面深入领会《考察》的重要参照和最直接的依据。《视察》和《考察》主题一致，但各

---

① 《毛泽东选集》第1卷，人民出版社1991年版，第17页。

② 《毛泽东选集》第1卷，人民出版社1991年版，第14页。

③ 《中国共产党重要文献汇编》第10卷，人民出版社2022年版，第59—62页。

有侧重。从篇幅上看,《视察》仅有1700多字，而《考察》近2万字；从写作上看,《视察》是比较典型的内部公文式报告，简洁明了，条理清晰，而《考察》是准备公开在《向导》上发表的，激情饱满，夹叙夹议，既有工作陈述和总结，又有论证和宣传鼓动；从写作时间上看,《视察》早于《考察》，毛泽东作完湖南农民运动有关调查，于1927年2月12日回到汉口后，16日就写成《视察》，还在文末特别说明："详细情形当从明日起三四日内写出一个报告送兄（指中共中央——引者注）处察核。"这不仅为将《考察》的写作时间精确到2月17日至21日提供了一定的依据，也说明了毛泽东在写《视察》时已经对《考察》成竹在胸。事实证明,《视察》与《考察》在很多重要问题上的观点是一致的，内在精神实质也是一以贯之的。比如《视察》将湖南农民运动发展划分为"组织时期""革命时期"和"建议联合战线时期"3个阶段，从13个方面概括了湖南农民运动的状况和发展中必须解决的问题，与《考察》中述及的"十四件大事"，有不少内容是重叠的，或者是从不同角度深入论述的，虽然文字比《考察》简约得多，但言辞观点却是微言大义，值得深入研究。

第二,《视察》系统记述了毛泽东本人考察湖南农民运动的活动足迹。而这恰是《考察》语焉不详的，其权威性，也是所有其他见证者相关的口述史料都不足以比拟的。1926年12月3日，湖南农民第一次全省代表大会电报邀请毛泽东与会指导工作。《视察》记载了毛泽东此后一段时间的活动足迹：12月17日，毛泽东由汉口赴长沙与会，发表演讲并指导相关工作；12月底大会闭幕后，毛泽东同中共湖南区委商定，召集与会代表举办一短期训练班，他本人3次在训练班上做关于农民问题和调查方法的报告；1927年1月4日至2月5日，毛泽东下乡考察，经过湘潭、湘乡、衡山、醴陵、长沙5县，考察期间，"在湘潭、湘乡、衡山三县调查后回到区委向负责同志做了一次详细的报告，在党校团校各做了一次报告，在醴陵、长沙二县调查后又在区委做了一些报告"；

2月12日，“由长沙到武昌。”从《视察》记述的以上内容中，可以得出两点重要认识：

其一，毛泽东考察湖南农民运动不只是32天间对湘潭、湘乡、衡山、醴陵、长沙5个县的农村，行程700公里的考察，应该分为在参加湖南全省第一次农民代表大会期间的调查和到5个县的调查两个阶段。毛泽东作为国民党中央候补执行委员和国民党中央农民部农民运动委员会常务委员（“毛委员”的称呼就是由此而来），出席了后半段的湖南全省第一次农民代表大会。这期间，毛泽东除在20日和27日两次发表演讲外，还参与了大会宣言和40个决议案的讨论与定稿，这实际是对湖南全省农民运动状况的一次全面调查。而他随后对湘潭等5个县的考察，则是在前期考察基础上更为深入的实地调查。两个阶段的考察形成“面”与“点”、广泛与纵深的交错。[①]

其二，毛泽东作为中共中央农民运动委员会书记，来湘期间对中共湖南区委和整个湖南农民运动进行了具体指导。根据《视察》记载，一是在参加湖南全省第一次农民代表大会期间发表了演讲、起草了文件，进行了短训班的3次讲话，并和湖南区委同志作了交流；二是在5个县考察期间与基层农运干部和有经验的农民群众的谈话；三是在考察湘潭、湘乡、衡山3县后回到长沙短暂逗留期间，给湖南区委和党校团校作了报告；四是考察全部结束后，又在湖南区委作了一些报告。可以想见，从5日考察结束返长沙，到12日回武汉的一周间，毛泽东与湖南区委成员之间，应该还会有一些小范围的交流。

概括起来，毛泽东对工作的指导可分为两个方面的内容，在到各县

---

① 毛泽东原计划还要考察宁乡、新化、宝庆、攸县、武冈、新宁等县的农民运动，后因时间的关系，未成行；有回忆材料说：1927年2月，毛泽东在衡山考察后曾到衡阳进行短暂的调查，夏明翰、陈佑魁等参加座谈。参见黄仲芳、罗庆宏主编：《井冈山斗争口述史》下册，江苏人民出版社2015年版，第529页。

考察前，主要是传达中共中央的指示精神和他本人既往对农民运动工作的见解和意见，这从湖南全省第一次农民代表大会的宣言和决议案中可以窥略其大概；到各县考察后的指导，则是毛泽东从考察中获得的新观点和新思路的阐述与运用。比如，他在考察中对于湖南农民高涨的革命情绪和面临的斗争形势有了更深刻的了解，因而回到湖南区委后，指示要大力发展中国共产党在农村的地方组织。此后，按照毛泽东的指示，湖南区委大力在农村发展中共党员，仅仅 3 个月，到长沙马日事变发生时已经发展农村党员 2 万人，[①]占全国共产党员人数的三分之一。这成为后来湘赣边界秋收起义和湘南暴动，乃至平江起义后湘鄂赣苏区发展的重要组织条件。

第三，《视察》阐述了毛泽东基于革命形势的变化及实践的深入而提出的关于农民运动特别是关于乡村民主自治、联合国民党左派共同推动农村大革命和解决农民土地的新观点新主张。《视察》阐述了毛泽东一系列关于农民运动的观点和主张，反映了他在 1926 年 12 月底至 1927 年年初考察湖南农民运动后，基于革命形势变化形成的最新认识。这些认识比较突出地体现在以下 3 个方面。

其一，关于乡村民主自治。伴随着北伐军胜利进军的脚步，中共中央提出“国民会议运动”，希望通过召集全国的商会、工会、农会、学生会和其他各界职业团体来推举多数代表，举行国民会议、省民会议、县民会议和乡民会议，以产生新的政府。毛泽东参与制定的湖南一次农大《乡村自治问题决议案》明确：“此种民主自治，属于乡村一般民众，封建余孽及一切反革命分子，当然不许其参与”；“乡民会议是乡村自治之最高权力机关，其使命在集合乡村各种民众势力，树立民主革命的真

① 《湖南组织报告（五月—八月）》（1927 年 9 月 5 日），《湖南革命历史文件汇集》甲 5，中央档案馆、湖南省档案馆 1984 年编印，第 126 页。

实基础，实现乡民之要求，发展农村之经济。”[①]毛泽东在考察湖南农民运动后认为，乡村民主自治是各级国民会议的基础。他在《视察》中写道：“湘中、湘南各县多数经过了一个烈风暴雨的农村革命时期（第二时期），乡村陷于无政府状态，应立即实现民主的乡村自治制度，变无政府为有政府，具体的建立农村联合战线，以免去农民孤立的危险；农村中的农民武装、民食、教育、建设、仲裁等问题也才有最后的着落。目前湖南的政治问题，莫急于完成乡村自治这一点，省民会议、县民会议非在完成乡村自治以后决无可言。”在随后撰写发表的《考察》中，毛泽东提出“一切权力归农会”“推翻县官老爷衙门差役的政权”等主张，虽然力度更大，目标更鲜明，但没有《视察》中的相关论述那样系统和更具操作性。

其二，关于联合国民党左派共同推动农村大革命。毛泽东赴长沙参加湖南全省第一次农民代表大会和考察湖南农民运动期间，正值国民党中央执委和国民政府委员建立联席会议制度（1926 年 12 月 13 日—1927 年 2 月 21 日），国民党左派和共产党人通过联席会议实际执掌武汉政府的实权，这是中山舰事件和党务整理案以来，国共关系最为融洽的一段时光。鉴于一些地主豪绅、国民党右派等对湖南农民运动“糟得很”“痞子运动”“堕农运动”的指责，毛泽东在《视察》中提出一个策略，即“农村间的各种冲突，如农工冲突、农商冲突、农学冲突、农党冲突、贫农与富农冲突、农民与政府冲突等，均须抬出 K.M.T.（指国民党——引者注）的招牌去解决，万不可马上抬出 C.P.（指共产党——引者注）的招牌去解决”。为此，他建议“必须大大的在农民尤其在贫农中发展 K.M.T. 组织”。他的这一建议，既是一种斗争策略，也是联合国民党左派共同推动农村大革命的真诚行动，并且符合毛泽东当时以

① 中共中央党校党史研究室选编：《中共党史参考资料（第一次国内革命战争时期）》，人民出版社 1979 年版，第 370 页。

国民党中央农民部农民运动委员会常务委员身份指导湖南农运的工作需要。因而，得到中共中央的认可，为中共湖南区委所落实，并取得了切实的成效。在筹备湘赣边界秋收起义时，中共中央在给湖南省委的信中就曾指出："湖南国民党左派的下级党部比任何省要有基础，十五万到二十万的左派党员及其组织曾在我们指导之下奋斗到现在。"[①]中共中央以此作为在湖南发动秋收暴动的有利条件。但毛泽东的这个主张，在公开发表的《考察》中，一点也没有提及。

其三，关于解决农民土地问题。《考察》明确写道："目前我们对农民应该领导他们极力做政治斗争，期于彻底推翻地主权力。并随即开始经济斗争，期于根本解决贫农的土地及其他经济问题。"有研究者将新中国成立后收入《毛泽东选集》第1卷的《考察》，与《考察》当年在中共湖南区委机关刊《战士》和中共中央机关刊《向导》等刊出时的早期版本进行比较，发现关于解决贫农土地问题的内容，是毛泽东1942年在编辑《六大以前》收入《考察》时才加上的，原来并没有。于是，就有论者把这一情况作为所谓"毛泽东著作被经典化"的一个论据。可事实上，毛泽东在早于《考察》撰写的《视察》中，已经明确地写道："农民问题只是一个贫农问题，而贫农问题有两个，即资本问题与土地问题。这两个都已经不是宣传的问题而是要立即实行的问题了。"

至于在《考察》中，毛泽东虽然高度评价贫农在农村革命中的重要作用，强调贫农占乡村人口的70%（《视察》的表述是"贫农占十分之七"），是"乡村中一向苦战奋斗的主要力量""他们最听共产党的领导，他们和土豪劣绅是死对头，他们毫不迟疑地向土豪劣绅营垒进攻""是农民协会的中坚，打倒封建势力的先锋，成就那多年未曾成就的革命大业的元勋"，但却为什么没有写要求解决贫农土地问题的内容，我们不

---

① 中共湖南省委党史资料征集研究委员会《湘赣边界秋收起义》协作组编：《湘赣边界秋收起义》，湖南人民出版社1987年版，第48页。

得而知。有研究者推论是考虑到《考察》是公开发表的，是出于策略的因素。对此，毛泽东实际有一个变化发展的过程。这里罗列几条可供参考的研究材料。

一是 1926 年 12 月 13 日至 18 日，在汉口举行的中共中央特别会议上，据李维汉回忆，毛泽东赞同中共湖南区委关于应该着手解决农民土地，实现耕地农有的主张。但陈独秀等则反对把是否赞成解决农民土地问题视为区分左右派的标准，认为目前主要是满足农民减租减息和废除苛捐什税的要求，而马上解决土地问题的条件不成熟。[①]毛泽东不得不带着陈独秀（中央主流）的观点去指导湖南一次农大和湖南全省的农民运动。

二是经他参与讨论认定的湖南一次农大宣言，虽然肯定了孙中山领导的改组后的国民党，“以平均地权作解放农民之标准”，并且揭露了军阀地主通过封建剥削制度——租税制度，“他们每年从农民身上刮起去的，大约要占农民收获的百分之六十至六十五”，[②]但是并没有提出解决农民土地问题的有力举措，仅只是主张在农民协会监督下签订“东佃契约”，“减少租额百分之五至百分之三十。”[③]对此问题，12 月 20 日，毛泽东在出席湖南全省第一次工人代表大会和湖南一次农大联合召开的欢迎大会上，发表演说中的解释：“我们现在还不是打倒地主的时候，我们要让他一步。在国民革命中是打倒帝国主义军阀土豪劣绅，减少租额，减少利息，增加雇农工资的时候。”[④]

---

① 李维汉：《回忆与研究》上，中共党史出版社 2013 年版，第 79 页。

② 《湖南农民第一次全省代表大会宣言及决议案》（1926 年 12 月），《湖南革命历史文件汇集》甲 1，中央档案馆、湖南省档案馆 1983 年编印，第 140—141 页。

③ 《湖南农民第一次全省代表大会宣言及决议案》（1926 年 12 月），《湖南革命历史文件汇集》甲 1，中央档案馆、湖南省档案馆 1983 年编印，第 158 页。

④ 《毛泽东年谱（1893—1949）》（修订本）上卷，中央文献出版社 2013 年版，第 173 页。

然而，在亲眼所见和切身感受了其势如暴风骤雨的湖南农民运动后，经过冷静的思考，1927年2月16日，毛泽东在给中共中央的报告《视察》中，明确要求把农民问题，也就是贫农的土地问题作为应"立即实行的问题"："农民问题只是一个贫农问题，而贫农问题有两个，即资本问题与土地问题。这两个都已经不是宣传的问题而是要立即实行的问题了。"这是毛泽东对农民运动一个十分重要的认识。此后，毛泽东积极地为解决农民的土地问题奔走呼号。在撰写和发表《考察》的同时，他和国民党中央农民部部长邓演达、秘书陈克文联名向国民党二届三中全会提交《土地问题草案》(通过时改为《农民问题决议案》)和《对农民宣言》,[①]其中写道："原来中国的农民问题，其内容即是一个贫农问题""贫农问题的一个中心问题，就是一个土地问题""不使农民得到土地，农民将不能拥护革命，至于最后之成功，因此本党决计拥护农民获得土地之争斗，至于使土地问题完全解决而后止"[②]。他多次参加国民革命军总政治部农民问题讨论委员会、国民党中央土地委员会、土地委员会扩大会议、国民党中央农民部农民问题委员会、全国农民协会临时执委会和中共中央农民运动委员会的会议，积极发言，并起草《解决土地问题的意义》等文件草案。他认为，土地没收的标准和分配的方法，是解决土地问题的中心问题。他主张"所谓土地没收，就是不纳租，并无须别的办法。现在湘、鄂农民运动已经到了一个高潮，他们已经自动地不纳租了，自动地夺取政权了。中国土地问题的

① 邓演达（时兼任国民党中央农民部部长）、陈克文（农民部秘书）和毛泽东（国民党中央农民部农民运动委员会常务委员），但这两个文件究竟是他们当中何人执笔起草，已不可考。参见蒋建农：《邓演达与毛泽东农民问题理论比较研究》，《中国井冈山干部学院学报》2018年第2期，第53—54页。

② 中国第二历史档案馆编：《中国国民党第一、二次全国代表大会会议史料》下，江苏古籍出版社1986年版，第786—787页。

解决，应先有事实，然后再用法律去承认他就得了”①。1927年4月19日，毛泽东在国民党中央土地委员会第一次扩大会议上，不仅指出“如何解决土地问题，即没收土地有何标准，如何分配土地，此点实为问题的中心问题”，而且系统地阐述解决农民土地问题的意义，即一是“使农民得解放，废除地主及一切压迫阶级的剥削和压迫”；二是“土地问题不解决，经济落后的国家不能增加生产力，不能解决农民的生活痛苦，不能改良土地”，不能“发展中国工业”；三是“要增加生力军保护革命，非解决土地问题不可”“因农民要保护他们的土地，必勇敢作战。”②中共五大召开前，毛泽东还召集中共中央农民运动委员会连续3天开会，讨论如何解决农民土地问题，提出“要没收全部出租土地”“进而彻底消灭土地私有制”③，但“大会没有采纳，甚至未予讨论”④。直到1927年八七会议上，最终确定了实行土地革命和武装起义的方针。可见，《视察》关于主张立即解决贫农土地问题的观点，在毛泽东这个时期关于解决农民土地问题的思想演变过程起着十分重要的作用。

第四，《视察》为研究大革命失败前毛泽东关于农民问题的一系列文献提供了重要线索。自1926年11月上旬毛泽东出任中共中央农民运动委员会书记，主持制订《目前农运计划》(1926年11月15日中共中

① 《毛泽东年谱（1893—1949）》(修订本）上卷，中央文献出版社2013年版，第191页。

② 《中国共产党重要文献汇编》第10卷，人民出版社2022年版，第341页。

③ 《毛泽东年谱（1893—1949）》(修订本）上卷，中央文献出版社2013年版，第191页。

④ 1936年，毛泽东同斯诺谈到这段历史时说：“第五次代表大会，没有能通过一个适当的土地政纲。我要求迅速加强农民斗争的主张，甚至没有加以讨论。因为中央委员会也在陈独秀支配之下，拒绝我的意见提交大会考虑。”参见《毛泽东年谱（1893—1949）》(修订本）上卷，中央文献出版社2013年版，第196页。

央局通过）起，到中共五大召开前[①]，毛泽东关于农民问题的文章，可分为3类：一是由他单独署名的文章，只有《中国佃农生活举例》[②]等寥寥几篇；二是报刊报道中对他演讲或发言的摘要和各种会议上对他发言或提案的记录，数量相对较多，例如，1926年12月22日《湖南全省第一次工农代表大会日刊》第21期，刊登了他20日在出席湖南全省第一次工人代表大会和湖南全省第一次农民代表大会联合召开的欢迎大会上的演讲《工农商学联合的问题》，就是与他赴湘考察农民运动直接相关的演讲摘要；三是他和别人联名发表的，如《农民问题决议案》和《对农民宣言》，以及他主持的中共中央农民运动委员会、中央农民运动讲习所或他作为重要成员参加的临时全国农协、国民党中央土地委员会等发布的训令、宣言、公告、条例等，其中可视为对《视察》和《考察》相关内容进行提炼、总结的，有3份重要文献，即中共五大召开前中共中央农民运动委员会（毛泽东任书记，五大闭幕后于5月14日改由谭平山任书记）对于政权问题决议案、对于武装问题决议案和对于协作社决议草案[③]。目前所知，他关于考察湖南农民运动的署名文章，就是《考察》和《视察》两篇。

《视察》本身的篇幅较短，但明确记述毛泽东在长沙指导湖南全省第一次农民代表大会时，“在大会的议案起草委员会中商量起草各种决议案，此次决议各案大体还算切实”。此次大会共有宣言1份和决议案

① 中共五大之后，陈独秀为首的中央领导层与毛泽东等在农民问题上最主要的分歧，即是否解决农民土地问题，已被五大作为现阶段革命的主要任务要急进地解决。见《中国共产党重要文献汇编》第10卷，人民出版社2022年版，第358页。

② 此文由毛泽东1926年根据与湖南湘潭西乡佃农张连初会谈的记录整理而成，1927年3月作为中央农民运动讲习所丛书之一发表，后收入1983年人民出版社出版的《毛泽东农村调查文集》。

③ 见《中国共产党重要文献汇编》第11卷，人民出版社2022年版，第65—79页。

40 份。[①]由于这些文件没有过程稿留存，毛泽东是否对每个文件都做过修改，我们不能妄自推断，但从行文内容看，很多都与毛泽东有着密切的关联。

比如，《湖南农民第一次全省代表大会宣言》述及："湖南农民在数年以前于衡山岳北已开始有组织的萌芽。前年上半年湘潭农民又有一部分起来，结果是被赵军阀（指湖南军阀赵恒惕——引者注）摧残，不能顺利发展。"[②]在衡山岳北和湘潭这两个地方开展农民运动都是毛泽东亲自部署领导的。1923 年 4 月，在奉调上海中央工作前，正是毛泽东派水口山矿的工人刘东轩和安源路矿的工人谢怀德（均为共产党员）回他们的家乡衡山岳北白果乡（也是湖南军阀赵恒惕的家乡）开展农民运动，这是学界公认的湖南农民运动的开端；1925 年 2 月到 8 月，毛泽东在回乡养病的半年间亲自发动和领导了韶山和湘潭地区的农民运动，后因赵恒惕派兵抓他，他离湘去了广州。

---

① 这些文件具体指：《湖南农民第一次全省代表大会宣言》《铲除贪官污吏土豪劣绅决议案》《乡村自治问题决议案》《乡村自卫问题决议案》《地租问题决议案》《取缔高利贷决议案》《田赋问题决议案》《亩捐问题决议案》《厘金问题决议案》《废除牙帖取缔牙商决议案》《民食问题决议案》《关于社仓积谷问题决议案》《金融问题决议案》《农民银行决议案》《食盐问题决议案》《农村合作社问题决议案》《农业生产问题决议案》《农村雇工问题决议案》《司法问题决议案》《农村妇女问题决议案》《青年农民运动决议案》《农村教育决议案》《农民协会组织问题决议案》《宣传工作决议案》《农民协会经费问题决议案》《对于农运报告决议案》《禁止瓜分乡村公产决议案》《禁烟问题决议案》《湘西问题决议案》《解放苗俗决议案》《没收逆产问题决议案》《工农商学大联合决议案》《拥护中国国民党新政纲决议案》《接受中国共产党湖南区第六次代表大会对于农民目前最低限度要求之主张决议案》《扩大对英经济绝交决议案》《各级农民协会全体加入济难会决议案》《拥护省民会议决议案》《加入赤色农民国际决议案》《抚恤北伐伤亡将士决议案》《成立全国农民协会决议案》《拥护国民党国民政府决议案》。参见《湖南农民第一次全省代表大会宣言及决议案》（1926 年 12 月），《湖南革命历史文件汇集》甲 1，中央档案馆、湖南省档案馆 1983 年编印，第 139—212 页。

② 中共中央党校党史教研室选编：《中共党史参考资料（第一次国内革命战争时期）》，人民出版社 1979 年版，第 363 页。

再如，《湖南第一次全省代表大会宣言》指出：“农民在乡村中打击土豪劣绅，虽所取手段处于法律之外，其实这是革命争斗中所必取的手段。这时候，不是东风压倒西风，就是西风压倒东风，怎能不严厉一点？”[①]《视察》则更进一步强调，“农民一切向封建地主阶级的行动都是对的，过分一点也是对的，因为不过分、不用大力决不能推翻封建阶级几千年积累的权力，决不能迅速完成民主革命；矫枉必须过正，不过正不能矫枉”；“矫枉必须过正”的观点，在《考察》中继续发展为“必须建立农民的绝对权力”，必须“推翻地主武装，建立农民武装”。到中共五大召开前，毛泽东任书记的中共中央农民委员会通过了关于武装问题的决议案，制定了关于建立农民自卫军的办法，指出“中央及各省的军委（未组织军部的应即组织），应充分注意农民自卫军问题”，“各省应一致努力建设农民武装，组织农民自卫军”，“各级农民协会，应一律设置健全的农民自卫军部”，“武器种类除枪外，应使每一个农民协会会员都置备鸟枪、梭标、大刀、木棍等武器一件”，还提出了对付旧有地主阶级武装如团防、民团、保卫团等的具体办法。[②]从这些内容的文风和关于“建立农民武装”思想的发展链条来看，我们有理由推断，对于这些文件，毛泽东不只是参与讨论和最终审定，还很可能参加了修改。

《视察》中对毛泽东参与湖南全省第一次农民代表大会有关文件讨论和审定有关内容的记述，为深化研究大革命失败前毛泽东关于农民问题一系列文献提供了重要线索，拓展了相关研究可以利用的文献的厚度。这些文献不仅对毛泽东考察湖南农民运动历史过程的研究，而且对他考察湖南农民运动前后关于农民问题理论与主张的比较研究，深入了解他思想理论的发展脉络及动因，具有重要的学术意义。

---

① 中共中央党校党史教研室选编：《中共党史参考资料（第一次国内革命战争时期）》，人民出版社1979年版，第364页。

② 《中国共产党重要文献汇编》第11卷，人民出版社2022年版，第72页。

第五，《视察》从一个方面反映了毛泽东的群众观。倾听和采纳人民群众的呼声，从群众那里汲取智慧，是毛泽东一贯的工作作风。来长沙参加湖南一次农大前，毛泽东已经形成要解决农民土地问题的意见，但因为中央特别会议上陈独秀反对，他到长沙之初，就没有再坚持自己的主张，这体现了毛泽东的组织观念；但是，经过到长沙之后两个阶段近两个月的实地调查研究，毛泽东认识到，“当时在党的领导机关中占了统治地位”的“压制工农运动”的方针是错误的。[①]正如他在《视察》中写道的那样：“在各县乡下所见所闻与在汉口、在长沙所见所闻几乎全不同，始发见从前我们对农运政策上处置上几个颇大的错误点。”他还在《视察》中尖锐地指出：“贫农的革命情绪依然非常之高，依现在形势，他们简直很迫切的要进到别一个革命了”“依我的考察是无论如何压抑也不能长久压抑得下的。现在是群众向左，我们党在许多地方都是表示不与群众的革命情绪相称。”如果说《视察》的这几句话，只是对农民群众高涨的革命热情与限制压抑农民运动方针之间矛盾现象的客观描述的话，那么，在随后撰写的《考察》中，他不仅态度更加明朗，即“许多农民运动的道理，和在汉口、长沙从绅士阶级那里听得的道理，完全相反。许多奇事，则见所未见，闻所未闻。我想这些情形，很多地方都有。所有各种反对农民运动的议论，都必须迅速矫正。革命当局对农民运动的各种错误处置，必须迅速变更”，而且，更突出地强调要站在农民阶级立场上的问题，即“一切革命的党派、革命的同志，都将在他们面前受他们的检验而决定弃取。站在他们的前头领导他们呢？还是站在他们的后头指手画脚地批评他们呢？还是站在他们的对面反对他们呢？每个中国人对于这三项都有选择的自由，不过时局将强迫你迅速地选择罢了。”

---

① 《中国共产党的一百年（新民主主义革命时期）》，中共党史出版社 2022 年版，第 80—81 页。

考察湖南农民运动前后的感受，对于毛泽东来说是刻骨铭心的。特别是在经历了大革命失败的惨痛教训之后，他在八七会议上再次痛心疾首地指出："我素以为领袖同志的意见是对的，所以结果未十分坚持我的意见。我的意见因他们说是不通于是也就没有成立，于是党的意见跟着许克祥走了。"他说："当我未到长沙之先，对党完全站在地主方面的决议无由反对，及到长沙后仍无法答复此问题，直到在湖南住了三十多天，才完全改变了我的态度。"[①]由毛泽东任书记的中共中央农民运动委员会当时就旗帜鲜明地指出："封建地主阶级乃几千年来压迫剥削农民最厉害的一个阶级。不推翻封建地主阶级在乡村中的政权，则农民的一切解放运动无从做起。所以农民运动的初期，必须领导农民用种种革命手段实行推翻封建地主阶级在乡村中权力，标明为民权的政治而斗争的目标，必造成很紧张的革命空气，一个短时期的恐怖现象是十分必要的。一般人对于农民运动过火的批评实际就是站在封建地主阶级的利益上面其余消灭农村的斗争。我们必须严厉地加以纠正。"[②]由此，毛泽东得出"以后上级机关应尽心听下级的报告，然后才能由不革命的转入革命的"结论。[③]

学界以往大多只是赞颂毛泽东在八七会议得出关于枪杆子里面出政权的真理性认识，事实上，在考察湖南农民运动前后，毛泽东从《视察》到《考察》，再到八七会议的发言，他关于农民问题的相关论述，表明他鲜明的阶级立场和炽热的群众观，体现出他群众路线思想的萌芽，又何尝不是一种真理性的认识。事实上，毛泽东这一时期关于农民问题的一系列正确主张，在当时就受到中共党内有识之士的高度肯定，他的挚友蔡和森曾生动地记载了毛泽东当时的重要作用："泽东一向反

① 《毛泽东文集》第1卷，人民出版社1993年版，第46—47页。

② 《中国共产党重要文献汇编》第11卷，人民出版社2022年版，第67页。

③ 《毛泽东文集》第1卷，人民出版社1993年版，第47页。

对中央农民政策，一九二六年冬季以来，完全代表湖南土地革命的倾向，为一切敌人之所痛恨，而为一切农民之所欢迎，所以马日事变后，和森主张他回湘工作，'八七'会议时又主张他在中央。"①

《视察》看似只是 90 多年前毛泽东撰写的一篇例行公文，但它诞生在火热斗争的年代，是一场暴风骤雨般伟大农民运动的真实写照。它不仅坚决支持农民冲破现行法律禁锢开展农村斗争的行为，而且阐发了建立农民武装的原因，详细论述建立民主的乡村自治制度的办法，鲜明地提出解决农民（主要是贫农）土地问题的要求，提出许多针对性很强的策略和方法，如发展农村的国民党组织，由他们协调应对农村的各种冲突；再如在农民中大力发展中共党员，"准备不久要来的革命"；还有团结帮会势力，认定"妇女尤是一个伟大的力量，不可不加注意"等，言简意赅，给人诸多的思考和启示。

五、独立自主开辟中国革命道路的最初探索

（一）提出武装反抗国民党反动派的方针

毛泽东是中国共产党内最早重视武装斗争的同志之一。和以往向国民革命军派遣政治工作人员和选调共产党员、青年团员到军校学习与充实基层部队的做法不同，他是从夺取地主土地、防御地主反抗的角度提出武装农民问题的，另辟中共组织武装力量的蹊径。

毛泽东在大革命的危急关头首倡"上山可以造成军事势力的基础"，并明确"须知政权是由枪杆子中取得的"思想。四一二反革命政变和马日事变后，毛泽东于 1927 年 6 月中旬同从湖南到武汉请愿的共产党员和工农骨干开会时强调："长沙站不住，城市站不住，就到农村去，下乡

① 《中国共产党重要文献汇编》第 11 卷，人民出版社 2022 年版，第 500 页。

组织农民。要发动群众，恢复工作，山区的人上山，滨湖的人上船，拿起枪杆子进行斗争，武装保卫革命。”[①]不久，他奉命到湖南出任新的湖南省委书记，针对危急形势进行应变部署，强调各县工农武装一律迅速集中，不要分散，要用武力对付反动军队，以枪杆子对付枪杆子，不要再徘徊观望。7 月 4 日，他在中央政治局常委会第三十四次会议上发言，提出“上山”和“投入军队中去”，认为“不保存武力则将来一到事变我们即无办法”[②]。这一时期，毛泽东不仅多次与蔡和森商议作一军事计划，以备万一（其建议后由任中央政治局常委的蔡和森致信中央提出），并指示湖南省委拿出详细的军事报告，而且他本人也受中央的委托起草了《湘南运动大纲》，准备以汝城为中心组织工农武装，发动土地革命。这一计划得到新组成的中共临时中央常委会的批准，他被任命为中共湘南特委书记。随后，他在八七会议上发表了“枪杆子里面出政权”的著名论断。毛泽东是中共中央确定武装反抗国民党反动派总方针的重要推动者。

毛泽东在大革命失败前后，经过广泛而深入的考察，提出了关于如何推动开展武装斗争方面的独到认识。

其一，以农民为建立共产党领导的武装力量的主力，以农村为开展对国民党反动派武装斗争的广阔天地。面对四一二反革命政变以来国民党反动派的叛卖和屠杀，越来越多的共产党人像毛泽东一样看到了开展武装斗争的紧迫性。远在莫斯科的联共（布）中央和共产国际也清醒地看到此问题的重要性。在斯大林精辟地概括“中国革命的特点是武装的革命反对武装的反革命”一年之后，共产国际执委会终于改变过去

① 《毛泽东年谱（1893—1949）》（修订本）上卷，中央文献出版社 2013 年版，第 201 页。

② 《毛泽东年谱（1893—1949）》（修订本）上卷，中央文献出版社 2013 年版，第 203 页。

不让中共发展武装力量的态度，讨论制定并向中共中央发出紧急应变的“五月指示”。其中就要求中共动员两万共产党员，再加上湖南、湖北的五万革命工农，组建自己可靠的军队①。但是，由于共产国际方面当时又坚决反对中共党员退出国民党，并寄希望于以汪精卫为首的武汉国民政府能与中共合作执行“五月指示”。这造成陈独秀和鲍罗廷等害怕建立中共自己的武装会影响与武汉国民政府的关系，而无从执行。而毛泽东则不同，他始终在第一线领导开展农民运动，不仅从理论上对农民在中国革命中的主力军作用有深刻的认识，而且目睹了湖南农民建立的各种农民武装在动摇封建统治基础方面的巨大威力，他对广大农民群众建立自己武装的迫切要求及其所蕴藏的巨大能量有切身的感受。因此，他虽然也执行夺取长沙的中央指示，但是和当时中共中央一方面强调依靠农民深入土地革命但却把着力点放在南昌、长沙、广州等中心城市的矛盾做法不同，他把发展工农武装的着眼点放在广大农村和亿万农民群众身上，提出山区的人上山，滨湖的人上船，独辟蹊径。在八七会议讨论制定《党的组织问题议决案》时，毛泽东没有随大流一味地要求加强领导机关的工人成分，而是切实从中国的实际出发，强调应该是工人、农民共同参与指导工作。他要言不烦，只是提议在第七条中加一个“农”字②。于是，八七会议将第七条改为“工会机关的指导，应由各级党部从速审查，换成有经验的工人（农民）同志担任这种指导”③。这反映出毛泽东以农民为中国革命主力军的一贯主张。他的上述意见和作为，是毛泽东在领导秋收起义的队伍攻打长沙计划受

① 《联共（布）、共产国际与中国国民革命运动（1920—1925）》下，北京图书馆出版社 1997 年版，第 309 页。

② 《建党以来重要文献选编（1921—1949）》第 4 册，中央文献出版社 2011 年版，第 404 页。

③ 《建党以来重要文献选编（1921—1949）》第 4 册，中央文献出版社 2011 年版，第 449 页。

挫后，能够率部转向敌人统治薄弱的农村勇闯新路的思想基础和实践基础。

其二，在发动武装起义地点的选择上，也体现出毛泽东独立自主的立场和精神。蒋介石叛变革命后，武汉国民政府一度在是继续北伐还是东征讨蒋问题上举棋不定。这时，陈独秀和鲍罗廷曾设想把革命的重心向西北发展，一方面是想借重当时尚支持国民革命的冯玉祥势力，同时也有背靠苏联和蒙古再图发展的意图，后来因为郑州会议和徐州会议后冯玉祥转向蒋介石而作罢。汪精卫集团叛变革命后，中共中央组织发动南昌起义和广州起义，都是要通过占领中心城市重建广东革命根据地，同时也有保持出海口以接受苏联援助的计划。中共中央发动湘、鄂、粤、赣四省秋收起义的目的，起初在很大程度上也是为呼应南昌起义军重建广东革命根据地的计划。当时，设法获取苏联的援助和支持，以重振革命的理念，在中共党内根深蒂固。毛泽东则有所不同。他和蔡和森等非常看重两湖地区的作用。马日事变后，在多次听取湖南来的同志介绍情况、部署准备反击的同时，蔡和森连续给中央写了 7 次信，阐述以两湖为依托进行反击的建议，并起草了《湖南暴动计划》；毛泽东也向中央和陈独秀提出要求回湖南发动工会和农民协会，组织武装反击许克祥和何键的挑衅。在他们的一再要求和建议下，中共中央于 6 月 7 日和 24 日，两度决定改组湖南省委，由毛泽东出任临时省委书记和省委书记，他因此有机会于 6 月下旬短暂地回湖南进行开展武装斗争的准备和发动工作。尽管他很快就被陈独秀召回武汉，但他在湖南的紧急部署，特别是集中保存工农武装的安排，为后来湘赣边界秋收起义和 1928 年年初的湘南暴动准备了基础力量。8 月 9 日，他在中央政治局会议上发言指出，湖南省委要组织一个师的武装去广东是很错误的。大家不应只看到一个广东，湖南也是很重要的。湖南民众组织比广东还要广大，所缺的是武装，当前处在暴动时期更需要武装。他说："前不久我起草经常委通过的一个计划，要在湘南形成一师的武装，占据五六县，形成一政治基础，发展全省的土地革命，纵然失败也不用去广东而应上山。”[①]

毛泽东提出并坚持以湖南为中心开展武装斗争，是基于自己对湖南深入调查研究后对湖南情况的了解。首先，在国共合作之初，毛泽东就写信给彭素民（国民党中央总务部部长）、林伯渠商量在湖南国民党组织的事宜，并亲自担任国民党湖南省党部的“筹备员”，以后又有多次指导。在他和中共湖南区委的领导下，以共产党员为骨干的湖南各级国民党党部从无到有地发展起来。正如中共中央给湖南省委的信中所指出的：“湖南国民党左派的下级党部比任何省要有基础，十五万到二十万的左派党员及其组织曾在我们指导之下奋斗到现在。”[②]其次，湖南的农民运动当时是最发达的，到 1927 年 5 月，农民协会的会员已达 600 万，占全国农民协会会员总数的一半以上。最后，按照毛泽东在考察湖南农民运动时给中共湖南省委的指示，他们大力在农村发展中共党员，到大革命失败时已经发展农村党员 2 万人[③]，占全国中共党员人数的三分之一。求真务实的工作作风和在湖南省卓有成效的工作实绩，使得毛泽东得以坚持以湖南为中心、依靠中共和工农的力量开展武装斗争和土地革命。这既是他在秋收起义队伍受挫后不再徒劳地攻打中心城市的原因所在，也是他后来选择在湘赣边界的罗霄山脉中段独立自主探寻中共革命之路的组织条件和实力依托。

其三，在发起武装反抗国民党反动派的过程中，如何对待受中共领导或影响的一部分国民革命军并促成他们与工农力量的结合，是摆在中国共产党人面前的新课题。共产国际和新的中共临时中央常委会一方面特别强调要建立中共自己的武装，强调发动工农的力量，强调要深入土

① 《毛泽东年谱（1893—1949）》（修订本）上卷，中央文献出版社 2013 年版，第 209 页。

② 《中国共产党重要文献汇编》第 11 卷，人民出版社 2022 年版，第 253 页。

③ 中央档案馆、湖南省档案馆编：《湖南革命历史文件汇编》，第 126 页。

地革命，其大方向无疑是正确和非常必要的。但是，蒋介石发动四一二反革命政变以来，广州的四一五事变、武汉的夏斗寅部叛乱、长沙的马日事变、在郑州的冯玉祥部与蒋介石的合流，以及唐生智、张发奎、朱培德等相继反共的严酷现实，使他们对一部分深受中共影响包括直接在中共领导下继续坚定地投入新的武装斗争的军队都心存疑虑。在这种心态下，他们只能一味地鼓动各地的农民自卫队等暴动，期望出现登高一呼，群起响应，一战而定的奇迹。结果是那些没有经过军事训练又几乎没有枪械的农民起义队伍，与敌人的正规军碰撞，造成惨重的牺牲，基本上一一失败。

毛泽东则有所不同。他不仅一贯强调并在实践中注重发挥工农的主力军作用，同时他从马日事变时长沙附近10万工农队伍的反击却不抵许克祥、王东原两个团的正规军的失败教训中认识到，革命发动时必须有正规部队参加。他在8月初起草并经中央批准的《湘南运动大纲》中就提出从江西革命军中调一团人赴汝城，他认为“以革命军一团做中坚，至少有占领五县以上的把握”[①]。8月18日，他在召集中共湖南省委沈家大屋会议讨论秋收起义计划时，进一步明确提出“要发动暴动，单靠农民的力量是不行的，必须有一个军事的帮助。有一两团兵力，这个就可起来，否则终归于失败。暴动的发展是要夺取政权，要夺取政权，没有兵力的拥卫或去夺取，这是自欺的话”[②]。毛泽东把拟调一两个团的兵力作为暴动“发火药”的想法写进给中共中央的报告，但却受到中央23日回信的批评，认为其暴动计划“偏重于军力，好像不相信群众的革命力量，其结果只是一种军事冒险”。收到中央回信后，毛泽东和湖南省委进行了认真的讨论，并于30日由毛泽东复信中央，再次强调要把军事力量与工农群众的暴动结合起来，并解释说明暴动的主要战斗者是

① 《中国共产党重要文献汇编》第11卷，人民出版社2022年版，第256页。
② 《中国共产党重要文献汇编》第12卷，人民出版社2022年版，第20页。

工农，调两个团是辅助工农力量之不足，中央的批评是因为不了解此间情形，是不要注意军事又要民众武装暴动的一个矛盾政策。

毛泽东十分珍惜在国民革命军中保留的革命火种。在领导秋收起义的过程中，他对指挥二方面军警卫团的卢德铭非常倚重，对该团的多数官兵也很信任，并以贺龙两把菜刀闹革命已经发展为一个军的事例鼓舞官兵们的士气，特别是为促进警卫团官兵与起义军中工农武装力量的结合，他通过在三湾改编中把支部建在连上和设立士兵委员会，大大加强了中共对军队的领导，夯实了新型人民军队的基础。后来毛泽东在井冈山的斗争实践也印证了他当初这一决策的正确，他在《中国的红色政权为什么能够存在？》中指出："至于此刻的红军，也是由经过民主的政治训练和接受过工农群众影响的国民革命军中分化出来的。"[①]在毛泽东领导的湘赣边界秋收起义队伍中，既有原国民革命军二方面军警卫团，又有安源路矿的工人和平浏等地区的农民自卫军，真正是"工农兵"的结合，这在当年的100多次武装暴动中可能不是唯一的，但肯定是最突出的，并且具有重要的示范和引领意义。

尤为难得和值得关注的是，毛泽东在筹划发动秋收起义之初就注意到绿林武装的问题。他在八七会议的讨论发言中特地指出："土匪问题是非常大的问题。因此种会党土匪非常之多，我们应有一策略，有些同志以为只可以利用他们，这是中山的办法，我们不应如此。只要我们实行土地革命，那一定是能领导他们的。我们应当他们是我们自己的弟兄，不应看作客人。"[②]而当时的临时中央虽然一再强调"必须依靠真正的农民的群众力量"，但没有具体的措施支撑，反而指责"坐待军队与土匪的行动，或许纯全依靠军队的行动而忽略农民本身之组织力量与行

① 《毛泽东选集》第1卷，人民出版社1991年版，第50页。

② 《中国共产党重要文献汇编》第11卷，人民出版社2022年版，第196页。

动，这也是机会主义的一种形式的表现”[①]。对此问题，后来中共中央有所改变，并且还更明确地指出：“土匪是失业的农民，有些是未失业的农民，我们要领导他们来参加土地革命是对的，而且他们的问题也只有在土地革命成功之下才能解决。”[②]

在大革命失败之际，全国先后爆发了 100 多次中共领导的武装起义。当各支起义队伍都在强敌的进攻下一一失败的时候，各路起义军的领导人除去都必须继续坚持土地革命和武装斗争外，还必须有一些独特的途径以保存力量东山再起。朱德是利用过去与云南将领范石生的同僚关系，保存了南昌起义军的余部；贺龙则是凭借他深厚的血缘、地缘关系，后来在湘鄂边重整旗鼓；毛泽东没有在旧军队工作的经历，但是，他有对中国社会各阶级和各阶层的科学分析，有对原国民革命军部分官兵高度政治觉悟的深刻认识，有对会党土匪成分的深入了解，因此，他能表现出不同凡响的政策水平。这是他后来引兵上井冈山，成功团结袁文才和王佐武装的思想基础。毛泽东从实际出发，以独立自主的精神作出并坚持实施了引入受中共领导的正规部队作为秋收起义“发火药”的决策，以及团结改造以破产农民为主要成分的会党土匪武装的主张，壮大了革命阵营的力量，促进了革命武装与工农群众的融合，保留了秋收起义的火种，指明了新型人民军队建设的方向。

（二）关于如何开展土地革命的摸索

毛泽东并不是先知先觉。1926 年 12 月初，毛泽东从南昌到达武汉。同月中旬，中共中央特别会议在汉口召开（十二月会议）。会上，毛泽东赞同中共湖南区委李维汉关于应着手解决农民土地，实现“耕地农有”的主张，而陈独秀等则反对把赞成与不赞成解决农民土地问题视为区分左

① 《中国共产党重要文献汇编》第 11 卷，人民出版社 2022 年版，第 347 页。
② 《中国共产党重要文献汇编》第 12 卷，人民出版社 2022 年版，第 58 页。

右派的标准，认为湖南农民运动“过火”“幼稚”“动摇北伐军心”，妨碍统一战线，目前农运的主要任务是满足农民减租减息和废除苛捐什税的要求，马上解决土地问题的条件还不成熟[①]。这次会议错误地根据陈独秀的意见作出了决议：当前“各种危险倾向中最要的严重的倾向是一方面民众运动勃起之日渐向‘左’，一方面军事政权对于民众运动之勃起而恐怖而日渐向右。这种‘左’右倾倘继续发展下去而距离日远，会至破裂联合战线，而危及整个的国民革命运动”。也就是党的主要策略是限制工农运动发展，反对“耕地农有”，以换取蒋介石由右向左；同时扶持汪精卫取得国民党中央、国民政府和民众运动的领导地位，用以制约蒋介石的军事势力。对此分歧，毛泽东后来说：“我素以为领袖同志的意见是对的，所以结果我未十分坚持我的意见。”他说：“当我未到长沙之先，对党完全站在地主方面的决议无由反对，及到长沙后仍无法答复此问题，直到在湖南住了三十多天，才完全改变了我的态度。”[②]

共产国际关于要深入土地革命等内容的“五月指示”下达后，要不要解决农民土地问题，在中共内部已无大的争议。但是该如何解决农民的土地问题和没收地主土地的标准问题，成为一个新的议题。中共五大的《土地问题议决案》提出没收公共土地和地主租与农民的土地，但是又明确“属于小地主的土地不没收”[③]。中共五大认为：“无产阶级应非常注意小资产阶级，否则，他将与资产阶级一路走。上海暴动之失败，最大原因是无产阶级没有得到小资产阶级群众的赞助。”[④]当时中共党内包括陈独秀等都认为小地主是小资产阶级，因此必须向他们作某些让步。这种观点反映了共产国际的指示精神，也迎合了当时国民党左派的意见。

---

① 李维汉：《回忆与研究》上，中共党史出版社 2013 年版，第 79 页。
② 《毛泽东文集》第 1 卷，人民出版社 1993 年版，第 46—47 页。
③ 《中国共产党重要文献汇编》第 10 卷，人民出版社 2022 年版，第 370 页。
④ 《中国共产党重要文献汇编》第 10 卷，人民出版社 2022 年版，第 354 页。

毛泽东则在八七会议讨论关于农民运动的决议案时提出不同的意见。他一方面赞同中央关于没收大中地主土地的主张，并强调“大中地主的标准一定要定，不定则不知何为大地主中地主。我意以为可以五十亩为限，五十亩以上不管肥田瘦田通通没收”。另一方面，他又依据自己对中国农村状况的透彻了解，非常明确地指出：“小地主问题是土地问题的中心问题，困难的是在不没收小地主土地，如此，则有许多没有大地主的地方，农协则要停止工作。所以要根本取消地主制，对小地主应有一定的办法，现在应解决小地主问题，如此方可以安民。”不仅如此，毛泽东还进一步指出“自耕农问题，富农、中农的地权不同。农民要向富农进攻了，所以要确定方向”。[①]毛泽东的这次发言和他在《中国社会各阶级的分析》中的有关论述，与以陈独秀为代表的对中国农村各界的认识，有个原则的区分。陈独秀等把小地主认定为小资产阶级；毛泽东则是把自耕农（包括富农、中农）认定为农村的小资产阶级（这一时期毛泽东对农村各阶级的分析还不是十分精确，他已经注意到“富农往往与小地主利害联系在一起”，但对他们之间的原则区别还把握不准。他在《井冈山的斗争》中将二者并列为农村的中间阶级，认为“富农土地在土地总额中占少数，但与小地主土地合计，则数量颇大。这种情形，恐全国亦差不多”[②]）。显然，毛泽东的划分更符合中国农村的实际，他实际上是将小地主归入“要根本取消的地主制”范畴，并采取与对待富农、中农不同的政策。随后的斗争实践也证明，毛泽东“现在应解决小地主问题，如此方可以安民”的主张，比中央关于只没收大中地主土地的政策，更能受到多数农民的拥护。后来中共中央在总结南昌起义失败的教训时写道：南昌起义“关于土地问题提出‘没收二百亩以上的地主土地’的主张。这是非常之大的错误，这证明没有土地革命之决心，这种政纲可以使叶贺暴动根本

---

① 《毛泽东年谱（1893—1949）》（修订本）上卷，中央文献出版社 2013 年版，第 206 页。
② 《毛泽东选集》第 1 卷，人民出版社 1991 年版，第 69 页。

上丧失其意义。广东一个农民听见这一主张便说道：‘这叫做耕者无其田’！这句批评是再正确也没有”[①]。

1927 年 8 月中旬，毛泽东回到湖南进行秋收起义的发动准备。他又召集了两次调查会，然后草拟出《土地纲领数条》交湖南省委讨论，并呈报中央。其中规定：“没收一切土地，包括小地主自耕农在内，归之公有，由农协按照‘工作能力’与‘消费量’（即依每家人口长幼多寡定每家实际消费量之多寡）两个标准公平分配于愿得地之一切乡村人民。”[②]这个规定相比毛泽东在八七会议上的发言有所退步，主要因为它混淆了小地主与自耕农的界限，实施起来会侵犯中农的利益，引起中农的不满。对此，学术界的看法几乎是一致的。这里笔者不想引用彭公达在给中央的报告中记录的毛泽东在湖南省委讨论此问题时的发言[③]为毛泽东辩解，因为那个发言与毛泽东在八七会议上发言的精神是一致的。笔者认为，毛泽东当时确实有过没收一切土地的设想，这在他后来主持制定的《井冈山土地法》中可以得到印证。问题是“没收一切土地，包括小地主自耕农在内”与“只没收大中地主的土地或没收二百亩以上大地主的土地”这两个政策，哪一个更能吸引广大农民群众投身土地革命呢？哪一个对推动当时的土地革命更有利呢？毛泽东后来在《井冈山的斗争》中断言：“在上述土地状况之下，没收一切土地重新分配，是能得到大多数人拥护的。”[④]的确，在土地革命发动之初，为了鼓动最大多数无地和少地的农民参加，有瑕疵的前者肯定更能搅动这一潭沉寂了两千多年的死水。毛泽东关于小地主的土地也要一并没收的主张，如同他坚持打出共产党旗帜的主张一样，在一个月后得到中共中央的认可

---

① 《中国共产党重要文献汇编》第 12 卷，人民出版社 2022 年版，第 89 页。

② 《中国共产党重要文献汇编》第 11 卷，人民出版社 2022 年版，第 331 页。

③ 《湘赣边界秋收起义》，湖南人民出版社 1987 年版，第 96—97 页。

④ 《毛泽东选集》第 1 卷，人民出版社 1991 年版，第 69 页。

和赞同。中共中央在指导发动广州起义的过程中纠正了自己过去的意见，批评南方局和广东省委的政纲，指出保留一部分小地主的土地不没收，“便保留一部分地主制度”，“可以妨碍革命发展的”[①]。

需要指出的是，毛泽东关于“没收一切土地，包括小地主自耕农在内”的设想，不是凭空想象或是根据上级的指示（共产国际或中共中央），而是源于他的调查。他在1927年8月20日给中央的信中有明确的说明：“我这回从长沙清泰乡（亲到）湘潭韶山（有农民五人来省）两处乡村的农民调查中，知道湖南的农民对于土地问题一定要全般解决。昨日与乡下来几位农民同志会商，征询他们意见的结果，拟出土地纲领数条。”[②]一切从群众中来，注重调查研究，已经成为毛泽东显著的工作作风。不仅如此，他关于“没收一切土地，包括小地主自耕农在内”的设想，还和他在考察湖南农民运动过程中及以后一段时间里对贫农问题的认识有直接关系。他根据长沙的调查得知：“乡村人口中，贫农占百分之七十，中农占百分之二十，地主和富农占百分之十。”因此，他认为合共占乡村人口百分之七十的贫农大群众，乃是农民协会的中坚，打倒封建势力的先锋。“没有贫农，便没有革命。若否认他们，便是否认革命。若打击他们，便是打击革命。他们的革命大方向始终没有错。”[③]与充分肯定贫农的重要作用相比较，前文已述，毛泽东对包括自耕农（含中农）在内的小资产阶级对革命作用的评价就淡化了许多。这可能是左右他制定“没收一切土地，包括小地主自耕农在内”政策的思想因素之一。

必须强调的是，毛泽东关于如何解决农民土地问题的探索，尽管有这样或那样的不足，但当时，无论在中共党内还是党外，其成就尚无人能

① 《中国共产党重要文献汇编》第11卷，人民出版社2022年版，第419页。
② 《中国共产党重要文献汇编》第11卷，人民出版社2022年版，第330页。
③ 《毛泽东选集》第1卷，人民出版社1991年版，第21页。

及。他在秋收起义前湖南省委讨论土地纲领时发言的精神被彭公达概括在给中央的报告中，即“现在的土地革命到了根本取消地租制度，推翻地主政权的时期，此时党对农民的政策，应当是贫农领导中农，拿住富农，整个推翻地主制度的土地革命。对地主阶级不是在没收他们的土地的时候让步，应在土地没收之后去救济土地已被没收的普通平民，并且只要他们能耕种，仍须拿与农民同等之土地给他们耕种，以消灭地主阶级”[①]。这是中共第一个完整的土地革命路线，是一个在刚刚要起步的阶段就拿出来准备实施的土地革命路线，但是，和后来成熟的土地革命路线相比，其基本精神和大体轮廓已具雏形。更重要的是运用马克思主义阶级分析的方法研究和解剖中国农村成为毛泽东革命生涯的常态。此后，他在井冈山革命根据地和中央苏区，依据他在大革命后期已经运用的方式方法，开展了更大规模和更深入的农村调查，经过不断的完善和修正，终于制定出一条切合中国实际的土地革命路线及相应配套的标准和办法，在中国农村掀起了轰轰烈烈的农村大革命。

（三）创建工农兵苏维埃政权的思索

中国革命的直接目标就是夺取政权。毛泽东是在领导开展农民运动的过程中认识到这一问题的。他认识到中国农民运动的特点是“政治争斗、经济争斗这两者汇合在一起的一种阶级争斗的运动。内中表现得最特别的尤在政治争斗这一点，这一点与都市工人运动的性质颇有点不同。都市工人阶级目前所争，政治上只是求得集会结社之完全自由，尚不欲即时破坏资产阶级之政治地位。乡村的农民，则一起来便碰着那土豪劣绅大地主几千年来持以压榨农民的政权（这个地主政权即军阀政权的真正基础），非推翻这个压榨的政权，便不能有农民的地位，这是现

① 《中国共产党重要文献汇编》第12卷，人民出版社2022年版，第23页。

时中国农民运动的一个最大的特色”①。那时，毛泽东虽然从理论上认识到农民运动最本质的问题是推翻现政权，但在出任中共中央农民运动委员会书记之初制订全国农运计划时，还没有把夺取政权列入农民运动的重点，他是在考察湖南农民运动的时候，从农民自发的行动中，才感受到这一问题的迫切性。他在给中央的报告中写道：“在各县乡下所见所闻与在汉口、在长沙所见所闻几乎全不同，始发见从前我们对农运政策上处置上几个颇大的错误点。”他认为在湖南湘中、湘南各县多数经过了一个烈风暴雨的农村革命时期（第二时期），乡村陷入无政府状态，应立即实行民主的乡村自治制度，变无政府为有政府，具体的建立农村联合战线，以免去农民孤立的危险；农村中武装、民食、教育、建设、仲裁等问题也才有最后的着落；目前湖南的政治问题，莫急于完成乡村自治这一点，省民会议、县民会议非在完成乡村自治之后决无可言。

毛泽东积极推崇农民乡村自治。但是，毛泽东提倡的乡村自治绝不只是一个简单的采用什么样政体形式的问题，他主张的是“必须建立农民的绝对权力”。他说“农村革命是农民阶级推翻封建地主阶级的权力的革命”。他认为“农民若不用极大的力量，决不能推翻几千年根深蒂固的地主权力”。可见，毛泽东所说的乡村自治，不只是一个政体问题，其实质上还涉及一个国体问题，即由哪个阶级对哪个阶级专政的问题。毛泽东以发动和支持广大农民群众推翻帝国主义和中国封建势力专制统治为基础，作为他政权建设的出发点，在乡村自治的基础上高呼“一切权力归农会”的响亮口号，显示出其卓尔不群的真知灼见。

在蒋介石、汪精卫集团叛变革命后，毛泽东在酝酿发动秋收起义的过程中关于政权问题的见解，与他关于必须高举共产党的旗帜的思想是紧密相连的。与当时共产国际和新的中共中央临时常委会试图通过“国民党左派运动”来反对以蒋介石和汪精卫为代表的宁汉政府不同，

① 《中国共产党重要文献汇编》第9卷，人民出版社2022年版，第121页。

毛泽东则是依据他对形势的客观分析，坚决主张放弃国民党的旗帜，改用共产党的旗帜相号召。这是毛泽东在政权问题上最核心的见解，也是在新政权问题上表现出与中央有所不同的独特之处。

其一，或许是因为所处的地位不同，毛泽东这时对暴动后建立政权的设想基本上是区域性的，而且更多强调的是可操作性。比如他起草并经中央常委通过的《湘南运动大纲》就提出“湘南特别运动以汝城县为中心，由此中心进而占领桂东、宜章、郴州等四五县，成一政治形势，组织一政府模样的革命指挥机关，实行土地革命，与长沙之唐政府对抗”[①]。再如，他在代表湖南省委给中央的报告中探讨的也是在湘中一地发动秋收起义还是在湖南全省发动的问题。他似乎没有登高一呼就能一蹴而就建立起全国性中央政权的奢望。我们没有发现这一时期毛泽东有关于建设工农政权的长期性和艰巨性的论述，但也不能把他当时的这种作为简单地归结为他还未处在中央层面的领导地位所致，但可以肯定的是，他的主张是有别于共产国际、中共中央考虑的建立中央政府或对政权的通盘设计的，反映出毛泽东务实的工作作风。

其二，具体就湖南的秋收暴动而言，首先，关于领导者，毛泽东和湖南省委是主张由中共独立领导；中央是要以中共与国民党少数左派联合领导湖南的秋收暴动。其次，关于政权建设的目标，毛泽东、湖南省委和中共中央虽然表述不同，但实质是一致的。毛泽东他们是实行土地革命，建立工农兵苏维埃政府；中共中央将暴动的目标确定为“建设工农德谟克拉西专政的革命政权（意为工农民主专政——引者注）”。再次，关于建立政权的步骤，前者主张在夺取长沙时即建立革命委员会，执行关于工农兵政权的一切革命行动；后者强调“革命委员会在暴动前是指导暴动的机关，由我党指派同志及少数真正民左分子组织之，暴动成功后即是临时革命政府的性质”，从宣传的角度上可说“革命委员会胜利

① 《中国共产党重要文献汇编》第 11 卷，人民出版社 2022 年版，第 256 页。

后当召集工农代表及革命的小商人代表选举会议，成立正式的民权政府”。最后，关于依靠力量，前者认为“主要战斗者是工农”，所谓“要调某某两团进攻长沙，意义是辅助工农之不足，不是主力，是掩护暴动的发展，不是唯一的重要的暴动成分”①，“至于小资产阶级，让他们完全在红旗领导之下，客观上也必定完全在红旗领导之下”②；后者则是要求从组织和政治上加强对湖南国民党下级党部及其左派党员的领导，与他们共同争斗，“使他们成为秋收暴动的重要力量”③。这里还需要强调的是，毛泽东十分看重正规武装对新政权的拱卫作用，认为“要夺取政权，没有兵力的拥卫或去夺取，这是自欺的话”④；而中共中央当时对此是漠视或重视不够的。可见，二者关于暴动后政权建设的目标是一致的，但是步骤和方法的差别是非常明显的。

其三，毛泽东到长沙后曾与苏联驻长沙的领事马也尔会晤，十分认可他传达的关于立即实行工农兵苏维埃的共产国际最新训令，并认为“中国客观上早已到了一九一七年，但从前总以为这是在一九〇五年，这是以前极大的错误。工农兵苏维埃完全与客观环境适合”，“望中央无疑的接受国际训令，并且在湖南上实行”⑤。对此，中共中央专门在 8 月 23 日的复信中予以严厉批评。复信强调：“中国现在仍然没有完成民权革命，仍然还在民权革命第二阶段。此时我们仍然要以国民党名义来赞助农工的民主政权，但不是照以前那样的工农赞助国民党。到了第三阶段才是国民党消灭，苏维埃实现的时候，你们以为目前中国革命已进到第三阶段，可以抛去国民党的旗帜，实现苏维埃的政权，以为中国客观

---

① 《中国共产党重要文献汇编》第 11 卷，人民出版社 2022 年版，第 375 页。

② 《中国共产党重要文献汇编》第 11 卷，人民出版社 2022 年版，第 330 页。

③ 《中国共产党重要文献汇编》第 11 卷，人民出版社 2022 年版，第 254 页。

④ 《毛泽东文集》第 1 卷，人民出版社 1993 年版，第 48 页。

⑤ 《中国共产党重要文献汇编》第 11 卷，人民出版社 2022 年版，第 329—330 页。

上早已到了一九一七年了，这是不对的。”[①]乍看起来，中央的批评很有道理，毛泽东似乎有混淆民主革命与社会主义革命界限之嫌。但是，仔细分析来看，中共中央的批评依据的是斯大林关于中国革命分3个阶段的观点，强调的重点是中国革命的任务和性质还不是社会主义革命，仍然处于民主革命阶段；毛泽东强调的重点是革命的领导者。他在给中央的信中特别强调：“因国际这个新训令，影响到我对国民党的意见，即在农工兵苏维埃时候，我们不应再打国民党的旗子了。”[②]即使如此，我们也没有发现这一时期毛泽东有混淆民主革命与社会主义革命界限的言论。如毛泽东在《井冈山的斗争》一文中，并没有因已经建立茶陵、遂川以及湘赣边界工农兵政府而混淆中国革命性质，他明确写道：“我们完全同意共产国际关于中国问题的决议。中国现时确实还是处在资产阶级民权革命的阶段。”[③]事实上，俄国1905年的革命是民主革命不假，但1917年的革命也不只是纯粹的社会主义革命，还包含有不同性质的二月革命与十月革命两个阶段的区别；工农兵苏维埃这种政权形式，既可适用于社会主义革命，也能适用于新民主主义革命。

综上所述，大革命失败之际国民党反动派的血腥屠杀使中国共产党和广大的工农群众遭受了灭顶之灾。中国共产党人没有屈服，从血泊中爬起来，在共产国际的帮助下确立了武装反抗国民党反动派和土地革命的总方针。毛泽东是这一正确方针的积极推动者和坚定的实践者。但是，面对突然降临的灾难，究竟应该如何应变，不仅是中共党内、党外，而且包括共产国际和联共（布）中央，都莫衷一是。是继续沿用有着深远和广泛影响的国民党的旗号，还是勇敢地打出共产党的旗帜？像苏联那样通过在中心城市发动工农武装暴动而一举定天下，可能是可望

① 《中国共产党重要文献汇编》第11卷，人民出版社2022年版，第328页。
② 《中国共产党重要文献汇编》第11卷，人民出版社2022年版，第330页。
③ 《毛泽东选集》第1卷，人民出版社1991年版，第77页。

而不可即；但是如北伐前的广东政府或北伐过程中冯玉祥的国民军那样，设法获得苏联的军援而重整旗鼓是可行的捷径吗？深入土地革命既是民权革命的主要内容，又是动员和团结农民的必由之路；但是能否抓住小资产阶级继续革命和笼络中下级军官防变问题上的顾虑，使中共中央对没收地主土地的标准和方法问题徘徊不定；是没收大中地主的土地，还是大中小地主的土地一体没收？建立新的政权是革命的直接目的，但是到底是建立共产党与国民党左派的联合政权，还是建立工农民主政权？工农兵苏维埃是宣传的口号，还是必须马上实行的行动目标？对于这些问题，一直战斗在革命斗争实践的第一线，并自觉运用马克思主义指导解决中国革命实际问题的毛泽东，给出了与众不同的答案。

这个时期毛泽东的探索，是以他以往的理论思索为基础的，是从工农大众的立场出发的，是总结群众特别是广大农民群众的斗争经验而来的，实际秉承的是一切从实际出发的原则，体现的是独立自主和自力更生的精神。因而其结论更合乎中国社会和中国革命的实际，更符合广大工农群众的利益和愿望。虽然他的探索还只是初步的，远谈不上完备，但却是系统和有效的。他把中国工人阶级的领导地位转化为打出共产党的旗帜，把农民阶级的主力军作用具体落实为举行秋收暴动的行动部署和组织方案，把贫农作为革命的先锋而倚重，把受中共领导的原国民革命军的部分正规部队作为暴动的“发火药”，把土匪会众作为在土地革命旗帜下可以号召的力量；他分析了小资产阶级左中右三派的政治态度，认定他们“客观上也必定完全在红旗领导之下”[①]；他制定了土地革命的阶级路线并确定了能动员占农村人口百分之七十的贫农（毛泽东考察湖南农民运动时得出的数据）投身革命的没收地主等土地的标准；他积极赞同并成功实施了“工农兵苏维埃”这样一个充满号召力的政权建设目标。毛泽东的探索确定了下一阶段革命的领导者，明确了主力军和

① 《中国共产党重要文献汇编》第 11 卷，人民出版社 2022 年版，第 375 页。

团结依靠的对象，制定了深入土地革命的路线，阐明了革命政权建设的目标，实际提出和奠定了后来他在井冈山时期“武装斗争、土地革命、根据地建设（以政权建设为核心）三位一体的工农武装割据理论”的雏形。历史的发展是有其自身的规律和必然性的。毛泽东在秋收起义失败后选择井冈山而没有选择东固山或南岳衡山为落脚点，是一种偶然；但是选择敌人统治薄弱而又布满能引燃革命烈焰的干柴的农村发展，则是偶然之中的必然。他后来分析红色政权为什么能够存在的 5 条原因中，党的领导、一定力量的红军、大革命的影响（群众基础）是他在发动秋收起义前就论及的，而他当初关于“靠山的上山”“滨湖的上船”的思想和放弃攻打长沙的主张，则是他后来关于向敌人统治力量薄弱地区进军的思想萌芽。大革命失败之际，在革命危急和形势混沌不清的转折时期，毛泽东之所以能够力排众议独立自主地作出这一系列被后来的历史证明是正确的英明抉择，从根本上讲，是因为他坚持一切从实际出发，深入调查研究，坚持一切依靠人民群众。可以断言，如果没有毛泽东在大革命后期的革命实践和理论准备，就没有后来的工农武装割据理论和井冈山革命道路的开辟。大革命失败之际毛泽东的探索，是中国共产党人独立自主探索中国式革命道路的开端和前奏。

第三章 调查研究开辟中国式革命道路

在异常艰苦的土地革命战争时期，以毛泽东为主要代表的中国共产党人，执着地探索中国革命的正确道路和科学方略，以马克思主义的态度和行为，组织开展了大量卓有成效的调查研究，撰写了不少调查报告，坚决抵制并努力纠正党内的各种错误倾向，初步开创了党的调查研究制度化历程，在土地革命政策、武装斗争、政权建设及马克思主义中国化等方面取得了实实在在的效果，事实上确立了党的调查研究理论与实践优势，从而使中国共产党从幼稚走向成熟，经受住了一次次的严峻考验，将中国革命引向了光明前途。这一历史时期调查研究的主要特点：一是调查研究的目的在于依据中国的具体实际情况，制定中国革命的正确路线、方针与政策；二是调查研究的范围主要集中于农村调查和少量的城市调查，以便更好地掌握中国革命的具体环境；三是调查研究的内容相对比较集中，主要在于土地革命、武装斗争、政权建设等方面的内容和政策；四是调查研究的方式主要是目的明确的调查座谈会；五是调查研究的理论创新有新的突破，为马克思主义中国化的第一次飞跃奠定了扎实基础。

一、调查研究为做“革命的山大王”提供思想准备

从井冈山到中央苏区，毛泽东领导工农红军经历过3次转折。一是1927年9月秋收起义军在攻打长沙失利以后为什么能够在井冈山生存和发展，并独辟蹊径？二是1929年1月被迫离开井冈山的朱毛红军为什么能够在赣西南闽西实现战略性发展，走出以乡村为中心连片发展的武装斗争新路？三是自1930年6月起，他们为什么能够从执行攻打大

城市的“左”倾错误方向又重新回到坚持以农村为中心的中国式革命道路，开辟中央苏区新天地?

(一)领导创建井冈山根据地，实现了第一次战略转折

毛泽东领导井冈山革命斗争，是从秋收起义的失败开始的。1927年的八七会议确定了武装反抗国民党政府的正确方针，但把武装反抗的重心和力量放在攻打大城市上。秋收起义攻打长沙，因为力量悬殊而溃不成军。面对失败，毛泽东想到的是既要保存革命火种和力量，又要把进攻改为退却，退到一个可以发展的地域，这样就有了建立井冈山根据地的实践，以及工农武装割据战略和理论创新，开启了对中国式革命道路的探索。

攻打长沙，毛泽东也是赞成的，一是他参与了秋收起义决策，投了赞成票；二是他具体领导了先打浏阳的战斗。可一旦判明形势，他马上知道掉头，决定不打长沙这样的大城市，回到他原有的上山思想的轨道上来，把部队带往农村山区。这就是他的伟大之处：善于从实际出发，能攻则攻，不能攻则不攻，把进攻和退却巧妙地结合起来，及时停止进攻城市，保存自己的有生力量，到农村去展开新的进攻，这是了不起的贡献，是一个重要转折。

毛泽东在失败和挫折面前，并没有惊慌失措，而是以更为清醒的冷静认识，作出了一个具有历史意义的重要战略抉择——到敌人统治力量薄弱的农村山区去，保存这一革命力量，即上山去，在上山的斗争中，再图革命的发展。毛泽东的这一战略选择，除了是当时不这样做就没有办法保存这支革命武装的现实选择外，其实还有他更深层次的思想和长久的考虑，即中国革命的中心是要解决农村和农民问题，农民问题的核心是要解决土地问题。所以在文家市会议上，他力主到湘南去，行军途中，得到江西省委指示，又来到了江西西部山区井冈山。这两个地方，都偏离了攻打大城市长沙这一既定战略目标，更接近于他所向往的“上

山”这一目标。毛泽东的这一系列所作所为，是严格认真贯彻执行上级领导指示，但现在有人却说毛泽东这一行为是抗上的，这种认识看法是片面的。即使在攻打长沙失败以后，毛泽东把武装起义的队伍带往敌人统治薄弱的农村山区，是为了保住革命的基本力量。在军事战场上，任何一个指挥员都有现场机动处置情况的权力，何况毛泽东是在召开前委扩大会议时征求了方方面面的意见，大家经过充分讨论，并且得到了当时军事总指挥卢德铭的同意，以少数服从多数的原则通过了这一决定，这种经过组织程序的做法，有哪一点是抗上呢？他反而被当时一些领导人认定为是右倾逃跑主义路线。

毛泽东的上山思想，早在秋收起义之前就已经萌发。1927 年 7 月 4 日，在中共中央政治局常委扩大会上，毛泽东明确表示，“上山可造成军事势力的基础”①。两个月后，毛泽东便实现了他的上山这一久远之志。但是上山也并非易事，首先面临的问题是怎么上山？其次，上山后怎么办？是做山大王当土匪，或是成为流寇走州过府？还是用革命的办法走出一条新路？毛泽东用建立根据地的实践创新交出了一份合格答卷。

毛泽东在井冈山建立根据地的思想，不是以城市为中心，也不是以城市暴动为基础，而是以农村山区为中心，以工农武装割据为基础，把枪杆子交给工农大众，开展武装斗争，实现土地革命目标。毛泽东通过大革命运动时期的调查研究，已深刻认识到中国革命的中心问题在农民问题，农民问题的核心是土地问题。中国是一个以农民为主体的农业国家，农民占全国人口绝大多数，农民受到的压迫剥削最重，革命最积极也最坚定。所以他们可以成为革命的重要力量，成为无产阶级最可靠最广泛的同盟军。在这一思想指导下，必须把农民武装起来，建立工农武装，开展武装割据来解决土地问题。而不是像旧军阀那样，拉出一支上

---

① 《毛泽东年谱（1893—1949）》（修订本）上卷，中央文献出版社 2013 年版，第 203 页。

千人的武装做草头王，这是一种占山为王的土匪行为。这就是毛泽东中国革命要以农村为中心思想的萌芽，也是他上山思想的前提，这是有中国特色革命道路的重要基础和前提。毛泽东从 1923 年开始关注农民运动，并在党的三大明确提出："中共不应只看见局处广州一隅的国民党，而应重视全国广大的农民。……任何革命，农民问题都是最重要的。"[①]中国历代的造反和革命，每次都是以农民暴动为主力。如果没有这一思想作基础，上山便是一种旧式的占山为王。所以毛泽东自己明确表示，我们是做革命的山大王，是在共产党领导下的有主义、有政策、有办法的特殊的山大王。

毛泽东认为，来到井冈山，一是远离大城市，可以保存革命火种，因为"叫花子不能与龙王比宝"，保存力量乃是当务之急。二是有一休养生息地方，这个地方有大革命斗争基础和经济自然条件基础。这两个基础，是工农武装割据的重要前提和必要条件。他用通俗的"屁股论"来解释根据地思想：没有屁股的功能，人一天到晚 24 小时不停地走，是会走累走死的；根据地是一个前进的战略基地，革命武装可以在这里休养生息，波浪式地向周边扩大。叫花子在一定条件下也可以甩掉叫花子帽子。

毛泽东选择井冈山建立革命根据地，不是偶然的，也不是拍脑袋想当然干出来的，而是与他脚踏实地调查研究密切相关的，是实事求是的必然发展。从文家市转兵到三湾改编，从三板桥到九陂村，从水口探路到象山庵会议，从茅坪、中村到秋溪、塘边的分田，从遂川县城到草林圩市，从八角楼的灯光到龙江书院的讲堂，从茨坪到大井……井冈山根据地的山山水水，到处都留下了毛泽东调查研究的身影，也留下了实事求是决策的动人佳话。每到一个地方不是马上安营扎寨，而是进行调查

① 《毛泽东年谱（1893—1949）》（修订本）上卷，中央文献出版社 2013 年版，第 112 页。

研究，这样既扩大了政治影响，又了解了各地基本情况。这一历史过程告诉我们，毛泽东正是在调查研究中，开创井冈山斗争新局面，建立井冈山革命根据地。他的伟大之处在于，一切从实际出发，靠调查研究作出正确决策。

毛泽东的根据地思想，是一个重大理论创新，他对此作了深刻阐述，指出："虽有很好的工农群众，若没有相当力量的正式武装，便决然不能造成割据局面，更不能造成长期的和日益发展的割据局面。所以'工农武装割据'的思想，是共产党和割据地方的工农群众必须充分具备的一个重要的思想。"①对此，后来形成的标准表述是："建立农村根据地，以农村包围城市，最后夺取城市的经验。"并总结为这是"中国革命的经验"②。概括起来就是3点：以武装斗争为主要形式，以土地革命为基本内容，以农村根据地为根本依托。把工农武装起来，把枪杆子交给农民，建立中国共产党人的革命武装；打土豪分田地，从根本上解决农民土地利益需求，农民得到了真正的好处和利益，才会跟共产党闹革命，而闹革命的舞台就是既有经济基础又有人口基础的乡村地域，这就让共产党人在乡村找到了可以依托的革命力量，也有明确的革命对象——地主土豪，共产党人由此在农村生根开花结果。这是毛泽东对中国革命的一个重大创造。他在新中国成立后回顾总结时说："一个国家，农村人口多，存在封建势力，有不好的一面，但是对于无产阶级领导的革命来说，又是好事，使我们有农民这个广泛的同盟军。……因此，党在农民中的工作很重要。"③从井冈山下山后，毛泽东又领导开创了中央根据地；抗日战争时期，毛泽东领导中国共产党开创了敌后抗日根据地；解放战争时期，毛泽东决策建立巩固的东北根据地，以此为战略基地，

① 《毛泽东选集》第1卷，人民出版社1991年版，第50页。

② 《毛泽东文集》第7卷，人民出版社1999年版，第133页。

③ 《毛泽东文集》第7卷，人民出版社1999年版，第131页。

实行三大战役，建立了新中国。正是毛泽东的根据地思想，才有了星火燎原和中国革命的最后胜利。

（二）在赣西南和闽西实现了以乡村为中心工农武装割据联合连片的新发展

1929 年 1 月，毛泽东之所以能够从湘赣边界割据下山转到赣西南闽西实现战略性的新发展，一个重要前提就是毛泽东坚持不断进行调查研究，靠正确的调查研究作出正确的决策。毛泽东在中国革命的重大问题、战略转折、关键时期都离不开调查研究，而且注重持续跟踪调查，解决了许多重大和关键问题。其中在东固、长汀的调查研究，是毛泽东开创中央苏区的重要前提和基础。东固调查研究以选择革命斗争地域和创新工农武装割据方式为主题，4 月 13 日前委来信作了详细记载。长汀调查研究以地区社会基本情况为主题，印证东固调查，并作出战略转折决策，以 3 月 20 日报告和 4 月 5 日、6 月 1 日给中央的报告为标志。

东固、长汀的调查研究，是毛泽东开创中国革命道路的重要转折，是工农武装割据思想的一个质的飞跃，孕育了农村包围城市、武装夺取政权思想的萌芽。实现了从上山到下乡 4 个方面的转折，即从以山区割据为中心转向以乡村割据为中心，从公开割据转向秘密割据，从凭险固定区域割据转向变定游击区域割据，从小块分散割据转向大块连片割据。

毛泽东在东固根据地的调查研究实践，主要是指 1929 年 2 月率红四军到达东固，与江西红二、四团会合后，对东固革命斗争状况有一调查研究这一史实。在过去出版发行的党史军史著作中，基本没有正式提及，笔者仅在中共中央文献研究室编著的《毛泽东年谱》中看到明确记载。年谱是这样写的：“（1929 年）2 月 17 日，同朱德率领红四军抵达吉安县东固地区，与江西红军独立第二团、第四团会合。安排红四军在这里休息一周以上时间。在此期间，进行调查研究，总结江西红军独立第二、第四团在东固地区从事革命活动的经验，认为东固游击区这种工农兵苏维埃政权的秘密割据形式比公开割据形式好，敌军来了便于掩护，敌军走了马上可以开展工作，并且由赤卫队发展起来的红军，游击战术比较灵活，游击区域不限于固定割据区域，可以发展得很宽……”[①]

毛泽东在东固的调查研究实践，在《党的文献》2008年第2期公开发表的毛泽东《前委来信》中可以得到确切认定。毛泽东在《前委来信》中这样写道：“这番我们到东固，则另是一种形式，反动势力是驱逐了，权力完全是我们的，但公开的政权机关和固定的赤卫队却没有。邮路是照常的，商业贸易是照常的，边界所受的痛苦此间完全没有。敌军到来寻不到目标，党的组织和群众的组织（农民协会）完全秘密着。在接近总暴动之前，这种形式是最好的，因为这种形式取得了群众而不致失掉群众。武装的形式不是守土的赤卫队，而是游击步〈部〉队。由二十五支枪起手的七、九两纵队现改为江西红军独立第二团，差不多可以抵得上四军的卅一团了。他的战术是飘忽不定的游击，游击的区域是很宽的，他们可以从新喻买得弹子〈子弹〉（此次补充四军七千二百发）。他们消灭了许多靖卫团，打败过卅六旅的七十二团。他们经常的是一角五分一天的士兵火〈伙〉食，从不发生经济问题。他们与省委特委的关系极密切，交通极方便，敌人是完全奈何他们不得。用这种方法游击的区域可以很广，即是说发动群众的地点可以很多，可以在很多的地点建立党和群众的秘密组织。”[②]这是一篇精练的东固秘密武装割据的调查总结。

毛泽东东固调查的具体情况是：1929年2月17日，毛泽东经永丰龙冈到达东固南龙，在南龙河边的一块沙滩地上，对部队重新宣布“三

---

① 《毛泽东年谱（1893—1949）》（修订本）上卷，中央文献出版社2013年版，第263—264页。

② 毛泽东：《前委来信》（摘要），《党的文献》2008年第2期。

大纪律，六项注意”，因是第一次来到东固，毛泽东特别要求广大官兵与东固老百姓建立良好关系，并在南龙住了一夜。2 月 18 日在李文林、高克念等人迎接陪同下，从南龙到达东固圩，会见了东固区委领导人高克念、刘经化等，听取他们对东固革命斗争有关情况的介绍，实地察看了设在东固圩的东固平民银行、消费合作社、平民学校、平民工艺厂、油墨蜡纸厂等经济文化社会设施，毛泽东就住在油墨蜡纸厂旁边的万善堂。2 月 20 日，从东固圩来到东固河畔的螺坑村，在云汉堂召开了军队和地方党联席会议，宣传和讲解了党的六大精神。在此期间，红二、四团领导人李文林、段起凤、曾炳春等也率红二、四团官兵 2000 余人来到螺坑，与 3000 余人的红四军官兵举行了会师大会。25 日晚上，趁着正月十六皓月当空之际离开东固，经永丰、藤田和乐安、广昌等地，向闽西长汀方向进军。在螺坑期间，毛泽东还与赣西特委和周边的永丰、吉水、兴国、泰和及东固等地方党组织领导人，与红二、四团领导人进行了广泛的接触和调查，调看了红二、四团官兵花名册，了解到“他们是指导员支配军官的，前五册上军官的名字列在指导员的后面，一个子弹不问过党不能支配，他们是绝对的党领导”[①]。对此他感慨万分。

在这期间，毛泽东还多次召开前委扩大会议，讨论红四军出路问题（此时已得到赣西特委送来的情报，彭德怀在井冈山失守）和具体实施改编问题（寻乌项山罗福嶂会议提出但未实施），最终“乃决定抛弃了固定区域之公开割据政策，而采取变定不居的游击政策（打圈子政策），以对付敌人之跟踪穷追政策”[②]。从中我们大致可以看到毛泽东的东固调查，主要以听取当地领导人情况汇报和实地察看两种形式。而东固与井冈山不同的武装割据形式，给毛泽东留下了深刻印象。于是在离开东固

① 《毛泽东文集》第 1 卷，人民出版社 1993 年版，第 67 页。

② 《建党以来重要文献选编（1921—1949）》第 6 册，中央文献出版社 2011 年版，第 90 页。

后的三四月间，毛泽东便提出并实行了以东固经验为参照的新的武装割据斗争方式，拉开了创建中央革命根据地的序幕。

关于毛泽东在东固的军事战场调查，1961 年 3 月，在广州召开的中央工作会议上，毛泽东就调查研究问题发表即席讲话，他说："我的经验历来如此，凡是忧愁没有办法的时候，就去调查研究，一经调查研究，办法就出来了，问题就解决了。打仗也是这样，凡是没有办法的时候，就去调查研究。在第二次反'围剿'的时候，兵少觉得很不好办，开头不了解情况，每天忧愁。我跟彭德怀两个人到白云山跑了一天，察看地形，看了很多地方。我对彭德怀说，红一军团的四军、三军打正面，打两路，你的红三军团全部打包抄，敌人一定会垮下去。如果不去看呢？就每天忧愁，就不知如何打法。调查研究就会有办法，大家回去试试看。"① 而彭德怀也有相同回忆："毛主席约我到东固（三军团驻地）富田之间山上去看地形，我们饱吃了刺梅，才议这一仗如何打法。……我们到东固后也讨论了这个问题，几次难于肯定。这次到实地侦察，解决了如何打法的战术问题。"② 在白云山的现场调查，坚定了毛泽东迫近敌人而战，钻"牛角尖"突围，由西向东横扫的打法。而在临战前夜，即 1931 年 5 月 15 日晚上为寻找最佳行军路线的临时调查，则为第二次反"围剿"旗开得胜写下了神来之笔。那天晚上 6 时左右，红一方面军无线电总队截获了敌军将由富田进攻东固的情报。毛泽东、朱德紧急下达了作战命令，在决定红三军要提前到达白云山西侧的中洞将军帽时，毛泽东对这条行军路线总觉得放心不下，于是与黄公略一同来到白云山东侧的元山村，向东固红军独立师师长欧阳科晖家里人调查了解有否更短的路途到达中洞将军帽。村苏维埃土地委员老洪告诉他们一条可提前 3 个小时左右到达目的地的小路，毛泽东和黄公略喜出望外，

---

① 《毛泽东文集》第 8 卷，人民出版社 1999 年版，第 261 页。

② 《彭德怀自传》，解放军文艺出版社 2002 年版，第 127 页。

临时决定红三军改走此路，并要工作人员及时告知在后面的朱德。由于红三军比公秉蕃部提前到达中洞将军帽，这才使红三军官兵如天兵天将一样从容伏击了公秉蕃部队，黄公略也因此被誉为“飞将军”而写入毛泽东诗词。这一前一后的调查，可说是毛泽东早期战场军事调查的一段佳话。

毛泽东在东固的两次调查研究实践，虽然原来没有什么宣传和记载，但是从今天研究的角度来看，其意义重大。

首先，对东固革命斗争方式的调查，是毛泽东实行工农武装割据战略转折的重要前提。毛泽东在《前委来信》中对东固革命斗争方式总结为东固经验，表现在6个方面：一是秘密割据的形式，即“白皮红心”的革命政权；二是转圈子的战术，即变定不居，到处点火；三是组织发动群众面要宽广，不能狭窄；四是密切保持与省委特委联系的畅通，及时获取上级信息；五是要有必需的经济保障，革命斗争也要一定的经济条件作支撑；六是开展武装斗争必须要有良好的地形条件。在当时敌强我弱的情况下，以秘密割据为主要特征的东固斗争方式，毛泽东认为“这种形式是最好的”，由此引发了他对湘赣边界斗争方式的反思。他看到湘赣边界所受的痛苦东固完全没有。“在全国或一省的总暴动以前，政权的形式和武装的组织大须讨论。依两年来的经验，在全国至少有一省用总暴动方法推翻统治阶级以前，小区域苏维埃政权公开的割据，是有害而无利的。如湘南，如醴陵，如平江，如永新、莲花、遂川，不仅失掉群众，连党亦几乎失掉完了，不仅不能解脱群众若干的经济痛苦，农村城市的经济基础一齐毁坏完了——即此问题亦是使群众失掉而有余。”①

毛泽东的这一反思，至少表明了3点。第一，如何运用革命的手段方法去建立革命政权，革命武装以什么形式来组织还值得探讨。第二，

---

① 中国井冈山干部学院编：《井冈山斗争时期文献导读》，党建读物出版社2015年版，第181—182页。

在强敌压境面前，小区域苏维埃政权公开的割据是有害而无利的。因为盲动主义的错误，不仅失掉群众，党亦几乎失掉完了。第三，要注意解决经济问题，革命不能毁坏农村、城市的经济基础，革命队伍自身也要生存。正是在这一反思的基础上，毛泽东实行了工农武装割据的战略转折：一是在指导思想上由公开的武装割据向秘密的武装割据转变；二是在战术方法上由固定区域割据向变定不居的打圈子政策转变；三是在战略目标上由小范围零星割据向大范围的连片割据转变。而对东固革命斗争方式的调查研究，是促进这一战略转折的重要前提。这一战略转折，用一简单形象的比喻，就是从上山到下乡的转折，即实现了革命重心由山区到乡村的战略转移，最终确立了农村包围城市的中国特色革命道路。

其次，注重军事战场调查，是毛泽东工农武装割据和反“围剿”战斗胜利的重要基础。无论是在井冈山割据时期还是在赣西南闽西转战时期，毛泽东都十分注重军事地理形势和军事战场情况的调查。1928 年至 1929 年，毛泽东亲自为红四军宣传队拟定了社会调查提纲，其中就有对军事地理形势的调查，包括县、区、乡、村、屋场、圩镇、水流、山脉、邻界交界处及四通八达的出路等。在发布的有关命令中，也包括了有关宿营地地理状况，桥梁船数目、河流、森林、地势等方面的调查。同时还有军事情况调查，如地主武装、地方武装、前面敌军及团匪等情况，这些调查都要汇总到军部、总部参谋处。正是有这些方面的调查，才能使毛泽东和红军将领做到知己知彼，才能保证在任何危急情况下为自己寻找到出路和生路。1929 年 2 月初，寻乌圳下红四军军部被围几至溃败，而终究在项山罗福嶂会合，就是每到宿营地后即刻进行军事地理调查而带来安全保障的最好实例。由此不难理解，毛泽东、朱德率红四军在井冈山及赣西南闽西时期为什么能够一次次转危为安，这都与当时部队注重军事地理调查密切相关。

通过毛泽东在东固白云山的军事战场调查实例，我们也看到了军事战场调查对确保战斗胜利的重要作用。毛泽东东固军事战场调查的重要作用表现在：一是在确立了“诱敌深入，把仗放到根据地来打”的战略后，究竟怎么打还要去实地调查研究。通过实地调查，毛泽东才确立了红三军、红四军打正面，红三军团打侧面和包抄的战法。二是不到实地调查，对“钻牛角尖”战术难以做到心中有数。看到白云山山区是适合打伏击的好地方，连心中忧愁也一扫而光。三是临时改变行军路线对抢夺战机起了关键作用。假如没有改变路线，很可能是敌方部队先占领山头，那后果就难以预料。这个夜访行军路线的调查，可算是红军时期战场调查的一个典型案例。可以说，毛泽东在东固的这两次调查研究实践，也是他一生当中军事战场调查的经典之一。

毛泽东对赣西南、闽西的认识和了解是有一个过程的。和朱德不一样，毛泽东在 1929 年 2 月之前，没有到过赣西南，也不了解赣西南。朱德在 1927 年南昌起义之后，率领余部转战千里，先后路过赣南、闽西、粤北、湘南等地，对这些地方有直接的认识和了解。他上了井冈山之后，某种程度上认为井冈山实行工农武装割据的条件，可能不如赣西南闽西，所以和毛泽东产生了一定认识上的差异，对如何选择建立根据地的地域也有分歧。毛泽东对赣南闽西没有直接的认识了解，尽管中央在某种程度上提出了湘赣边界工农武装割据要向赣西南、湘南方向发展，但毛泽东认为在湘赣边界井冈山坚持工农武装割据的选择是正确的。他的这个思想，在 1928 年 11 月 25 日以井冈山前委名义给中央的报告中表达得明白无误：“红军不走，以现在的基础可以逐渐向四周发展，前途的希望是很大的。为红军计，欲求扩大，只有在有群众基础的井冈山四周即宁冈、永新、酃县（今炎陵县）、遂川 4 县，利用湘赣两敌利害不一致，四面防守，无法集中的情况，和敌人作长期的战争。利用正确的战术，不战则已，战则必胜，必有俘获，如此可以逐渐扩大红军。……红军必须在边界这等地方，下斗争的决心，有耐战的勇气，才能增加武器，练出好兵。边界的红旗子，业已打了一年，虽然一方面引起了湘鄂赣三省乃至全国豪绅阶级的痛恨，另一方面却渐渐引起了附近省份工农士兵群众的希望。……边界红旗子之始终不倒，不但表示了共产党的力量，而且表示了统治阶级的破产，在全国政治上有重大的意义。所以我们始终认为罗霄山脉中段政权的创造和扩大，是十分必要和十分正确的。”①

到了1928年年底和1929年年初，当国民党军队大举会剿井冈山时，给井冈山根据地带来了严重的军事危机和经济危机。在这样一个双重危机的情况下，何去何从就面临着新的选择。当时提出了围魏救赵的策略，那就是以红军第四军主力下山，绕道赣南，奔袭吉安，调虎离山，围魏救赵。红五军主力坚守井冈山，保卫根据地。这里的“魏”指的就是国民党军队在赣州、吉安统治的地域，“赵”指的是井冈山根据地。彭德怀在回忆柏露会议决策过程时讲道：“在会议期间，湘赣两省反动军队，正在调动部署，准备‘围剿’井冈山。当时红四军还是草鞋单衣，冬服未解决，无盐吃，每天三分钱的伙食也难解决，只有离开井冈山到白区打土豪才能解决。可是伤病残人员无法安置，又不可能带走，似此，势必派队留守。”②“派部队留守，就势必分散主力（当时红四军大约4000余人）。”“如分散，力量会更加单薄。”“不利于主力行动和作战，如不留部队据守，对坚持湘赣边区（井冈山）根据地斗争也是不利的。”“红四军只有离开井冈山向外地发展，否则没有其他较好办法克服困难和搞乱敌人的‘会剿’部署。”同时要“以一部分兵力防守井冈山，就可以吸引住敌人‘会剿’的主力，对于当时红四军向赣南行动是有利的”③。由此可见，朱毛红军主力下山，一方面是迂回运动作战；另一方面是下山解决红军给养困难。但是由于下井冈山的红军力量太小，不足以形成“围魏”，反而被敌军紧紧咬住，被动挨打，所以“赵”也救不成了。陈毅在1929年9月给中央的一份报告中写道：“红军对于敌

① 《毛泽东选集》第1卷，人民出版社1991年版，第81页。

② 《彭德怀自述》，人民出版社1981年版，第115页。

③ 许毅主编：《中央革命根据地财政经济史长编》上册，人民出版社1982年版，第83页。

人三省‘会剿’，决定以四军出发赣南游击，向吉安一带推进，以彭德怀及袁、王部留守边界应付湘赣进攻部队，在四军至吉安附近，赣敌后方动摇必然撤退，彭、袁、王应付湘军仅有余力，此为我方之计划。”[①]朱毛红军下山，虽然“魏”没有围成，但开辟了新战场；虽然“赵”没有救成功，但发展了更大的力量和更广阔的根据地地域。这种发展转变的到来，最重要的就是依靠自身的战略眼光和积极作为。

寻乌圳下村遇险，是红军下山后最严重的一次危机，红军被国民党部队包围，军部被打散，毛泽东、朱德、陈毅等领导人险被敌军抓住，似有“溃不成军”之势。幸好红军官兵利用村傍大山之地险和在井冈山练就的爬山本领，逃脱了国民党军突袭，匆匆进入项山罗福嶂小村。在罗福嶂会议上出现分兵散伙，或打游击，或远走他乡的思想，毛泽东坚定指出，假如散伙，部队再也收不拢了。他果断提议还是按下井冈山时预定方案，去找东固红军，先落下脚再说。陈毅的报告也描述了当时有关分兵的争论：“四军的分兵问题。在出发赣南以后（本年一月至三月）四军四战皆北，强大敌人穷追不息，同时在所到各地闽赣粤边界一带群众组织非常薄弱，红军感觉异常困难，尤其大的军队（三千人左右）行动颇不方便，给养大感困难，四军党内起了争论。第一种主张，此时四军应分为两部分，以团为单位，各路自行去图生存，以避免敌的追击。一面行动快，敌人追不上我们，一面人少给养容易，可以恢复红军纪律，一面减少了目标。第二种主张，此时四军应该集中，一面是政治局面要开展，敌人的进攻不会再有时间延长。一面集中起来可以最后一战，分散要各个击破。一面分散以后联络困难，士兵胆子更小，更动摇。这两种主张，第一步是分了兵，把四军改成两部分（二月间事），第二步是朱部在前面走，毛部跟着来，依依不舍，所终没有分开。”[②]

① 《陈毅军事文选》，解放军出版社 1996 年版，第 4 页。
② 《陈毅军事文选》，解放军出版社 1996 年版，第 31 页。

关于提议与东固红军会合是否有预案的问题，上海《申报》1929年曾有明确报道：“当朱毛离开井冈南窜时，本有三种计划：(甲)由遂川沿湘赣边窜至大余、兴国，搜刮现款，补充饷弹，再解井冈之围，接应袁、王、黄各匪。(乙)由崇犹窜至兴国，与赣西之积匪七、九纵队会合，徐图发展。(丙)窜入粤东或闽南，乘机而动。日昨李刘两旅在吉潭搜得共匪之计划书，亦与此相同。”[①]这里讲到的“与赣西之积匪七、九纵队会合，徐图发展”，就是去东固，与江西地方红军会合再谋发展，这与陈毅报告记载“四军出发赣南游击，向吉安一带推进”也是一致的。张宗逊1981年11月接受采访时回忆说：“四军下山前，是做了准备工作的。……我听说在行动路线上原有个计划，一路向南走，一路向东走。究竟向南向东，会上有过争论。向东走要过赣江，有困难，是天险。向南走沿着赣江上游走，目的是到东固去。东固有红色独立二、四团。最后决定走南路。”[②]这些史料都说明了同一个问题，即红四军下山除为了围魏救赵，解井冈之危外，另一目的和方向也是明确的，即到东固与地方红军会合发展，并创造条件打回井冈山。这并不是无目的地被动向赣南出击，而是有目的的积极作为。陈奇涵的回忆也明确讲到这一点。他当时作为赣南特委的领导成员之一，经历了这一过程。他的回忆录讲道：“1929年初朱毛红军下山，到达大余时，红四军前委写信给赣南特委，其大意是这样的：红四军已离开井冈山，准备在适当的地方建立根据地。赣南各地要举行暴动响应。兴国要筹集几万斤粮食、几万套棉衣和几万元款项，和准备安置伤员。我当时是赣南特委军事部长，特委派我回兴国布置工作，准备迎接红四军。但朱毛红军在东固会师后，

---

① 《井冈山革命根据地》上册，中共党史资料出版社1987年版，第452页。

② 黄仲芳、罗庆宏主编：《井冈山斗争口述史》下册，江苏人民出版社2014年版，第536页。

东进闽西，没有来兴国。”[①]这也印证了红四军下山时的两种预案，即“（甲）由遂川沿湘赣边窜至大余、兴国，搜刮现款，补充饷弹，再解井冈之围，接应袁、王、黄各匪。（乙）由崇犹窜至兴国，与赣西之积匪七、九纵队会合，徐图发展”是确有其事，并非凭空捏造。可见，朱毛红军下山预定方向应是到东固与地方红军会合。

为什么井冈山柏露会议会形成选择东固的决策呢？那就是井冈山与东固两块根据地的红军早就相互沟通联系交往了。有 3 则史料可以印证这一点。一是当年的东固红军战士，新中国成立后担任过江西省交通厅厅长的刘岱，专门写了一篇《东固送信到井冈》的回忆录，他在回忆录中详细地写下了送信的过程：“1928 年初开始，我随东固游击队的一个排长和另一名战士曾先后三次送信上井冈山给毛主席，并且每次都取了回信带回东固。第一次是在 1928 年初春，那时我们一行 3 人，都穿老百姓便服，每人随身带上枪和手榴弹，从东固出发，结果胜利完成任务后回到东固。第二次是 1928 年古历 6 月间，我们一行装扮成卖牛的，那时因我年纪最小，穿上便服，牵头小牛仔，样子像极了，一点破绽也看不出来。我们从泰和桥头岗出发，把信送给了井冈山上的朱毛等领导人。1928 年古历 10 月间，东固领导人第三次吩咐我们送信上井冈，任务照样完成得不错。同年底，组织上又要我们再跑一趟井冈山。无奈这时国民党反动派已派遣大批敌人包围了井冈山，故这次送信任务没有完成。”[②]二是毛泽东在《井冈山前委给中央的报告》中的一句话讲的也是同一件事：“吉安邻接永新，吉安县委仅和我们接过两次头，一点帮助不给，奇怪得很。”[③]语句当中还有点抱怨。非常遗憾的是当年毛泽东给东固红军的回信究竟写了些什么已无从知晓，史料也没有任何记载。三

---

① 陈毅、肖华等：《回忆中央苏区》，江西人民出版社 1981 年版，第 11 页。

② 《东固·赣西南革命根据地史料选编》第 1 册，中央文献出版社 2007 年版，第 267 页。

③ 《毛泽东选集》第 1 卷，人民出版社 1991 年版，第 76 页。

是卓雄回忆东固会师时毛泽东在会师大会上的讲话，也明确提到了这一点，毛泽东在会上讲："我们从井冈山出发，天天讲到东固去见二、四团，过去我们四军有的同志说没有二、四团，现在见到了，没有吹牛吧？"接着他表扬红独立二、四团的战斗精神并大声称赞道："红四军是铁军，红二、四团是钢军。""我们现在到了赤色区，要休息几天再走。"还说道："东固山是我们走出井冈山，又到了新的革命根据地。现在东固山，井冈山联合起来了，最终要全中国大联合，中国革命一定要胜利。"朱德在讲话中要求东固红独立二、四团的官兵们加强团结，遵守纪律，努力学习军事、政治、文化，不断提高战斗力。并且说道："国民党反动派天天喊打倒'朱毛'，'朱毛'越打越多，现在，我们也成了'朱毛'了！"[①]官兵们听到毛委员和朱军长这样说，都发出会心的微笑。卓雄当年是赣西特委交通员，新中国成立后担任民政部副部长。这些回忆和记载都印证了井冈山和东固两个根据地早有联络的历史事实。

柏露会议讨论红四军下山的出击方向，与东固红军会合（在井冈山时并不知道东固红军已由七、九纵队改编成立了独立二、四团）是一主要选择。罗福嶂会议上毛泽东坚持去东固与地方红军会合，实践证明是一非常有远见的选择，不仅避免了当时散伙的主张造成的人心恐慌，更重要的是到了东固，使红四军得到了短暂而又宝贵的休整，恢复了生机活力，同时还学到了东固根据地的建设经验，使毛泽东根据地思想得到了升华，实现了又一次新的战略推进。毛泽东在罗福嶂用去东固的原定决策制止了因打败仗引发的散伙之危，从而化危为机。抓住东固会师和长汀胜仗这一机遇，毛泽东召开前委扩大会议又筹划出新的决策，不再坚持"救赵"，而是到一个党和群众革命基础更好的地域去开创发展一个更大的"井冈山"，并创造条件与原来的井冈山根据地相连接。没有

① 《东固·赣西南革命根据地史料选编》第1册，中央文献出版社2007年版，第182—183页。

超凡的战略思维和眼光，是走不出这一步棋的。如果说，浏阳文家市转兵是毛泽东率军上山，使中国革命由城市转向农村，实现了重大战略转折的话，那么在柏露会议和罗福嶂会议决策去东固，则是朱毛红军由守山向广袤的农村发展重要的战略推进。这是他学习东固经验，从小山区“固定区域之公开割据政策”，向大乡村区域“采取变定不居的游击政策”的发展推进。毛泽东 1929 年 3 月 20 日在长汀写了一个重要报告给中央，明确记载了是放弃原来的战略和策略，抛弃了固定区域之公开割据政策，而采取变定不居的游击政策（打圈子政策），以对付敌人之跟踪穷追政策。此后不久即 4 月 13 日在于都召开前委扩大会议结束后，彭德怀率红五军返回井冈山，毛泽东则以前委名义写了一封指示信，交彭德怀带给湘赣边界特委，信中要求边界特委在接近总暴动之前，将边界群众政权的形式“由公开割据改变为秘密割据”，“各县赤卫队有组织红军采用游击战术”，“守势的根据地的观念，以后应该抛弃，大小五井、九陇等地，再不必固守了，强敌来了，就用盘旋式的打圈子政策对付他”①。3 月长汀的报告和 4 月的指示信中都有一个新的明确的战略发展目标，那就是把红四军、红五军和江西红军独立二、四团的行动统一起来，由前委统一指挥，借助国民党军阀混战的有利时机，以赣西南闽西 20 余县为范围，以游击战术开展联合连片的工农武装割据，并与湘赣边界割据区域相连接。

毛泽东提出的这一战略推进，实际上是对井冈山创建的工农武装割据战略的重大推进，即根据地思想的战略推进。这种推进，一是坚持了井冈山开创的工农武装割据斗争，二是为井冈山斗争在转移中坚持扩大发展指明了方向和遵循。这就是毛泽东下山在赣西南和闽西实现了以乡村为中心工农武装割据联合连片新发展的根本所在。

---

① 中国井冈山干部学院编：《井冈山斗争时期文献导读》，党建读物出版社 2015 年版，第 183 页。

（三）九打吉安与罗坊会议从攻打大城市为主的“左”倾错误方向重新回到赣西南根据地，继续坚持以农村为中心的中国特色革命道路

中国特色的革命道路走得并不平坦顺利，经历了多次的错误挫折和“左”的右的各种干扰。其中一个很流行的错误思想——革命就是要攻打城市才能胜利，在党内和根据地的广大红军官兵中很有市场。随着根据地的不断扩大发展，攻打城市夺取革命胜利的思想，又逐步在党的高层乃至中央占了主导地位，最终酿成了李立三错误路线对中国革命的错误判断和错误决策，会师武汉、饮马长江不仅误导了红一方面军的行动方向，也严重阻碍了各个苏区胜利发展的大好局面。1930 年二三月间，由于毛泽东、朱德带领红四军在 1929 年转战赣西南闽西，使赣西南、闽西苏区出现了联合连片发展的新局面。彭德怀带领红五军在返回井冈山之后，创造性地执行了红四军前委扩大会议的重要决策，不仅扩大发展了以井冈山为基础的湘赣边界根据地区域，同时也带领红五军返回湘鄂赣根据地，通过一系列重要决策和战斗，创造了湘鄂赣边界地区大好局面，并短暂实现了从南到北大湘赣边界地区革命斗争大发展的新局面，老百姓称之为“庚午大红”。

党的六大以后实际主持中央工作的李立三，“左”倾思想较为严重，这种新局面，又助长了他的错误路线的发展。李立三错误路线主要表现在，看不到中国革命的艰巨性和不平衡性，强调中国革命已经到了“直接革命的形势”，认为中国革命大爆发的条件已经成熟，照搬苏联中心城市武装起义夺取政权的革命模式，忽视农村革命根据地的建设，反对工农武装割据，主张集中全国红军进攻中心城市，并在全国中心城市实行武装暴动，以一省或数省的首先胜利来夺取全国政权。在这一思想的指导下，按照共产国际的错误指示，在党内集中力量反对所谓主要危险——右倾的斗争，认为执行中央进攻路线的最大障碍便是“与这一总

路线绝不相容的右倾观点”，对于不同意或者反对其错误的同志，一概扣上“右倾机会主义”的大帽子，给予严厉的处罚和打击。

李立三错误路线的形成有一个过程，首先，发表各种文章，不断地宣传和鼓吹“左”的思想及理论；其次，通过全国苏维埃区域代表大会和全国红军代表会议提出向着交通要道及主要城市发展的错误战略；最后，通过中央政治局会议形成错误的决议案，制定了以武汉为中心的全国总暴动和集中全国红军进攻中心城市，以及“打下长沙，夺取南昌”“会师武汉，饮马长江”的冒险计划。为了贯彻推行这一套“左”的错误路线方针和策略，李立三所看重的和所要依靠的主要力量，就是在建立根据地过程中功勋卓著的，以朱毛红军为代表的赣西南、闽西苏区武装斗争革命力量和以彭德怀为代表的湘鄂赣苏区武装斗争革命力量，并分别在这两个苏区组建成立了红军第一军团和第三军团。从1930年上半年起，李立三就以中央的名义给红四军、红五军下达了许多指示，要求这两支部队执行中央决策，开始向攻打大城市转变。由于红四军等坚持把工作重心放在乡村，开展游击战争，所以对李立三错误路线是有所怀疑和抵制的。为此李立三代表中央，同时派出中央特派员对红四军提出了一系列严厉的批评，并且在中央政治局的会议上点名批评毛泽东。

面对中央的严厉批评和中央特派员的直接督促，红四军前委领导毛泽东，作为一个下级组织的负责人，尽管对中央的路线有怀疑有保留，但有一个下级服从上级，地方服从中央的组织纪律问题，所以他在组织上必须服从，行动上必须执行。毛泽东主持召开了汀州会议，即红四军前委扩大会议，接受了中央的决定和指示，组建了红一军团并成立了红一军团前委，按照中央的规定奉命北上，“以主力侧击南浔路”，“取南昌攻九江夺取整个江西，以切断长江”。这样，毛泽东、朱德带领红一军团离开了赣西南、闽西根据地，走上了“由汀州到长沙”“六月天兵征腐恶”的历程，虽然出现了“百万工农齐踊跃”“席卷江西直捣湘和鄂”的大好局面，但也出现了后来兵临长沙，久攻不克的严重困难局面。正是在从汀州到长沙的这一关键时期，毛泽东、朱德带领红一军团在怀疑中执行攻打南昌的命令，在执行中又从实际出发进行了抵制，实际改变了攻打南昌的冒险计划。后又在第二次攻打长沙久攻不克的情况下，果断放弃攻打长沙，经过株洲会议作出攻打吉安的决策，又经过从袁州会议到罗坊会议的一系列斗争，把由红一、红三两个军团组建的红一方面军带回了赣西南、闽西苏区，走向了中央苏区胜利大发展的新局面。在这一过程中，不断改变红军的行动方向，作出新的决策，表现了以毛泽东为代表的正确路线与李立三错误路线斗争的高超艺术。

一是在贯彻执行中坚持从实际出发，对错误决策从“微调”入手，逐步改变方向。1930 年 7 月中旬前委召开会议讨论行动方向，毛泽东明确表态，打抚州，打不到敌人，他们跑得快。打南昌，我们又四面背水，在敌人之后容易遭到伏击。于是决定既不乘胜北上，到白色区域去攻打地势不利的大城市南昌，也不去打容易逃跑的抚州之敌，而是乘虚渡河向南昌对岸前进，攻击牛行车站为目标，举行武装示威。这种虚晃一枪的方式，表面上执行了攻打南昌的决定，但实际上还是坚持了正确的策略，之后又回到奉新安义等地，坚持向农村发展。

二是通过支援红三军团攻打长沙，满足了广大官兵要打大城市打大仗的愿望和要求，出现久攻不克的严重局面后，又用事实教育大家攻打大城市的错误所在，为后面的大转弯打下了思想认识基础和前提。适时放弃了攻打南昌和攻打长沙的冒险战斗，保住了中国革命最强大的基本力量。红一、三军团共同组建红一方面军后，成为当时最大的红军主力部队，对于实现以运动战为主的战略转变和开辟更大的战局有着重要意义。

三是用摆事实讲道理和耐心等待的方式，做好广大红军官兵的思想政治教育工作，做好有不同意见领导人的说服工作，毛泽东明确指出“长沙虽好，但不是我们现在能够去的地方”，决策从长沙撤兵。紧接着又召开株洲会议，作出“东进赣西，攻打吉安”的正确决策。这样就由攻打大城市变成了攻打小城市，虽然同样是攻打城市，却有着正确与错误的本质区别。

四是通过转小弯实现了转大弯。在这期间，先后召开了袁州会议、峡江会议、太平圩会议、罗坊会议等，在每一次会议上都转了一个小弯，最终实现了转大弯。

1931 年 3 月《苏区中央局扩大会议的决议第一号》曾经为罗坊会议作了一个结论："攻打长沙后（这时一军团和三军团会合，成立总前委）事实证明立三路线是错误的，行不通的，所以总前委即由开始怀疑立三路线，进而反对立三路线，转变到正确的路线上去。这个转变的正式形成，是在新余的罗坊会议。这就已经在党的文件上，明显的确定了这个转变，这是经过了袁州会议、峡江会议、太平圩会议，许多严重斗争，才有这个结果。"①可以说这是对罗坊会议重大历史功绩的重要肯定，同时也告诉我们，罗坊会议是一个系列会议，这个系列会议是从株洲会议、袁州会议、吉安城会议、峡江会议、太平圩会议、罗坊会议和尾声仁和圩会议等系列组成的，虽然苏区中央局的决议没有提到株洲会议和吉安城会议，但实际上这个系列会议就是从株洲会议开始，这期间打下吉安城以后，也在吉安城召开了一个总前委会议，且有毛泽东原始文献记载，所以就不能遗漏。没有这一系列的会议，也就没有罗坊会议。

毛泽东 1930 年 8 月 19 日于万载黄茅给中央写了一封信，报告了如何贯彻中央关于攻打南昌的指示和红一军团的主要行动方向，在如何对待打抚州和打南昌的问题上，采取了机动灵活的战略战术，体现了高度的组织纪律性，那就是执行了中央的指示，又从实际出发，避免了盲目执行打南昌的"左"倾错误，体现了原则性和灵活性的统一。从报纸上得到红三军团攻打长沙的消息，一方面是因为红三军团受到敌人反扑威胁所致，另一方面也有可能两个军团联合作战可能会出现好的发展势头，

① 《东固·赣西南革命根据地史料选编》第 2 册，中央文献出版社 2007 年版，第 68 页。

所以就决定向浏阳长沙方向进军，支援红三军团打长沙，并设想打完长沙之后再回来去打吉安，创造条件再去打南昌、九江，进攻武汉。在毛泽东的这个设想里面，并没有固守城市，而是通过打城市不断扩大革命影响，同时解决革命武装力量的经济问题。这样就体现了毛泽东的一个战略远见，既贯彻执行了中央的指示，又根据实际情况，可以随时灵活机动处理。毛泽东的这些做法，典型地体现了走一步看三步的斗争智慧和艺术，也为株洲会议的召开和决策打吉安埋下了伏笔。以毛泽东、朱德为首的红一军团前委与李立三错误路线斗争的艺术，就是在怀疑中执行，在执行中抵制，在抵制中实现转弯，回到正确路线的道路上来。这一缓慢的转弯过程，实际上就是后来罗坊会议系列会议的前奏和基础。

株洲会议的主题是具体研究、部署红一方面军撤离长沙之后的行动方向，也就是要解决“还打不打长沙这样的大城市？”和“红军往哪里撤？如何撤？”等主要问题。毛泽东用一句通俗的语言，即“长沙虽好，但不是我们现在能够去的地方”说明必须从长沙撤离的原因，同时明确指出，企图把长沙当作一个根据地，而不在后面巩固苏维埃政权，这在战略上和战术上都是错误的。朱德、彭德怀都同意支持毛泽东的意见，经过反复耐心细致的说服，才基本上统一暂时放弃攻打长沙的认识。会议作出“东进赣西，进攻吉安”的正确决策，株洲会议的决策就回到了8月19日毛泽东写给中央信中的基本设想，那就是“由株萍路回师袭击赣敌夺取吉安，再回南浔，进攻武汉”①。毛泽东这个设想的高妙之处就在于坚持了按照中央关于攻打城市的决策，已由攻打大城市转向了先打小城市吉安，创造条件再打南昌、九江，进攻武汉，一方面既满足了大部分红军官兵迫切要求攻打城市的愿望和要求，另一方面又没有违背中央关于打城市的决策，所以能够得到广大红军官兵的拥护和支持。株洲会议的这个成果，实际上迈开了不打大城市关键的一步，所以史沫特莱

---

① 蒋伯英：《毛泽东的非常之路》，人民出版社2001年版，第171页。

在《伟大的道路》一书中评价红一方面军从长沙撤围是“朱德和毛泽东采取了一生事业中最重大的步骤之一，这一步骤扭转了中国革命运动中的一次严重的危机”①。

袁州会议是在一部分领导人和红军官兵思想出现反复情况下召开的，是继续转弯路上的重要一步。袁州会议就先打吉安还是先打南昌的问题展开了激烈的争论，有些领导人还是反对先打吉安，其理由就是先打吉安后打南昌，就是不执行中央指示，就是断送中国革命的高潮。争论实质上关系到红军的行动方向，是继续执行冒险攻打大城市的“左”倾错误，还是力图停止这种错误、纠正这种错误，回到正确的道路上来。毛泽东在会上还是进行了耐心的说服教育工作，把打吉安与打南昌、九江进行比较，说明打南昌、九江缺乏打吉安那种有根据地群众支持的条件，况且吉安已经成了一座孤岛。为了争取更多数人的支持，毛泽东在策略上作了让步，提出部队打长沙以后伤亡较大，急需补充，等待打吉安以后，可进行补充兵员和筹款等工作，当条件具备了再北上打南昌、九江。9月30日，中共中央长江局军事部负责人周以栗来到了袁州，并带来了中央8月29日指示信，会议结合学习讨论中央指示，认为中央指示完全正确，在反复讨论的基础上，仍然按照原有的决定去打吉安，一军团争取最短的时间打下吉安，建立江西省苏维埃政府，补充新兵、筹措给养等。三军团则占领清江县城及其附近，封锁赣江，筹款、发动群众，整顿补充等。袁州会议坚持了攻打吉安的计划，这是实际上纠正错误、继续转弯的一个重要成果，也是进一步说服教育干部，摆脱盲目攻打大城市冒险主义错误的一个重要步骤。

吉安城前委扩大会议应是罗坊会议系列会议的构成之一。10月初，红一军团在根据地广大军民大力支持和帮助下打下了吉安城，建立了江

---

① 〔美〕艾格妮丝·史沫特莱：《伟大的道路——朱德的生平和时代》，梅念译，东方出版社2005年版，第328页。

西省苏维埃政府，实现了株洲会议和袁州会议提出的战略目标，大家都沉浸在胜利欢庆的喜悦当中，但毛泽东仍然保持了清醒的头脑。在吉安期间，又陆续得到了中央的有关指示和文件，而红军内部就有关红军行动方向问题的争论依然没有平息。打南昌、九江的想法仍然大有市场（此时红三军团不在吉安城，到了清江一带，由此说明红一军团也有不少人赞成去打南昌、九江的主张）。所以红一方面军总前委又多次召开会议进行了详细的讨论，毛泽东作出了策略性的调整，以“有计划有配合有步骤的夺取南昌、九江”为理由，决定仍按原计划继续向南昌、九江前进，夺取全江西政权。10 月 14 日，毛泽东在吉安城致信南方局并转中央，就有关事宜向中央作了详细报告，在这个报告中记载了总前委召开会议的相关情况。信中说：“中央政治局 6 月决议及中央 6 月 15 日给四军前委的信，于最近才接到，我们连同周同志的政治报告，中央 8 月 29 日来信做了一个详细的讨论，认为中央一切指示完全正确，全部接受，已做成决议（容日付来）按照执行。中央最近发表的对时局宣言亦于最近在闽西红报上看到了，对中央所发表的 29 条政纲，前委认为十分正确，要立即执行。”[①]这一方面说明了毛泽东高度的组织纪律性，对中央的决议认真贯彻执行；同时从另一方面也说明了毛泽东与错误路线的斗争是讲究策略和艺术的。在吉安城召开的总前委扩大会议主要成果，就是为了团结大多数，毛泽东在策略上作了让步，打下吉安以后，没有马上回到农村根据地和固守吉安，而是按照株洲会议以来一贯的说法，继续向南昌、九江方向前进。这种策略上的让步是非常必要的，否则就会造成红军内部的分裂，同时也说明为了得到大多数人的理解和支持，是要等待时间机遇的。吉安城总前委扩大会议，也是罗坊会议系列会议的构成之一。

---

① 中共江西省委党史研究室等编：《江西党史资料（罗坊会议前后专辑）》第 6 辑，内部出版，1988 年版，第 186 页。

峡江会议是一个对形势和战略判断正确，政策和策略求真务实的会议，也是一个在思想上理论上转了弯的重要会议，为罗坊会议的召开打下了重要基础。毛泽东在会上敏锐地指出国内形势的变化，正确地判断蒋介石要集中兵力对付红军。会议同时对时局问题作出了正确的分析，从根本上否定了李立三错误路线对时局的错误判断，从而为红一方面军的行动方向，由一而再再而三地攻打大城市，转向回到农村根据地发展打下了重要的思想理论基础。毛泽东还对土地问题、资本问题的政策特地作了一个简单的说明："对于土地问题，我们认为一定要彻底的平均分配，才是对的。只有执行没收一切平均分配，才能争取广大的贫农群众，才能彻底推翻封建剥削，才能保障社会主义胜利的前途。对于资本问题，我们认为目前无条件的没收一些工厂商店是不对的，应该没收反革命的商店与军阀官僚资本的工厂商店，对于不是违背苏维埃劳动法的资本，应用工人监督资本的方法来限制他，克服他的阴谋（移开资本，怠工不办货）。"[①]关于土地问题的政策，实际上是批评了李立三"平均土地是农民意识"的观点，指出平分田地是贫农意识，而主张不分田地却只是代表了富农意识的观点；会议还批评了李立三关于兴办集体农场，实行共同生产共同消费的超越民主革命阶段的土地政策，从理论上进行了分析和批判。关于资本问题的政策，实际上就是抵制了李立三错误路线把资产阶级作为民主革命打击对象的错误政策。在大的战争即将来临的紧急情况下，花了两天多时间，解决了许多思想认识上的问题和基本政策问题，是峡江会议的一个重大成果，也说明了在思想上理论上转弯的重要性。

太平圩会议实际上中止了向南昌、九江前进的行动方向，使实际上的转弯前进了一大步。峡江会议结束之后，10月19日，红一方面军总部就发布了进攻高安的命令，这个命令有一个微妙的变化，那就是把

① 《毛泽东传（1893—1949）》，中央文献出版社2004年版，第246页。

攻取南昌、九江的提法变成了待机略取南昌、九江，出现这个微妙的变化，主要是由于敌情变化，即敌人已经到了高安一带，这是一个转变大家思想的机遇，要赶快抓住这个机遇。10月22日到达清江县太平圩，为了继续讨论红军的军事行动方向问题，23日就召开了太平圩会议。在会议召开的时候，已经得到了敌人的准确情报，完全证实了毛泽东在峡江会议上对军阀混战的分析是十分正确的，国民党已经调兵遣将大肆进攻苏区。面对敌情严重的新情况，太平圩会议上立即改变了峡江会议关于进攻南昌、九江，先占领高安的行动计划，决定用7天的时间将主力部队在袁水两岸一带发动群众筹措给养，准备在这一带摆开架势，创造战胜敌人的条件。这样抓住了敌情变化这一机遇，立即中止了攻打南昌、九江和占领高安的军事行动。从这一过程可以看到，红一军团从吉安出发以后，在怎样继续打南昌、九江的军事行动方向问题上，采取了拖的策略，这个拖的策略就等到了敌情变化的机遇，所以在实际上中止了攻打南昌、九江的军事行动方向，这就是太平圩会议的直接成果。但这并不意味着红军内部所有人的思想问题都得到了解决，所以就有了下一步罗坊会议的召开。

罗坊会议的正确决策，实现了红一方面军在军事行动方向方面真正的转弯，回到了到农村根据地大发展的正确道路上。太平圩会议结束以后，面对敌人进攻的新局面，虽然暂时中止了往南昌、九江方向前进的决策，但是面对敌人的进攻，是就地直接迎击敌人的进攻，还是退到老根据地去打仗？这个问题还没有形成一致的意见，何长工同志后来回忆说："这个问题至关紧要，它不仅事关红一方面军的成败，而且也事关反'围剿'的胜败，关系到整个红军，甚至党的命运的问题。大有一着不慎全盘皆输之势。"在这个紧急情况下召开的罗坊会议，就有了特别重要的意义，这是关系到中国革命战略转折的一个重大问题。

仁和圩会议是罗坊会议的尾声。在红一方面军全部东渡赣江的过程中，红三军团在赣江渡口的仁和圩召开了一个重要会议，因为红三军团有很多官兵不愿意东渡赣江，彭德怀亲自出面做耐心的说服教育工作，把那些反对东渡赣江的同志都说服了，由此保证罗坊会议决策的全部贯彻实施。可以说，峡江仁和圩会议在某种意义上还是罗坊会议系列会议的尾声，这个尾声响亮干脆，表现了彭德怀政治坚定、顾全大局的高尚品质。

仁和圩会议之后，红一方面军一军团和三军团东渡赣江，回到了以东固为中心的赣西南老苏区，开始了第一次反“围剿”的备战工作。从1930年12月到1931年9月，红一方面军在赣西南苏区和闽西苏区先后粉碎了国民党军队10万、20万、30万兵力的3次“围剿”，取得了中央苏区反“围剿”战争的重大胜利，为建立中华苏维埃共和国打下了坚实基础，赣西南苏区成为毛泽东领导中国革命战争胜利的福地宝地。同时，这也给了我们很多历史启迪，这就是如何创造性地贯彻执行上级及中央的政策方针和决策策略，如何与各种“左”的右的错误倾向作斗争，在斗争中怎样坚持真理的少数，团结大多数。这对于我们在新时代做好自己的各项工作有重要的现实意义。

二、调查研究形成土地革命路线

重视研究农民问题构成毛泽东调查研究思想的原始本色。早在1925年11月21日，他在填写《少年中国学会改组委员会调查表》时就写道：“研究社会科学，现在注重研究中国农民问题。”[①]在国民革命时期，毛泽东着力调查中国社会各阶级的基本状况和政治倾向，先后撰写了《中国社会各阶级的分析》《国民革命与农民运动》《湖南农民运动考察报告》等文章，初步展示了自己通过调查研究，探讨中国革命问题的志趣。强烈的问题意识无疑是其后来坚持深入民众，了解社会，进而提出

① 《毛泽东文集》第1卷，人民出版社1993年版，第19页。

解决各种问题对策的内在动力。

1927 年大革命失败后，中国共产党人不屈不挠，高擎独立领导武装斗争的大旗，在攻打中心城市计划遭受挫折后，毅然将武装力量拉到国民党统治力量薄弱的乡村，建立农村革命根据地。在开创农村革命根据地的过程中，中国共产党领导的中国农村社会调查进入了一个高峰期，农村调查得到了长足的发展，影响并改变着中国农村的命运。中国共产党人在这一时期对中国农村社会进行了大量的社会实践调查活动，使中国共产党人对存在于中国农村社会的主要问题有了深刻的认识，并在社会调研的基础上进行了适当的土地政策的调整，以迎合不同时期的农村社会发展的基本需要。中国共产党进行的农村社会调研数量众多，其中不乏精品之作。这些社会调研的开展，无论是从调研的理论方面，还是从调研方法的系统性方面，都为中国土地革命政策的发展提供了重要的经验借鉴。

（一）中国共产党的首个土地法:《井冈山土地法》的诞生

《井冈山土地法》全文共 9 条，约 1500 字，内容包括没收土地、禁止买卖、分配土地数量、区域标准，以及山林分配法、土地税征收法和红军人员土地的耕种办法等。这部土地法是毛泽东领导井冈山革命根据地人民，在广泛深入的调查研究基础之上，对一年多土地斗争经验的创造性总结，对推动井冈山土地革命的发展发挥了较大的作用。

1. 首个土地法的诞生背景

《井冈山土地法》的诞生，正是由于当时湘赣边界存在极度不合理的土地占有状况，以及边界群众对改革土地所有制的热切期盼。

1927 年 10 月，毛泽东率领湘赣边界秋收起义的工农革命军到达井冈山时，曾具体对边界的土地状况进行了分析。他指出，边界“土地的百分之六十以上在地主手里，百分之四十以下在农民手里。江西方面，遂川的土地最集中，约百分之八十是地主的。永新次之，约百分之七十是地主的。万安、宁冈、莲花自耕农较多，但地主的土地仍占比较的多数，约百分之六十，农民只占百分之四十。湖南方面，茶陵、酃县两县均有约百分之七十的土地在地主手中”[①]。

在永新县，1927年至1928年，全县实有耕地50余万亩，人口22.5万，5.6万户，其中贫农约3.2万户，占总户数的58%，仅有耕地2万余亩，占总耕地面积的4%；地主约4500户，占总户数的8%，有耕地36万余亩，占总耕地面积的72%。以村为例，永新县沙市镇的塘边村，全村48户，其中中农3户，贫农43户，雇农2户，共205人。除2户雇农无地外，全村自耕地只有43亩，全靠租种地主徐美山的土地过日子，租耕地191亩，占耕地的80%。宁冈县茅坪乡有233户，共有土地1540亩，贫农141户，雇农26户，中农57户，计224户，有耕地570亩，只占全村土地的37%，平均每户2.5亩；富农5户，地主4户，计9户，人口户数占全村的3.8%，而拥有土地970亩，占全村土地的63%，每户平均107.1亩[②]。

土地高度集中在地主手中，导致边界群众生活境遇每况愈下。“种了万担粮，农民饿断肠。织了万匹布，农民无衣裳。盖了万间房，农民住草房。”当年在边界流传的这首民谣，正是群众悲惨生活的生动写照。农民家庭出身的毛泽东，对中国农民的生存环境有深切的体会，对农民在中国革命中的地位和作用更有深刻的认识。正如他所说：“中国有百分之八十的人口是农民，这是小学生的常识。因此农民问题，就成了中国革命的基本问题，农民的力量，是中国革命的主要力量。”[③]因此，工农革命军到了井冈山以后，如何组织发动农民群众，动员他们自觉投身革命战争、保卫革命政权，就成为建立井冈山革命根据地必须首先考虑

① 《毛泽东选集》第1卷，人民出版社1991年版，第68—69页。
② 《中国共产党吉安历史》第1卷，中共党史出版社2011年版，第97—98页。
③ 《毛泽东选集》第2卷，人民出版社1991年版，第692页。

解决的问题。

善于调查研究的毛泽东，在领导井冈山军民粉碎敌人的军事进攻和经济封锁的同时，利用各种机会了解边界的基本情况，特别对根据地的土地占有情况进行了详细的调查。1928 年 2 月下旬，毛泽东率工农革命军一部来到永新县的秋溪乡，派毛泽覃到宁冈大陇进行土地革命试点，发动群众，组织分田。5 月上旬，毛泽东率领三十一团来到永新县沙市镇塘边村进行社会调查，开展土地革命的试点工作。为了做好工作，中共永新县委派已经回到永新工作的贺子珍、徐佩沂协助调查。毛泽东曾先后 3 次深入塘边村进行调查，并根据这些调查，整理出《永新调查》。经过广泛的调查研究，毛泽东在塘边村制定出一个分田的临时纲领，共 17 条。毛泽东在塘边村的试点，不但有力地推动了永新县的土地革命运动，为湘赣边界土地革命运动的深入开展树立了样板，也为《井冈山土地法》的制定积累了经验。

2. 分田分地的广泛开展

土地革命是工农武装割据的基本内容。井冈山红色政权建立和巩固以后，一项重要的工作是进行土地革命。只有领导农民开展土地革命斗争，没收地主豪绅的土地，分配给无地或少地的农民，才能彻底摧毁封建剥削制度，满足广大农民对土地的需要，从根本上调动农民群众支前参战、保卫革命根据地和发展生产的积极性。井冈山革命根据地打土豪分田地运动，首先在宁冈乔林、酃县中村、桂东沙田等地试点，1928 年 5 月以后普遍开展起来。

湘赣边界各县开展土地革命的具体步骤或主要做法是：

第一步，全面调查边界土地状况。在 1927 年冬，毛泽东到茅坪坝上、洋桥湖及永新的秋溪一带，进行深入细致的社会调查，写下《宁冈调查》和《永新调查》。据陈正人回忆，毛泽东“很重视调查研究，对农村的情况非常了解……他了解农民，熟悉农民，根据农民提出来的‘平分土地’的要求，正确地领导了井冈山周围几个县的土地革命运动”。湘赣边界工农兵苏维埃政府成立以后，毛泽东继续深入农村，对湘赣边界各县土地状况进行了科学分析。

第二步，制定切实可行的土地政策。土地政策的制定是边界开展土地革命的一个棘手的问题。当时，全党及各个根据地都处在探索阶段，无成法可依。毛泽东注重社会调查研究，认真倾听群众要求，较好地解决了这些实际问题。如在土地分配标准问题上，起初边界实行的是以人口平均分配的方法。“以乡为分配土地的单位。山多田少地方，如永新之小江区，以三四乡为一个单位去分配的也有，但极少。所有乡村中男女老幼，一律平分。现依中央办法，改以劳动力为标准，能劳动的比不能劳动的多分一倍。”

第三步，成立负责分田的组织机构。土地革命是苏维埃政府的重要工作。为加强对土地革命领导，边界工农兵苏维埃政府设立了由特委副书记谭震林任部长的土地部；各县、区、乡工农兵苏维埃政府也都设立了土地委员会，作为分田运动的组织领导机构。据陈正人回忆：“负责分配土地的机构叫‘土地委员会’。它是由工农兵代表大会（县、区、乡各级都有工农兵代表大会）选举产生的，由 5 至 7 人组成，工农兵政府在讨论分配土地时，就由他们先行研究。土地委员会还要作调查研究。”在组织贫雇农到各家各户调查登记、摸清田亩的基础上，计算出本乡土地总数、田亩的各种等级数量和人口数量，为制定分田方案和划分阶级提供依据。“井冈山有划分阶级的规定”，“主要对准地主、富农来进行土地革命。”

第四步，派出干部指导各地分田。边界土地革命运动全面开展时，边界特委抽调出了大批红军干部深入各县乡村，发动群众，指导分田。当年被派到宁冈葛田乡的王紫峰回忆：“当时有分配土地委员会，参加的人有农民、有教师，好几个人组成。我们那时搞分田，是不正规的，大家都在学着干，但宁冈全县也有一个统一的办法。分田前，先登记户口，调查田亩数，调查好后，打乱土地按人口平均分配，除了地主头子外，其子女同样分一份土地。为什么要打乱分呢？主要是防止隐瞒土地。当时是以乡为单位平均分，一个人好像是三亩地，土地没有丈量，全造册登记。统计好了数字，就插竹牌子，竹牌子上写着：户主名字和面积多少亩，分给某某人耕管为业。土地分配后，以乡为单位，开了庆祝分田胜利大会，在会上有乡主席讲话，土地委员讲话，农民代表讲话。宁冈县的土地革命在 1928 年 5 月（农历）搞完。"

井冈山革命根据地土地革命运动，猛烈地冲击了不合理的土地占有制度。大中小地主及富农为了维护自己的既得利益，顽固地阻挠、破坏土地的分配，或恐吓贫农、延宕分田的时间，或隐瞒土地的实数，或自握肥田而把瘠田让人。永新县的南乡，延宕分田和隐瞒土地的情况最严重。后来，红军狠狠地打击了豪绅地主的反革命行为，严厉惩处了几个故意延宕分田的坏分子，在军事上又接连打了几个胜仗，尤其是 6 月下旬红军取得龙源口大捷后，土地才顺利地分了下去。

土地革命极大地解放了生产力，加快了根据地的发展。1928 年，边界数县获得前所未有的好收成。宁冈一县粮食产量比上年增加 20%，为革命提供了可靠的物质基础。土地革命深入还充分调动了边界广大农民群众支援红军、支援前线的积极性。根据地出现了父送子、妻送郎参军参战，群众送鞋送粮慰劳红军的热潮，有力地支援了革命战争。边界的武装斗争和根据地建设获得了深厚的群众基础。

到 1928 年年末，根据湘赣边界一年来土地革命的实际情况，依照中共中央第 37 号通告《关于没收土地和建立苏维埃》及中央 6 月来信中关于土地政策的指示精神，湘赣边界党的第二次代表大会在 1928 年 10 月制定了一部指导边界土地革命的《井冈山土地法》。经过两个月的酝酿、讨论和修改，同年 12 月，《井冈山土地法》以边界政府名义正式颁布。这部法律是中共在土地革命战争时期制定的第一部土地法。

3. 首部付诸实施的土地法

中共五大和八七会议都曾讨论过如何没收地主土地分配给农民的办

法。对于普通的老百姓来说，有了土地，就有了生存的基本条件。工农革命军上了井冈山，革命锋芒直指封建土地所有制，满足了群众的根本利益诉求，并将这种满足群众根本利益诉求的做法，以法律的形式规定下来，这对当时的湘赣边界来说，无疑是具有重要意义的。

打破千百年来的封建土地所有制，不但农村的各阶层前所未闻，就是对革命者来说，不少人在思想上也准备不足。在 1928 年 10 月的中国共产党湘赣边界第二次代表大会上，由于对某些政策争议较大，在 10 月 5 日通过的《中国共产党湘赣边界第二次代表大会决议案》中，对土地问题，就没有形成决议，只写了一句笼统的话："土地问题：接受中央对土地问题的通告，交特委讨论，作最后决定。"①1928 年 11 月 2 日，边界党组织收到中共中央 6 月 4 日的指示信和包括共产国际执行委员会第九次扩大会议通过的《关于中国问题的决议案》在内的 4 个附件。其中 1928 年 3 月 10 日发布的中共中央第 37 号通告《关于没收土地和建立苏维埃》的相关规定，为井冈山土地政策的制定指明了方向，解决了许多争议问题。12 月，毛泽东亲自起草的《井冈山土地法》由湘赣边界工农兵苏维埃政府正式颁布。这部土地法从根本上否定了封建地主土地所有制，规定"没收一切土地归苏维埃政府所有"，"以人口为标准，男女老幼平均分配"②。

《井冈山土地法》共 9 条，除了第七条规定土地税的征收外，其余 8 条都与土地占有权、使用权、处置权、收益权有关。第一条规定了土地的分配方法，以分配农民个别耕种为主；第二、三条规定了土地分配后的经营方式；第四条规定了人口和劳力两种分配标准，而以人口标准为主，男女老幼平均分配；第五条规定了土地的分配单位，以乡为单位分配为主；第六条规定山林分配方法；第八、九条规定了手工业者、红军

① 《井冈山革命根据地》上册，中共党史资料出版社 1987 年版，第 194 页。
② 《毛泽东文集》第 1 卷，人民出版社 1993 年版，第 49 页。

与赤卫队官兵、政府机关工作人员的土地分配标准。这些规定，不但解决了湘赣边界急迫的民生问题，指导了边界的土地革命，而且为其他根据地开展土地革命提供了宝贵的经验。

对自己亲手起草的这部《井冈山土地法》，1941 年毛泽东在延安出版《农村调查》一书时，特意为《井冈山土地法》加了一个按语。他说："此土地法是一九二八年冬天在井冈山（湘赣边界）制定的。这是一九二七年冬天至一九二八年冬天一整年内土地斗争经验的总结，在这以前，是没有任何经验的。这个土地法有几个错误：（一）没收一切土地而不是只没收地主土地；（二）土地所有权属政府而不是属农民，农民只有使用权；（三）禁止土地买卖。这些都是原则错误，后来都改正了。关于共同耕种与以劳力为分配土地标准，宣布不作为主要办法，而以私人耕种与以人口为分田标准作为主要办法，这是因为当时虽感到前者不妥，而同志中主张者不少，所以这样规定，后来就改为只用后者为标准了。雇人替红军人员耕田，后来改为动员农民替他们耕了。"①

虽然正如毛泽东所言，由于此前没有经验借鉴，后来的实践证明，《井冈山土地法》存在一定的缺陷，但它在土地革命史上的地位是十分重要的。中央苏区时期的《兴国土地法》《二七土地法》《苏维埃土地法》以及《中华苏维埃共和国土地法》，都是在《井冈山土地法》的基础上，根据实践经验不断修订而成的。

（二）《兴国土地法》的出台

《井冈山土地法》是中国共产党历史上第一部土地法，它是毛泽东在调查研究的基础上所作出的重大抉择，并以立法的形式，首次肯定了广大农民以革命的手段获得土地的权利。但是由于缺乏经验，"实际上在实行这个土地法的过程中，毛泽东经过调查，很快就发现了没收一切

① 《毛泽东文集》第 1 卷，人民出版社 1993 年版，第 51 页。

土地，实际上包括没收中农的土地，侵犯了中农的利益，不利于联合中农”[①]。为此，毛泽东展开了调查研究的实践与理论思考。

1. 一个原则性的改正

1929 年 4 月 8 日红四军进驻于都，4 月 11 日召开前委扩大会议，确定红四军以一个月左右的时间在赣南赣县、于都、兴国、宁都、瑞金等地开展政治宣传，发动群众打土豪、分田地，帮助各地发展地方武装，建立革命政权。4 月 15 日离开于都以后，毛泽东率红四军第三纵队和一个警卫排来到了兴国，具体指导兴国的土地革命运动。毛泽东在潋江书院的文昌宫起草制定了《兴国土地法》，并在潋江书院的崇圣祠创办了兴国土地革命干部训练班。他为什么要亲自抓这两件事呢？应该说是源自他在井冈山的实践。陈士榘在《打土豪分田地》的回忆文章中介绍道：毛泽东说，“我们插牌子，本身也是很好的宣传。例如国民党的士兵到了根据地来，他们一看到田里到处插上了牌子，看到我们这里打了土豪分了田，也会说红军好。有些国民党士兵因受打土豪分田地的影响，开小差跑回家去。插牌分田后，农民有了田地就会跟着共产党”。

在《兴国土地法》中，毛泽东作了一个重大的改动，即把《井冈山土地法》中“没收一切土地”改为“没收公共土地及地主阶级的土地”，毛泽东自己后来在延安回忆这件事情时说道：“这是一个原则的改正……以见我们对于土地斗争认识之发展。”这一句话的改动，实质上是认识上的一次飞跃，使更多的老百姓拥护共产党。红四军政治部把《兴国土地法》油印成册，在赣南、闽西各地进行广泛宣传。

旧中国的人口百分之九十在农村，谁能争取到农民，谁就能有取之不尽的兵源，谁就能赢得战争的胜利。在中国共产党内，正是毛泽东最早明确认识到这一问题。通过井冈山斗争中的实践，更加确定了这一

---

① 卜万平、陆水明、刘敏：《中国共产党调查研究的实践、理论与发展》，吉林人民出版社 2002 年版，第 57 页。

点。一部《兴国土地法》的诞生，掀起了赣南、闽西土地革命的风暴，立即爆发出巨大的威力，赣南、闽西千千万万的农民潮水般地涌入红军，舍生忘死地跟着共产党去战斗，土地法成为共产党和红军夺取胜利的一大法宝！在“分田分地真忙”之后，马上就是“十万工农下吉安”，在国民党军一次又一次军事“围剿”中，建立了中华苏维埃共和国，起草土地法的毛泽东，当选为临时中央政府主席。

《兴国土地法》与《井冈山土地法》相比，虽然只有一个最根本的变化，就是不再没收一切土地，只没收地主和公共的土地分给农民。但这一句话的改动，实质上是认识上的一次飞跃，这等于是承认农民的土地私有。

毛泽东指出的《井冈山土地法》3个错误，其中第一个错误，在《兴国土地法》中即已改正。而第二、三个错误，《兴国土地法》继续承袭下来。毛泽东在《兴国土地法》按语中说明：“但其余各点均未改变，这些是到了1930年才改正的。这二个土地法，存之以见我们对于土地斗争认识之发展。”[①]

2.《兴国土地法》颁布的重要意义

《井冈山土地法》和《兴国土地法》，是井冈山与中央苏区土地革命的里程碑。《井冈山土地法》是中国共产党领导农民在永新、宁冈等几个县范围内实行土地改革的第一次尝试后，对井冈山土地斗争实践的一个成功总结。而《兴国土地法》是中央苏区土地斗争的良好开端，经过赣南、闽西等几十县的根据地实践，取得土地革命的重大胜利，为中央革命根据地创立奠定了基础。这两部土地法是井冈山革命根据地与赣南、闽西革命根据地之间连接的纽带，也是井冈山革命道路在赣南、闽西的延续和发展。《兴国土地法》的颁布，无疑是共产党人不断深入调查研究、改进工作的鲜明体现，具有重要的历史意义和价值。

---

① 《毛泽东文集》第1卷，人民出版社1993年版，第51页。

第一,《兴国土地法》具有承前启后的重要作用。《兴国土地法》是对《井冈山土地法》略加删改而成，其立法理念与《井冈山土地法》同出一源，是对前者的继承和发展，使其更加适应我国农村革命斗争的实际情况和国情。同时也为后续的土地法修订提供了理论基础和实践经验，如《修订〈土地暂行法〉》在《兴国土地法》的基础上对《井冈山土地法》的后两个原则性错误再次进行了修正，明确了“没收地主土地归农民私有”的新民主主义土地立法的根本原则，是对《兴国土地法》的进一步修订和完善。

第二,《兴国土地法》促使农民在经济和政治上得到了双重的解放，促进了社会的变革。据毛泽东《兴国调查》显示:“革命前，苦于贫穷，无条件娶妻成家的，雇农 99%，贫农 30%，手工业工人 30%，中农 10%。”经过土地革命后，情况发生了根本性的变化，也就是说，大多数穷人都能够娶妻成家，过上了正常人的生活。广大农民成为土地的所有者，经济上翻了身，政治上得到了解放，社会风气得到了极大的改善，军民情深、干群融洽、官兵团结，根据地内的各项事业如同雨后春笋，日新月异，革命改造了社会，使落后的农村成为先进的巩固的革命阵地，这一切都是土地革命直接或间接带来的结果。

第三,《兴国土地法》充分调动了农民参与革命的积极性。由于《井冈山土地法》的局限性，造成了当地农民并没有弄清楚土地革命的对象和任务，从而影响了民众参与土地革命的热情。相反，由于《兴国土地法》是对《井冈山土地法》的原则性修正，只没收地主阶级的土地，争取到了中间阶层的支持，将没收来的土地分给贫农，由此广大农民群众开展了轰轰烈烈的“打土豪，分田地”的运动，农民得到了梦寐以求、赖以生存的土地，同时为了保卫来之不易的胜利果实，农民群众参军、参战、保家卫国的积极性被极大地调动起来了。

第四,《兴国土地法》基本确立了新民主主义土地立法的根本原则。《兴国土地法》初步明确了“没收地主土地归农民私有”的新民主主义土地立法的根本原则，为后续的法律制定和完善提供了理论上的指导，无论是《修订〈土地暂行法〉》还是《中华苏维埃共和国土地法》，都是对这个根本原则的发展和完善。

第五,《兴国土地法》是马克思列宁主义基本原理与中国实际相结合的典范。《井冈山土地法》为什么会失败？从根本上说，是因为它是照搬苏联的“土地国有”的方针政策，并没有和中国的实际情况相结合，没有充分考虑到农民对于土地的迫切需求，因此未能得到民众的支持，没能充分调动农民参与革命的积极性。而《兴国土地法》则将马克思列宁主义的基本原理与中国的实际相结合，充分尊重农民要求土地的诉求，解决农民的实际问题，因此受到了广大农民群众的积极拥护，广大农民得到了梦寐以求的土地，自觉地参加保家卫国的革命运动和生产运动，积极性得到了极大的提高。

第六,《兴国土地法》的立法理念具有深刻的借鉴意义。《兴国土地法》解决了没收土地对象问题,《修订〈土地暂行法〉》解决了土地所有权问题，这充分体现了我们党从群众中来、到群众中去的群众路线作风，“因为革命战争是群众的战争，只有动员群众才能进行战争，只有依靠群众才能进行战争”[①]。而动员群众，就必须要“对于广大群众的切身利益问题，群众的生活问题，就一点也不能疏忽，一点也不能看轻”[②]，特别是土地革命，只要充分了解群众的疾苦，及时解决群众的问题，“我们就真正成了群众生活的组织者，群众就会真正围绕在我们的周围，热烈地拥护我们”[③]。《兴国土地法》所蕴含的立法理念从本质上讲是和我党群众路线的基本方针高度一致的。同时《兴国土地法》的制定，又是我党结合我国的基本国情、土地斗争的经验和实际，将马克思主义同中国革命具体

① 《毛泽东选集》第1卷，人民出版社1991年版，第136页。

② 《毛泽东选集》第1卷，人民出版社1991年版，第136页。

③ 《毛泽东选集》第1卷，人民出版社1991年版，第137页。

实践相结合的产物，它反映了土地革命必须要从实际出发的客观规律。

（三）土地革命路线的制定

湘赣边界秋收起义胜利后，毛泽东领导起义部队来到井冈山，在那里打土豪分田地，获得一定经验后，于1928年12月颁布了我党历史上的第一部土地法——《井冈山土地法》。尔后，在创建中央苏区的过程中，毛泽东经过反复多次的调查研究，多次领导修订了土地法规。《井冈山土地法》与《兴国土地法》及此后颁布的土地法内容的变化，表明了党对土地斗争认识有一个逐渐发展的过程，从井冈山第一部土地法及此后颁布的土地法的制定，到1930年的寻乌、兴国调查之后才逐步认识中国土地革命的实际任务，进而制定出正确的政策和策略。毛泽东和邓子恢等一起制定了土地革命的阶级路线和土地分配方法，即“坚定地依靠贫农、雇农，联合中农，限制富农，保护中小工商业者，消灭地主阶级；以乡为单位，按人口平分土地，在原耕地的基础上，实行抽多补少、抽肥补瘦”。至此，中国共产党才逐步找到了一条符合中国国情的土地革命路线和分配土地的政策，得到了广大农民的支持与认可，从而为中国革命寻找到了最广泛的同盟者和最坚定的革命者，并在中国历史上第一个制定了可以付诸实施的比较完整的土地革命纲领和路线。

一是首次分兵到兴国，对土地分配做了新的修正。1929年4月中旬，毛泽东率领红四军第三纵队来到兴国开展土地革命斗争，他深入兴国县广大农村进行实地调查，下田和群众一起劳动，举办土地革命干部训练班，召开各种类型的座谈会，向群众了解兴国县的土地占有情况。在充分调查研究的基础上，制定了《兴国土地法》，纠正了《井冈山土地法》中的部分错误，把“没收一切土地”的提法改为“没收一切公共土地及地主阶级的土地”[①]。毫无疑问，这一原则性的更改，在完善党的土地政

①《毛泽东农村调查文集》，人民出版社1982年版，第40页。

策的进程中迈出了重要的一步，这样自然可以更集中力量以打击地主阶级，进而消灭封建土地关系。

二是“二七”会议决定抽多补少，酌量分田给地主或其家属，减少革命的阻力。1930 年 2 月上旬，红四军前委、赣西特委、红五军、红六军军委在吉安的陂头举行联席会议，史称“二七”会议，也称陂头会议。会前毛泽东通过赣南、闽西领导土地革命斗争的实践，为了减少土地革命的阻力，减少革命对立面，从而集中力量打击最主要的敌人，并以最简便的方法完成新区的土地分配，毛泽东在深入调查，反复与区乡苏维埃干部、农民协会会员座谈的基础上，对农村土地革命有了新的认识，充分肯定了实行抽多补少、按人口平均分配土地的原则，从而有力地推动了赣西南土地斗争的开展。毛泽东根据调查，还提出对豪绅地主及反动派的家属，应给予生活出路，只要不反抗苏维埃政府，也应酌量分给田地，并且把这一条写进《土地法》中，同时在“二七”会议上再次给予明确。这无疑是对《兴国土地法》的又一重要补充。这样就把地主本人和他们的家属区别开来了，并且也给地主本人一份土地，让他们自力更生，劳动改造。通过实行这一政策，可以减少革命的阻力，从而有利于革命斗争的开展。

三是南阳会议决定不仅要抽多补少，而且要抽肥补瘦。“二七”会议后，毛泽东率领红四军利用国民党新军阀酝酿中原军阀大战的有利时机，在赣西南地区第二次分兵。1930 年 5 月占领寻乌县城后，进行了著名的寻乌调查，通过深入、细致的调查，毛泽东得知，实行抽多补少的分配政策，农民仍然不满意，原因就在于当地的富农把持肥田的现象十分普遍，抽出来的都是瘦田、边远地区的坏田。在分田过程中肥瘦的斗争非常激烈。要解决这一问题，在土地分配中除抽多补少外，还要增加抽肥补瘦这一条。为此，1930 年 6 月，红四军抵达闽西长汀县南阳（现属上杭县）之后，中共红四军前委和闽西特委召开联席会议，因此称南阳会议，又称汀州会议。毛泽东根据仁风山（有时写作仁凤山，现名盘古山）和寻乌调查得到的实际材料，作出进一步决定：进行土地分配时，在“抽多补少”之外，还必须加上“抽肥补瘦”的原则，不准地主和富农瞒田、把持肥田，让广大贫雇农真正公平地分到土地，才能赢得他们真心拥护革命。

四是东塘木口村等地调查指出了赣西南在执行土地法中的错误。1930年11月初，毛泽东在参加新余罗坊会议以后，经峡江往吉安布置红军撤退，贯彻“诱敌深入”的反“围剿”方针。他途经东塘、大桥、李家坊、西逸亭等地，对这些村、乡政府干部的组成、人口、生产、土地分配等情况，进行了简略的调查。11月7日，毛泽东来到吉水县同水区第十五乡东塘村，他一到村里，顾不上休息，立即找来该村苏维埃政府主席、秘书及群众数人开座谈会，询问分田情况，特别详细调查了东塘贫民小学教员兼村苏维埃政府秘书胡德顺一家的经济、生活情况。11月8日，毛泽东来到金滩区第九乡的大桥村，在大桥“邦伯弟”祠堂门口召集村主席孙修恩和部分群众开座谈会，仔细了解该村的分田情况。随后，又到吉安儒坊区的李家坊、西逸亭等村作调查。在李家坊的调查中，他发现了以村为单位分配土地的现象很普遍，提出要迅速改变这一现象。通过东塘与李家坊等地的调查，毛泽东掌握了村、乡两级苏维埃政府在土地斗争中的组织和活动情况，认识到以村为单位分配土地问题的不合理性，指出：“以村为单位，这种利于富农不利贫农的分配法，是应该改变的。”①11月12日至15日，中共赣西行动委员会和中共江西省行动委员会分别在吉安召开扩大会。毛泽东根据在东塘等处的调查，就土地分配问题在会上作了重要指示。11月18日，红军放弃吉安，毛泽东和总前委秘书长古柏从吉安前往永丰的藤田，与红军主力会合。11月21日，毛泽东从水南经白沙在木口村吃午饭。他抓紧饭前、饭后

① 《毛泽东农村调查文集》，人民出版社1982年版，第40页。

的时间，找来村政府部分委员，在该村彭家祠开调查会，调查了村政府委员的成分及本村所杀反动分子的情况。通过调查，毛泽东得出结论："中农在平分土地中不但无所失而且有所得，富农小地主则在农民的激烈斗争中便要走到反革命阵营中去的。"综合吉安地区几个地方的调查，毛泽东对赣西南贯彻土地法，开展土地革命非常不满意，认为富农阶层把持了各级政府。在大兵压境之际，使毛泽东深深感到反"围剿"的战场绝不能放在这一带。

五是明确土地所有权，土地革命路线初步形成。第一次反"围剿"胜利后，到了春耕时节，毛泽东经过调查，发现农民耕田播种的积极性不高，这引起了他的高度重视。1931 年 2 月 27 日，毛泽东根据苏区中央局第九号通告精神和自己在调查中发现的问题，以中央革命军事委员会总政治部主任的名义，给江西省苏维埃政府写了一封极为重要的信，极力督促江西省各级苏维埃政府尽快宣布土地归农民个人所有的问题。信中指出："过去分好了的田（实行抽多补少、抽肥补瘦了的）即算分定，得田的人，即由他管所分得的田，这田由他私有，别人不得侵犯。""租借买卖，由他自主。田中出产，除交土地税于政府外，均归农民所有。"[①]土地所有权的明确，大大提高了农民的生产积极性。

在 3 年多的土地革命实践中，毛泽东经过一路调查研究，形成了一套比较切实可行的土地革命的路线、政策和方法等。这些适合中国国情的土地革命的路线、政策和方法，是毛泽东通过对闽西、寻乌、兴国、吉安等地的调查和经验总结逐步修正和完善起来的。以毛泽东为代表的中国共产党人，注重调查研究，进一步把马克思主义的普遍真理同中国革命的实际结合起来，逐步解决了土地革命中的一系列重大问题。

① 《毛泽东文集》第 1 卷，人民出版社 1993 年版，第 256 页。

三、调查研究指明武装斗争的方向

毛泽东所领导开创的工农武装割据、农村包围城市、最后夺取全国政权的革命道路的最关键因素是建设好一支党绝对领导下的人民军队。“如何把一支以农民为主要成分的军队建成为无产阶级性质的、同人民群众保持密切联系的、具有严格组织纪律的新型革命军队，这是马克思主义发展史和世界无产阶级革命史上还不曾有过先例的崭新课题。”[①]为此，在红军发展建设的不同历史时期，毛泽东深入调查研究，领导制定了一系列加强人民军队建设的有力方针和措施，创造性地解决了在落后农村条件限制下人民军队的建设问题。

（一）找到了中国革命的依靠和团结力量

在赣南闽西，为尽可能掌握更多城市与农村的斗争情况，制定正确的城市和农村政策，团结大多数人到革命阵营中，毛泽东在寻乌调查和兴国调查中通过深入细致的调研，找到了革命依靠和团结的力量，坚定了革命的信心。

1.《寻乌调查》弄清了地主与富农以及商业的问题

毛泽东认为自己对商业状况是个门外汉，对地主和富农也没有深入的了解，因而迫切需要掌握各阶级的经济、政治状况，以便及时制定正确的方针、政策。1930 年 5 月初，红四军进入寻乌城，利用分兵之际，毛泽东在古柏的协助下，在寻乌县马蹄岗开了 10 多天的调查会。开会时，毛泽东亲自主持，亲手记录，亲自提问题。除了开调查会，他还作了 20 多天的实际调查，下马看花深入商店、作坊、集市，找商人、工

① 卜万平、陆水明、刘敏：《中国共产党调查研究的实践、理论与发展》，吉林人民出版社 2002 年版，第 52 页。

人、小贩、游民谈话，到城郊农村，同农民一边干活，一边调查，广泛了解各行各业群众的生活和思想状况。最后整理出了 8 万多字的《寻乌调查》，这是毛泽东作的一次“最大规模”的调查。他不仅调查了农村，还第一次调查了城镇，尤其调查了城镇的商业和手工业状况及其历史发展过程和特点。通过此次调查，毛泽东懂得了城市商业情况，为制定正确对待城市贫民和商业资产阶级，确立土地分配中限制富农的“抽肥补瘦”原则提供了实际依据。他说：“提出解决富农问题的办法，不仅要抽多补少，而且要抽肥补瘦，这样才能使富农、中农、贫农、雇农都过活下去。假若对地主一点土地也不分，叫他们去喝西北风，对富农也只给一些坏田，使他们半饥半饱，逼得富农造反，贫农、雇农一定陷于孤立。当时有人骂我是富农路线，我看在当时只有我这办法是正确的。”①通过此次调查，毛泽东发现寻乌县贫苦农民被剥削压迫的程度异常严重，生活异常艰难，以致很多地方出现了卖儿女的现象，由此可见，地主阶级是革命的对象，贫农则是革命最可靠的同盟者。对于富农，毛泽东在调查中发现它具有两面性，既是打击对象又是可联合的同盟，不应该对它采取过激的打击政策而把它推到敌人的队伍中去，在一定条件下也可以与贫农结合成为革命的力量。

2.《兴国调查》弄清了中农、贫农和雇农的问题

1930 年 10 月 25 日至 30 日，毛泽东在新余县（今新余市）主持罗坊会议部署反“围剿”工作。会议期间，兴国苏区有 700 多位农民随红军从吉安来到罗坊镇，毛泽东同志从中找到温奉章、傅济庭、李昌英、陈侦山、钟得五、黄大春、陈北平和雷汉香等 8 位兴国籍农民，在罗坊镇彭家洲，开了一星期的调查会，并于 1931 年整理成《八个家庭的典型调查》，后改名为《兴国调查》。通过这次深入的调查，毛泽东有了农村基础概念，知道农村土地斗争后农民有了 12 项巨大利益，特别是中

① 《毛泽东文集》第 1 卷，人民出版社 1993 年版，第 379 页。

农的获得感最强，经济上“平”进了田，政治上有了“话事权”，弄清了中农、贫农和雇农的问题，进一步明确了在这场斗争中依靠谁、团结谁、孤立谁、打倒谁的问题，在调查中进一步坚定了革命胜利的信心，因为占人口百分之八十的农民要翻身，只有两个字——革命，广大贫苦农民在土地革命中总是“叨红军的恩典”。通过兴国调查，毛泽东在寻乌调查的基础上进一步加深了对农民问题的认识，对中国革命道路有了更加深刻的体悟，也为后来形成抗日民族统一战线作了铺垫。

3. 仁风山工矿调查与改造流氓工作

1930 年 4 月，仁风山的发现以及仁风山矿工的尖锐斗争，引起了毛泽东的高度重视。毛泽东敏锐地发现它的特殊价值，明确提出“我们对于这一区是要比赣南其他的农业区域多加一些注意”①。在农村根据地的创建过程中，毛泽东希望有一块以工人阶级为代表领导的根据地。他在会昌发现仁风山的情况后，决定作这个调查，有了以仁风山为中心，创建一个以矿山工人为中心的根据地的念头。同时，毛泽东一直对流氓问题很关注，希望对流氓进行改造。

1930 年 4 月中旬，毛泽东率领红四军打下会昌城，1930 年 4 月 22 日，盘古山特委书记徐复祖带领部分靖石农民和盘古山钨矿的部分工人代表，到会昌县城陈家祠向毛泽东汇报了盘古山特委的建立和活动情况，就仁风山区农民运动现状、盘古山钨矿的开采、矿工运动、乱石的武装斗争、美英帝国主义设立钨砂公司等情况作了详细汇报。毛泽东在记录中不断询问，对革命队伍中存在的流氓习气等问题进行详细的了解。通过此次调查，毛泽东根据他们的汇报写了《仁风山及其附近》《对流氓和农民武装的策略》两篇文章。对徐复祖回去开展革命斗争提出了具体要求，并从红四军抽出大批枪支组建以仁风山暴动工人为主的红军第 22 纵队。1931 年 12 月，中华苏维埃共和国刚一成立，便委派毛

① 参见文献《仁风山及其附近》。

泽民来到仁风山主办中华钨砂公司，可以看出毛泽东对仁风山的重视非同一般。对流氓问题进行调查后，1930 年 6 月中下旬，毛泽东在长汀县南阳（今属上杭县）主持召开红四军前委和闽西特委联席会议，审议通过了包括《流氓问题》在内的两个决议，制定了对流氓的策略，即把流氓从统治阶级底下夺取过来，给以土地和工作，强迫其劳动，改变其社会条件，使其由流氓变为非流氓，或者转变到革命阵营中来。

（二）红军中的调查研究实践

毛泽东在秋收起义部队中亲自领导了打着镰刀斧头红旗、由共产党独立领导的中国第一支工农革命军，从而将他的建军设想第一次付诸实践。这是一个伟大的良好开端。正是这支军队跟随毛泽东上了井冈山，开辟了中国第一块农村革命根据地，成为后来红四军的主力。在发展壮大红军部队的过程中，毛泽东注重调查研究，为部队的强筋健骨倾注了大量心血，取得了显著成效。

1. 三湾改编

秋收起义部队南下以来，一路艰苦战斗，指挥员牺牲，伤员增加，且连续行军，长途跋涉，有些人因为怕艰苦而不辞而别；痢疾流行，病员增多，一些人掉了队，少数伤病员因缺医少药牺牲在行军路上。一些长官还存在打骂士兵的旧军队习气，党组织也不健全，起义军内部的不稳定情绪逐渐显露出来。在这支部队里行进的赖毅后来回忆说："那时，逃跑成了公开的事，投机分子竟然互相询问：'你走不走？''你准备往哪里去？'这真是一次严重的考验。"①起义军何去何从，这些问题不解决，部队的战斗力必然会受到影响。就是在这种情况下，毛泽东带领起义军来到了三湾。客观地说，自芦溪遭袭以来，起义部队中不断发生的逃跑现象，更能体现党对这支连打败仗的部队缺乏有力的领导。在这支

① 《井冈山革命根据地》下册，中共党史资料出版社 1987 年版，第 176 页。

部队中，虽然有不少党员，但都是松散地存在，没有形成坚强的组织核心，部队的指挥权掌握在军事主官手里，各级政治工作者的作用发挥并不明显。但是，担任第一团连指导员的何挺颖引起了毛泽东的注意，在如何做好连队的政治思想工作方面，何挺颖显示出了与众不同的才干。他所在的连队政治气氛较浓，无论是军事干部还是士兵，对平时被人称为“卖狗皮膏药”的连指导员极为尊重，连队没有一个逃兵。这种现象自然引起了毛泽东的高度关切。他找来何挺颖等人逐一交谈，通过深入的思想交流，在充分调查研究的基础上，毛泽东在如何有力地掌握部队并加强部队建设等问题上，拿出了一个好办法。于是，我军建军史上具有重大意义的著名的三湾改编开始了。

一是进行组织整顿。由于部队减员很多，编制残缺，毛泽东经过调查研究，认为攥紧拳头才有战斗力，所以前委果断决策，将部队由原来的一个师缩编为一个团。同时，对少数悲观动摇的人，采取愿留则留、愿走则走的原则。对愿走的人，按照路途远近，发给3至5块钱作路费，开证明信允许他们离开，并希望他们回到本地后继续革命，将来如愿意回来时，还欢迎回来。经过这样的组织整顿，虽然部队的人数减少了，但是留下来的都是意志坚定的革命者，部队的整体战斗力提升了，队伍的纯洁性增强了。

二是在部队内实行民主制度。经过组织整顿之后的部队，明确规定“官长不打士兵，官兵待遇平等，士兵有开会说话的自由，废除烦琐的礼节，经济公开”①。同时，在连以上建立士兵委员会，士兵委员会的主席和委员由全体士兵民主选举产生，军官也参加士兵委员会，也有选举权和被选举权，但军官当选者不得超过委员人数的三分之一。士兵委员会在党代表指导下进行宣传和组织群众的工作，同时对军官有监督之权。据罗荣桓后来回忆：“为了扫清旧军队的一切不良制度和习气，毛泽东同志果

① 《毛泽东选集》第1卷，人民出版社1991年版，第65页。

断地采取了许多革命的措施。例如，士兵委员会就是这时候产生的。为了反对旧军队的一套带兵方法，实现政治上的官兵平等，建立新式的带兵方法，这就需要进行民主改革。士兵委员会就是实现民主的一个组织形式。那时，士兵委员会有很大的权力，军官要受士兵委员会的监督，做错了事，要受士兵委员会的批评，甚至制裁。表面看来，这样似乎是会鼓励极端民主化和平均主义的思想，但当时的主要问题是必须坚决反掉旧军队的一套带兵方法，奠定新型的官兵关系——阶级的团结。部队的实际情况是民主不够，而不是什么极端民主化和平均主义的问题。因此，只有这样做，才能更彻底更有效地肃清军阀残余。有了民主，才能提高群众觉悟，才能建立巩固的集中。”①

三是确立了党对军队的绝对领导原则，即全军由党的前敌委员会统一领导，实行“支部建在连上”的制度，这是毛泽东在三湾改编中对红军部队建设的最杰出成就。大革命时期，党在军队中的组织力量太薄弱，每团只建立一个党支部，因此抓不住士兵，经不住严峻斗争的考验。秋收起义建立的工农革命军中的党组织虽然比以前的部队要强一些，但是仍然抓不住士兵，当部队遭受挫折时，就容易出现思想动摇乃至逃跑的现象。要改变这种状况，只有在连队建立党的支部，把政治思想工作做到每一个战士身上，才能抓住士兵。因为连队是部队的基层单位，部队的作战、训练和生活，多是以连队为单位进行的。支部建在连队上，就可以具体了解士兵情况，更好地团结和教育士兵，有力地发挥党支部的战斗堡垒作用，将士兵掌握在党的手里。毛泽东作为一个伟大的政治家和组织家，最善于总结历史的经验教训。因此，他在决定三湾改编时，便开始在部队各级建立和健全党的组织系统，每连建一个党支部，班、排设立党小组，营、团设党委，连以上各级设立党代表，确保了党对军队的绝对领导。这对保证军队的无产阶级性质，使军队成为

① 《罗荣桓军事文选》，解放军出版社 1997 年版，第 561 页。

执行革命政治任务的可靠工具，具有决定性的意义。特别是“支部建在连上”，这是毛泽东调查研究出来的真知灼见，也是毛泽东建军思想的重要组成部分，对建设无产阶级领导的新型人民军队起了重大作用，毛泽东自己后来也曾总结指出：“红军所以艰难奋战而不溃散，‘支部建在连上’是一个重要原因。”[①]后来的实践也证明了支部建在连上的重大作用，“哪一个连的党代表较好，哪一个连就较健全”，“党代表制度，经验证明不能废除”[②]。

2. 红军部队的“三项任务”“三大纪律”和“六项注意”

大革命时期，军队是建党、建政的工具。毛泽东等中国共产党人异常重视军队的建设，注意在军队内部进行政治教育，加强对军队的无产阶级思想领导。此时期内，毛泽东领导制定了工农革命军的三项任务，并为部队亲自颁布了三大纪律和六项注意。

一是明确三项任务的规定。1927 年 11 月，工农革命军攻克了湖南的茶陵县城。打下茶陵县城后，成立了县人民委员会，派曾经做过安徽旌德县县长的谭梓生任县长，一切按旧政府的样子，升堂审案，收粮收税，其功能就像旧政府的衙门一样。军队也不做群众工作，不去发动群众打土豪分田地。宛希先将情况报告给毛泽东后，引起了毛泽东的高度重视。毛泽东在调查研究的基础上，经过深思熟虑之后，指示立即着手加以纠正。明确要求部队开展群众工作，斗争土豪劣绅，建立工农政权。12 月下旬，毛泽东在宁冈总结攻打茶陵的经验时，进一步明确指出，工农革命军必须执行三大任务：第一，打仗消灭敌人；第二，打土豪筹款子；第三，宣传群众，组织群众，帮助群众建立革命政权。军队三大任务的提出，是毛泽东结合实际情况，开展调查研究的重要成果。1929 年 12 月，毛泽东对军队的三项任务进行了进一步阐述，“中国的红

① 《毛泽东选集》第 1 卷，人民出版社 1991 年版，第 65—66 页。

② 《毛泽东选集》第 1 卷，人民出版社 1991 年版，第 64 页。

军是一个执行革命的政治任务的武装集团。特别是现在，红军绝不是单纯地打仗的，它除了打仗消灭敌人军事力量之外，还要负担宣传群众、组织群众、武装群众、帮助群众建立革命政权以至于建立共产党的组织等重大的任务。红军的打仗，不是单纯地为了打仗而打仗，而是为了宣传群众、组织群众、武装群众，并帮助群众建设革命政权才去打仗的，离了对群众的宣传、组织、武装和建设革命政权等目标，就是失去了打仗的意义，也就是失去了红军存在的意义”①。三项任务的规定，是我军区别于其他任何军队的标志之一，它极大地体现了人民军队的风格，也因此赢得了人民群众的广泛支持，既是毛泽东建军思想的重要内容，也极大地丰富了马克思主义军事思想的宝库。

二是三大纪律和六项注意的出台。毛泽东在建军之初，就准确把握住了我们的军队是人民军队性质这个根本。井冈山初期，起义部队没有严格的纪律约束，加上当时给养没有保障，战士们肚子饿了，“拿老百姓一个红薯，一个鸡蛋的事还很多”②。1927 年 10 月 23 日，毛泽东率领工农革命军从水口经遂川来到荆竹山，为了严明部队纪律，毛泽东在雷打石处，第一次向工农革命军提出了三大纪律。具体为，“第一，行动听指挥；第二，打土豪款子要归公；第三，不拿老百姓一个红薯”③。这是工农革命军最早颁布的三大纪律。1928 年 1 月 25 日，毛泽东在遂川县城李家坪主持召开了全体指战员大会，宣布了工农革命军的六项注意：一上门板；二捆稻草；三说话和气；四买卖公平；五借东西要还；六损坏东西要赔。这是工农革命军第一次颁布六项注意。“三大纪律、六项注意”，集中体现了我军军民一致、秋毫无犯的新型军民关系，明确了人民军队所肩负的打仗、筹款、做群众工作三位一体的任务，成为我党建

① 《毛泽东选集》第 1 卷，人民出版社 1991 年版，第 86 页。

② 《井冈山革命根据地》下册，中共党史资料出版社 1987 年版，第 198 页。

③ 《毛泽东传》第 1 册，中央文献出版社 2011 年版，第 169 页。

军原则的重要组成部分。由于执行了三项任务，部队不仅能够打胜仗，而且广泛发动了群众，解决了经济来源问题，密切了军政、军民关系；由于实行了“三大纪律、六项注意”，对于军队的建设，对于正确处理军队内部特别是军民之间的关系，对于团结人民军队等方面，都起了重大作用。随着人民军队的不断发展，“三大纪律、六项注意”后来发展完善为“三大纪律、八项注意”，成为人民军队的铁的纪律。这是毛泽东在调查研究的基础上，为人民军队的正规化建设所作出的巨大贡献。

（三）思想建党与政治建军

1929 年 11 月 28 日召开的中共红四军前委扩大会议上决定要正式召开红四军党的第九次代表大会。由于此前红四军七大、八大会议没有取得预期成果，不仅没有解决实际中存在的各种问题，而且加剧了红军队伍中的纷争。因此，为了开好红四军党的九大，毛泽东、朱德、陈毅随即开展了调查研究工作，在长汀召开了工人座谈会，听取工人群众对红军的意见。12 月初，红四军大队开到连城新泉，在此进行了著名的“新泉整训”，这次整训分政治整训和军事整训，目的是整顿部队中党的各级组织，加强党对军队的领导，提高红军的战斗力，同时亦为党代会决议准备材料。半个多月里，为了做好古田会议的准备工作，毛泽东废寝忘食，忙碌异常。白天，他连续召集各种调查会、座谈会，与支队、大队基层干部和士兵代表一道揭露存在于红四军中的种种错误思想和不良倾向，分析其产生的原因；晚上，在前委机关驻地松荫堂的灯光下整理资料，起草决议。

1929 年 12 月召开的古田会议，是我党我军建设史上具有重大而深远影响的一次重要会议。会议通过的《中国共产党红军第四军第九次代表大会决议案》即《古田会议决议》，创造性地提出了思想建党、政治建军的一系列方针原则，回答解决了建党建军等根本性、方向性的重大问题。决议内容极其丰富，主要贡献包括：

确立思想建党原则。《古田会议决议》深刻阐述了加强党的思想建设的极端重要性，明确提出党的建设的核心问题在于坚持无产阶级思想的领导，指出："红军第四军的共产党内存在着各种非无产阶级的思想，这对于执行党的正确路线，妨碍极大。若不彻底纠正，则中国伟大革命斗争给予红军第四军的任务，是必然担负不起来的。"[①]《决议》指出，有计划地进行党内教育，是党的重要任务之一。强调通过教育"使党员的思想和党内的生活都政治化，科学化"。《决议》列举了红四军党内存在的非无产阶级思想表现，深刻分析了其存在原因和危害，提出思想建党的具体途径。在关于纠正党内"主观主义"错误时，毛泽东还为之开具了一个"药方"，那就是"使党员注意社会经济的调查和研究，由此来决定斗争的策略和工作的方法，使同志们知道离开了实际情况的调查，就要堕入空想和盲动的深坑"[②]。

明确政治建军方略。《古田会议决议》阐明了党与军队的关系，从政治上、思想上、组织上确立了党领导军队的基本原则和制度，强化了党对军队的集中统一领导。《决议》指出"军事只是完成政治任务的工具之一"[③]，批判了"军事好，政治自然会好"等单纯军事观点，强调"党对于军事工作要有积极的注意和讨论"[④]，规定在红军中建立党的"领导的中枢"。为保证党对红军的领导，《决议》对如何提高党员质量，健全党的各级组织和组织生活，实行集体领导原则，加强党的组织性、纪律性等，都提出了明确的要求。

奠定政治工作基础。《古田会议决议》确立了我军政治工作方针、原则、制度，指出："红军的军事机关与政治机关，在前委指导之下，平行

① 《毛泽东选集》第 1 卷，人民出版社 1991 年版，第 85 页。

② 《毛泽东选集》第 1 卷，人民出版社 1991 年版，第 92 页。

③ 《毛泽东年谱（1893—1949）》（修订本）上卷，中央文献出版社 2013 年版，第 290 页。

④ 《毛泽东选集》第 1 卷，人民出版社 1991 年版，第 88 页。

地执行工作。”《决议》对红军党组织的地位及职能、政治委员与党内工作的关系、政治机关设置等，均作了明确规定。强调“红军的宣传工作是红军第一个重大工作”①，其任务是“扩大政治影响争取广大群众”。《决议》还规定了瓦解敌军的政策方法、政治工作的作风等。

规定新型军队性质。《古田会议决议》指出，红军是一个执行革命的政治任务的武装集团，是完成政治任务的工具。强调红军绝不是单纯打仗的，打仗、筹款、做群众工作是红军的三大任务。《决议》明确规定红军官兵政治上平等，强调保障士兵的民主权利，坚决废止肉刑，纠正打骂士兵等旧军队的管教方法。《决议》重申红军必须遵守三大纪律和六项注意，坚持军民团结等。这些规定要求，从根本上划清了红军与旧军队的界限。

四、调查研究为苏维埃政权建设制定政策

1929 年春，毛泽东、朱德等率领红四军主力离开井冈山，转战赣南、闽西。同年 3 月 20 日，毛泽东以中共红四军前委的名义致函中央，提出创建赣南、闽西革命根据地的初步设想。信中指出：“在国民党混战的初期，以赣南、闽西二十余县为范围，从游击战术，从发动群众以至于公开苏维埃政权割据，由此割据区域以与湘赣边界之割据区域相连接。”并强调“这一计划决须确立的，无论如何，不能放弃，因为这是前进的基础”②。然而，欲于一个人生地不熟的地区创建一个横跨广大区域的革命根据地谈何容易，需要作大量的社会调查，摸清各种情况，并在此基础上制定相应的方针和政策，这是毛泽东在创建中央苏区时开展调查研究的历史背景。

---

① 《毛泽东文集》第 1 卷，人民出版社 1993 年版，第 96 页。

② 《毛泽东年谱（1893—1949）》（修订本）上卷，中央文献出版社 2013 年版，第 267 页。

（一）调查研究与根据地经济建设

土地革命时期，毛泽东不仅领导了井冈山根据地和中央苏区的军事斗争、政治斗争，而且领导了根据地的经济斗争。他经常深入基层调查研究，发表了不少调查报告和文章。特别是1933年8月，毛泽东在中央革命根据地南部十七县经济建设大会上，作了《关于粉碎敌人五次“围剿”与苏维埃经济建设任务》的报告，1934年1月，又代表中华苏维埃共和国中央执行委员会与人民委员会，作了两年来的工作报告，系统地总结了农村革命根据地经济建设的经验，提出了党在农村革命根据地进行经济建设的理论和政策。

1. 通过调查研究，深刻阐明根据地经济建设的必要性

由于国民党疯狂的军事“围剿”和残酷的经济封锁，常常使根据地群众的生活和红军给养发生严重困难，对武装割据造成严重威胁。所以，早在井冈山根据地时，毛泽东就指出，经济问题没有相应的解决，割据将要遇到很大的困难。并把有足够给养的经济力，列为工农武装割据存在和发展需要具备的条件之一。随着红军和根据地的不断扩大，到中央苏区时，对经济方面的需求更大。因此，毛泽东进一步强调，发展人民经济，建立革命战争和经济建设的物质基础，是一个伟大的任务。土地革命时期，毛泽东一直强调经济建设的重要性，他认为，“战争不但是军事的和政治的竞赛，还是经济的竞赛”[①]。在中央革命根据地斗争时期，由于恶劣的战争环境，“有些同志认为革命战争已经忙不了，哪里还有闲工夫去做经济建设工作，因此见到谁谈经济建设，就要骂为‘右倾’”。“他们认为在革命战争环境中没有进行经济建设的可能，要等战争最后胜利了，有了和平的安静的环境，才能进行经济建设。”[②]毛泽东

---

① 《毛泽东选集》第3卷，人民出版社1991年版，第1024页。

② 《毛泽东选集》第1卷，人民出版社1991年版，第119页。

对这些同志的意见进行了严厉的批评，他告诫说："如果不进行经济建设，革命战争的物质条件就不能有保障，人民在长期的战争中就会感觉疲惫。"[①]他进一步强调："工农群众如果对于他们的生活发生不满意，这不是要影响到我们的扩大红军、动员群众参加革命战争的工作吗？所以，这种以为革命战争的环境不应该进行经济建设的意见，是极端错误的。"[②]怎样才能解决这些问题呢？毛泽东认为："这个问题的解决，不是脑子里头想得出来的，这依靠于从动员群众执行各种任务的过程中去收集各种新鲜的具体的经验，去发扬这些经验。"[③]

首先，毛泽东认为进行经济建设能够有力地支持革命战争。他指出："只有开展经济战线方面的工作，发展红色区域的经济，才能使革命战争得到相当的物质基础，才能顺利地开展我们军事上的进攻，给敌人的'围剿'以有力的打击。""也才能使我们的广大群众都得到生活上的相当的满足，而更加高兴地去当红军，去做各项革命工作。"[④]

其次，毛泽东认为进行经济建设对巩固工农民主政权具有十分重要的作用。中央革命根据地斗争时期，由于各级革命政府大都建立在广大农村地区，要想实现无产阶级的领导权，必须建立巩固的工农联盟。而要巩固工农联盟，就只有搞好经济建设，提高广大人民群众的生活水平，因此，毛泽东指出应"为着从经济建设去巩固工人和农民的联盟，去巩固工农民主专政，去加强无产阶级的领导"[⑤]。

这一时期，毛泽东不仅阐明了经济建设在革命战争中的重要性，而且正确地分析了经济建设和革命战争的相互关系。如果根据地的反"围剿"战争不能取得胜利，根据地丢掉了，也就不可能进行经济建设。基于这样

① 《毛泽东选集》第1卷，人民出版社1991年版，第119—120页。
② 《毛泽东选集》第1卷，人民出版社1991年版，第120页。
③ 《毛泽东文集》第1卷，人民出版社1993年版，第276页。
④ 《毛泽东选集》第1卷，人民出版社1991年版，第120页。
⑤ 《毛泽东选集》第1卷，人民出版社1991年版，第119页。

的认识，毛泽东明确指出：“在现在的阶段上，经济建设必须是环绕着革命战争这个中心任务的。革命战争是当前的中心任务，经济建设事业是为着它的，是环绕着它的，是服从于它的。”[①]另一方面，发展了国民经济，改良了群众生活，无疑地就会极大地帮助扩大红军的工作，使广大群众踊跃地开向前线上去。[②]

2. 通过调查研究，提出发展根据地经济建设的有效措施

毛泽东在 1933 年 8 月召开的中央革命根据地南部十七县经济建设大会上作了《必须注意经济工作》的报告，明确提出了“革命战争的激烈发展，要求我们动员群众，立即开展经济战线上的运动，进行各项必要和可能的经济建设事业”[③]。报告从理论上进一步阐明了经济建设的重要性。那么，根据地的经济建设到底该从何着手呢？毛泽东指出：“我们的经济建设的中心是发展农业生产，发展工业生产，发展对外贸易和发展合作社。”[④]说明了根据地经济建设的基本任务，是以发展农业为主，同时有计划地发展工业和商业。

在根据地的国民经济中，农业占绝对优势。毛泽东充分估计了农业对供给战争的作用和在国民经济中的地位，指出：农业担负着解决军队和人民生活所必需的粮食等给养问题，农业可以解决工业的原料供应问题；农业可以提供与白区贸易的物资；农业可以搞多种经营，除生产粮食和经济作物外，林业和畜产也是农业的重要部分。因此，农业生产是经济建设工作的第一位，开展经济建设，首先是发展农业生产。为此，毛泽东和苏维埃政府制定了许多具体的方针政策，提出了一系列具体的措施，帮助刚刚分得土地、家底尚薄的农民，解决劳动力、耕畜、资

---

① 《毛泽东选集》第 1 卷，人民出版社 1991 年版，第 123 页。
② 《毛泽东选集》第 1 卷，人民出版社 1991 年版，第 126 页。
③ 《毛泽东选集》第 1 卷，人民出版社 1991 年版，第 119 页。
④ 《毛泽东选集》第 1 卷，人民出版社 1991 年版，第 131 页。

金、农具和水利等困难。

至于根据地的商品经济发展问题，毛泽东经过调查，明确提出："城市商人，积铢累寸，只要服从，余皆不论。"[①]为了进一步了解商业情况，1930年春毛泽东第一次以城镇商业为中心搞了寻乌调查。他在仔细分析寻乌城市场构成后总结道：在这里，圩场生意代表半自然经济，店铺生意代表商品经济，前者和后者的比例为3:7。这样在寻乌城"商品经济势力超过自然经济很远了"[②]。它是"一个手工业商品和资本主义商品交战表演了剧烈的荣枯得失的地方"[③]。但是毛泽东从寻乌城的职业分布情况，调查到在寻乌城有60%的人员从事农业，而从事手工业和商业的仅为15%，因而它还不是近代化城市，"完全是一个农业手工业城市"[④]。虽然手工业和商业的人数的比重仅次于农业人数的比重，但在政治上无多少地位。由于帝国主义、大资产阶级和高利贷的压榨，农村地主阶级对农民重租重利的剥削，造成农民贫困，导致城市商品经济日益衰败，从而造成中小工商业者处于破产或半破产的境地。毛泽东在《寻乌调查》中以大量的客观事实说明应对中小工商资产阶级采取保护政策，不得任意侵犯他们的利益。中小工商业者的存在，将是解决红军士兵的供给和人民生活需要的重要力量，并批判了不调查研究，脱离实际想当然地制定打击中小工商资产阶级的过"左"政策。毛泽东在1930年10月19日《给湘东特委的信》中强调："关于资本问题，我们认为目前无条件地没收一切工厂商店是不对的，应该没收反革命的商店与军阀官僚资本的工厂商店，对于不是违反苏维埃劳动法的资本，应用工人监督资本的方法来限制他，克服他的阴谋（移开资本，怠工不办货）。"[⑤]

① 《毛泽东文集》第1卷，人民出版社1993年版，第52页。
② 《毛泽东文集》第1卷，人民出版社1993年版，第165页。
③ 《毛泽东文集》第1卷，人民出版社1993年版，第132页。
④ 《毛泽东文集》第1卷，人民出版社1993年版，第187页。
⑤ 《毛泽东年谱（1893—1949）》（修订本）上卷，中央文献出版社2013年版，第318页。

这一政策赢得了中小资产阶级的欢迎，他们纷纷为红军筹款、筹粮、筹布，赞助工农革命，支持革命战争。

另外，这个时期毛泽东在强调发展商品经济的同时，又强调要有计划地、不能毫无限制地任其发展。他提出："在散漫的手工业基础上，全部的精密计划当然不可能。但是关于某些主要的事业，首先是国家经营和合作社经营的事业，相当精密的生产计划，却是完全必需的。确切地计算原料的生产，计算到敌区和我区的销场，是我们每一种国营工业和合作社工业从开始进行的时候就必须注意的。"①

与此同时，由于敌人的军事"围剿"和经济封锁，加之不法奸商和反动分子的破坏，根据地的对外贸易面临着极大的困难，根据地内的日用消费品十分紧缺，严重影响了根据地军民的生活。在这种情况下，毛泽东提出了思想上重视和管理上加强的对外贸易思想。毛泽东举例说：江西省"万安、泰和两县的农民五角钱一担谷卖给商人，而商人运到赣州卖四块钱一担，赚去了七倍"②。"商人到梅县买盐，一块钱七斤，运到我区，一块钱卖十二两。这不是吓死人的剥削吗？"③他指出："我们有计划地组织人民的对外贸易，并且由国家直接经营若干项必要的商品流通，例如食盐和布匹的输入，粮食和钨砂的输出，以及粮食在内部的调剂等，现在是异常需要的了。"④并强调："打破敌人的经济封锁，发展苏区的对外贸易，以苏区多余的生产品（谷米、钨砂、木材、烟、纸等）与白区的工业品（食盐、布匹、洋油等）实行交换，是发展国民经济的枢纽。"⑤为了发展对外贸易，毛泽东要求各级政府的主席团、国民

① 《毛泽东选集》第1卷，人民出版社1991年版，第132—133页。

② 《毛泽东选集》第1卷，人民出版社1991年版，第121页。

③ 《毛泽东选集》第1卷，人民出版社1991年版，第122页。

④ 《毛泽东选集》第1卷，人民出版社1991年版，第133页。

⑤ 许毅主编：《中央革命根据地财政经济史长编》上册，人民出版社1982年版，第190页。

经济部和财政部的同志们，要把发展贸易这项工作经常放在议事日程上去讨论、去督促、去检查。号召群众为巩固金融、发展贸易而斗争。在毛泽东的领导下，1933 年 4 月，正式成立了中央国民经济部对外贸易总局，又称中央对外贸易局，并在赣县的江口、闽西的汀州、会昌的乱石、吉安的值夏等地设立了直属对外贸易分局，以管理中央革命根据地对外贸易事宜，设法打破封锁，保证根据地境内的生产品与境外的商品，得以经常地交换，消灭农业生产品与工业生产品价格剪刀差现象。对外贸易局的管理主要是通过关税调节、现金出口管理、重要物资出口控制以及颁发出境护照等办法来有计划地发展对外贸易。在具体到粮食流通的问题上，毛泽东指出："每个县要设立一个粮食调剂分局，重要的区，重要的圩场，要设粮食调剂支局。一方面要使我们的粮食，在红色区域内由有余的地方流通到不足的地方，不使有的地方成了堆，有的地方买不到，有的地方价格过低，有的地方价格又过高；一方面要把我区多余的粮食，有计划地（不是无限制地）运输出口，不受奸商的中间剥削，从白区购买必需品进来。"①

经过中央对外贸易局及其下属机构以及广大红色外贸战士的共同努力，根据地的对外贸易工作取得了极大的成功，为打破国民党对根据地的经济封锁，缓解根据地物资供应紧缺的状况，满足根据地军民生活，支援革命战争，促进根据地经济建设，作出了重大贡献。

3. 通过调查研究，在根据地推行多种经济成分并存的实践

允许多种经济成分共同发展，是毛泽东在这一时期发展根据地经济的又一项重要内容。毛泽东经过调查研究，认为："现在我们的国民经济，是由国营事业、合作社事业和私人事业这三方面组成的。"②

中央革命根据地的国营经济是依靠政府力量投资发展起来的，主要

① 《毛泽东选集》第 1 卷，人民出版社 1991 年版，第 121 页。

② 《毛泽东选集》第 1 卷，人民出版社 1991 年版，第 133 页。

是军事企业和军需企业，还有一些结合各地资源特点建立的纺织、采矿等企业以及后来建立的国家银行和中央造币厂。由于战争环境的影响，根据地的国营经济的整体经济实力比较薄弱，但毛泽东坚信国营经济的发展前途非常可观，他指出："国家经营的经济事业，在目前，只限于可能的和必要的一部分。国营的工业或商业，都已经开始发展，他们的前途是不可限量的。"①为了成就将来的社会主义的基础，他认为应该"争取国营经济对私人经济的领导，造成将来发展到社会主义的前提"②。

合作社经济是中央革命根据地的另一种经济成分，它是由中央革命根据地的群众集资建立起来的一种集体经济。当时，国民党对根据地进行了经济封锁，中央苏区与白区的经济联系依靠一些商人暗地来进行，而其中一部分商人哄抬物价，严重损害了群众的利益。于是，一些苏区群众为了避免奸商剥削，集资建立了合作社性质的商业合作社，后来发展到农业合作社、手工业合作社、金融合作社。毛泽东认为合作社经济应该同国营经济一样大规模地发展。他预言"合作社经济和国营经济配合起来，经过长期的发展，将成为经济方面的巨大力量，将对私人经济逐渐占优势并取得领导的地位"③。毛泽东对合作社发展的提倡大大促进了中央革命根据地合作社经济的发展，到 1933 年仅江西、福建两省 17 个县已有各种合作社 1423 个，股金 30 余万元。合作社的发展在冲破国民党的经济封锁、抵制商人和高利贷的剥削、调剂资金和劳动力的分配上起了一定的作用。

私人经济是中央革命根据地的又一种经济成分，由于根据地建立在自然经济占主导地位的赣南、闽西地区，私人经济在根据地经济结构中占据显著优势，它主要是以小生产为基础的个体农业、手工业和商业。在中央革命根据地时期，有一部分人受"左"倾路线影响要求对私人经

---

① 《毛泽东选集》第 1 卷，人民出版社 1991 年版，第 133 页。

② 《毛泽东选集》第 1 卷，人民出版社 1991 年版，第 130 页。

③ 《毛泽东选集》第 1 卷，人民出版社 1991 年版，第 133—134 页。

济的发展采取限制的政策，毛泽东及时地进行了纠正，他认为在根据地特殊的战争环境下，在国营经济和合作社经济不能迅速发展的条件下，应该保护私人经济。他指出：“我们对于私人经济，只要不出于政府法律范围之外，不但不加阻止，而且加以提倡和奖励。因为目前私人经济的发展，是国家的利益和人民的利益所需要的。私人经济，不待说，现时是占着绝对的优势，并且在相当长的期间内也必然还是优势。”[①]

（二）调查研究与根据地社会变革

土地革命时期，中国共产党依据革命根据地的实际，通过深入、细致的调查研究，制定了相应的法律法规，从妇女解放、保护婴儿和儿童、禁烟戒毒、反对迷信、流氓改造等方面着手，采取了许多行之有效的措施，推动根据地的社会变革。这种社会变革对改变根据地民众的落后风俗，培养进步、科学的文明风俗和习惯，重新构建人与人之间的社会关系，巩固新生的工农政权，作出了显著的贡献。

1. 推动妇女解放运动

“中国农村妇女，在封建制度之下，一切权利，都被剥夺……农村妇女的地位，真是恶劣到了万分，其他不自由、受压迫的地方，一时数说不尽。”[②]中国共产党的革命未进入中央苏区之前，地处偏僻山区赣南、闽西的妇女所遭受的束缚、剥削、压迫更是如此情况。就如歌谣《可怜我们妇女们》中所唱：“可怜我们妇女们，旧礼教缚紧，一切自由都被剥夺净尽。真堪恤！经济教育不平等，翁姑丈夫压迫紧，你想痛不痛心！”[③]相对于受到西方影响的沿海地区，已经开始兴起男女平等思想，地处封闭的赣南、闽西山区，封建社会的宗法礼教仍然严重束缚着当地

① 《毛泽东选集》第 1 卷，人民出版社 1991 年版，第 133 页。

② 《第一次国内革命战争时期的农民运动资料》，人民出版社 1983 年版，第 424 页。

③ 谢济堂：《中央苏区革命歌谣选集》，鹭江出版社 1990 年版，第 30 页。

的妇女，她们没有自由，没有受教育权，经济上不能独立，在家中还要受丈夫的压迫，革命前中央苏区的妇女处于水深火热之中。毛泽东在1930年的《寻乌调查》中，曾这样提到寻乌女子的受教育情况：“女子可以说全部不识字，全县女子识字的不超过三百。”[①]中央苏区其他地方的情况更是相差无几，妇女没有受教育权，没有文化，不识字等现象并不鲜见。

中国共产党的革命下乡，把革命的火种带到赣南、闽西地区，马克思主义政党所追求的解放与平等，给赣南、闽西的妇女群体带来了翻身的机会，妇女通过获得婚姻自由权、参政权、教育权等，极大地改变了以往不平等的地位状况。

1931年11月通过的《中华苏维埃共和国土地法》，更以法律的形式规定了妇女和男子一样有分得土地的权利。对于离婚后男女财产的处理也有明确规定：“男女各得田地、财务和债务，各自处理。在结婚满一年，男女共同经营所增加的财产，男女平分。”[②]苏维埃政府以法律法规的形式保证妇女和男子同分得土地的权利，更进一步地确保了妇女和男子财产相互独立，妇女有了自己的财产和收入，能够自由地支配，经济上也自然就独立了。

婚姻自由权的获得是根据地妇女解放的重要内容。中国共产党通过制定并实施法律的手段，来推翻旧的婚姻制度，以保障妇女的婚姻自由权。1931年11月28日苏维埃中央执行委员会颁布的《中华苏维埃共和国婚姻条例》中对于妇女的婚姻自由有着明确规定，男女双方在婚姻上有自由权，双方同意即可，不受他人的干涉。离婚上，也是如此，且女方坚决要离婚的，必须离。中华苏维埃共和国在1934年又颁布《婚姻法》，重申了“男女婚姻自由”的原则。苏维埃政府的工作人员在执行

① 《毛泽东文集》第1卷，人民出版社1993年版，第224页。

② 张希坡：《中国婚姻立法史》，人民出版社2004年版，第136页。

过程中，也多站在妇女的角度，对于受压迫的妇女，帮助她们离婚；同时大力提倡男女的婚姻自由，在根据地树立起自由婚姻的新习俗。

苏区妇女实现其他权利的基础是获得了参政权。1931 年颁布的《中华苏维埃共和国宪法大纲》明确规定：苏区妇女和男子一样，凡满 16 周岁，都依法享有选举权与被选举权，有参政议政的权利。中国共产党积极地吸纳苏区的妇女群众加入苏维埃政权组织，来推动妇女自身的解放和进一步巩固苏维埃政权。在各级苏维埃政权和党组织中，妇女都占有一定的份额，像邓颖超、蔡畅、贺子珍等著名的妇女代表，更是积极地参政，对苏维埃的政权建设和苏区妇女的解放起了重要作用，更是为广大苏区妇女树立起榜样，激励她们积极参加政权建设。

发展妇女教育事业，提升妇女的知识文化水平，对于妇女解放运动来说具有重要意义。苏维埃政府非常重视妇女的教育问题，1932 年临时中央政府下令："各级的文化部应设立妇女学习半日学校，组织妇女识字班。"①由于白天妇女忙于劳作，在晚上学习的夜校成了妇女学习的主要场所。据统计，当时闽西苏区的 2053 所夜校中，妇女夜校就占 40%。②除创办夜校外，在中央苏区还有各种形式的教育，如苏区干部训练班，培养妇女干部，提升妇女的文化水平和政治素养；识字所、读报团等各种社会教育。通过创办各种形式的教育，让中央苏区的妇女尽可能地接受教育，充分保障妇女受教育的权利。

2. 社会各阶层的变化

客观地说，中国革命由于存在革命动员资源不足、工人阶级力量薄弱、农村广袤、农民贫困人群庞大等因素的刚性约束，而不得不走上一条武装割据、建立农村根据地、以农村包围城市、以均分土地重塑社会平等为价值诉求的道路。这条特殊的革命道路的选择，决定了革命动员

---

① 《江西苏区妇女运动史料选编》，江西人民出版社 1982 年版，第 63 页。
② 张雪英：《中央苏区妇女运动史》，中国社会科学出版社 2009 年版，第 86 页。

的方式与斗争策略，而这也进一步影响着苏区社会各阶层的变化格局。

一是被专政、制裁的反动阶级。按照党的理论，农村中的地主阶级“完全是国际资产阶级的附庸”，“代表中国最落后的最反动的生产关系，阻碍中国生产力的发展”[①]，是革命的对象。富农对农民既有地租剥削，也有雇佣剥削和高利贷剥削，他们“对革命表现出极大的惶惑”，态度“始终是消极的”[②]，是农村革命限制的对象。土地革命的目的，不仅要在经济上摧毁封建经济制度，而且要在政治上推翻地主、富农几千年来在农村的统治。

苏区对地主的政策是毫不含糊、毫不宽容的，这个政策的基本精神，就是打倒地主阶级，从各方面对地主阶级“施行严厉的制裁与镇压”[③]，在经济上用土地革命的办法，没收地主的土地、财产、房屋等分给农民，彻底摧毁农村封建制度存在的经济基础；政治上通过对地主实行清算、戴高帽子游乡、关监狱、驱逐、枪毙等措施，推翻地主阶级的统治[④]。据毛泽东《兴国调查》，革命初期兴国第十区四个乡地主的命运是：第一乡，地主不在本乡，都住外地，但田地均在本乡，被没收和分掉了。第二乡，有三家地主，一家在革命中被杀了两个儿子，另两家自动拿出田契来烧，把自己的田分给了农民。第三乡，有两家地主，两家房屋都被人烧了，人则逃亡在外。第四乡，三家地主，一家逃亡在外，一家被杀，一家被政府看押，家财被抄[⑤]。苏维埃政府对留在苏区的地主则加紧进行制裁和镇压。对富农，苏区在革命初期实行限制政策，即没收富农多余的土地分给无地或少地的农民。1931 年 9 月 5 日，中共赣东

① 《毛泽东选集》第 1 卷，人民出版社 1991 年版，第 3—4 页。

② 《毛泽东选集》第 1 卷，人民出版社 1991 年版，第 19—20 页。

③ 《建党以来重要文献选编（1921—1949）》第 11 册，中央文献出版社 2011 年版，第 107 页。

④ 《毛泽东选集》第 1 卷，人民出版社 1991 年版，第 24—26 页。

⑤ 《毛泽东农村调查文集》，人民出版社 1982 年版，第 211—212 页。

北省召开了第一次代表大会，会议通过的《关于苏维埃工作决议案》对富农提出了以下政策：“坚决的反对富农。政治上剥夺他们参加政权的机会，肃清富农的反动，经济上加重他们的经济负担，限制其发展，组织上拒绝他们参加一切群众武装组织的权利。同时，要发动雇农反富农剥削的阶级斗争。”[①]1932 年中共中央决定在苏区党政机构中发起“清洗富农”运动，把原来参加革命的富农，从党政军组织中彻底“清洗”出去，征发富农组织劳役队，在赤卫军监督下，承担苏区的各项劳役[②]。

二是农民阶级地位的整体提升。对农民来说，革命除了让他们分得土地之外，自然还有其他一系列收益。毛泽东非常关注这一问题，他想了解革命造就的经济效果，并进一步考察在革命中获得不同收益（包括负收益）的各阶级对革命可能持有的态度，这是他开展兴国调查的重要动机。1930 年 10 月，红一方面军在袁水流域待命迎敌，毛泽东乘此机会，在江西新余罗坊召集了兴国送去当红军的 8 位农民，开了一星期的调查会，写出了《兴国调查》。毛泽东先是作了这 8 个受访者的家庭状况调查，他说：“这是我从来没做过的，其实没有这种调查，就没有农村的基本概念。”他想通过具体了解这 8 个家庭的土地、财产、收入、支出、人口、劳动力、婚姻、文化、政治地位等的变化以及他们对革命的态度，判断土地革命的效果。总的来说，他们对分地是满意的，只是分的田还不够多，粮食不太够吃，需要兼业补足生活；有的家庭劳动力不够，需要请帮工耕田。而他们对革命是欢迎的，不仅因为分到了地，而且革命还带来许多额外的好处。最大的好处就在于农民阶级地位的整体提升。具体表现为：经过红色革命的中介作用，农村的人际关系发生了断裂，乡村中的金字塔形的权力结构出现了颠倒，昔日农村中最

① 《闽浙赣革命根据地财政经济史料选编》，厦门大学出版社 1984 年版，第 27、99 页。

② 《中央人民委员会第 35 号命令——征发富农组织劳役队》，《红色中华》1932 年 11 月 28 日。

穷最没有地位的农民处在苏维埃权力架构的最上层，众多的贫雇农在政治上完全翻了身，俨然成为“农村权力的主干”[①]，就是中农的政治地位也一样有所提升，他们与贫雇农一道在苏维埃政府体系中拥有了“话事权”[②]，而原来占据压倒性地位的乡村地主阶级则被苏维埃政权“施行严厉的制裁和镇压”[③]，整个乡村社会的权力体系呈现出一种“倒金字塔结构”[④]。

（三）调查研究与苏区基层政权建设

革命的根本问题是政权问题。中国共产党在创建革命根据地的过程中，十分重视政权建设。根据地的政权建设经历了一个发展过程。开始是建立乡、区、县临时性的政权机构——革命委员会，在条件具备后再召开各级工农兵代表大会，成立各级苏维埃政府。临时中央政府对地方的政权建设给予了很大关注。1931 年和 1933 年，先后颁布了《地方苏维埃政府的暂行组织条例》《中华苏维埃共和国地方苏维埃暂行组织法（草案）》。1931 年 11 月以后，仅在中央根据地范围内，即先后建立了江西、福建、闽赣、粤赣、赣南等省级苏维埃政府，到 1935 年 1 月，先后建立过的县级苏维埃政府达 250 多个。在其他地区，先后建立过湘赣、湘鄂赣、闽浙赣（原赣东北）、鄂豫皖、湘鄂西、川陕、闽东（特区）、湘鄂川黔（省革命委员会）、陕甘边（特区）和陕北、大金等省级（或相当于省级）苏维埃政府。至于苏区基层政权建设的问题，毛泽东等共产党人也给予了高度关切，通过深入的调查研究，为苏区基层政权建设

---

① 《毛泽东农村调查文集》，人民出版社 1982 年版，第 218—219 页。

② 《毛泽东农村调查文集》，人民出版社 1982 年版，第 216—217 页。

③ 《建党以来重要文献选编（1921—1949）》第 11 册，中央文献出版社 2011 年版，第 107 页。

④ 张鸣：《乡村社会权力和文化结构的变迁（1903—1953）》，陕西人民出版社 2008 年版，第 140 页。

提供了理论指引和“活”的榜样。

1. 对乡苏与区苏工作的深入认识

“一切苏维埃工作的实际执行都在乡苏与市苏。”[①]毛泽东的这句话，简练地概括了乡村政权的职守。他当年所作的几个著名调查，对于认识了解苏区基层政权的功能与运行，提供了珍贵的素材。因此，中国共产党在构建中华苏维埃共和国组织架构体系时，明确提出：建立健全共和国政权的基层组织，确保乡村之中的一切事务都能够交至“乡苏维埃负责”[②]，由此乡村基层政权必然能够成为中国共产党和中华苏维埃共和国各项工作的重要支点。它的稳定性是关乎整个国家权力兴衰的关键所在。对此，毛泽东曾作过一个较为形象的比喻，他将苏维埃比作一座坚固的塔，那么塔基塔脚就是苏维埃政权的最末端——城乡苏维埃了。至于塔基塔脚的历史使命，因为它们最接地气，也就最有可能了解群众的所思所想了，因此它们就必须承担起“直接领导群众”[③]以完成各项基本的革命任务。应该说，在苏区民众周边，因为乡村基层政权的存在，使得民众能够紧密地团结在一起，既实现了国家权力管控乡村社会的目的，又提升了国家政权机关的运作效率，更为国家开展乡村治理，推进各项社会事业的发展奠定了扎实的基础。

但是，当时仍然有许多人不了解“乡苏、市苏应该怎么样进行他们的工作”，他们“发得出很多的命令与决议，却不知道任何一个乡苏、市苏工作的实际内容”[④]。为此，1934 年 4 月 10 日，毛泽东以在此之前即 1933 年 11 月接连在江西省兴国县长冈乡和福建省上杭县才溪乡所作调查的材料为基础，综合其他地方苏维埃工作实际情况以及党内就此问题各

① 《毛泽东文集》第 1 卷，人民出版社 1993 年版，第 276 页。

② 《中华苏维埃共和国法律文件选编》，江西人民出版社 1984 年版，第 6 页。

③ 《毛泽东文集》第 1 卷，人民出版社 1993 年版，第 343 页。

④ 《毛泽东文集》第 1 卷，人民出版社 1993 年版，第 276 页。

方不同看法，在瑞金苏维埃大学向广大学员作了题为《乡苏怎样工作？》的长篇讲演，以更为高屋建瓴的政治站位，从苏维埃整体发展的战略高度，进一步对此前长冈、才溪两地调查实践作了理论阐发和经验总结。在这篇作于中央苏区末期的重要政治文献中，毛泽东对作为基层政权的乡苏与村苏的日常运转情况进行了详细分析，包含乡苏主席团和代表会议应如何开展工作、村的组织与工作、乡与村的委员会、工作方法等方面内容，非常全面，可以说是一份乡苏工作极为难得的指导意见书，兼具原则性和操作性，一定程度上也代表了中国共产党在中央苏区时期就乡村治理问题所作思考的最高水平，堪称实践范本，为中国共产党搞好基层政权建设提供了思想认识与理论指引。

受毛泽东的影响，张闻天也深入苏区进行调查研究，写下了《区苏维埃怎样工作》一文。他指出：为了更好地动员群众，区苏维埃在党区委总的领导之下应该同各种群众团体，经过各种会议或各种委员会发生密切的关系，并经常召集那些没有独立组织系统的群众组织开会，经过他们来动员群众与推动全乡的工作。

1934 年中央苏区出版了毛泽东、张闻天合著的《区乡苏维埃怎样工作》一书。该书上篇《乡苏维埃怎样工作》为毛泽东所著，下篇《区苏维埃怎样工作》为张闻天所著。关于此书写作的经过，理论家吴亮平在回忆文章中有过这样的记述：当时毛泽东和张闻天都很重视苏维埃政权的建设。毛泽东 1933 年进行了长冈乡和才溪乡调查之后，在瑞金又召开了几个乡的调查会，于是便在调查基础上写了上述文章。张闻天觉得开调查会的办法很好，于是也召集了几个区的同志开调查会，于同年 4 月 6 日写出了《区苏维埃怎样工作》。苏维埃人民委员会特将这两篇指导性的文件合成《区乡苏维埃怎样工作》小册子在中央苏区出版。毫无疑问，《区乡苏维埃怎样工作》的完稿与出版发行，是中国共产党人理论与实践相结合的产物，深刻体现了共产党人对乡苏与区苏工作的深入认识，为苏维埃政权建设提供了很好的理论指引。

2. 苏区基层政权建设“活”的榜样

1933年秋，国民党反动派向中央苏区发动了第五次“围剿”，同时又加紧经济封锁，给苏区军民造成了极大的困难。因此，苏维埃中央政府提出“一切苏维埃工作服从革命战争的要求”。怎样动员群众去完成革命任务？许多地方的政府机关存在敷衍塞责或强迫命令的严重错误，同群众的关系十分不好，大大阻碍了政府任务与计划的执行。为了解决这些问题，1933年11月，毛泽东先后深入江西兴国县长冈乡、福建上杭县才溪乡进行了全面的实际调查，对它们的政权建设、经济建设、文化教育、群众生活等方面的先进经验进行了总结，写下了《长冈乡调查》《才溪乡调查》这两篇调查报告。在这两个乡的男子大部分去当红军的情况下，两个乡的苏维埃政府通过组织耕田队、劳动合作社和消费合作社的办法，发动妇女参加生产，因此使生产不仅没有减少，反而超过了暴动前百分之十，群众生活也有很大的改善。“这种经济战线上的成绩，兴奋了整个群众，使广大群众为了保卫苏区发展苏区而手执武器上前线去，全无家庭后顾之忧。”①如果不从经济上、生产上去彻底解决问题，切切实实地改善群众的生活，取得群众对苏维埃的信仰，这样大数量地扩大红军，是决然办不到的。长冈乡、才溪乡在战争动员上的伟大成绩，是与他们改善群众生活的成绩不可分离的。毛泽东通过对才溪、长冈这两个模范乡的调查，得出一个重要结论：政治动员一定要和经济建设密切配合起来。在当时敌人疯狂进攻的境况下，只有拿经济上的动员配合着政治上的动员，才能造成扩大红军的热潮。毛泽东以才溪乡经济建设上的成绩为根据，批驳了一些错误的论调。他说：“这一铁的事实，给了我们一个有力的武器，去粉碎一切机会主义者的瞎说，如像说国内战争中经济建设是不可能的，如像说苏区群众生活没有改良，如像

① 《毛泽东文集》第1卷，人民出版社1993年版，第340页。

说群众不愿当红军，或者说扩大红军便没有人生产了。”①毛泽东就是这样把调查材料当作同错误主张、错误倾向进行斗争的武器的。

1934 年 1 月 22 日，第二次全国苏维埃代表大会在瑞金沙洲坝召开。出席大会的正式代表 693 人，候补代表 83 人，列席旁听 1500 多人。除了中央苏区和红军及地方代表外，还有湘赣、闽浙赣、湘鄂赣、鄂豫皖等苏区和四川、上海等地代表。毛泽东致开幕词。1 月 24 日至 25 日，毛泽东代表中华苏维埃共和国中央执行委员会和人民委员会向大会作了两年来的工作报告。1 月 27 日，根据代表们讨论的意见，毛泽东又作了关于中央执行委员会报告的结论，着重阐述了关心群众生活与注意工作方法的问题。同时，毛泽东还把他撰写的《长冈乡调查》和《才溪乡调查》两份材料分发给与会代表学习，并在大会上发出了向这两个模范乡学习的号召。

毛泽东为什么如此重视长冈乡、才溪乡的工作经验呢？其原因在于通过亲身调查，毛泽东发现了这两个乡的先进经验，其工作成效堪称苏区基层政权建设“活”的榜样。它们的共同特点是：宣传教育工作好，生产组织得好，群众生活安排得好，公债推销得好，参加红军踊跃，许多来自基层政权的鲜活做法让毛泽东异常重视。

具体来说，这两个乡的工作成绩表现在：成立了劳动互助社和耕田队，使劳动力有组织地调剂，这种生产形式，受到了群众的欢迎，特别是参加红军多的村子。群众的生活水平有了提高，在革命前，他们的粮食不够吃，只有 3 个月米饭吃。革命后，可以吃到 6 个月米饭，还有余。碰到夏荒，乡政府又组织人到外县买米救济群众。有人没有房子住，乡苏维埃政府发动群众帮助修建。过去，每人两年做一套衫裤，现今每人每年做一套半。

至于更下一级的政权组织，乡和村政权的各个委员会，都是经过群

---

① 《毛泽东文集》第 1 卷，人民出版社 1993 年版，第 340 页。

众选举产生，不称职的代表，经过讨论可以随时撤换。他们推销公债，不是强迫摊派，而是宣传鼓动，提高群众对购买公债作用的认识。经济建设的成绩，激发了群众，经济建设配合政治动员，使广大群众为了保卫苏区发展苏区而上前线去，全无家庭后顾之忧，纷纷参加红军。长冈乡分为 4 村，有 1785 人，出外当红军、做工作的有 320 人。才溪乡 16 岁至 55 岁的有 4928 人，男子出来当红军、做工作的有 1018 人，女子 29 人。这两个乡在经济建设与支援革命战争的关系上解决得好，收到了很大的成效。

因此，在深入实际开展调查研究的基础上，毛泽东明确指出，“无数的下级苏维埃工作同志，在许多地方创造了许多动员群众的很好的方法”[①]。他正是用长冈乡和才溪乡的先进经验的具体事实，驳斥了几种不切合实际的瞎说。毛泽东作长冈乡调查和才溪乡调查，找到了加强基层政权建设的钥匙，即关心群众生活，注意工作方法，改进工作作风，为基层苏维埃政权建设提供了“活”的榜样，成为他在“二苏大会”上的重要结论之一。

五、调查研究与马克思主义中国化的开端

理论问题至关重要。近代以来，中华民族的救亡图存和发展强大，应该举什么旗、走什么路、怎么走，一直是无数仁人志士孜孜以求的基本问题，更是中国共产党成立以来的一个核心问题。毛泽东以寻乌调查为代表的社会调查和党的历史经验告诉我们：正确的旗帜与道路，从来都是深埋在国情的土壤之中，要把它找出来，从来都是从深入地了解和研究国情开始的。毛泽东以寻乌调查为代表的一系列赣南、闽西社会调查，其特殊意义在于，为清晰回答中国革命“是什么”和“怎么走”这

① 《毛泽东文集》第 1 卷，人民出版社 1993 年版，第 276—277 页。

两个事关道路的重大课题提供了认识基础，更为马克思主义理论中国化提供了实践经验。

（一）调查研究与反对本本主义

1930 年 5 月，毛泽东在寻乌作社会调查期间，写下著名的《反对本本主义》（原题为《调查工作》），是毛泽东为反对当时党和红军中的教条主义思想而写的关于调查研究的重要著作。这篇马克思主义经典文献所提出和阐明的重要思想原则，是辩证唯物主义认识论在实际工作中的具体运用和生动概括，是同主观主义特别是教条主义作斗争的历史经验的科学总结；是马克思主义中国化的伟大开端；在党的思想建设史、中国革命和建设史上具有极其深远的历史意义。

1. 以“调查研究”为理论独创的逻辑起点

“不根据实际情况进行讨论和审察，一味盲目执行。”“唯上”形成盲从“国际”的心态，造成主观与客观相脱节。“唯书”产生迷信“本本”，“以为上了书的就是对的”[①]，于是便“开口闭口‘拿本本来’”，形成理论与实际相脱离的矛盾。迷信和盲从给革命带来损失，甚至造成革命危机。为此，毛泽东在《反对本本主义》中首先强调“没有调查，没有发言权”[②]。有价值的理论独创，起步于调查研究；只有深入群众的调查，才能接触实际情况，才能探求内在的规律，才能打破旧的惯性思维，才能突破旧理论约束，才能形成独特的理性认识，才能实现理论的创造。《反对本本主义》是体现毛泽东独特思维和独创气质，反映毛泽东深层次理性认识的中国化理论的开山大作，它是毛泽东在寻乌作大规模调查期间写成的。这正好说明：调查研究是毛泽东理论独创的逻辑起点。调查研究，在毛泽东独创理论的形成中有举足轻重的作用。从

---

① 《毛泽东选集》第 1 卷，人民出版社 1991 年版，第 111 页。

② 《毛泽东选集》第 1 卷，人民出版社 1991 年版，第 109 页。

毛泽东思想发展史的轨迹中分析后得出：中国化这个理论范式，孕育于回答中国革命是迷信“本本”、盲从“国际”、照搬“经验”，还是“走群众路线、实事求是、独立自主”这些关系中国前途和命运的重大问题。“认清中国社会的性质，就是说，认清中国的国情，乃是认清一切革命问题的基本的依据。”[①]调查现状，认清国情，是毛泽东理论独创的基本依据。《反对本本主义》是毛泽东通过寻乌调查，结合“左”倾错误对革命的影响，经理性思考写成的中国化马克思主义著作。毛泽东通过调查认清国情并把握时代特征，认为只有马克思主义中国化才能解决中国革命的根本问题。

2. 以“相结合”为理论独创的逻辑主题

产生教条主义，是因为“本本”没有同中国的实际情况相结合。毛泽东在《反对本本主义》中提出：“马克思主义的‘本本’是要学习的，但是必须同我国的实际情况相结合。”[②]马克思主义只有同中国革命的具体实际相结合，才能“成为中国人民百战百胜的武器”[③]。毛泽东在迷信马列“本本”和盲从国际权威的氛围中，坚持真理，推进马克思主义与中国革命实际情况相结合，并在“结合”中独创理论，在实际斗争中发展马克思主义。“马克思列宁主义的普遍真理一经和中国革命的具体实践相结合，就使中国革命的面目为之一新。”[④]从中国革命实际出发，进行理论独创，成功地实现“相结合”，是毛泽东等中国共产党人的独特政治品格。立足中国革命的国际背景、中国特殊的国情、中国的历史文化传统、中国革命的群众实践，一切从实际出发，理论联系实际，是马克思主义中国化的前提条件。毛泽东十分重视调查研究，就是为了搞

① 《毛泽东选集》第 2 卷，人民出版社 1991 年版，第 633 页。

② 《毛泽东选集》第 1 卷，人民出版社 1991 年版，第 111—112 页。

③ 《毛泽东选集》第 3 卷，人民出版社 1991 年版，第 1094 页。

④ 《毛泽东选集》第 3 卷，人民出版社 1991 年版，第 796 页。

清楚中国国情，从中国实际情况出发，创造性地运用马克思主义解决中国革命的具体问题。马克思主义、实践、中国化是马克思主义中国化及中国经验马克思主义化的3个基本要件。毛泽东在反对本本主义时提出贯通这三者联系的办法："马克思主义必须和我国的具体特点相结合并通过一定的民族形式才能实现。马克思列宁主义的伟大力量，就在于它是和各个国家具体的革命实践相联系的。对于中国共产党说来，就是要学会把马克思列宁主义的理论应用于中国的具体的环境。"①就是说，只能以马克思主义为指导，运用马克思主义中国化的立场、观点和方法，以中国革命的问题为中心，把马克思主义基本原理同中国革命的具体实际结合起来，有效地实现马克思主义中国化。

3. 以"中国化"为理论独创的逻辑落脚点

"纵观中共党史，在马克思主义中国化的历史进程中，教条主义是与实事求是的正确方向相悖离的最主要的错误倾向。中共党史上出现的各种右的、'左'的错误倾向都与教条主义有着千丝万缕的联系。"②由于本本主义是各种"左"、右倾错误的根源，这正是毛泽东极力反对本本主义，激发他研究马克思主义中国化，打破本本主义禁锢，并敢说"前人未说"，在反对本本主义中推进"中国化"，以及他开展理论独创的根本动因。"哲学家们只是用不同的方式解释世界，问题在于改变世界。"③马克思主义肩负破解时代难题和引领时代发展的重任，毛泽东为了解决中国革命的实际问题，下大力气开展调查研究，以满足中国革命实践的需要。为此，毛泽东指出："对于马克思主义的理论，要能够精通它、应用它，精通的目的全在于应用。"④着眼于马克思主义的中国应用，就要将理论根植

① 《毛泽东选集》第2卷，人民出版社1991年版，第534页。

② 毛尚卿：《民主革命时期中国共产党教条主义问题研究》，山东师范大学硕士学位论文，2010年6月。

③ 《马克思恩格斯选集》第1卷，人民出版社2009年版，第519页。

④ 《毛泽东选集》第3卷，人民出版社1991年版，第815页。

于中国革命的实践，把握中国革命的本质、主题和特征，科学地解答时代赋予中国共产党人的重大课题，从而引领中国革命不断向前发展。

（二）调查研究与群众路线观点

井冈山革命斗争时期，毛泽东为了寻找适合中国情况的革命道路，在极其艰难的环境下，对湘赣边界各县进行了广泛的社会调查，写出了宁冈、永新两县的调查报告。在中央苏区时期，毛泽东深入寻乌、兴国等地开展调查研究，先后写出了《寻乌调查》《兴国调查》《长冈乡调查》《才溪乡调查》等具有重要价值的调查报告，并在寻乌调查期间，写就了光辉的马克思主义理论著作——《反对本本主义》。从这些调查研究的形成过程和具体文本来看，所有社会调查都是面向人民群众来开展的，就是向人民群众作调查，这与我们党“从群众中来，到群众中去”的群众路线观点是高度一致的。

1. 调查研究深化对中国农民问题的认识，产生群众路线思想的萌芽

大革命失败以后，毛泽东对中国革命的前途命运展开了深度思考，他指出：“共产党的正确而不动摇的斗争策略，决不是少数人坐在房子里能够产生的，它是要在群众的斗争过程中才能产生的，这就是说要在实际经验中才能产生。因此，我们需要时时了解社会情况，时时进行实际调查。”[①]为了进一步了解中国社会，尤其是对中国农村社会的农民问题及农民的土地问题产生更加深刻的认识，毛泽东开展了细致的考察，写出了宁冈、永新两县的调查报告和《寻乌调查》《兴国调查》《长冈乡调查》《才溪乡调查》等十几个著名的农村调查报告，全面总结了土地革命中的经验和教训，制定了《中华苏维埃共和国土地法》《苏维埃共和国中央政府关于土地斗争中一些问题的决定》等法律文件，规定了土地革命中一系列方针和政策，基本形成了一条符合中国实际的土地革命

---

① 《毛泽东选集》第 1 卷，人民出版社 1991 年版，第 115 页。

路线，这就是：依靠贫农、雇农，联合中农，限制富农，保护中小工商业者，消灭地主阶级，变封建半封建的土地所有制为农民的土地所有制。正是有了这些调查研究，才有了党对中国国情、中国社会的深刻认识，才有了党对中国革命实践的基本问题——农民问题的深刻认识，才有了党在民主革命中依靠谁、团结谁、打击谁的正确路线，并产生了党的群众路线思想的萌芽。

2. 调查研究反对和抵制“左”倾错误，夯实群众路线思想的基础

土地革命时期，“左”倾错误路线在党中央长期占支配地位。在这样的政治背景之下，为了反对“左”倾错误路线，毛泽东坚持从实际出发，深入开展调查研究，并将调查研究提到了党的工作方法的高度加以重视。1929 年 12 月，毛泽东在《古田会议决议》中指出：“对于政治形势的主观主义的分析和对于工作的主观主义的指导，其必然的结果，不是机会主义，就是盲动主义”①，纠正的方法，除了教育党员用马克思列宁主义的方法分析政治形势和阶级关系外，最重要的是要“使党员注意社会经济的调查和研究，由此决定斗争的策略和工作的方法，使同志们知道离开了实际情况的调查，就要堕入空想和盲动的泥坑”②。之后，毛泽东又在《反对本本主义》中指出：“马克思主义的‘本本’是要学习的，但是必须同我国的实际情况相结合。我们需要‘本本’，但是一定要纠正脱离实际情况的本本主义”③，并提出了“没有调查，没有发言权”的著名论断，旗帜鲜明地反对“左”倾教条主义。所以在第五次反“围剿”革命失败以后，当时党内的一些领导人开始反思党群关系问题。张闻天提出，“我们都要采取发动群众，经过群众，依靠群众的路线。因为这里的问题，不是简单的捉几个人或杀几个人，或没收征发

---

① 《毛泽东选集》第 1 卷，人民出版社 1991 年版，第 91 页。

② 《毛泽东选集》第 1 卷，人民出版社 1991 年版，第 92 页。

③ 《毛泽东选集》第 1 卷，人民出版社 1991 年版，第 111—112 页。

一些地主或富农的东西，而是一个怎样在执行我们的明确的阶级路线中发扬群众的积极性，提高群众觉悟程度，团结与组织群众在苏维埃政权的周围”[①]。1934年，毛泽东在《关心群众生活，注意工作方法》中指出：“真正的铜墙铁壁是什么？是群众，是千百万真心实意地拥护革命的群众。这是真正的铜墙铁壁，什么力量也打不破的，完全打不破的。反革命打不破我们，我们却要打破反革命。”[②]可见，党的调查研究的理论与实践，对于党对群众问题的认识和对形成党和人民群众的密切联系的思想奠定了重要基础。

3. 调查研究的理论总结和升华，提出群众路线思想的系统理论

红军长征到达延安以后，毛泽东集中精力从事理论工作。在百忙中，他亲自整理了经过长征保存下来的调查材料，编为《农村调查》一书，并写了《〈农村调查〉的序言和跋》，着重阐述了调查研究应采取的态度和方法。他指出：“调查研究没有满腔的热忱，没有眼睛向下的决心，没有求知的渴望，没有放下臭架子、甘当小学生的精神，是一定不能做，也一定做不好的。”[③]并曾这样介绍自己的经验：“群众不讲真话，是因为他们不知道你的来意究竟是否于他们有利。要在谈话过程中和做朋友的过程中，给他们一些时间摸索你的心，逐渐地让他们能够了解你的真意，把你当做好朋友看，然后才能调查出真情况来，群众不讲真话，不怪群众，只怪自己。”[④]同时，毛泽东还强调“事物是运动的，变化着的，进步着的。因此，我们的调查，也是长期的。今天需要我们调查，将来我们的儿子、孙子，也要作调查，然后，才能不断地认识新的事物，获得新的知识”[⑤]。

① 中国井冈山干部学院、中央档案馆编：《〈红色中华〉全编》（整理本）第7卷，江西人民出版社2016年版，第3573页。

② 《毛泽东选集》第1卷，人民出版社1991年版，第139页。

③ 《毛泽东选集》第3卷，人民出版社1991年版，第790页。

④ 《毛泽东文集》第2卷，人民出版社1993年版，第383页。

⑤ 《毛泽东文集》第2卷，人民出版社1993年版，第378页。

在党的调查研究思想理论日益丰富和成熟的基础上，以毛泽东为代表的中国共产党人更加深刻地认识到了人民群众在中国社会和中国革命中的历史地位和巨大作用，并在1945年的《论联合政府》中指出："我们共产党人区别于其他任何政党的又一个显著标志，就是和最广大的人民群众取得最密切的联系。全心全意地为人民服务，一刻也不脱离群众；一切从人民的利益出发，而不是从个人或小集团的利益出发；向人民负责和向党的领导机关负责的一致性；这些就是我们的出发点。"①"凡属正确的任务、政策和工作作风，都是和当时当地的群众要求相适合，都是联系群众的；凡属错误的任务、政策和工作作风，都是和当时当地的群众要求不相适合，都是脱离群众的。"②"共产党人的一切言论行动，必须以合乎最广大人民群众的最大利益，为最广大人民群众所拥护为最高标准。"③所以，党的七大正式把群众路线的基本精神写入党章，并对其理论内容作了完整的概括，包含一切为了人民群众，全心全意为人民服务的观点；一切向人民群众负责的观点；相信群众自己解放自己的观点；向人民群众学习的观点等。可见，党的群众路线思想的产生、形成、成熟和发展凝聚着以毛泽东为代表的中国共产党人的心血和智慧，全过程贯穿着调查研究这一根本工作方法，并最终成为我们党的根本工作路线和生命线。

（三）调查研究与毛泽东思想的初步形成

毛泽东思想是马克思主义普遍原理同中国革命具体实践相结合产生的第一次飞跃，是马克思主义中国化的理论成果。土地革命时期，毛泽东所作的诸多调查中，他所坚持的实事求是的态度、依靠群众的方法和从实际出发的作风，标志着实事求是、群众路线及独立自主的

① 《毛泽东选集》第3卷，人民出版社1991年版，第1094—1095页。

② 《毛泽东选集》第3卷，人民出版社1991年版，第1095页。

③ 《毛泽东选集》第3卷，人民出版社1991年版，第1096页。

毛泽东思想活的灵魂的初步形成。通过调查研究，毛泽东思想这一马克思主义中国化的理论成果的雏形已经形成。

1. 没有调查就没有发言权——实事求是的思想

毛泽东思想活的灵魂——实事求是，就是从实际出发，理论联系实际，就是把马克思列宁主义普遍原理同中国革命具体实践相结合。毛泽东向来反对离开中国社会和中国革命的实际去研究马克思列宁主义。在寻乌调查时，他就提出反对本本主义，强调调查研究是一切工作的第一步，没有调查就没有发言权。毛泽东10多天的寻乌调查，直接推动了他对调查研究的重要意义、主要方法的理论思考，进而提出要创造新局面，坚持理论和实际相结合、反对本本主义，中国革命胜利要靠中国同志等重要理论观点和精彩论述。1930年5月，毛泽东的《调查工作》（《反对本本主义》）一文问世，这正是毛泽东作寻乌调查期间得出的成果。在这个意义上，毛泽东的《寻乌调查》为《调查工作》这一毛泽东实事求是思想路线形成的代表作和重要标志的形成打下了坚实的基础。毛泽东早于1929年6月便提到：历史上，有“一种错误的思想路线”，“这种思想是不利于党的团结和革命的前途的，是有离开无产阶级革命立场的危险”。①《调查工作》是毛泽东多年调查研究活动的理论总结，更是毛泽东当时“最大规模”调查后对于正确思想路线的理论升华。文章首先阐明了调查研究的重要性，提出了“没有调查，没有发言权”的著名口号，倡导到社会群众中去召开调查会，指明“一切结论产生于调查情况的末尾，而不是在它的先头”，“调查就是解决问题”②。这也是来自毛泽东的亲身实践，表达了毛泽东的实际感受，是毛泽东思想中实事求是的鲜明体现。毛泽东的《调查工作》一文，初步形成了毛泽东思想活的灵魂。1961年3月11日，毛泽东将这篇文章印发给他在广州召集

① 《毛泽东文集》第1卷，人民出版社1993年版，第74页。

② 《毛泽东选集》第1卷，人民出版社1991年版，第112页。

的一次会议，并写了以下说明："这是一篇老文章，是为了反对当时红军中的教条主义思想而写的。那时没有用'教条主义'这个名称，我们叫它做'本本主义'。"这篇文章收入《毛泽东著作选读（甲种本）》时，毛泽东作了一些文字上的修正和个别内容上的补充，题目改为《反对本本主义》，后来又编入《毛泽东选集》。

2. 深入群众、深入基层、深入实际——群众路线

毛泽东思想活的灵魂——群众路线，就是一切为了群众，一切依靠群众，从群众中来，到群众中去，就是把马克思列宁主义关于群众是历史的创造者的原理系统地运用在党的全部活动中。寻乌调查坚持群众路线，深入群众，深入基层，深入实际。毛泽东强调"群众是真正的英雄"，把群众当"可敬爱的先生"一样虚心请教、不耻下问，与调查对象交朋友，在基层努力搜集第一手资料，了解具体的真实情况，这样才"真正懂得中国的事情的"[①]。寻乌调查中，毛泽东与乡苏维埃主席、杂货店主、贫农、中农、区苏委员、区政府主席、秀才等 11 人开调查会亲切座谈，深入地了解到了各行各业各阶层的实际情况，并按照所掌握的情况制定出符合大多数群众利益的方针政策。为了切实掌握真实情况，毛泽东提出，参加调查会的人，"要是能深切明了社会经济情况的人。以年龄说，老年人最好，因为他们有丰富的经验，不但懂得现状，而且明白因果。有斗争经验的青年人也要，因为他们有进步的思想，有锐利的观察。以职业说，工人也要，农民也要，商人也要，知识分子也要，有时兵士也要，流氓也要"[②]。调查哪个问题，就请哪方面的人士参加。通过寻乌调查，自谦"对于商业状况是完全的门外汉"的毛泽东懂得了城市商业情况，这便为制定正确对待城市贫民和商业资产阶级的政策提供了生动而实际的依据。毛泽东还尖锐地批评道："许多的同志都成天地

① 《毛泽东选集》第 3 卷，人民出版社 1991 年版，第 790 页。

② 《毛泽东选集》第 1 卷，人民出版社 1991 年版，第 116—117 页。

闭着眼睛在那里瞎说，这是共产党员的耻辱，岂有共产党员而可以闭着眼睛瞎说一顿的吗？”“要不得！要不得！注重调查，反对瞎说！”[①]毛泽东的立场和态度多么鲜明！同时，阐明了调查研究的目的和意义是解决问题。毛泽东指出，“你对于那个问题不能解决吗？那末，你就去调查那个问题的现状和它的历史吧！你完完全全调查明白了，你对那个问题就有解决的办法了。一切结论产生于调查情况的末尾，而不是在它的先头”[②]。毛泽东还严厉批评了那些遇到困难只是叹气，或者用“才力小，干不下”等作为搞不好工作理由的领导。毛泽东奉劝这些领导，迈开你的两脚，到你的工作范围的各部分各地方去走走，学个孔夫子的“每事问”，即去深入实地调查研究，那是一定可以搞好工作的。他还形象地说：“调查就像‘十月怀胎’，解决问题就像‘一朝分娩’。”“调查研究就是解决问题。”思想来源于广大群众，得益的是广大群众。在以后一个时期，随着土地革命不断深入，方针政策在实践中不断得到补充完善。毛泽东的这种群众观，为巩固和发展农村革命根据地，为党的群众工作积累了宝贵经验。

3. 中国革命斗争的胜利要靠中国同志了解中国情况——独立自主的思想

毛泽东思想活的灵魂——独立自主，就是从中国实际出发，依靠群众力量进行革命、建设的必然结论。中国革命要取得胜利，首先要立足本国，依靠本国革命力量和人民群众，使马克思列宁主义的普遍原理同本国的具体实践相结合，把本国的革命事业做好。中国共产党是在共产国际的指导帮助下成立的，并且按照共产国际的规定，成为共产国际的一个支部，需要服从共产国际的领导。在中国共产党成立初期的革命实践中，苏共和共产国际的指导和帮助确实起到了重要的作用。但是，外

① 《毛泽东选集》第 1 卷，人民出版社 1991 年版，第 109 页。
② 《毛泽东选集》第 1 卷，人民出版社 1991 年版，第 110 页。

国同志难以准确把握中国的具体国情和实际情况，出现了指导偏差，使中国革命遭遇了严重挫折。毛泽东一贯坚持独立自主，在寻乌调查时就强调“中国革命斗争的胜利要靠中国同志了解中国情况”[①]。中国革命需要学习别国革命的经验，但这种学习并不是要求人们去照抄书本上的个别词句或别国革命的具体公式。为把中国革命引向胜利，必须认真地调查研究中国的情况，独立地思考和解决中国革命的问题。

大革命失败以后，中国革命之所以能够坚持下来并走向复兴，关键在于找到了一条正确的革命道路。这条道路，就是把立足点由城市转入农村，发动和依靠农民群众，在农村建立根据地，开展土地革命和各项建设事业，开展以农民为主体的长期革命战争，发展和壮大革命力量，最后占领城市，夺取全国胜利的道路。这条前人没有走过的独创道路，是在全党的集体奋斗中开辟出来的。其中，毛泽东作出了最卓越的贡献。他不仅在实践中首先把武装斗争的重心转向农村，创造出坚持、发展农村根据地的系统经验，而且在《星星之火，可以燎原》等著作中，从理论上初步对中国革命的道路问题作了阐明。农村包围城市、武装夺取政权道路的开辟，以及有关这条道路的理论的初步阐明，是同当时党内盛行的把马克思主义教条化、把共产国际决议和苏联经验神圣化的错误倾向作斗争的结果。毛泽东总结这方面的经验，在《反对本本主义》一文中批评了教条主义者不从中国的实际出发，盲目执行上级指示，明确提出“中国革命斗争的胜利要靠中国同志了解中国情况”，强调马克思主义“必须同我国的实际情况相结合”。这些观点的提出，标志着毛泽东独立自主思想的初步形成。以毛泽东为代表的中国共产党人在反对党内“左”倾错误的斗争中，经过寻乌调查等系统的调研实践和科学的理论总结，初步形成了实事求是、群众路线和独立自主的思想。毛泽东这些重大的理论创造，不仅直接指导了中央苏区的革命斗

---

① 《毛泽东选集》第 1 卷，人民出版社 1991 年版，第 115 页。

争，而且为中国共产党和中国革命的胜利奠定了科学的理论基础。经过长征，到了抗日战争时期，通过对建党以来历史经验的深刻总结和对党内“左”倾错误思想的系统清算，实事求是、群众路线和独立自主形成完备的理论形态，并成为毛泽东思想活的灵魂。从此，中国共产党获得了系统的马克思主义世界观和方法论的指导，大大促进了马克思主义中国化的进程。

第四章

从战争中学习战争

——关于长征落脚点的战略抉择

长征，简单地讲就是一次军事行动，起初是中国南方各路红军未能粉碎国民党军的“围剿”，被迫向中国西北地区的战略大转移；但其结局则是历史乾坤的斗转星移，成为中国共产党人谱写的英雄史诗，实现了中国革命的伟大转折，拉开了中华民族伟大复兴的序幕，改变了中国的命运。毛泽东无疑是指挥红军最终夺取长征胜利的统帅，他是 1934 年 10 月 17 日随中央红军渡过于都河踏上长征路的。对于毛泽东来说，长征也可以说是在特定历史条件下进行的一场广度和深度空前的社会调查。和中央红军的指战员一样，他跋涉经过江西、福建、广东、湖南、广西、贵州、云南、四川、西康、甘肃、陕西等 11 个省，行程两万五千里；他指挥红军冲破了 100 万国民党军的重重围追堵截；在鸟尽人踪灭的恶劣自然环境中，克服了几乎超越人类生存极限的千难万苦；战胜了危害最严重的王明“左”倾教条主义和发展到极致的张国焘右倾分裂主义，从而达到了全党和全军的团结统一；他透过纷繁复杂的国内国际形势，探索并开辟长征胜利的道路和中国革命复兴之路。长征是毛泽东革命生涯中一次最伟大的斗争实践。

毛泽东在《中国革命战争的战略问题》中有句名言：“读书是学习，使用也是学习，而且是更重要的学习。从战争中学习战争——这是我们的主要方法。”这实际就是说：在某社会活动中，通过实践的积累，形成某方面合乎实际的规律性认识，进而用于指导实践，最终到达胜利的彼岸。毛泽东认为：“指挥员的正确的部署来源于正确的决心，正确的决心来源于正确的判断，正确的判断来源于周到的和必要的侦察，和对于各种侦察材料的联贯起来的思索。指挥员使用一切可能的和必要的侦察手段，将侦察得来的敌方情况的各种材料加以去粗取精、去伪存真、由此及彼、由表及里的思索，然后将自己方面的情况加上去，研究双方的对比和相互的关系，因而构成判断，定下决心，作出计划，——这是军事家在作出每一个战略、战役或战斗的计划之前的一个整个的认识情况的过程。”[①]长征中，毛泽东对红军长征落脚点——新的根据地的探索，可谓这一调查研究工作方法的典范。

一、第五次反“围剿”失败前各路红军创建新根据地的尝试

长征是从丧失根据地开始的。20 世纪 30 年代中叶，中国南方的各主力红军相继在反“围剿”战争中失败，被迫离开经营多年的各根据地，陆续踏上漫漫长征路；长征又是以能否找到或者建立新的根据地（立脚点）作为其胜利与否的标志。在战略转移的过程中，各路红军都一直在为建立新的根据地进行艰苦的努力，这是红军能否真正转危为安的关键。在很大程度上说，长征的过程就是党和红军创建新的革命根据地的过程，也是中国共产党人以自己的政治主张由南向北发展逐步改变中国面貌的过程。

中国共产党人对于革命根据地的重要性，早就有着清醒的认识。在苏联顾问的帮助下，第一次国共合作时期以广东为大本营进而取得北伐胜利的经历，使他们有了第一次的经验。正是因为如此，大革命失败后，他们发动南昌起义和广州起义的战略设想仍然是首先收复广东为后方基地和出海口，重建广东革命根据地，然后向北发展。毛泽东领导的秋收起义则有所不同，在起义遇挫之后，他们事实上改变了以夺取大中城市为立足点的城市中心论，开辟了第一个农村革命根据地——井冈山根据地，进而开辟了赣西南和闽西，形成中央革命根据地，从而探索发展为农村包围城市的

① 《毛泽东选集》第 1 卷，人民出版社 1991 年版，第 179—180 页。

中国式革命道路。

不断地巩固和发展革命根据地是农村包围城市革命道路的精髓之所在，也是中国共产党人在一次次失败与成功的实践中的切实感悟。在中央红军长征之前，1932年10月，同是深受王明“左”倾教条主义危害之苦的红四方面军和红二军团，均在国民党军的第四次“围剿”中严重失利，被迫离开鄂豫皖根据地和湘鄂西根据地，在险象环生的环境中颠沛奔波了几千里，最后又分别创建了川陕革命根据地和黔东根据地才得以立足。

1933年9月，国民党当局以50万兵力对中央革命根据地发动第五次“围剿”。由于党内“左”倾教条主义的错误领导，中央革命根据地日益缩小，军力、民力、物力消耗巨大。在第五次反“围剿”一再失利的时刻，第十九路军发动福建事变，给战场形势带来重要转机。毛泽东看到这是实行战略转变以粉碎敌人第五次“围剿”的良机，再次提出突围的提议。11月20日，他与朱德致电福建人民革命政府与十九路军，表示“我们苏维埃政府和工农红军准备在任何时候同你们联合，同你们订立作战的军事协定以反对与打倒我们共同的敌人——日本帝国主义与蒋介石的南京国民党政府”；同时，他向中央提出：以红军主力突破敌人的堡垒线，“突进到以浙江为中心的苏浙皖赣地区去，纵横驰骋于杭州、苏州、南京、芜湖、南昌、福州之间，将战略防御转变为战略进攻，威胁敌之根本重地，向广大无堡垒地带寻求作战。用这种方法，就能迫使进攻江西南部福建西部地区之敌回援其根本重地，粉碎其向江西根据地的进攻，并援助福建人民政府。”①这是毛泽东对创建新的根据地的一次大胆的创意。可惜，这一建议又被把持军事指挥权的博古、李德等拒绝。他们不敢采用这种向敌人后方出击的进攻性战略，害怕因此而

① 《毛泽东年谱（1893—1949）》（修订本）上卷，中央文献出版社2013年版，第415页。

失去根据地，又没有争取一切可能的同盟者尤其是“上层统一战线”的策略思想。他们认为利用敌人内部的矛盾与冲突使自己转入反攻与进攻，是冒险的行动；而且认为红军在东线运动打击进攻十九路军的蒋介石部的侧后方，是等于帮助了十九路军这一“最危险的敌人”，无异于丧失了无产阶级的“革命立场”。他们把红军主力从东线调到西线永丰地区，去进攻敌人的堡垒阵地，让十九路军单独去同蒋介石军队作战，使红军痛失依托闽浙赣苏区打破第五次“围剿”的大好良机。

1934年4月至7月，毛泽东在中共粤赣省委驻地会昌进行调查研究，主要是亲临南线前沿就军事问题进行调查。当毛泽东了解到国民党南路军总司令、广东军阀陈济棠和蒋介石有利害冲突，在南线采取的是“外打内通”“明打暗和”的策略，不积极向苏区进攻，并派出代表向红军作试探性的不再互犯的谈判之后，立即对粤赣省委书记刘晓和粤赣省军区司令员兼政委何长工作出指示：要抓住这一有利时机，加强统一战线的工作，可以派一些化装小分队，深入陈济棠部管区宣传抗日救国，中国人不打中国人，枪口一致对外的道理，促动陈军停战抗日。毛泽东还指示：根据南线情况，可适当调整部队，把主力抽下来，这样既可缓和前线形势，又可积蓄我军力量，休养生息，以备不虞[①]。毛泽东的这些指示，对消除南线的赤白对立，促进陈济棠与红军进行谈判，起到了良好的作用。10月，周恩来、朱德派潘汉年、何长工为红军代表，同陈济棠的代表举行秘密会谈，双方达成“就地停战”“互通情报”“解除封锁”“相互通商”“必要时互相借道”5项协议。其中包括：红军有行动时事先告诉陈济棠，陈济棠部就后撤20公里。这就为后来中央红军长征突破第一道封锁线创造了有利条件。毛泽东在中央苏区南线的调研，实际也是对如何打破敌人围攻和对中央红军发展方向的一次探索。

1934年7月，随着国民党军对中央革命根据地的压迫和进攻愈演愈

---

① 何长工：《何长工回忆录》，解放军出版社1987年版，第323—324页。

烈，第五次反“围剿”的失败已成定局。为调动和牵制国民党军兵力，减轻对中央革命根据地的压力，中共临时中央、中革军委决定将红十九师编成新的红七军团，对外改称中国工农红军北上抗日先遣队。7 月 6 日晚，6000 余众的红七军团在寻淮洲、乐少华、粟裕等率领下，从瑞金出发，15 日在福建永安与护送部队红九军团集结，挥师北上，经福建、浙江、皖南进入闽浙赣苏区，不久，与方志敏领导的红十军会师，组成红十军团，继续以北上抗日先遣队名义行动。中央派出这支部队更加直接的目的，是企图以这一行动威胁国民党统治的腹心地区，吸引和调动一部分“围剿”中央苏区的敌人，配合中央红军主力即将实行的战略转移。当时对这一意图秘而不宣。

和福建事变发生时毛泽东提出的北出苏浙皖赣相比，红七军团出征时，战场形势已经大变，中央苏区已由原来的纵横各近千里，缩小到各 300 余里，周围敌人重兵压境，并不断向中央苏区中心地区进逼，军事形势十分危急；从意图看，毛泽东的主张是要将战略防御转为战略进攻，而这时候派出这样一支先遣部队，是被逼无奈的应急之举，而不是主动出击；从规模上看，毛泽东是要派遣红军主力，大有破釜沉舟的气概，彭德怀后来回忆起初是建议要红一、三、五、七、九军团全部出动，而此时却只有以红十九师为主重新组建的红七军团，作战兵力仅 4000 人，1200 多支枪，正如朱德回忆的那样“结果只以一个七军团去打，力量少小，当然没有牵掣得着”。作为亲历者，粟裕后来指出：赋予抗日先遣队的战略任务，是要以它的北上行动“促敌人进行战略与作战部署上的变更”。这个要求过高了，没有实现的客观基础，因而是主观主义的，它导致了在作战指导上的盲目冒险。最终，寻淮洲、刘畴西和方志敏等或作战牺牲，或被捕就义，出师未捷，几乎全军覆没。

同年 8 月，红六军团奉命离开湘赣根据地，开赴湘西与贺龙领导的红二军团会合。中共中央赋予红六军团的任务实际包含着为中央红军战略转移先行探路的意思。博古后来明确地说：“当时军事计划是搬家，准备到湘鄂西去，六军团是先头部队。”[①]可事实上，那时不仅红二军团的番号已改为红三军，而且离开湘鄂西已近两年，湘鄂西苏区早已不复存在。从湘赣苏区踏上长征路的红六军团，其任务是为中央红军远征“探路”，可路在何方呢？直到9月20日，中革军委才“据尚未证实的情报，我二军团的部队已经占据思南、印江、德江，并向石阡前进”。这是红三军比较准确的行踪，中革军委据此明确要求红六军团经清江、青溪到铜仁、江口地域，“设法与红二军团首长取得联络”[②]。于是，红六军团又经过一个月的艰苦转战，终于在10月24日于印江木黄和红三军胜利会师。红六军团连续行军作战近80天，跋涉5000余里，出色地完成了为中央红军长征侦察、探路的先遣队任务。为此，他们付出了极大的牺牲，全军由出发时的9700人锐减至3300人，人员折损近三分之二，才和贺龙领导的红三军（原来的红二军团）在贵州印江的木黄会师。曾任红六军团军团长的萧克后来谈及他们当时要建立根据地的强烈愿望时说：“二军团离开了洪湖，离开了湘鄂西，两年的游击活动，深深感到没有根据地是不行的。六军团离开了湘赣苏区，长途行军，既不能休整，也不能练兵，也有同样的感受。”[③]于是，他们开始合力创建湘鄂川黔根据地。

第五次反“围剿”的失败，使各路红军被迫离别经营奋斗多年的老根据地，踏上漫漫长征路。这犹如狂飙天降，把南方的各路红军都抛入了由国民党百万大军形成的汪洋大海中颠簸。失去根据地的艰苦转战，成为全体红军将士的切肤之痛。

---

① 《遵义会议文献》，人民出版社1985年版，第103页。

② 《红军长征·文献》，解放军出版社1995年版，第36页。

③ 《回顾长征——纪念中国工农红军长征胜利会师五十周年》，人民出版社1985年版，第59页。

二、长征初期中央红军创建新根据地的斗争

1934 年 10 月，由毛泽东、朱德等一手创建起来的中央革命根据地，已由全盛时期的 5 万平方公里土地、250 万人口、占有 21 座县城的相当规模的广大区域，锐减到只剩下瑞金、宁都、会昌、于都等一小块中心地带，眼看敌人就要合围了，李德、博古等人至此才不得不作出放弃中央革命根据地的决定，被迫实行突围，准备到湘西与红二、六军团会合，寻找一块新的立足之地。李德、博古等人僵化而错误地认为：红军一定要到达指定地区（湘西），放下行李后，再开始反攻来消灭敌人。因而，他们只是一味地行军、突围，只求到湘西与红二、六军团会师，而不顾一切。在军事部署上，将三军团放在右翼，其后为八军团；一军团任左翼，其后为九军团；五军团殿后，护卫着中央纵队和军委纵队以及负担着大量辎重的后勤机关。

长征开始后，毛泽东随由中革军委系统改编成的军委纵队（代号“红星纵队”）一起行动。当时，他正患重病，身体十分虚弱，每天都躺在担架上行军。但他的大脑却在不停地思考着和判断着。他看到，长征开始以后，“左”倾领导者一改第五次反“围剿”中所奉行的进攻中的冒险主义，转而实行防御中的保守主义和退却中的避战主义。鉴于当时敌我双方的实际状况，毛泽东于 11 月 6 日在广东仁化的城口圩提出建议：红军不要向文明司前进，不要在坪石过粤汉铁路，不要取宜章、临武，而应该向北越诸广山，沿耒水北上，在水口山一带休整，仍到永丰、蓝田、宝庆等地摆开战场，消灭“围剿”之敌。毛泽东的这一建议，对于彻底打破敌人的“围剿”，从根本上摆脱被动挨打的境地十分有意义，但“左”倾领导者还是拒绝了。这样，为突破第三道封锁线，红军被迫同敌军展开激战。在付出较大的伤亡代价后，终于突破敌人的第三道封锁线。但是，中央红军已经由出发时的 8.6 万多人，减少到 6 万人左右。

而蒋介石又迅速调集40万大军依据湘江天险，部署了第四道封锁线。中央红军处于前有湘江阻拦，后面和左右两侧有数十万敌军围追堵截的危险处境。

面对当时险恶的形势，毛泽东在反复研究敌情之后，提出改变进军方向的建议：主张红军主力不要过潇水，不要攻道县和江华，应沿潇水东岸经保和圩、雷家坪等地，攻占零陵的粟山铺，再向东北攻祁阳，过湘江，在两市镇或宝庆一带与敌决战，然后再返回中央革命根据地。但这一具有战略眼光的建议，又一次被“左”倾教条主义领导者拒绝了。

在英勇的红军血战湘江，终于突破敌人第四道封锁线后，中央红军兵力更是锐减到3万多人。面对空前严重的危机，毛泽东不顾个人得失，向中央提出改变进军路线和军事指挥问题。从翻越老山界起，毛泽东和张闻天、王稼祥就开始批评中央的军事路线，指出第五次反“围剿”以来的失败主要是军事路线的错误所致。这引发了中央领导层的激烈争论。鉴于红军已经失去到湘西与红二、六军团会师的先机，为免自投罗网，毛泽东就向中央建议，放弃原定计划，改向敌人力量薄弱的贵州前进。但遭到李德、博古等的拒绝，他们仍把希望寄托在与红二、六军团会师上，坚持既定的行军路线。毛泽东的建议虽然没有被采纳，但还是引起中革军委主席兼红军总司令朱德的重视，他在进入通道县城的当天（1934年12月11日）就致电红一军团军团长林彪、政治委员聂荣臻，要他们派出侦察部队带电台去“侦察入黔的道路”[①]。正是在毛泽东的力主下中央的主要负责同志在通道召开紧急会议。

通道会议没有留下会议记录，亲历者的回忆也很少，据李德回忆这是一次“飞行会议”。但是从会后的电报中可以确认：虽然李德、博古仍固执己见，虽然这次会议仍坚持与红二、六军团会合的计划，但是毛泽东关于改变进军路线的主张得到包括周恩来在内的多数与会者的赞

① 《朱德年谱（1886—1976）》（新编本）上卷，中央文献出版社2006年版，第438页。

同。会后，中革军委于当日 19 时半致电各军团、纵队下达《关于我军明十三日西进的部署》，命令一军团之第二师及九军团应向黎平方向前进，“相机进占黎平”。12 月 13 日，中央红军从通道分两路转兵西进。一路由当时通道县城的县溪进入靖州县的新厂、平茶，然后由新厂、平茶分两路进入贵州。一路由通道的播阳进入贵州的洪州向黎平进军。14 日，朱德致电红二、六军团首长，要求红二、六军团主力仍应继续向沅江上游行动，以策应中央红军向黔北进军。15 日，红一军团攻占黎平。这就是长征史上著名的“通道转兵”。自“通道转兵”始，毛泽东再次进入党中央决策的领导层，并逐步成为新的中央领导集体的核心。毛泽东自宁都会议被剥夺对红军的领导权之后，虽然多次就军事问题提出建议，但大多未被采纳。特别是第五次反“围剿”和长征以来，他先是建议乘福建事变之机，红军主力突进到以浙江为中心的苏浙皖赣地区，将战略防御转变为战略进攻；继而建议红军主力到湖南中部，调动江西之敌到湖南消灭之。但均被拒绝。这种状况到酝酿“通道转兵”时发生了根本改变。通道会议的参加者李德回忆：“这次他不仅得到洛甫和王稼祥的支持，而且还得到了当时就准备转向‘中央三人小组’（指毛泽东、张闻天和王稼祥——引者注）一边的周恩来的支持。因此毛的建议被通过了。他乘此机会以谈话的方式第一次表达了他的想法……”[①]从“通道转兵”开始，毛泽东在党的核心领导层重新获得发言权，并发挥了越来越重要的作用，直至在遵义会议上实际重新确立了在全党和全军的领导地位。

三、中央红军在川滇黔地区创建新根据地的斗争

根据通道会议的决定，中央红军开始西进贵州。1934 年 12 月 15 日，中央红军占领黎平城。红军这一举动，一下子使敌人摆在湘西的重兵处

① 〔德〕奥托·布劳恩：《中国纪事》，李逵六等译，东方出版社 2004 年版，第 114 页。

于无用之地，而敌人要调整部署又需时间，中央红军自10月份开始长征以来，第一次获得休整的可能。12月18日，中共中央政治局在黎平城内召开会议，讨论战略方针问题。可以说，黎平会议是一次十分重要的会议，是从湘南就开始的红军战略方向问题争论的继续，是通道会议进行的两种战略方针问题争论的继续。会上，博古和李德坚持从黎平北上去湘西与红二、六军团会合，创建新根据地的方针。他们不顾敌人的重兵仍在湘西的实际情况，不愿根据已经变化了的情况来改变自己的行动方针。毛泽东则主张继续向贵州西北部进军，在川黔边建立新根据地。经过毛泽东摆事实、讲道理、明大义的努力说服，与会不少人改变了自己原来的观点，绝大多数人同意毛泽东放弃北上方针的正确意见。更为重要的是，黎平会议作出并通过《中央政治局关于战略方针之决定》（即黎平会议决议）。决议明确指出："鉴于目前所形成之情况，政治局认为过去在湘西创立新的苏维埃根据地的决定在目前已经是不可能的，并且是不适宜的。"为使中央红军在今后能与红四方面军和红二、六军团更密切地协同动作，为求得在政治、经济及群众等方面更有利于彻底粉碎第五次"围剿"的条件，利于今后苏维埃运动及红军的发展，"政治局认为新的根据地区应该是川黔边区地区，在最初应以遵义为中心之地区，在不利的条件下应该转移至遵义西北地区"。[①]这个决议不仅用正式决定的形式否定了博古、李德等坚持北上湘西与红二、六军团会合的错误主张，肯定了毛泽东关于改变进军方向的正确主张，也是红军长征以来的重大战略转折。

黎平会议后，中央红军即按照中央军委的部署，兵分两路，向遵义方向前进。到1935年元旦前夕，中央红军各路大军已云集在乌江南岸，正在紧张而有序地进行强渡乌江的各项准备工作。1934年12月31日，军委纵队到达瓮安县的猴场。鉴于中央红军即将渡过乌江，进入黔

① 中央档案馆编：《红军长征档案史料选编》，学习出版社1996年版，第54—55页。

北，也由于“左”倾领导者对于黎平会议决议尚有争论，对于下一步的行动方针还有不同意见。为此，中央政治局在1935年1月1日于猴场召开一次会议。在会上，“左”倾领导者主张中央红军不过乌江，回头东进，与红二、六军团会合，仍坚持过去的错误方针。毛泽东则再次重申在黎平会议上所阐明的正确主张，与会的绝大多数人都赞同毛泽东的建议，再次否定了“左”倾领导者的错误主张。会议还作出《中央政治局关于渡江后的新的行动方针的决定》（亦称猴场会议决议）。在这个决议中，明确指出要“建立川黔边新苏区根据地。首先以遵义为中心的黔北地区，然后向川南发展，是目前最中心的任务”①。在这次会议上，为了能够把握住取得胜利的有利时机，使红军不失时机地在运动中各个击破敌人，中央政治局还决定：“关于作战方针，以及作战时间与地点的选择，军委必须在政治局会议上做报告。”②这一决定实质上就是剥夺了第五次反“围剿”以来李德、博古等把持的军事指挥权，改由中央政治局决策指挥。

在黎平会议和猴场会议上，中央政治局提出夺取遵义，进军黔北，开创以遵义为中心的川黔边革命根据地的方针，并准备反攻，以彻底粉碎敌人的第五次“围剿”。特别是猴场会议提出的“打到遵义去，创造新苏区”的口号，使广大红军指战员人心振奋，斗志倍增。在强渡地形险要的乌江天险之后，中央红军第一军团第二师于1935年1月7日智取遵义。中央军委纵队于1月9日进驻遵义。在中央红军占领遵义期间，中共中央政治局于1935年1月15日至17日在遵义召开了具有伟大历史意义的扩大会议。

关于遵义会议的伟大转折及其重要意义，已经广为人知。其最重要的成就是会议推举毛泽东为政治局常委。同时取消“三人团”，仍由最高

---

① 中央档案馆编：《红军长征档案史料选编》，学习出版社1996年版，第62页。

② 中央档案馆编：《红军长征档案史料选编》，学习出版社1996年版，第63页。

军事首长朱（德）、周（恩来）为军事指挥者，而周恩来同时是党内委托的对于指挥军事上下最后决心的负责者。会议结束后，政治局常委进行分工，以毛泽东为周恩来军事指挥的帮助者。这些实际上就是取消了博古、李德的最高军事指挥权，从而剥夺了王明“左”倾机会主义路线对红军的统治，宣告了这条道路的彻底破产。1935 年 2 月 5 日前后，在毛泽东的提议和积极说服下，根据遵义会议精神，中央政治局常委进行分工，由张闻天代替博古负总责。1935 年 3 月 10 日在贵州苟坝成立了由毛泽东、周恩来、王稼祥组成的三人军事小组，全权指挥军事。在当时险恶的战争条件下，在漫长艰辛的长征途中，军事问题是决定党的生死存亡的重要问题，因此三人军事小组是党中央最重要的领导机构。毛泽东参加三人军事小组，表明毛泽东在全党全军的领导地位得到进一步的确认。

遵义会议还有一项重要的战略决策，不大为人们所关注，即改变了原来准备以遵义为中心建立川黔边根据地的计划，根据刘伯承和聂荣臻在会议上的提议，决定转向较为富庶又可与红四方面军所建立的川陕革命根据地相互呼应的川西或川西北建立新的根据地。长期以来对于此决策是否正确的问题，被淹没在对遵义会议的一片赞誉声中，学术界似乎很少有人论及。实际上，事发不久，陈云就批评“这个决议（指改变在川黔边建立根据地的计划，转向成都之西南或西北发展——引者注）只在一些比较抽象的条件上来决定根据地，没有具体的了解与估计敌情与可能，没有讲求达到这个目的的具体步骤。而且个别同志对于四川敌人的兵力是过低的估计的，后来由威信回兵黔北而没有达到渡江入川的目的，亦正在此”[①]。入川失败的教训，给红军将领们留下深刻的记忆。甚至在一年以后，彭德怀在 1936 年 1 月 26 日给张闻天、毛泽东、周恩来、博古和王稼祥的电报中，仍然旧事重提，告诫“不要忘记第一次到遵义

① 《陈云文选》第 1 卷，人民出版社 1995 年版，第 37 页。

轻易入川的教训"[①]，以此表达他对红军主力离开陕甘根据地东征前途的忧虑。尽管有四渡赤水的神来之笔，使中央红军取得了长征的主动权，但单就到川西建立根据地的战略决策最终未能实现讲，这确实是一次失败的战略行动。

通道转兵贵州后，中央就放弃了原来到湘西与红二、六军团会师的计划，改而先后尝试创建川黔边、川西北和川滇黔苏区。如果这些目标能够有一个得到实现，就将形成与红二、六军团据有的湘鄂川黔苏区、红四方面军开创的川陕苏区互为呼应的大好局面。虽然尚未发现中共中央和中革军委全面描绘这一战略意图的文件，但在中央发给红二、六军团和红四方面军以及原中央苏区项英等的电报中，可窥其一斑。如中共中央和中革军委于 1 月 22 日致电在川陕苏区的红四方面军，要他们"宜迅速集结部队完成进攻准备，于最近时期实行向嘉陵江以西进攻"[②]。再如 2 月 13 日，中央给项英和中央分局的电报中，要求他们"彻底改变斗争方式，一般都应由苏区方式转变为游击区的方式"，强调"分兵抵御是没有结果的"[③]。又如 2 月 16 日，中革军委致电中央军区和红二、六军团及红四方面军，告知中央已被迫放弃原定北渡长江的计划，而改为争取在川滇黔"这一广大地区创造新的苏区根据地，以与二、六军团及四方面军呼应作战"[④]。这些电报充分显现出在遵义会议后，毛泽东和党中央在西南地区开创中国革命新局面的战略意图。这是中共中央根据战

① 《红军东征——影响中国革命进程的战略行动》上册，中共党史出版社 1997 年版，第 67 页。

② 《建党以来重要文献选编（1921—1949）》第 12 册，中央文献出版社 2011 年版，第 33 页。

③ 《毛泽东年谱（1893—1949）》（修订本）上卷，中央文献出版社 2013 年版，第 447 页。

④ 《建党以来重要文献选编（1921—1949）》第 12 册，中央文献出版社 2011 年版，第 90 页。

略态势的变化对长征路线和中国革命发展方向的新探索，也反映出夺取长征的最终胜利是一个动态发展的过程。学术界以往对此战略意图研究得不够，这实际是中共中央和中革军委对长征道路探索第二阶段的总目标。1935 年 3 月 8 日中共中央发布的《为粉碎敌人新的围攻赤化全贵州告全党同志书》中指出：“用一切努力来粉碎敌人新的围攻，来建立苏区根据地，是目前每个共产党员最中心最神圣的任务。”①

和“左”倾教条主义者的指挥根本相反，毛泽东不同意先到达新根据地放下包袱再回过头来粉碎敌人“围剿”的观点，而是以运动战调动敌人，在粉碎敌人围追堵截的过程中寻求和创造新的根据地。在随后几个月，为了这个目标，在著名的四渡赤水之战中，毛泽东利用红二、六军团在湘鄂川黔和红四方面军在川陕的犄角之势，把打破敌人围追堵截的现实任务和创建新根据地的既定目标有机地统一起来。他时而指挥中央红军向北摆出同红四方面军会师的态势，时而又回头显露出要与红二、六军团会合的趋向，巧妙地与强敌周旋，反复地调动敌人，将包袱甩给敌人，从而争得了战场主动，在惊涛骇浪中杀出一条生路，胜利实现中央红军与红四方面军的会师。

四、中国革命中心的北移与长征落脚点的确定

回顾各路红军在长征途中创建新根据地的斗争经历，不难发现有一个重要的特点，那就是由南向北、向西逐次推进。起初的重点是旨在粉碎国民党军对老根据地的“围剿”，保存和发展红军的有生力量。因此创建新根据地的区域主要是在长江流域，并试图与传统的革命根据地形成呼应。其中特别突出的是中央红军根据敌情变化，先后选择湘西、川

① 《毛泽东年谱（1893—1949）》（修订版）上卷，中央文献出版社 2013 年版，第 450 页。

黔边、川西或川西北、川滇黔边等地创建新根据地。但是，这些努力都一一落空。这使得毛泽东和党中央在与红四方面军会师后，开始系统地分析和研究中国革命的形势、敌我力量的对比和分布、民族状况和各区域的经济发展水平、中国革命的发展方向和复兴之路等全局性的问题，从而提出在川陕甘地区创建新根据地的战略取向。这主要是因为：

第一，自资产阶级民主革命运动兴起以来，中国革命的中心一直在南方。辛亥革命主要是在南方发动并取得胜利的；辛亥革命后孙中山等领导的二次革命、护国运动和护法战争等也是由南向北发动的；国共合作掀起的大革命和北伐战争依然是以南方为中心逐步展开的。大革命失败后，中国共产党人也把武装反抗国民党反动派斗争的中心摆在了中国南方。南昌起义后向广东的进军、海陆丰的武装暴动和广州起义，都有先建立两广根据地，然后再度北伐的意图；领导湘赣边界的秋收起义的毛泽东也认为，红军的组成、红色政权首先产生和能够长期存在的地区，必须是经过民主革命影响的，“例如湖南、广东、湖北、江西等省”，“那些毫未经过民主的政治训练、毫未接受过工农影响的军队，例如阎锡山、张作霖的军队，此时便决然不能分化出可以造成红军的成分来。”[①]当时先后建立的大大小小十几块革命根据地，除陕甘和陕北之外，基本上分布于中国的南方省份。这种情况在20世纪30年代中期开始发生转变，中国革命的重心逐步由南方向北方转移。出现这种局面，主要有几个原因。

一是自明成祖定都北京以来，北方长期是中国封建专制统治的中心。但是，清末以来，继清朝封建统治被推翻，袁世凯死后北洋军阀集团分裂及其随后在国民革命军发动的北伐和二次北伐中土崩瓦解，在中国北方，不仅旧的反动统治势力已经被摧毁，而且继之而起的新军阀冯玉祥、阎锡山、张学良等势力，也在新军阀混战、南京国民政府的削弱

① 《毛泽东选集》第1卷，人民出版社1991年版，第49—50页。

政策的打击，以及日本侵占我东三省的过程中遭到重创。中国北方的反动统治力量大为削弱。

二是1927年4月18日，通过发动反革命政变在南京建立起的蒋介石政权，由于得到江浙等富庶地区地主和买办阶级以及英美等帝国主义的支持，1928年12月，随着东北易帜而完成了形式上的全国统一。接着，南京政权在与各路军阀的混战中一一胜出。特别是在规模最大的一次军阀内战——中原大战中，蒋介石战胜了冯玉祥、阎锡山、李宗仁等地方实力派，以及汪精卫等国民党内各反蒋政治派系的联合挑战，其统治力得到空前的巩固和膨胀。虽然，此后直至蒋介石政权最后在大陆覆灭，各地方实力派与蒋介石集团的矛盾甚至武装摩擦一直没有停止过，但都不足以对蒋介石的统治构成实质性的威胁。蒋介石政权把持了中国政治、经济的命脉。

三是在大规模的军阀混战平息以后，蒋介石在其统治的中心区发动更为严酷的白色恐怖，使长期在上海领导全国革命的中共中央无法立足，不得不迁往中央苏区。与此同时，他还纠集大军对分布在南方各省的各路红军和各红色根据地进行了疯狂的反扑。在强敌的进攻下，先是红四方面军未能打破敌人第四次“围剿”，撤出了鄂豫皖根据地（关于红四方面军这次战略转移的决策是否得当，这里不论），转战川陕；不久，留下坚持在鄂豫皖地区斗争的红二十五军，也踏上了战略转移之路，鄂豫皖革命根据地丧失；接着，湘赣革命根据地也陷入危急，红六军团作为战略先遣队撤离湘赣根据地，赴湘鄂西与贺龙部会合，湘赣根据地失守；与湘赣根据地共同作为中央苏区战略支撑和屏障的闽浙赣苏区，此时在敌人的围攻下，红十军团几乎全军覆没，军政委员会主席方志敏被捕后英勇就义，苏区沦陷；最后是中央革命根据地在红军第五次反“围剿”失败后，也落入敌手，党中央和中央红军与分布在南方的各路红军一样，被迫进行战略大转移。这样，中国南方的革命运动陷入低潮。

四是九一八事变以来，日本帝国主义对我东北、热河的武装侵占和对华北地区的侵略渗透，使中华民族面临亡国的危机。东北抗日救亡运动的风起云涌，察哈尔抗日同盟军的出现和长城抗战、绥远抗战的爆发，以及北平天津青年学生抗日救国运动的酝酿，表明以抗日救亡为核心的新的革命高潮正在中国的北方日益高涨，中国北方正在成为新的革命风暴眼。

以上情况表明，在20世纪30年代中叶，中国革命的中心已经由南方迁移到北方。而肩负领导中国革命重任的中国共产党，特别是遵义会议后形成的以毛泽东为核心的新的中央领导集体，亲身经历大革命后中国革命在南方由复兴发展再到失败的过程，尤其是第五次反“围剿”失败后饱尝在长江流域重建根据地之艰辛与挫折，从而逐步认识到中国革命中心已经北移的客观趋势，毛泽东在长征胜利抵达陕北还不到一年时，在和美国记者斯诺的谈话中就已经明确指出：“全国的政治形势也促使我们决定将主要的活动中心转移到西北去。”[①]因此，将中国革命的领导核心和骨干力量适时北移，自然成为毛泽东和他的战友们选择创建新根据地必须考虑的问题。

第二，1931年九一八事变后日本帝国主义对华侵略的步步深入造成中华民族空前的生存危机。这实际造成中国革命主要任务的变化，即由反对一切帝国主义对华侵略变为主要反对日本帝国主义侵略中国，由反帝、反封建并重到团结一切可以团结的力量反抗日本帝国主义的侵略。面对日本帝国主义的侵略，蒋介石南京政府顽固坚持“攘外必先安内”的反动政策，奉行不抵抗主义，致使大片国土沦丧，人民饱受欺辱，国难日益加重；九一八事变也给中国共产党人提出新的命题：他们一方面不得不同顽固坚持“攘外必先安内”政策的大地主、大资产阶级发动的全面“围剿”进行殊死的阶级斗争；另一方面必须进行抵抗日寇侵略的

① 《毛泽东自述》，人民出版社1996年版，第74页。

全民动员和准备，肩负起拯救民族危亡的历史责任。1931年九一八事变后，中国共产党通过发表一系列宣言和号召，表达了誓死抵抗日本侵略，坚决捍卫国家主权和领土完整的决心。同时，表示愿意在立即停止进攻苏维埃区域、保证民众的民主权利和武装民众3个条件下同任何武装部队订立共同对日作战的协定。但是自华北事变发生以来，日本的侵略蔓延至整个中国北方，其独占中国为其殖民地的野心已经昭然若揭，中华民族的危机进一步加剧。在这种情况下，对于中国共产党人来说，如果不能立即停止"左"倾教条主义者奉行的"要兵不要官"的关门主义统战政策，如果只是在远离抗日前线的中央苏区一般性地发表宣言和号召，肯定是很难得到全国民众的积极拥护并实现自己的抗日救亡主张的。

拯救因日本侵略造成的民族危机一直是毛泽东关注的焦点。在中央苏区毛泽东领导发动宁都起义时一个很重要的口号就是"联合抗日"；以毛泽东为主席的中华苏维埃中央临时政府不仅在1932年4月就发表宣言，正式对日宣战，还曾与爱国抗日的国民革命军第十九路军签订了抗日停战协定；作为配合主力红军战略转移重要棋子的红七军团和红二十五军，都是以"中国工农红军抗日先遣队"的名义踏上战略转移征途的；长征途中召开的遵义会议，因独立自主地依据中国的实际解决中国革命的问题而成为中国共产党由幼年走向成熟的标志，它为中国共产党在民族矛盾逐渐成为中国社会主要矛盾的历史背景下，适时转变自己的政治路线（建立抗日民族统一战线）提供了重要的思想基础和组织条件。正是在这种情况下，在刚刚摆脱国民党军的围追堵截后，毛泽东就在1935年6月29日的中央政治局常委会议上明确提出：要在部队中宣传反对日本帝国主义，反对放弃华北，并认为"这最能动员群众"[①]。这样，毛泽东就把北上抗日与建立川陕甘革命根据地的进军方向联系起

---

① 《毛泽东年谱（1893—1949）》（修订本）上卷，中央文献出版社2013年版，第460页。

来，实际就是把革命低潮时的退却（被迫寻找立足的新根据地），同迎接革命新高潮的进攻联系起来了。于是，拯救民族危亡和北上抗日，由中国共产党人的夙愿，化为各路红军鼓舞士气和团结动员沿途各族人民群众的旗帜，成为红军将士战胜千难万险取得长征最终胜利的强大动力。

第三，鉴于敌我力量悬殊和国民党的统治力量呈现出由北向南逐次强盛的客观实际，为了得到更可靠、更有力的战略依托与支持，毛泽东和他的战友们把进军的方向指向与社会主义国家苏联接壤的中国北方和西部地区，设想背靠苏联、蒙古，依托陕西、宁夏、甘肃、青海、新疆，然后向东发展，实现直接对日作战。1935 年 3 月底，红四方面军为了向四川、甘肃边界发展，配合中央红军在川、黔、滇边的作战，发起强渡嘉陵江战役。经过激烈的战斗，取得强渡嘉陵江的重大胜利，部队也发展到 8 万多人，并控制了川康边地区，为红一、四方面军会师创造了极为有利的形势。为探讨红一、红四方面军会师后的战略发展方向，党中央、中革军委与红四方面军领导人之间的电文往来频繁。6月 16日，毛泽东、周恩来、朱德、张闻天联名致电张国焘、徐向前、陈昌浩指出："今后我一、红四两方面军总的方针应是占领川、陕、甘三省，建立三省苏维埃政权，并于适当时期以一部组织远征军占领新疆。"①可见，向西北进军和"打通国际线"，已经成为当时确定战略发展方向的另一个重要因素。

毛泽东和中共中央关于在川陕甘建立新的根据地的战略决策，因为张国焘右倾分裂主义的严重干扰，不得不在实施过程中进行调整，改为在陕甘地区创建新的根据地。

红一方面军和红四方面军会师后，6 月 26 日，中共中央政治局在懋功县的两河口举行会议，讨论下一步的战略方针。周恩来代表中共中央

---

① 《毛泽东年谱（1893—1949）》（修订本）上卷，中央文献出版社 2013 年版，第 457 页。

和中革军委首先作报告，他针对会前张国焘在往来电报中提出的南下或者西进的方针，进一步阐述在川陕甘地区创建新根据地的3个有利条件：一是地域宽大，好机动；而松潘、理番、懋功地域虽大，但路狭，敌人容易封锁，我不易反攻。二是群众条件好，汉族人口较多；而松潘、理番、懋功、汶川、抚边等8个地区人口只有20万，且藏民占多数。三是经济条件能解决红军的给养；而松潘、理番、懋功一带粮食缺少，牛羊有限，布匹不易解决，军事补给困难，在大草原和游牧地，既不习惯又不安全。毛泽东在会上发言表示赞同周恩来的意见，并提出5点意见：（一）在川陕甘建立根据地，可以把创造苏区运动放在更加巩固的基础上，这是向前的方针；（二）战争性质不是决战防御，不是跑，而是进攻；（三）我须高度机动，这就有走路的问题，要选好向北发展的路线，先机夺人；（四）这里人口稀少，天冷衣食困难，应力争在六月突破，经松潘到决定地区去；（五）责成常委、军委解决统一指挥问题。与会的张国焘被迫同意中央的意见。会议委托张闻天根据会议精神，起草并下发了中央政治局《关于一、四方面军会合后战略方针的决定》。会后，中央军委于6月29日制定了以夺取甘南，赤化川陕甘为目的的《松潘战役计划》，并将一、四方面军分编为左、中、右三路北进。

关于进军方向问题的争论并没有因两河口会议而停息，张国焘惧怕同战斗力较强的国民党军胡宗南部作战，不执行军委计划，借口给养困难，反对北上，主张南下，向四川、西康边境退却，并提出“统一指挥”和“组织问题”有待解决，故意延宕。中共中央政治局及其常委会又先后举行芦花会议和沙窝会议，批评张国焘的南下主张和右倾分裂主义错误，重申在川陕甘地区建立根据地的方针。需要强调的是，党中央最初提出在川陕甘建立根据地的战略设想时，只是指出一个大致的进军方向，但究竟是在川陕甘的哪一个区域建立根据地并不确定。6月24日，张闻天在《前进报》上发表《夺取松潘，赤化川陕甘！》，文中写道：“川陕甘三省是一块很广大的地区。在取得松潘之后，我们或将首先取得甘肃东南或川北一部分地区。到底在川陕甘哪一地区开始创立根据地，就决定于当时的敌情，与我们同敌人作战的胜利与胜利的大小。”①在与张国焘围绕北上还是南下的斗争过程中，这一问题得到进一步的明确。

8 月 20 日，毛泽东在中央政治局毛儿盖会议上指出：红军主力应向东，向陕甘边界发展，不应向黄河以西。目前我们的根据地应以洮河流域为基础，将来向东发展，后方移至甘肃东北与陕西交界地区。在这次会议上通过的毛泽东起草的《关于目前战略方针之补充决定》明确：“要求我们的主力，迅速占取以岷州为中心之洮河流域（主要是洮河东岸）地区，并依据这个地区，向东进攻，以便取得陕、甘之广大地区，为中国苏维埃运动继进发展之有力支柱与根据地。”②

但是，张国焘对中央的决定和命令置若罔闻，一意孤行坚持其南下方针。他竟然背着中央密电右路军政治委员陈昌浩率右路军南下，企图分裂和危害党中央。担任右路军参谋长的叶剑英看到电报，立刻报告毛泽东。毛泽东、张闻天、周恩来、博古等经紧急磋商，为贯彻北上方针，避免红军内部可能发生的冲突，决定率右路军中的红一、红三军和军委纵队迅速转移，脱离险境，先行北上，并发出《共产党中央为执行北上方针告同志书》。

9 月 12 日，中共中央在俄界（今甘肃迭部县高吉村）召开政治局扩大会议，根据毛泽东在会议上所作的报告，讨论通过《关于张国焘同志错误的决定》,《决定》批评了张国焘向西南地区退却的逃跑主义错误，指出：“四方面军的领导者张国焘同志与中央绝大多数同志的争论，其实质是由于对目前政治形势与敌我力量对比估计上有着原则的分歧。”因其对形势的分析与态度是悲观的，因而“以致丧失了在抗日前线的中

① 《张闻天文集》第 1 卷，中共党史出版社 2012 年版，第 375 页。

② 《毛泽东年谱（1893—1949）》（修订本）上卷，中央文献出版社 2013 年版，第 467 页。

国西北部创造新苏区的信心，主张向中国西南部的边陲地区（川康藏边）退却的方针，代替向中国西北部前进建立模范的抗日的苏维埃根据地的布尔什维克的方针”[①]；《决定》还揭露和批判了张国焘的军阀主义与反党行为。俄界会议鉴于北上的兵力大为减少（只有 7000 余人），又对在川陕甘建立根据地的设想做了调整。会议确定：当前的基本方针是要经过游击战争，打通同国际的联系，整顿和休养兵力，扩大红军队伍，首先在与苏联接近的地方创造一个根据地，将来向东发展。毛泽东甚至做了最坏的打算：即使给敌人打散，我们也可以做白区工作。这次会议虽然改变了在川陕甘建立根据地的设想，但仍然将陕甘地区视为中国革命的希望所在，计划在靠近苏联的地区建立根据地后，再向陕甘发展。因此，会议决定将单独北上的红一军、红三军、军委纵队改编为中国工农红军陕甘支队。

五、落脚陕甘——长征以我们的胜利，敌人的失败而告结束

陕甘根据地（包括陕北）是自大革命失败前后起，以刘志丹、谢子长为代表的共产党人，一次次在失败和挫折中奋起，经过近 10 年的浴血奋斗，才建立和发展起来的一块红色根据地。到中央红军长征到来时，这里已经在连成一片的 20 多个县（一说 23 个县）建立了工农民主政权，游击区所及达 30 多个县，根据地面积 6 万多平方公里；这里有红二十六军和红二十七军两支主力红军 4000 多人，另有相应人数的游击队，加上新近抵达的红二十五军，陕甘根据地共有红军 8000 人，与陕甘支队的人数大体相当；这里邻近抗日前线，又与苏联和蒙古遥相呼应，符合实施毛泽东和党中央关于打通国际线依托苏联、发动民族抗战推动革命

① 中央档案馆编：《红军长征档案史料选编》，学习出版社 1996 年版，第 326 页。

新高潮战略的条件；这里虽然也被杨虎城西北军、张学良东北军、阎锡山晋军，以及宁夏马鸿逵等军阀武装包围，但由于这些地方实力派同时还与蒋介石之间心怀二志，客观上对蒋介石嫡系追兵的“进剿”起着碍手碍脚的作用，这使长途跋涉疲惫不堪的中央红军可以稍得喘息；更为重要的是，这里有人口 90 余万，长期以来受到共产党人的发动和影响，特别是多数地区已经进行了没收地主土地分配给农民的土地革命，群众的斗争觉悟普遍很高，并形成了刘志丹、谢子长、高岗、张秀山、习仲勋等在群众中享有崇高威望的领导骨干和干部队伍。

1930 年 1 月 5 日，毛泽东在给林彪的信中初步总结了各革命根据地的斗争经验，称赞“朱德毛泽东式、方志敏式、李文林式、贺龙式”的根据地发展模式。他认为这些“有根据地的，有计划地建设政权的，深入土地革命的，扩大人民武装的路线”，“无疑义地是正确的。必须这样，才能树立全国革命群众的信仰，如苏联之于全世界然。必须这样，才能给反动统治阶级以甚大的困难，动摇其基础而促进其内部的分解。也必须这样，才能真正地创造红军，成为将来大革命的主要工具。”[①]虽然当年毛泽东无从知晓“刘志丹谢子长式”斗争的具体情况，但是时隔 10 多年后，毛泽东曾系统地总结了这块根据地的经验，认为“这个边区是土地革命时期留下的唯一的一个区域，保存了几千干部”，第一，有本地领导骨干。第二，有政治上可靠的军队。第三，人民是好的。第四，保留了土地革命时期老区的许多好的工作作风。[②]陕甘革命根据地创造的革命斗争经验，是其当南方各革命根据地尽失时却能够“硕果仅存”的内在依据。

离开俄界后，陕甘支队总的方向仍然是北上。9 月 17 日，其先头部队一举攻占天险腊子口，打开北进的通道。但是，对究竟在靠近苏联的

---

① 《毛泽东选集》第 1 卷，人民出版社 1991 年版，第 98 页。

② 《毛泽东文集》第 4 卷，人民出版社 1996 年版，第 271 页。

哪一块区域建立根据地，尚不明确。根据张闻天的提议，中央政治局常委会一度决定派谢觉哉和毛泽民到新疆去建立交通站，“可能的话与国际接头”[①]。正在举棋不定的关头，毛泽东和党中央意外地在从哈达铺邮局得到的报纸上得知，陕北仍然有红军和游击队，仍然有苏区，而且得知徐海东领导的红二十五军也在相邻区域活动，并刚刚取得对国民党军作战的重大胜利。中央领导们热切地交流了这一意外之喜。毛泽东立即向曾任中共陕西省委秘书长的贾拓夫（后到中央苏区参加了“二苏大”，长征中以红军总政治部白区工作部部长身份随中央纵队行军）了解陕甘根据地过去（1933 年 10 月以前）的一些情况；张闻天和博古则不约而同地分别撰文提出将陕西的苏维埃运动转变为巩固苏区根据地的战略目标。9 月 20 日，毛泽东在宕昌县哈达铺召开陕甘支队团以上干部会议，动员大家振奋精神，继续北上，首先到陕北。[②]

党中央正式决定落脚陕北是 9 月 27 日在甘肃通渭县榜罗镇召开的中央政治局常委会上作出的。这次会议没有留下会议记录，但是在 10 月 22 日举行的中央政治局会议关于毛泽东发言的记录中却有明确记载：“榜罗镇会议（由常委同志参加）改变了俄界会议的决定。因为那时得到新的材料，知道陕北有这样大的苏区与红军，所以改变决定，在陕北保卫与扩大苏区。”[③]记载榜罗镇会议情况的另一份重要材料是在大约一年之后，陆定一响应毛泽东和杨尚昆为给美国记者斯诺提供宣传材料而发起的关于长征的征文活动，撰写了《榜罗镇》一文，详细记述了 9 月 28 日陕甘支队连以上干部会议传达榜罗镇会议时毛泽东讲话的情形。毛泽东说：“现在，同志们，我们要到陕、甘革命根据地去。我们要会合二十五、二十六、二十七军的弟兄们去。……陕、甘革命根据地是抗日的前线。我

---

① 程中原：《说不尽的张闻天》，中央文献出版社 2008 年版，第 147 页。

② 《毛泽东年谱（1893—1949）》（修订本）上卷，中央文献出版社 2013 年版，第 475 页。

③ 《毛泽东年谱（1893—1949）》（修订本）上卷，中央文献出版社 2013 年版，第 476 页。

们要到抗日的前线上去！任何反革命不能阻止红军去抗日！”毛泽东的演讲极富鼓动性，他指出：“同志们！努力吧！为着民族，为着使中国人不做亡国奴，奋力向前！红军无坚不摧的力量，已经表示给全中国、全世界的人们看了！让我们再来表示一次吧！同志们，要知道，固然，我们的人数比以前少了些，但是我们是中国革命的精华所萃，我们担负着革命中心力量的任务。从前如此，现在亦如此！我们自己知道如此，我们的朋友知道如此，我们的敌人也知道如此！”①于是，毛泽东和中共中央率领陕甘支队从榜罗镇出发又长驱2000余里，于10月19日抵达陕甘根据地的保安县吴起镇，胜利结束长征。

中央红军经过长途跋涉抵达陕甘根据地后，全体将士虽然革命斗志依然昂扬，但是身体已经是疲惫不堪，并且几乎到了弹尽粮绝的境地。陕甘人民以极大的热情欢迎阶级亲人，倾其所有帮助中央红军。中央红军全体将士，体力得到恢复，伤病得到救治，身心得到彻底的休整，特别是摆脱了一年间无根据地作战的痛苦，感受到了回家的温暖。以找到新的根据地为标志，中央红军的战略转移终于取得了胜利，艰苦的万里长征终于结束了，中国革命又揭开了新的一页。

创建新的根据地对于长征途中的红军来说，既是出于求生存的无奈，也是夺取长征胜利的唯一希望。毛泽东在《中国革命战争的战略问题》中阐述了红军由战略退却转入战略反攻的6个条件。他把根据地条件等同于有无人民的支持，认为人民的支持，“对于红军是最重要的条件。这就是根据地的条件”②。各路红军在长征途中重建革命根据地的斗争，看似是个行军路线和确定目的地的问题，但实际上与长征发生时期的历史背景有关，与中国共产党人在长征时期所肩负的历史使命有关，与中国南北地区社会经济发展水平及政治力量的变化有关，与中国当时

① 《陆定一文集》，人民出版社1992年版，第162—163页。

② 《毛泽东选集》第1卷，人民出版社1991年版，第207页。

所面临的国际环境有关。其实质是对中国革命任务、路线和前途的规律性认识问题，是关于长征道路的问题。对此问题的正确认识是在实践中逐步形成的。亲身经历党中央与张国焘“北上”与“南下”方针激烈争锋过程的徐向前后来指出：党的北进方针，不是随心所欲的决定，而是基于一定的历史环境和党所面临的任务而形成的马克思主义的方针。他认为：“党中央和毛泽东同志从粉碎蒋介石的灭共计划，保存和发展红军力量，使党和红军真正成为全民族抗日斗争的领导力量和坚强支柱这一基本目的出发，确定北进川陕甘地区，创建革命根据地，进而发展大西北的革命形势，是完全正确的。”①正因为如此，党中央在尚不知道陕甘根据地和陕甘红军现状的情况下选择陕甘地区作为红军战略转移的目的地，并义无反顾地坚定执行这一战略决策。

对于中共中央率部抵达陕甘地区的重要意义，当时就被有识之士所洞悉。1936 年 1 月 4 日的《大公报》发表正在实地考察红军长征情况的著名记者范长江的《松潘战争之前后》（指歼灭国民党军第四十九师的包座战役）一文，特别指出这场战役的后果之一“是中央苏维埃已由长江流域移到黄河流域，中央红军的主力，亦由中国的东南转到西北的陕北上来”②。

六、奠基西北——中国革命新的大本营

硕果仅存的陕甘革命根据地弥足珍贵，但它当时基本偏于陕北一隅，红二十五军与陕甘红军会合时根据地发展到 20 多个县，人口有 90 余万；这里是单一的个体农业经济（少部分区域是农牧结合），几乎没有工业，而且土地贫瘠、交通困难，经济发展水平极其低下；更为严重

① 徐向前：《历史的回顾》，人民出版社 2016 年版，第 264 页。

② 范长江：《范长江新闻文集》上册，新华出版社 2001 年版，第 338 页。

的是它正遭受着国民党中央军、东北军、十七路军、晋绥军和陕北地方军阀井岳秀、高双成、高桂滋，以及宁夏、甘肃军阀武装的20余万大军的包围和“围剿”。当时，国民党军对陕甘根据地的第三次“围剿”气焰正盛，之后也一直没有放弃对中共的进攻，直到1936年6月，国民党军高双成部还趁红军主力西征之机，突袭占领了中共中央所在地瓦窑堡（今子长县城），张闻天、毛泽东、周恩来等匆忙撤离瓦窑堡，被迫进驻保安。可见陕甘根据地外部生存环境的恶劣、艰险。这里作为陕甘支队和红二十五军的落脚点已经难以为继，更不足以承载中国革命骨干力量的适时北移和中国革命新的大本营的历史重任。

更为严重的问题是，这时的陕甘根据地却因为“左”倾教条主义执行者的严重干扰，正面临着空前的生存危机。仍在顽固执行王明“左”倾教条主义的中共北方局驻西北代表团书记，罔顾九一八事变以来国内政治形势的巨大变化，提出了与党中央“北上抗日”方针背道而驰的进军方向，要求红十五军团向西南发展，与陕南、川陕苏区连成一片（他不知道当时川陕苏区已经因红四方面军的撤离而不复存在），并全面否定刘志丹等在陕甘根据地执行的正确路线，使用残酷的肉刑等手段，开展错误的“肃反”。刘志丹、高岗、张秀山、习仲勋、汪锋、马文瑞等一大批陕甘根据地的创建者和领导骨干被抓（有的已经被开除党籍），红二十六军营级以上干部和地方党政骨干200多人被错杀。导致陕甘苏区的党组织和干部队伍被严重削弱，军心动摇，民心不稳。习仲勋后来回忆：“白匪军乘机挑拨煽动，以致保安、安塞、定边等几个县都反水了。根据地陷入严重危机。”[①]

毛泽东和中共中央于10月19日抵达陕北吴起镇，标志着中央红军长征的结束。就在到达吴起的前夜，10月18日，中共中央政治局常委会议召开。毛泽东在发言中特别指出：我们需要了解红二十五军和红

① 习仲勋：《红日照亮了陕甘高原》，《人民日报》1978年12月20日。

二十六军的情况，以及陕北苏区的情况。我们可以与他们联系见面，确定我们的方针。现在我们已到陕西，去保安尚有五天路途。“到保安，如无特别敌情，把保安变为苏区。”[①]毛泽东所关心的是如何使长征保留下的革命火种在陕甘根据地生根、发芽、开花、结果，这是当务之急。他通过调查研究，全面掌握陕甘根据地民情、地貌和外部形势，采取了多方措施巩固和发展陕甘根据地，并以此为基地推动全国革命形势的高涨。

第一，纠正错误的肃反，在陕甘苏区确立遵义会议以来形成的正确的组织路线。毛泽东认真反思了第五次反“围剿”失败而丢失中央根据地的原因，认为：“五次反‘围剿’失败，敌人的强大是原因，但战之罪，干部政策之罪，外交政策（指中共与外界的一切交往，而不是专指与外国的交往——引者注）之罪，是主要原因。机会主义，是革命失败的主要原因。”[②]有鉴于此，毛泽东当时主要从组织路线、军事路线和政治路线等方面领导进行了巩固与发展陕甘根据地、迎接中国革命新高潮的艰苦努力。10 月 22 日，中央政治局于吴起镇召开扩大会议，毛泽东作关于目前行动方针的报告。会议指出，党中央和陕甘支队已经完成长途行军，开始了新的有后方的运动战。会议决定党和红军今后的战略任务是：“建立西北的苏区，领导全国大革命”，陕西、甘肃、山西三省是红军发展的主要区域。

毛泽东提出会后的具体行动方针：一是转战一年的中央红军需要休整，以提高战斗力；二是与当地群众建立很好关系，要极大地注意同西北同志的关系，应以快乐高兴的态度和他们见面；三是要尊重地方群

① 《毛泽东年谱（1893—1949）》（修订本）上卷，中央文献出版社 2013 年版，第 480 页。

② 《毛泽东年谱（1893—1949）》（修订本）上卷，中央文献出版社 2013 年版，第 616 页。

众的意见，不要自高自大地压制他们；四是解决衣服等物质问题。当时毛泽东对陕甘苏区所知甚少，印象最深的是知道那里的群众领袖是刘志丹。但出乎他意料的是到达陕北了解到的第一件事竟然是刘志丹被抓起来了。因此，这次会议还有一个重要的举措，就是立即派白区工作部部长贾拓夫和李维汉携带电台，作为先遣队去寻找陕北红军和刘志丹。实际上，毛泽东是为慎重起见，让他们进一步调查情况，核实信息[①]。

贾拓夫和李维汉遵从中央指示沿东南而下，几天后来到陕甘边区特委（一说是陕甘边区政府）所在地的甘泉下寺湾。贾、李二人在这里碰到了陕甘晋省委副书记郭洪涛，经过交谈，确认了红二十六军和陕甘边党组织正在遭受错误"肃反"，确认了刘志丹等主要干部已被拘捕。贾、李二人当即将核实的信息电告毛泽东等人，毛泽东等立即下令：停止逮捕，停止审查，停止杀人，一切听候中央来解决[②]。随后，毛泽东和党中央释放了刘志丹、高岗、习仲勋等一大批领导骨干，并恢复了他们的职务。刘志丹先后被任命为西北革命军事委员会后方办事处副主任兼瓦窑堡警备司令和红二十八军军长等职，习仲勋安排在关中特委工作，1936年任中共环县县委书记。由于当时"左"倾路线没有得到清算，陕甘边苏区的地方干部和军队干部仍然戴着右倾机会主义的帽子，对他们的工作分配并不公正，但这批领导骨干能够重新被使用，对于陕甘根据地的巩固、发展具有积极意义。同时对主持错误"肃反"的人员，给予撤职、警告等组织处理，并撤销朱理治任书记的中共陕甘晋省委，分别成立陕甘、陕北省委和关中、三边、神府特委。

鉴于"肃反"造成的红二十五军和陕甘红军之间的隔阂，党中央要求对红二十五军和红一军团调到红二十六、红二十七军工作的干部进行

---

① 《毛泽东年谱（1893—1949）》（修订本）上卷，中央文献出版社 2013 年版，第 481 页。

② 李维汉：《回忆与研究》上册，中共党史资料出版社 1986 年版，第 371 页。

一次普遍教育，对陕甘红军“不得发生任何骄傲与轻视的态度”，对陕甘红军干部的“不安与不满应进行诚恳的解释”，“使十五军团全体指战员团结如一个人一样”[①]。在解决陕北“肃反”问题的过程中，当毛泽东得知红二十五军长征到达陕北的3000多人中，还有300多名在鄂豫皖苏区“肃反”中被定为“反革命嫌疑”的人尚未做结论，毛泽东说，他们长征都走过来了，这是最好的历史证明，应该统统释放；党员、团员要一律恢复组织生活，干部要分配工作。[②]

这样，遵义会议以来所确立的正确的组织路线在陕甘根据地得到贯彻，从而迅速扭转和稳定了局势，化解了陕甘根据地的危机。后来这被习仲勋喻为“红日照亮了陕甘高原”。假设陕甘根据地的“肃反”问题未被及时纠正，陕甘苏区自身难保，也就不可能为党中央提供落脚点了。

第二，粉碎国民党军对陕甘苏区的第三次“围剿”。11月3日，中共中央政治局常委在甘泉县的下寺湾，听取陕甘晋省委副书记郭洪涛、西北军委主席聂洪钧关于陕甘边苏区政治、军事情况的汇报。接着召开政治局常委会议。参加会议的有毛泽东、张闻天、周恩来、博古等人。会议着重研究党政军工作分工问题。毛泽东被确定负责军事。同日，中华苏维埃共和国中央政府决定成立中国工农红军西北革命军事委员会，毛泽东任主席。随后，西北革命军事委员会发布第一号命令：宣布恢复红一方面军番号，任命彭德怀为司令员，毛泽东为政委，下辖以陕甘支队组成的红一军团和以陕甘红军与红二十五军组成的红十五军团。全军共5个师又4个团，有1万多人。

为了粉碎国民党军正在对陕甘苏区进行的第三次“围剿”，11月5日，

---

① 《毛泽东年谱（1893—1949）》（修订本）上卷，中央文献出版社2013年版，第500页。

② 《毛泽东年谱（1893—1949）》（修订本）上卷，中央文献出版社2013年版，第488—489页。

毛泽东召集红一军团和红十五军团首长研究制订直罗镇战役计划。决定：将敌放进直罗镇，乘敌立足未稳，集中红军主力，采取包围侧击战术，歼灭敌人，得手后，继续歼灭敌人后续部队。同时，派出兵力牵制敌人，阻敌增援，以保证在直罗镇胜利歼敌。按照毛泽东的部署，红一军团和红十五军团齐心合力，干净利落地取得直罗镇战役的胜利，全歼敌一〇九师和一〇六师1个团，毙伤敌师长以下1000多人，俘敌5300人，缴枪3.5万余支，轻机枪176挺，迫击炮8门，无线电台2架，子弹22万多发。这一切，大大补充和改善了红军的武器装备。红军教育和释放了这次战役中的俘虏，对争取东北军建立抗日民族统一战线，起了良好作用。直罗镇战役的胜利，粉碎了敌人的“围剿”，巩固和扩大了陕北苏区，有力地配合了全国红军的行动，为党中央把全国革命大本营放在西北，举行了奠基礼。

第三，确定并实施以发展求巩固的方针。对于陕甘根据地的极端重要性红军将士都有着十分清醒的认识，但对如何巩固这一来之不易的根据地的认识并不统一。彭德怀当时就曾致电毛泽东、张闻天、周恩来等指出，“陕北苏区是中国目前第一个大苏区，是反蒋抗日有利的领域，是全国土地革命民族革命一块最高的旗帜，应以如何手段使之巩固扩大。如红军行动有脱离这个苏区危险性可能时都是不正确的”①。毛泽东则主张以发展求巩固。他的主张在中央政治局瓦窑堡会议上得到多数同志的支持。这样，继指挥直罗镇战役的胜利（粉碎国民党军对陕甘根据地的第三次“围剿”）之后，毛泽东和中共中央率红一方面军主力东征山西。东征不仅扩红8000余人，筹款和物资50万银元，为日后红军主力全部开赴山西抗日前线做了重要的思想发动和战前准备，而且迫使原来盘踞陕北吴堡、义和镇和神木、府谷等地的阎锡山晋绥军的正太护路军司令

① 全国政协文史和学习委员会编：《西安事变历史资料汇编（一）电文》上，中央文献出版社2017年版，第7页。

兼陕北“剿共”总指挥孙楚指挥4个步兵旅和1个骑兵旅回撤山西，使陕甘根据地“吴堡、佳县、神木、府谷广大区域的恢复与占领，使红军战略后方增加了力量”①。

东征结束后，5月14日，红一方面军在延川县大相寺召开团以上干部会议，会议的主要任务是：总结东征，动员西征。毛泽东作了形势与任务的报告，他指出，西征的任务是：扩大新根据地，扩大红军；打击马鸿逵、马鸿宾的封建势力，以促进陕北根据地的巩固和发展，促进与东北军西北军抗日民族统一战线的形成。

在彭德怀的指挥下，红一方面军随即取得西征的胜利。到1936年7月在陕甘宁边界地区开辟纵横各200余公里的新区。红军的东征和西征不仅巩固和扩大了陕甘革命根据地，而且其最重要的成果就是有力地配合了红二和红四方面军的北上，促成三大主力红军会师西北，完成了中国革命骨干力量由南向北的大转移。此后，中国的各路红军第一次纳于中共中央和中革军委的直接统一指挥之下。西安事变发生后，为抵御国民党军可能的进犯，应张学良和杨虎城之邀，中共中央进驻延安，红军主力则南下关中，与东北军、十七路军形成相互策应，从而使陕甘根据地由陕北一隅发展为陕甘宁革命根据地，地域扩大为20余县近13万平方公里，人口增加到150多万，成为三大主力红军长征的落脚点和中国革命长期稳定的大本营。

第四，解决遵义会议没有来得及解决的政治路线问题。长征抵达陕甘后，中共中央鉴于日本对华侵略的步步深入而导致民族矛盾成为中国社会主要矛盾，在共产国际七大和中共驻共产国际代表团起草的《八一宣言》精神影响下，于1935年12月中旬召开瓦窑堡会议，确定建立抗日民族统一战线的策略方针，实现党的政治路线的转变。

---

① 《毛泽东年谱（1893—1949）》（修订本）上卷，中央文献出版社2013年版，第516页。

会后，毛泽东于27日在党的活动分子会议上，作《论反对日本帝国主义的策略》的报告，系统地阐明了党的抗日民族统一战线的策略方针，论述了在新的形势下，工人、农民、城市小资产阶级和广大知识分子是坚决抗日的基本力量，阐明了同民族资产阶级在抗日的条件下重新建立统一战线的可能性和重要性，指出即使是地主买办营垒也有与之建立抗日民族统一战线的可能性。报告批判了党内存在的“左”倾关门主义，强调党的基本策略是“组织千千万万的民众，调动浩浩荡荡的革命军”，建立广泛的抗日民族统一战线。毛泽东在报告中还着重说明了要在抗日民族统一战线中坚持无产阶级领导权的问题。更为难得的是，毛泽东一开始就注意到在建立全民族抗日统一战线中的一个必须正视的核心问题——大地主、大资产阶级问题。毛泽东始终不认为地主买办营垒是铁板一块。他首先从理论推理中得出：在半殖民地条件下，当日本帝国主义对中国的侵略触犯英美等帝国主义的利益时，中国地主买办阶级中的亲英美派“是有可能遵照其主人的叱声的轻重，同日本帝国主义者及其走狗暗斗以至明争的”。接着，毛泽东在阐述“人民共和国”的口号时进一步指出，“这个政府的成分将扩大到广泛的范围，不但那些只对民族革命有兴趣而对土地革命没有兴趣的人，可以参加，就是那些同欧美帝国主义有关系，不能反对欧美帝国主义，却可以反对日本帝国主义及其走狗的人们，只要他们愿意，也可以参加。因此，这个政府的纲领，应当是以适合于反对日本帝国主义及其走狗这个基本任务为原则”[①]。毛泽东告诫全党切忌把目标分散，以致主要的敌人没有打中，次要的敌人甚至同盟军身上却吃了我们的子弹。

抗日民族统一战线总策略的确定，不仅促成了中国革命的历史转折，而且对陕甘根据地的发展产生了深远的影响。如果说中共中央初到陕北便立即停止北方局代表等发动的错误“肃反”，是出于组织命令，

① 《毛泽东选集》第1卷，人民出版社1991年版，第156页。

那么，确定实行抗日民族统一战线的策略方针后，在共同抗日的目标下，不仅过去被错定的肃反目标——小资产阶级、民族资产阶级，成为团结依靠的对象，而且以往确定无疑的革命靶子——地主阶级中的开明士绅、大资产阶级中的英美派也都成为争取团结的对象。这就为彻底纠正和杜绝肃反扩大化的错误扫清了理论障碍，为促进陕甘根据地内部各路红军之间的团结与统一，提供了根本的政治保证。

与此同时，毛泽东和中共中央不是泛泛地空喊抗日民族统一战线的口号，而是立足陕甘根据地的实际，提出并成功实践了以西北的联合抗日推动全国抗日民族统一战线的形成这一重要战略。[①]比如中共中央决定红军主力向东出师山西而不是南下，既是出于自己的战略考虑，也是向"围剿"陕甘根据地的国民党军主力东北军与十七路军示好。在这个问题上，陕甘红军和红二十五军为中共中央顺利建立与张学良杨虎城所部的统一战线关系发挥了重要的作用。具体地讲：一是红二十五军长征中数次与杨虎城的十七路军交手，歼灭或重创其三个旅，打死、打伤和俘虏其旅长各一人。二是他们和陕甘红军及陕甘支队联合先后粉碎张学良东北军对陕甘根据地的三次"围剿"，使其损兵折将两个师又一个团。战场上的交锋，使张学良和杨虎城对红军的战斗力有了深切的认识，痛感"剿共"是死路一条，这是三方能够对等谈判的基础。三是陕甘根据地的党组织与杨虎城部（原来属于冯玉祥的西北军）有很深的历史渊源关系，有多名共产党员在杨部担任重要职务或对杨本人有重要影响。而在反"围剿"中俘虏的东北军官兵（如高福源）又成为沟通张学良及其所部的重要渠道。加之蒋介石和国民党中央军的压迫与歧视，东北军与十七路军的前途堪忧；更因为日本对华侵略的步步深入激起张、杨及其所部强烈的民族义愤，对蒋介石顽固坚持"攘外必先安内"的反

---

① 蒋建农：《关于抗日民族统一战线的若干问题研究》，《中共党史研究》2013年第12期。

动政策深恶痛绝。在上述条件下，中共中央经过认真细致的工作，先后与张、杨达成停战抗日的协议，结成“三位一体”的统一战线，并与陕北地方军阀高桂滋达成合作意向。[①]

西北抗日民族统一战线局面的形成，是中共中央与国民党当局抗衡和进行合作谈判的重要砝码，也是与各地方实力派和政治势力洽商建立全民族抗日统一战线的坚强实力基础。于是有了西安事变的发生及其和平解决，这成为时局转换的枢纽，国共由此达成合作抗日。陕甘宁革命根据地也因此成为中国共产党高举抗日民族统一战线旗帜，领导全民族抗战的大本营。

第五，全面开展苏区建设，夯实陕甘宁根据地的物质基础。1935 年 11 月，中共中央为加强陕甘苏区的建设和统一领导，设立了中华苏维埃共和国中央政府西北办事处，全面领导苏区建设。发布《关于发展苏区工商业的布告》，取消一切工商业的捐税；帮助设立消费合作社；组织劳动互助社，优待红军家属；开发延长油矿、组织贩运盐池的盐、派部队保护贸易运输和帮助苏区群众开垦荒地；开办各种群众文化福利设施，发展苏区经济文化事业。鉴于宁夏甘肃边界地区回民聚居，加强民族政策教育，争取回民同胞拥护党的抗日救国主张。同时，积极展开对哥老会群众的宣传，使其团结在中共的抗日民族统一战线旗帜之下。瓦窑堡会议后，中共中央以调整阶级政策和富农政策为突破口，改变过去把富农与地主、豪绅同样对待，全部没收富农土地财产的政策，“保障富农扩大生产（如租佃土地，开辟荒地，雇佣工人等）与发展工商业的自由”[②]。以后又将没收地主土地的政策改变为减租减息，团结爱国乡绅

① 《毛泽东年谱（1893—1949）》（修订本）上卷，中央文献出版社 2013 年版，第 505—506 页。

② 《建党以来重要文献选编（1921—1949）》第 12 册，中央文献出版社 2011 年版，第 502 页。

共同抗日。这些举动壮大了红军，扩大了中国共产党的影响，充实了物质基础，这是使陕甘宁根据地能够成为八路军出征抗日的出发点和战略后方，并长期成为中国革命大本营的重要条件。

第六，大力扩红，培养和训练干部，为迎接新的革命高潮做好干部和组织准备。中共中央鉴于长征中兵力的锐减，积极扩大红军武装队伍，动员地方游击队担负扩大苏区的任务。1936 年年初，在新扩红军和收编地方武装的基础上，重建了红一军团第一师，新组建了红二十八军、红二十九军。东征中更是扩红 8000 余人。这些武装力量后来都发展成为抗日的重要力量。此后，为巩固抗日后方，又将苏区划分为 5 个清剿区，将军事打击与政治争取结合起来，抽出兵力清剿和肃清土匪，至全国抗战爆发前基本肃清匪患，巩固了苏区内部的稳定安宁。

在长征以来党和部队干部严重减员情况下，毛泽东认为“干部问题是一个有决定作用的问题”，应该“从发展北方以至全国的革命武装力量出发”予以重视。他要求清查降级使用人员，把他们提升起来，同时提拔老战士开办教导营。[①]他在给红军主要将领的电报中曾明确要求：“凡属同意党的纲领政策而工作中表现积极的分子，不念其社会关系如何，均应广泛地吸收入党，尤其是陕甘支队及二十五军经过长征斗争的指战员，应更宽广地吸收入党。”“凡属经过长征的分子，一律免除候补期。”[②]

1936 年 6 月，中国人民抗日红军大学在瓦窑堡创办（后迁至延安，改称“中国人民抗日军事政治大学”，即“抗大”），党中央和中革军委主要领导人都前往授课。毛泽东亲自为学员们讲授“中国革命战争的战略问题”。他指出：“我们不但需要一个马克思主义的正确的政治路线，

① 《毛泽东年谱（1893—1949）》（修订本）上卷，中央文献出版社 2013 年版，第 509—510 页。

② 《毛泽东年谱（1893—1949）》（修订本）上卷，中央文献出版社 2013 年版，第 499—500 页。

而且需要一个马克思主义的正确的军事路线。”①他明确反对那种照搬苏联内战经验的做法，重申列宁关于马克思主义活的灵魂是“具体地分析具体的情况”，号召全党和全军研究中国革命战争的规律。全国抗战爆发前，抗日红军大学共培训军政干部3800余人，输送了大批人才。此外，中革军委还创办了红军摩托学校，红军总司令部二局开办了无线电侦察和谍报训练班，三局开办了红军通信学校，总供给部开办了红军供给学校，总卫生部开办了卫生学校，以及各军团和师、团单位主办的多个学兵队。这些专业技术训练班、校，培养了大批专业技术人才，为迎接全国抗战准备了骨干力量。

这样，中国共产党和红军从此有了新的栖息地和出发点，陕甘宁根据地成为中国革命长期稳固的大本营，成为中国共产党及其领导的人民军队投入抗日民族战争的出发点和战略基地，中国革命的历史进程从此展开新的篇章。毛泽东后来曾饱含深情地指出：“我们要认识这个陕甘宁边区，它有缺点，叫做‘地广人稀，经济落后’，但是只有陕北根据地保留下来了，其他的根据地都丢了。陕甘宁边区的作用非常大，我说它是中国革命的一个枢纽，中国革命的起承转合点。长征结束以后，起是从这个地方起的，转也是从这个地方转的。万里长征，脚走痛了，跑到这个地方休息一下，叫做落脚点。我们不是要永远住在这里，这个地方是落脚点，同时又是出发点。”②

随着红军三大主力1936年10月在甘肃会宁的大会师，自1927年大革命失败后陆续诞生的各支红军的主力，不仅在整个长征的过程中相互配合共同战斗，而且最终按照党中央的统一号令齐聚西北，这“宣告了国民党反动派消灭中国共产党和红军的图谋彻底失败，宣告了中国共产党和红军肩负着民族希望胜利实现了北上抗日的战略转移”，并且从

① 《毛泽东选集》第1卷，人民出版社1991年版，第186页。

② 《毛泽东文集》第3卷，人民出版社1996年版，第265页。

根本上改变了以往各路红军分别在不同的根据地各自为战的局面，第一次都纳于中共中央和中革军委的直接统一指挥之下，形成坚不可摧的钢铁力量。毛泽东早在《中国革命战争的战略问题》中就称“此事为前此所未有”[①]。从此，中国革命开始了自北向南推进并最终夺取全国政权的伟大历史进程。

① 《毛泽东选集》第 1 卷，人民出版社 1991 年版，第 231 页。

第五章　调查研究促进毛泽东思想的形成和全党思想的统一

中国共产党在延安时期的调查研究活动，也是由毛泽东主导推动开展起来的。和十年土地革命战争时期的调查研究活动相比，毛泽东在延安时期的调查研究活动具有以下特点：其一，调查研究的目的不同，这一时期是以驱逐日本侵略者，取得抗日战争的彻底胜利，赢得中华民族的独立与解放为主要目的的；其二，调查研究的范围更广，既有友军、顽固派、伪军、日寇，又有分布在沦陷区、国统区和各抗日民主根据地的全国各阶级、各阶层的广大人民群众，乃至世界反法西斯战场的形势发展；其三，调查研究的内容更为全面深入，包括政治、经济、军事、文化等各个方面，其中，中共自身、人民军队和抗日民主根据地的状况及其在发展中所遇到的问题，依然是重中之重；其四，调查研究的方式也有重要变化，由行军转战中的随机调查为主，转变为主要以延安为中心通过文件电报调动各根据地、各级党委进行的调查，其目的性、计划性、规范性、系统性大大增强；其五，调查研究的理论创新再上新台阶，成为马克思主义中国化第一次历史性飞跃的理论成果——毛泽东思想的重要组成部分。

一、十年革命战争实践的总结——《中国革命战争的战略问题》

保安，一座处于汉族农耕文明与少数民族畜牧区域交界处的边塞小城。1936 年 6 月 21 日，国民党军高双成部趁红军主力西征之机，突袭占领了中共中央所在地瓦窑堡，张闻天、毛泽东、周恩来等匆忙撤离，被迫进驻保安。从此，中华苏维埃中央政府“定都”保安县城，直到 1937 年 1 月 10 日，毛泽东和中共中央离开保安开赴延安，保安是继瓦窑堡之后新的“赤色京都”。

位于保安城南的半坡上，有红砂石窑洞3孔、土木结构房屋2间，占地面积2108.2平方米，是“中国人民抗日红军大学”的旧址。中国人民抗日红军大学（简称“红大”，“抗大”的前身）是1936年6月1日在陕北安定县瓦窑堡宣布创立的。在创建革命根据地和发展红军的过程中，各路红军都曾创办过红军大学或其他类型的红军学校。中央红军长征出发前，将原来的红军大学、彭杨步兵学校、公略步兵学校、特科学校，合编为干部团。1935年6月，中央红军和红四方面军会师后，干部团与红四方面军的红军大学合并组成新的红军大学。9月10日，红一、红三军先行北上后，原干部团的特科营等随行。部队整编为陕甘支队时，他们与红一军教导营合并组成陕甘支队随营学校。1936年2月，随营学校与陕甘红军的陕甘宁红军军政学校合组为西北抗日红军大学。在此基础上，5月20日中共中央召开政治局常委会议讨论决定建立红军大学。毛泽东具体规定了红大的学制、学时和各科的教学内容，明确“政治与军事各半，着重于军事，军事着重于战术问题”，并特别突出“军事——中国革命战争中基本问题”。其中他规定教育方法“高级及上级科，指导自动研究为主，讲授为辅”[①]。毛泽东提议，红大以林彪任校长，他自兼任政治委员，罗瑞卿任教育长，周昆任校务部主任、何涤宙任教务部主任、袁国平任政治部主任。由林彪、罗瑞卿、毛泽东、周恩来、杨尚昆、周昆组成教育委员会，毛泽东兼任教育委员会主席。

6月1日，中国人民抗日红军大学正式成立。毛泽东在一次给红大学员讲课时针对红大在窑洞里上课的简陋条件，开玩笑说：你们是元始天尊的弟子，在洞中修行。你们什么时候下山啊？天下大乱时下山。他还特别讲到“洞中一日，世上千年”的典故。毛泽东为红大讲授《中国

① 《毛泽东年谱（1893—1949）》（修订本）上卷，中央文献出版社2013年版，第542页。

革命战争的战略问题》，深刻总结了 1927 年以来近 10 年的中国革命战争的经验。从这个意义上讲，红大学员在窑洞中的这段短暂“修行”，学到了十年的革命战争经验，可以说是“洞中一日，世上十年”。

长征途中的遵义会议重新确立了毛泽东军事路线在红军中的主导地位，成为中国人民抗日红军大学最重要的也是最基本的教学内容。这些源自中国革命战争实践，又切合中国革命战争实际的战略战术，是红军在历次反对国民党军“进剿”“会剿”“围剿”中以弱胜强的法宝。从1927年开始领导武装斗争到《中国革命战争的战略问题》诞生的1936年年底，毛泽东已经积累了近 10 年的指挥革命战争的实战经验，国民党军对井冈山根据地的“进剿”“两省会剿”“三省会剿”和对中央苏区的第一、第二、第三次“围剿”等，大大小小的战役他都经历过。他对中国革命战争问题的思考应该说是从领导秋收起义和井冈山斗争时就开始了。正如毛泽东在红大讲课中所指出：带有朴素性质的游击战争基本原则从 1928 年 5 月开始已经产生；在取得中央苏区第三次反“围剿”胜利以后，全部红军作战的原则就形成了。但是这些战略战术却被把持中央领导权的王明“左”倾教条主义者斥为“游击主义”而受到批判，并在第五次反“围剿”中被彻底弃之不用。毛泽东本人也被排斥在党和红军领导核心层之外，只担任中华苏维埃共和国中央执行委员会主席。这时，毛泽东有比较充裕的时间来系统考虑中国革命战争这个大问题。

中央红军是带着第五次反“围剿”失败的沉痛踏上长征路的，而长征初期的机械指挥和湘江之战的惨重损失更加剧了全党和全军对军事路线问题的反思。长征开始后，毛泽东边走边思考红军失败的原因。博古、李德等都是没有中国革命战争经验的人，以为凭着学了些军事上的理论名词或者抽象原理，以为有共产国际的支持，就能领导红军进行中国的革命战争，结果用了错误的军事指导思想指挥作战，这是红军失败的根本原因。经过一番思考，毛泽东开始跟张闻天、王稼祥边行军边交谈，一起分析红军失败的原因，很快就说服了他们。这种正反两方面的对比和思考，不断在党的领袖中和全军上下酝酿、发酵，终于在遵义会议上得到总爆发。

遵义会议时，中共和红军面临的主要问题是如何摆脱蒋介石国民党军队的围追堵截，尽快走出困境。所以，当时首先解决的是最具决定性意义的军事路线，以及军事指挥和组织问题，还没有解决党的政治路线和思想路线上的问题。因此，遵义会议上所有与会者的发言，无一不是聚焦军事问题。毛泽东在会上的长篇发言，以及张闻天根据会前他和毛泽东、王稼祥商量的意见所作的反报告，据陈云和刘伯承回忆，谈的都是中国革命战争的战略问题。遵义会议彻底清算了“左”倾教条主义的错误军事路线，重新确立了毛泽东军事路线在全军的统帅地位。会议通过的决议肯定了毛泽东的军事战略，决议重申了集中优势兵力、运动战、战略的持久战和战役的速决战等作战原则。长征因此转危为安，红军因此从胜利走向新的胜利。

遵义会议后的一段时间里，毛泽东也不可能有太多时间去考虑政治路线和思想路线问题，因为每天都要考虑和处理作战中的许多问题。到1935 年 10 月，红军到达陕北后，党和红军的力量得以保存，局面也相对平静，虽然也有敌人的进攻，但回旋余地相对较大，基本上站住了脚。毛泽东和中共中央终于可以腾出手来解决全党、全军，特别是高级领导干部对党的思想政治路线及军事指导思想的认识问题。当时在党和红军的领导骨干中，绝大部分是知识分子，有过留德、留法、留苏经历的不乏其人。有的人觉得自己很有理论造诣，都能讲出一大堆道理，要说服他们不是件容易的事。遵义会议上凯丰就曾当面质问毛泽东，说你这套东西是从《孙子兵法》中来的，毛泽东反问说，你读过《孙子兵法》吗？那里面有几章几节？1935 年 1 月 29 日，在遵义会议后第一次重新领兵的毛泽东，因敌情判断有误而遭受败绩被迫一渡赤水。博古当时就不无嘲讽地说：看来经验主义者也不过如此。后来在关于是否发动打鼓新场战役、在会理会议上关于行军路线的“弓弦”与“弓背”的争论，特别是在与张国焘的斗争中，毛泽东的军事路线和具体指挥，一再受到质疑和挑战。博古、李德打了败仗，已经失去了大家的信任，但还有很多人是从黄埔军校、苏联高等军事学院毕业的，对书本上的军事原理原则知之不少，要统一他们的思想，还需要从马克思主义哲学的原理原则特别是方法论上讲清革命战争的战略问题。

1935 年 12 月，毛泽东发表《论反对日本帝国主义的策略》，解决了党在政治路线上的问题，但是尚未能从理论上、政治上解决对中国革命战争战略的认识问题。在红军东征前后和迎接红二、红四方面军之际，中共中央和红军高级将领围绕战略发展方向的争论，既是对当时形势的认识不同所致，也反映出全党全军对中国革命战争的特点和战略等问题的认识存在模糊和歧义。要扭转困难局面，要在全党、全军进一步统一思想，进一步树立革命必胜的信心，只有从思想上、理论（包括军事理论）上说服大家，使大家真正认识到过去博古、李德的军事指导思想是错的和张国焘的南下分裂路线为什么行不通。因此，必须在马克思主义哲学的认识论、方法论的高度上讲清楚和回答一些基本问题，特别是关于中国革命战争的战略问题。军事斗争的核心问题是军事战略问题，只讲军事战术问题说服不了人。战略思维问题，其实就是哲学思维问题。从战略上看问题，就是从哲学世界观方法论上看问题。要讲清楚军事战略问题，必须有足够的马克思主义哲学分析能力和概括能力。而要运用马克思主义哲学思想系统分析中国革命战争实践，总结形成一套新的理论认识，是一项艰巨的工作。

长征抵达陕北后，痛感教条主义严重危害的毛泽东，为了从理论上总结红军时期关于两条军事路线的大争论，用极大的精力研读了古今中外的军事学著作。苦于保安闭塞的条件，他想方设法搜集相关的书籍和材料。1936 年 9 月 7 日，毛泽东致电在西安张学良处工作的中共代表刘鼎："前电请你买军事书，已经去买否？现红校需用甚急，请你快点写信，经南京、北平两处发行军事书的书店索得书目，择要买来，并把书目付来。”[①]26 日，他再电刘鼎：“不要买普通战术书，只要买战略学书、大兵团作战的战役学书，中国古时兵法书如《孙子》等也买一点。张学良处如有借用一点。”[②]10 月 22 日，毛泽东又致信叶剑英、刘鼎：“买来的军事书多不合用，多是战术技术的，我们要的是战役指挥与战略的，请按此标准选买若干。买一部孙子兵法来。”[③]新中国成立后他回忆：“后来到陕北，我看了八本书，看了《孙子兵法》，克劳塞维茨的书看了，日本人写的军事操典也看了，还看了苏联人写的论战略、几种兵种配合作战的书等等。那时看这些，是为了写论革命战争的战略问题，是为了总结革命战争的经验。”[④]在保安，毛泽东借助当时所能搜集和看到的参考书籍，对红军建军以来的战略战术等进行了系统全面的总结和理论升华，撰写了《中国革命战争的战略问题》，并于 10 月 27 日开始为中国人民抗日红军大学一科（上干队）讲授。可以说，这本著作是十年内战经验的总结，是中共党内在军事问题上的一场大争论的结果。1961 年 3 月 23 日，毛泽东在广州会议上这样说：“没有那些胜利和那些失败，不经过第五次反‘围剿’的失败，不经过万里长征，我那个《中国革命战争的战略问题》小册子也不可能写出来。”[⑤]《中国革命战争的战略问题》的问世，标志着毛泽东军事思想的形成。

《中国革命战争的战略问题》首先是部军事著作。全书共分 5 章，4.1 万多字。第一章，如何研究战争；第二章，中国共产党和中国革命战争；第三章，中国革命战争的特点；第四章，“围剿”和反“围剿”——

① 《毛泽东年谱（1893—1949）》（修订本）上卷，中央文献出版社 2013 年版，第 576 页。

② 《毛泽东年谱（1893—1949）》（修订本）上卷，中央文献出版社 2013 年版，第 588 页。

③ 《毛泽东书信选集》，人民出版社 1983 年版，第 81 页。

④ 毛泽东：《人没有压力是不会进步的》，《党的文献》1993 年第 4 期。

⑤ 《毛泽东文集》第 8 卷，人民出版社 1999 年版，第 263 页。

中国内战的主要形式；第五章，战略防御。按原计划，尚有战略进攻、政治工作等章节，因为西安事变发生未能写完。毛泽东在文章开篇就提出“战争的规律”“革命战争的规律”“中国革命战争的规律”3个概念，由此引出“我们的革命战争是在中国这个半殖民地的半封建的国度里进行的。因此，我们不但要研究一般战争的规律，还要研究特殊的革命战争的规律，还要研究更加特殊的中国革命战争的规律”。他认为：“各个国家各个民族特别是大国家大民族均有其特点，因而战争规律也各有其特点，同样不能呆板地移用。我们研究在各个不同历史阶段、各个不同性质、不同地域和民族的战争的指导规律，应该着眼其特点和着眼其发展，反对战争问题上的机械论。”他指出：“一切战争指导规律，依照历史的发展而发展，依照战争的发展而发展；一成不变的东西是没有的。”

毛泽东分析了中国革命战争的4个主要特点，即经过了一次大革命的政治经济不平衡的半殖民地的大国，强大的敌人，弱小的红军，土地革命。并由这些特点阐明，中国红军的可能发展和可能战胜其敌人；中国红军的不可能很快发展和不可能很快战胜其敌人；如果弄得不好的话，还可能失败。毛泽东指出，这是中国革命战争的根本规律，许多规律都是从这个根本的规律发生出来的。我们的十年战争史证明了这个规律的正确性。从这个根本性的规律出发，毛泽东深刻总结十年内战中以“围剿”和反“围剿”为主要形式的战争的历史经验，并且就9个问题作了说明：积极防御和消极防御、反“围剿”的准备、战略退却、战略反攻、反攻开始问题、集中兵力问题、运动战、速决战、歼灭战。进而全面阐述了中国革命战争正确的战略战术和人民军队建设的一系列原则，即正确地规定战略方向，进攻时反对冒险主义，防御时反对保守主义，转移时反对逃跑主义；反对红军的游击主义，却又承认红军的游击性；反对战役的持久战和战略的速决战，承认战略的持久战和战役的速决战；反对固定的作战线和阵地战，承认非固定的作战线和运动战；反对击溃战，承认歼灭战；反对战略方向的两个拳头主义，承认一个拳头主义；反对大后方制度，承认小后方制度；反对绝对的集中指挥，承认相对的集中指挥；反对单纯军事观点和流寇主义，承认红军是中国革命的宣传者和组织者；反对土匪主义，承认严肃的政治纪律；反对军阀主义，承认有限制的民主生活和有威权的军事纪律；反对不正确的宗派主义的干部政策，承认正确的干部政策；反对孤立政策，承认争取一切可能的同盟者；最后，反对把红军停顿于旧阶段，争取红军发展到新阶段。他强调，这些都是“中国革命战争的十年血战史的经验”。

《中国革命战争的战略问题》又是一部哲学著作，是毛泽东致力于中共思想路线建设的一部阶段性的代表作。毛泽东明确反对那种照搬苏联内战经验的做法，重申列宁关于“马克思主义的最本质的东西，马克思主义的活的灵魂，就在于具体地分析具体的情况”。而“我们的这些同志恰是忘记了这一点”。

在以往的军事著作中，毛泽东只是从革命战争中所遇到的具体问题出发来思考中国共产党领导革命斗争的具体方略，从军队建设、游击战争的战略战术等层面总结中国共产党领导军事斗争的基本方法和基本原则，采用的是从具体到一般的论证方法。但是,《中国革命战争的战略问题》一改过去的论述方法，首先就阐述了关于战争的一般性的规律性问题，再由此揭示中国革命战争的规律性问题，然后深入分析中国革命战争的基本战略和战术。这种从一般到具体的论述路径，注重对规律的揭示和把握的论述方法，运用马克思主义哲学的唯物辩证法分析具体实际问题而得出科学认识和结论。毛泽东认为，战争的胜负不仅取决于作战双方的军事、政治、经济、自然诸条件，而且取决于双方的主观指导能力。他从思想方法的角度分析了“左”倾教条主义的思想根源，“来源于小资产阶级知识分子的革命急躁病，同时也来源于农民小生产者的局部保守性。他们看问题仅从一局部出发，没有能力通观全局，不愿把今天的利益和明天的利益相联结，把部分利益和全体利益相联结，捉住一局部一时间的东西死也不放”[①]。毛泽东指出：“指挥员的正确的部署来源于正确的决心，正确的决心来源于正确的判断，正确的判断来源于周到的和必要的侦察，和对于各种侦察材料的联贯起来的思索。”[②]指挥员要把侦察和搜集来的各种材料“加以去粗取精、去伪存真、由此及彼、由表及里的思索，然后将自己方面的情况加上去，研究双方的对比和相互的关系，因而构成判断，定下决心，作出计划”，努力“把主观和客观二者之间好好地符合起来”[③]。毛泽东特别强化了“实践第一”的观点，要求各级红军指挥员“从战争中学习战争”，强调“读书是学习，使用也是学习，而且是更重要的学习。从战争学习战争——这是我们的主要方法。没有进学校机会的人，仍然可以学习战争，就是从战争中学习。革命战争是民众的事，常常不是先学好了再干，而是干起来再学习，干就是学习”[④]。他指出，军事的规律，和其他事物的规律一样，是客观实际在我们头脑中的反映。他把中国古代军事家孙子“知彼知己，百战不殆”解释为“是包括学习和使用两个阶段而说的，包括从认识客观实际中的发展规律，并按照这些规律去决定自己行动克服当前敌人”[⑤]。他特别强调要学习马克思主义的方法论，认为：我们的眼力不够，应该借助于望远镜和显微镜，马克思主义的方法论就是政治上军事上的望远镜和显微镜。毛泽东指出：“军事家活动的舞台建筑在客观物质条件的上面，然而军事家凭着这个舞台，却可以导演出许多有声有色威武雄壮的活剧来。因此，我们红军的指导者，在既定的客观物质基础即军事、政治、经济、自然诸条件之上，就必须发挥我们的威力，提挈全军，去打倒那些民族的和阶级的敌人，改变这个不好的世界。这里就用得着而且必须

① 《毛泽东文集》第 1 卷，人民出版社 1993 年版，第 212 页。

② 《毛泽东文集》第 1 卷，人民出版社 1993 年版，第 179 页。

③ 《毛泽东文集》第 1 卷，人民出版社 1993 年版，第 179—180 页。

④ 《毛泽东文集》第 1 卷，人民出版社 1993 年版，第 181 页。

⑤ 《毛泽东文集》第 1 卷，人民出版社 1993 年版，第 182 页。

用我们的主观指导的能力。我们不许可任何一个红军指挥员变为乱撞乱碰的鲁莽家；我们必须提倡每个红军指挥员变为勇敢而明智的英雄，不但有压倒一切的勇气，而且有驾驭整个战争变化发展的能力。”[①]这些观点从战争实践的角度，生动地阐明马克思主义唯物论的认识论，进而形象地说明进行调查研究工作的必要性，同时也精辟地指出如何进行调查研究的方法。

毛泽东为红大写作和讲授《中国革命战争的战略问题》，绝不只是为了总结过去十年国内革命战争的得失经验以分辨是非，更是着眼于为夺取即将全面爆发的抗日民族解放战争的胜利做准备。他在红大开学典礼上开宗明义地强调：我们党创办抗日红军大学，就是为准备迎接抗日民族解放战争的到来。毛泽东将“革命战争”划分为“革命的阶级战争”和“革命的民族战争”，就是为着总结“革命的阶级战争”的经验为即将到来的“革命的民族战争”服务。他明确指出：“今后战争的新阶段，我们相信，将使这样的路线（指军事路线——引者注），根据新的环境，更加发展、充实和丰富起来，达到战胜民族敌人之目的。”[②]例如关于“持久战”的战略问题。

在毛泽东个人的著作中，《论反对日本帝国主义的策略》第一次涉及中日之间的战争将是“持久战”的观点。《中国革命战争的战略问题》虽然不是谈中日之间的战争，但是已经比较系统地阐述了关于“持久战”的战略。毛泽东从中国革命战争的特点，“政治经济不平衡的半殖民地的大国，强大的敌人，弱小的红军”，得出中国革命战争是“持久战”的结论，并认为“如果没有民族战争代替国内战争，那末，直到敌人变成弱小者、红军变成强大者那一天为止，这种形式也是不会变化的”[③]。毛泽东

① 《毛泽东文集》第1卷，人民出版社1993年版，第182—183页。
② 《毛泽东文集》第1卷，人民出版社1993年版，第186页。
③ 《毛泽东文集》第1卷，人民出版社1993年版，第192页。

指出："因为反动势力的雄厚，革命势力是逐渐地生长的，这就规定了战争的持久性。在这上面性急是要吃亏的，在这上面提倡'速决'是不正确的。……因为中国的反动势力，是许多帝国主义支持的，国内革命势力没有聚积到足以突破内外敌人的主要阵地以前，国际革命势力没有打破和钳制大部分国际反动势力以前，我们的革命战争依然是持久的。""在战争问题上，古今中外也都无不要求速决，旷日持久总是认为不利。惟独中国的战争不能不以最大的忍耐性对待之，不能不以持久战对待之。"① 因此，毛泽东明确地提出"反对战役的持久战和战略的速决战，承认战略的持久战和战役的速决战"②的战略战术。事实上，毛泽东在写作《中国革命战争的战略问题》之前3个月，在与美国记者斯诺的谈话中，已经提出并比较系统地阐述了中日之间的战争势必是一场持久战的重要观点。由于中国革命战争与抗日战争在敌强我弱、我正义敌非正义等基本特点的相通相近，《中国革命战争的战略问题》围绕"持久战"所阐述的一系列战略战术，也完全适用于接下来的抗日战争。

该书的第五章关于战略防御，从9个方面总结了中国革命战争的战略战术。这一章约占全文三分之二的篇幅。在敌强我弱的形势下，战略防御是作战中最复杂和最重要的问题。这种战略防御是积极的攻势防御，而不是消极的专守防御。战略防御中的反"围剿"必须作好充分准备。战略退却，是先退一步，后发制人，是战略防御的第一阶段。退却中要看一些条件，至少具备两种以上，才能转入反攻。当条件和形势有利于我不利于敌时，就要以战略决战解决胜败问题，这是战略反攻阶段的任务。反攻开始的第一仗必须打胜；必须照顾全战役计划；必须照顾

---

① 《毛泽东军事文集》第1卷，军事科学出版社、中央文献出版社1993年版，第755页。
② 《毛泽东军事文集》第1卷，军事科学出版社、中央文献出版社1993年版，第711页。

下一战略阶段。从战略防御中争取胜利，战役和战斗中集中优势兵力是关键一招。在敌强我弱的条件下，红军打的是“打得赢就打，打不赢就走”的运动战；打的是战役和战斗的速决战；打的是歼灭敌人有生力量的歼灭战。这一章提出的战略上“以一当十”，战术上“以十当一”，“人民的游击战争，从整个革命战争的观点看来，和主力红军是互为左右手”等重要的观点论断，成为毛泽东随后论述抗日战争战略战术的基础性思考，对于争取抗日战争的最终胜利也具有重要的指导意义。

毛泽东1936年12月在保安完成的《中国革命战争的战略问题》，系统地总结了近10年领导中国革命战争的实践经验，从哲学的高度提出和研究中国革命战争的规律性问题和方法论问题，系统地论述了有关中国革命战争战略方面的诸多问题，丰富了中共中央政治局瓦窑堡会议和《论反对日本帝国主义的策略》关于中共政治路线的内涵，强化了从中国的实际出发研究中国革命战争规律的方法论意义，可以说是关于十年军事斗争调查研究的结晶，标志着中国共产党人开始将马克思主义军事思想具体化为中国革命的军事哲学，形成具有中国特色的马克思主义军事思想体系，不仅丰富和发展了马克思主义军事思想，而且成为新民主主义理论形成过程中的阶段性代表作。

二、奠定调查研究的哲学基础——《实践论》与《矛盾论》

以遵义会议为开端，中国共产党在以毛泽东为核心的新的中央领导集体率领下，逐步树立或形成了正确的组织路线、军事路线和政治路线。具体来说，政治路线的形成是以瓦窑堡会议为标志，军事路线的形成是以《中国革命战争的战略问题》的发表为标志，组织路线的形成是以中共六届六中全会的召开为标志。与此同时，毛泽东还以很大的精力率领全党致力于党的思想路线的建设。从长征抵达陕北到全国性抗日战争爆发的两年间，他在如饥似渴地学习研究马克思主义哲学著作的同时，对他自接受马克思主义以来的近20年的革命实践中，关于马克思主义哲学原理的领悟和感受，特别是运用马克思主义分析认识和指导中国革命实际的心得和体会，进行了系统全面深入的梳理和总结（这实际是一次“调查”与“研究”的结合过程），从1937年4月毛泽东在中国人民抗日军事政治大学（以下简称“抗大”）讲授《辩证法唯物论（讲授提纲）》开始，进而催生了他的两篇最重要的哲学著作《实践论》与《矛盾论》（以下简称《两论》）。《两论》的问世，奠定了中共实事求是思想路线的哲学基础，同时也从马克思主义中国化的角度，夯实了中国共产党调查研究工作的辩证唯物主义思想基础。

在中国共产党内，毛泽东最早也是最坚定地主张把马克思主义与中国革命的实际相结合。他在《反对本本主义》中从哲学的高度鲜明地提出“中国革命斗争的胜利要靠中国同志了解中国情况”。他第一次明确地提出“马克思主义的‘本本’是要学习的，但是必须同我国的实际情况相结合”。毛泽东一贯倡导并始终力行的是一条以辩证唯物主义为指导，力求与中国革命的实际相结合，根本有别于主观主义和教条主义的思想路线，是中共实事求是思想路线的先声。遵义会议后，随着毛泽东在全党领导地位的确立，他得以用“具体问题具体分析”这一马克思主义活的灵魂为准绳，更为有效地开展党的思想路线建设。

在长征到达陕北后，毛泽东为了从根本上排除“左”倾教条主义对党的干扰和破坏，针对“左”倾路线领导人过去对他所谓“狭隘经验论者”的指责，毛泽东“发愤读书”。他“发愤读书”涉及的面很广，但主要是哲学书。他把当时在保安和延安能够找到的国内外哲学书籍，几乎都找来读了，对哲学的研究达到如饥似渴的程度。美国记者斯诺在《西行漫记》中曾写道：“毛泽东是个认真研究哲学的人。我有一阵子每天晚上都去见他，向他采访共产党的历史，有一次一个客人带了几本哲学新书来给他，于是毛泽东就要求我们改期再谈。他花了三四夜的工夫专心读了这几本书，在这期间，他几乎是什么都不管了。他读书的范围不仅限于马克思主义哲学家，而且也读过一些古希腊哲学家、斯宾诺莎、康德、歌德、黑格尔、卢梭等人的著作。”①1938 年春，潘梓年出版了一本哲学著作《逻辑与逻辑学》，毛泽东对之感觉“颇为新鲜”，于是只用 4 天时间，就读完了该书。后来，毛泽东在给何干之的信中坦承：他正在大力“作工具的研究，即研究哲学、经济学、列宁主义，而以哲学为主”②。

据统计，在这个时期，毛泽东精读了《资本论》《反杜林论》《谈谈辩证法问题》《从猿到人》《唯物论和经验批判主义》等马克思主义经典著作，阅读了苏联哲学家西洛可夫、爱森堡等的《辩证法唯物论教程》，米丁等的《辩证唯物论与历史唯物论》。还有其他中外哲学著作，如塔尔海玛的《现代世界观》，河上肇的《马克思主义经济学基础理论》，艾思奇的《哲学与生活》《哲学选辑》《思想方法论》，李达的《社会学大纲》等，并且对所读的书写了大量批注。中央文献出版社 1988 年出版的《毛泽东哲学批注集》一书收入毛泽东研读 10 本哲学书籍的批注，而其中 8 本书的批注是在延安时期写的。

长征到达陕北后，环境发生了根本性变化。由于实行了抗日统一战线的政策，红军与东北军、西北军达成共同抗日的默契，并通过东征、西征和红军三大主力的大会师，有了以延安为中心的巩固陕甘宁根据地，从而有了相对安定的读书、办学和研究、著述的环境。抗大邀请毛泽东讲哲学直接催生了《两论》的诞生。毛泽东以抗大为阵地，亲自登台执教，讲授哲学，并以此为点，带动全局，使全党学习哲学活动逐渐进入高潮。

1937年4月至8月，毛泽东在抗大讲授《辩证法唯物论（讲授提纲）》

① 〔美〕埃德加·斯诺：《西行漫记》，董乐山译，东方出版社 2010 年版，第 76 页。
② 《毛泽东书信选集》，人民出版社 1983 年版，第 136 页。

一书，每星期二、四上午讲授，每次讲3个半小时，下午参加学员讨论。3个月，共讲了100多个学时。延安的中高级干部，红军初、中、高级干部，知识青年，延安干部学校教职员工，有许多人都聆听和学习了毛泽东的哲学讲授。之后，延安解放出版社出版了该书，并从推动延安的干部教育、延安理论界对哲学的深入研究、党的高级干部对哲学的深入学习和研究等3个方面迅速推动了中国共产党人对马克思主义哲学的学习与研究。

据郭化若、莫文骅回忆，1938年年初，毛泽东约集他俩和何思敬、艾思奇、任白戈、徐懋庸等人举行哲学座谈会，“采取的方式是每周讨论一次，晚上七八点钟开始，持续到深夜十一二点钟。每次讨论都是由哲学家艾思奇等人先讲，然后讨论。毛泽东都是在最后讲自己的看法。议论的中心围绕军事辩证法问题较多。实际上是对红军在十年土地革命战争中的经验教训进行理论上的探讨”[①]。毛泽东对艾思奇《哲学与生活》中的“差别不是矛盾”的说法提出异议，致信艾思奇说：“其中有一个问题略有疑点，请你再考虑一下，详情当面告诉。今日何时有暇，我来看你。”[②]对于陈伯达撰写的《墨子哲学思想》，毛泽东写信告诉他，“有几点个别的意见，写在另纸，用供参考”，并且又连写两信致张闻天并转陈伯达，详列他的7点意见和3点补充意见，“请转达伯达同志考虑……是否有当，请兄及陈同志斟酌”[③]。

毛泽东在总结党的历史经验和教训时清楚地认识到：“一切大的政治错误没有不是离开辩证唯物论的。”[④]1937年6月5日，他在中共中央政治局会议上分析党建立15年来犯错误特别是“左”的错误、党内存

① 《郭化若回忆录》，军事科学出版社1995年版，第128页。

② 《毛泽东书信选集》，人民出版社1983年版，第112页。

③ 《毛泽东书信选集》，人民出版社1983年版，第140、144页。

④ 《毛泽东传》第1册，中央文献出版社2011年版，第499页。

在“左”的传统时，特别强调了“唯物辩证法思想在党内还没有普及与深入的原故”[①]，他分析说：“党还只有十五年历史，马克思主义的理论与实际的传统还不十分深厚，解决问题还不能样样带马克思主义原则性，还没有很早及人人都学好唯物辩证法。”[②]要彻底地克服“左”倾习惯和传统，“在于普及与深入马克思主义的方法论（唯物辩证法）于多数干部中”[③]。陈云后来回忆说：“毛泽东同志亲自给我讲过三次要学哲学。”[④]

针对中日军事力量悬殊、中国抗日战争面临严峻的形势，毛泽东对郭化若说：“用唯物辩证法说明军事问题，大有文章可做。”[⑤]他指示郭化若撰写《军事辩证法之一斑》，运用唯物辩证法探讨战争的本质，战争与政治、经济的关系，战略战术的同一和差别，战略的全局性和战术的局部性等。1938 年 9 月，在毛泽东倡导下成立了新哲学会。1940 年在新哲学会第一次年会上，毛泽东指出：“理论这件事是很重要的，中国革命有了许多年，但理论活动仍很落后，这是大缺憾。要知道革命如不提高革命理论，革命胜利是不可能的。过去我们注意的太不够，今后应加紧理论研究。”[⑥]毛泽东积极参加新哲学会和中国古代哲学研究会的活动，以自己的表率作用带动大家深入探讨哲学问题。

艾思奇的《大众哲学》，语言通俗、深入浅出，毛泽东非常重视该书，不仅自己反复阅读，而且把它作为延安干部学习的重要教材。西安事变后，他特意致信在西安红军办事处工作的叶剑英，要求多买一些《大众哲学》带回延安，“作为学校与部队提高干部政治文化水平之用”[⑦]。

---

① 《毛泽东文集》第 1 卷，人民出版社 1993 年版，第 510 页。
② 《毛泽东文集》第 1 卷，人民出版社 1993 年版，第 508 页。
③ 《毛泽东文集》第 1 卷，人民出版社 1993 年版，第 510 页。
④ 《陈云文选》第 3 卷，人民出版社 1995 年版，第 285 页。
⑤ 周尝棕：《郭化若与孙子兵法》，《百年潮》1999 年第 5 期。
⑥ 《毛泽东年谱（1893—1949）》（修订本）中卷，中央文献出版社 2013 年版，第 194 页。
⑦ 《毛泽东书信选集》，人民出版社 1983 年版，第 80 页。

1937 年，毛泽东致信艾思奇，称赞其《大众哲学》，说“我读了得益很多”[①]。艾思奇倍受鼓励，其后有大量哲学著述发表，成为延安哲学学习的一面旗帜。1940 年，范文澜在延安新哲学会上作了一个关于中国经学简史的讲演，毛泽东称赞之，“用马克思主义清算经学这是头一次”[②]。在得知陈伯达在北平中国大学开过关于先秦诸子的课程后，毛泽东提议他在延安举办中国古代哲学讲座，并经常去听，许多人也跟着去听，陈伯达在延安理论界的名声由此而起。1939 年 1 月，陈伯达写出《墨子的哲学思想》一文，毛泽东致信陈伯达，称赞说：“这是你的一大功劳，在中国找出赫拉克利特（赫拉克利特为古希腊唯物主义哲学家——引者注）来了。”[③]陈伯达受到鼓舞，又写了《孔子的哲学思想》《老子的哲学思想》，毛泽东两次去长信鼓励，并提出自己的见解。

由于毛泽东的倡导和推动，整个延安学哲学蔚然成风，形成规模空前的学习哲学热潮。比如延安新哲学会，从 1938 年秋成立，一直持续到延安整风运动后期，组织了一系列活动宣传和普及马克思主义哲学，成为在延安颇负盛名的哲学学术团体；中国古代哲学研究会，由毛泽东任组长（会长），陈云任副组长（副会长），参加者有党政军主要负责干部四五十人，也持续到 1942 年，主要学习中国古代哲学家的哲学思想；1940 年年初，先后成立了自然辩证法讨论会（又叫《反杜林论》读书会）和自然科学研究会（到 1941 年年底，该研究会会员达到 330 人）。

毛泽东还组织了一个哲学小组，开始时成员有艾思奇、吴黎平、何思敬、和培元、杨超、陈伯达。“这个活动，后来被一些高级领导同志知道了，他们也自愿地参加座谈讨论。人数逐渐增加，影响越来越大，激发了

① 《毛泽东书信选集》，人民出版社 1983 年版，第 112 页。
② 《毛泽东书信选集》，人民出版社 1983 年版，第 163 页。
③ 《毛泽东书信选集》，人民出版社 1983 年版，第 140 页。

人们学习研究新哲学的浓厚兴趣。”[①]如萧劲光、许光达、陈伯钧、莫文骅等都参加进来。小组每周活动一次，每次总是毛泽东先提出一些问题，让大家准备，然后一起讨论。杨超回忆说：“当时毛主席在小组中征求对他著作的意见，讨论时毫无拘束，就在他家中开会。……我们在讨论中，有一段主要矛盾和主要矛盾阶段的论述，在会议中大家都敞开思想，发言踊跃。对主要矛盾阶段问题讨论中有人讲：‘主席，如果说有主要矛盾阶段，那么非主要矛盾阶段和次要矛盾阶段如何解释。’以后，主席就把这种思想概括在《矛盾论》中矛盾运动的形式、过程、阶段的概念中，充实了矛盾运动过程论的思想。”[②]在毛泽东的带动下，延安各机关纷纷成立哲学研究小组。他们经常举行新哲学报告会、座谈会、讨论会，开展新哲学的学习研究活动。

此前，党的思想路线在很长时间里存在两种严重的偏差，一是教条主义盛行，机械地背诵马克思列宁的原话，机械地照搬照抄苏联的经验，机械地贯彻共产国际的指示，机械地执行上级的决定；二是形而上学非常严重，“非左即右”“不革命即反革命”的思维定式颇为突出，结果给中国革命事业造成严重的损失。毛泽东号召学习哲学的目的非常明确，就是在思想战线上清除教条主义的影响，确立实事求是的思想路线，他说：“我们要反对主观主义，就要宣传唯物主义，就要宣传辩证法。”[③]通过学习马克思主义哲学，从认识论上、从思想认识根源上清除教条主义，对全党是一次重大的思想武装。

针对《中国革命战争的战略问题》主要是解决党和红军面临的一个最紧迫的军事路线问题，对党的思想路线问题还没有从理论上加以解决。而思想路线问题必然涉及世界观和方法论问题，因为世界观和方法

① 孙东升、马京波：《毛泽东的读书之道》，人民出版社 2014 年版，第 109 页。

② 卢国英：《智慧之路——一代哲人艾思奇》，人民出版社 2006 年版，第 241 页。

③ 《毛泽东选集》第 3 卷，人民出版社 1991 年版，第 827 页。

论是思想路线的根本基础。当时中国革命面临一系列新的问题，对这些新的问题应该怎样认识、怎样分析、怎样得出正确的结论，全党、全军还缺乏一个共同的正确认识方法和思想基础。毛泽东说："马克思主义有几门学问……但基础的东西是马克思主义哲学。这个东西没有学通，我们就没有共同的语言，没有共同的方法，扯了许多皮，还扯不清楚。有了辩证唯物论的思想，就省得很多事，也少犯许多错误。"①也就是说，当时在党内对应该如何立足中国的具体实际，运用马克思主义哲学的世界观方法论来观察和处理中国革命中的各种问题，在观察和处理问题中应该掌握马克思主义辩证唯物主义和历史唯物主义哪些基本观点和方法这个根本问题还没有解决。而这个问题不解决，全党同志就不可能确立正确的认识论和方法论，党的思想路线和政治路线也不可能建立在正确的思想基础之上。《实践论》《矛盾论》就是为解决这个马克思主义哲学理论问题应运而生的。

如果说《中国革命战争的战略问题》是毛泽东将中国共产党领导军事斗争的基本经验和日渐成熟的军事思想进行系统化和理论化的结晶，标志着毛泽东军事哲学思想的正式形成，那么，《实践论》《矛盾论》就使得马克思主义哲学中国化进程从灵活运用阶段进入了自觉创新阶段。《中国革命战争的战略问题》是以战争问题为重点，运用唯物辩证法去加以分析总结，目的是回答什么是中国革命战争的正确战略。而《实践论》《矛盾论》是通过对中国革命整体实践的研究，重点阐述马克思主义哲学的基本理论，目的是回答什么是马克思主义的唯物辩证法的基本原理、基本规律，什么是马克思主义的认识论、方法论。因此，《实践论》《矛盾论》的诞生，标志着毛泽东哲学思想体系即中国化的马克思主义哲学思想体系的基本形成。

《实践论》《矛盾论》最初是1937年4月至8月间毛泽东在中国人

---

① 《毛泽东文集》第6卷，人民出版社1999年版，第396页。

民抗日军事政治大学的讲演稿，属于《辩证法唯物论（讲授提纲）》中的一部分。在1937年4月至8月的4个月时间内，毛泽东花费了大量时间与精力为抗大的学员讲授《辩证法唯物论（讲授提纲）》，其内容主要由三部分构成，分别为唯心论和唯物论、辩证法唯物论以及唯物辩证法。《实践论》是讲授提纲中的第二章第十一节，即最后一节；《矛盾论》则是其中的第三章第一节，原题目为“矛盾统一法则”。《实践论》《矛盾论》是整个讲授提纲中最精彩的两部分，也是毛泽东在讲授中脱稿发挥最多的部分，可谓是精华之所在。

《实践论》《矛盾论》的问世，适值第二次国内革命战争结束，抗日战争全面爆发之际。中国共产党自诞生以来，经历了两次成功与两次失败的考验。其中两次颠覆性的严重挫折，既有党成立的时间短、理论准备不足、党员人数少等客观因素，而更主要的是党内干部的马克思主义理论水平偏低，特别是存在将马克思主义教条化和共产国际指示神圣化的错误倾向，主观主义和教条主义风气盛行。问题主要出在党内领导层，曾经一度主导党思想路线的右倾机会主义和“左”倾机会主义，使得革命要么失之于妥协，要么过于激进，都严重脱离中国革命的实际。从思想根源上分析，之所以会出现这样的思想路线，本质是因为将马克思主义思想与中国革命实际相割裂开来，机械照搬马克思主义，背离了客观实际。虽然在《实践论》《矛盾论》提出前，毛泽东已经发表了《论反对日本帝国主义的策略》和《中国革命战争的战略问题》，分别对第二次国内革命战争时期在政治上和军事上的经验教训作了深刻总结，特别是《中国革命战争的战略问题》一文，充满了唯物论辩证法，对“左”倾军事路线进行深刻的哲学批判，将军事理论与哲学思想融为一体，已经运用《实践论》《矛盾论》中详细阐述的辩证唯物主义的诸多原理。但是在毛泽东看来，要彻底纠正机会主义错误，必须要从思想路线的高度对问题进行深入的剖析，必须让全党真正学懂学透马克思主义认识论和马克思主义辩证法。正是基于这种出发点，毛泽东结合中国革命实际和中国传统哲学，对认识论中的实践问题以及辩证法中的矛盾问题进行了特别的诠释，从而形成了《实践论》《矛盾论》。

需要强调的是，毛泽东不只是中国革命的一般参与者，更是中国革命的主要领导者和中国革命战争的主要指挥者，有同党内错误路线进行直接的、艰难的斗争丰富经历，因而从中深切地感受到实践问题和矛盾问题是党内思想路线方面两个最基本、最重要的问题，而中国革命正反两方面的经验也为阐释理论和实践、主观和客观、矛盾特殊性、主要矛盾和主要矛盾方面、矛盾的共性和个性、矛盾的斗争性和同一性等理论提供了丰富的材料。因此,《实践论》《矛盾论》虽然从苏联哲学家 20 世纪 30 年代集体编撰的 3 本哲学著作[①]中汲取了营养，但绝不是苏联教科书的简单重复，而是中国革命经验的结晶。如果不是亲自参与领导中国革命，如果没有直接同陈独秀、王明等机会主义路线进行斗争，毛泽东是不可能写出这样杰出的哲学论著的。

在延安时期曾在毛泽东身边工作过的郭化若回忆说：“有一次我在毛主席办公室内，看到桌面上放着一本《辩证法唯物论教程》。我翻开一看，开头和其他空白处都有墨笔小字的旁批，内容全是中国革命中路线斗争的经验教训。这使我初步了解到毛主席是用马列主义的立场、观点、方法来分析中国革命的实际问题，并把中国革命的实际经验提高到理论水平上来，充实和发展马列主义。他这些旁批，后来就逐步发展成为他的光辉著作《实践论》。”[②]“1937 年八、九月间，我从庆阳到延安，毛主席教哲学的高潮已经过去。我所听到的反映是，主席讲哲学深入浅出，讲得非常生动、活泼、有趣，许多听众不断发出笑声，有时则哄堂

① 《辩证法唯物论教程》(西洛可夫、爱森堡等著，李达、雷仲坚合译);《新哲学大纲》(米定、拉里察维基等著，艾思奇、郑易里译);《辩证唯物论与历史唯物论》上册(米丁等著，沈志远译)。

② 《毛泽东传(1893—1949)》，中央文献出版社 2004 年版，第 460 页。

大笑。有一次我到主席处谈到这些反映，并以我不在延安为憾。毛主席幽默地说：‘我折本了。’我不大理解，有点诧异。主席解释说：‘我花了四夜三天的时间，才准备好了讲课提纲，讲矛盾统一法则，那知只半天就都讲完了。岂不折本了吗？’……毛主席所说的‘折本’当然是开玩笑，他历来是把学而不厌和诲人不倦两句成语统一起来，看作教学相长的。他自己学了就向干部讲，把讲课前的准备和上课时的讲解，作为加深研究的方法。在陕北公学讲了哲学课后，又应红军大学（后改抗日军政大学，简称抗大）的请求，讲了唯物论和辩证法。总政治部把讲课的记录稿整理了出来，经过毛主席同意，打印若干份，分给我们学习。后来毛主席根据记录稿，选出辩证唯物论中的《实践论》和唯物辩证法中的《矛盾统一法则》两节，整理加工成为现在我们所看到的《实践论》和《矛盾论》。”[①]

《实践论》是毛泽东当年为讲授辩证唯物主义所写，修改后于 1951 年在《人民日报》正式发表。发表稿加上了一个副标题“论认识和实践——知和行的关系”。在中国传统知行观中，“知”主要指道德领域的良知，“行”则是指其践履。知行观是中国传统哲学的重要主题，可以追溯到春秋战国时期，主要讨论的是知行先后、知行分合、知行难易、知行轻重四大问题。中国传统哲学关于这四大问题的观点有：“知先行后”“行先知后”“知行分离”“知行合一”“知易行难”“知难行易”等等。毛泽东的《实践论》将传统“知”和“行”转化为马克思主义的“认识”和“实践”；将“认识”划分为“感性认识”和“理性认识”，将“实践”拓展为以无产阶级实践为主体的广义实践，实现了对传统“知”与“行”的超越，既用辩证唯物主义的认识论科学概括和总结中国革命的实践经验，又批判继承了中国古代哲学中的知行观，从而创立了辩证唯物主义的知行统一观，为马克思主义中国化奠定了重要的理论

① 《毛泽东同志八十五诞辰纪念文选》，人民出版社 1979 年版，第 128—129 页。

基础。

在知与行孰先孰后的问题上，毛泽东提出科学的认识路线必须遵循“实践、认识、再实践、再认识”[①]的顺序。

在知行分合问题上，《实践论》提出：“我们的结论是主观和客观、理论和实践、知和行的具体的历史的统一，反对一切离开具体历史的‘左’的或右的错误思想。”[②]

在知行难易问题上，《实践论》既批评“左”倾冒险主义没有充分估计“行”的困难，又批评右倾机会主义过高估计“行”的困难。

在知行轻重问题中，《实践论》提出，“实践的观点是辩证唯物论的认识论之第一的和基本的观点”[③]，但“没有革命的理论，就不会有革命的运动”[④]。

《实践论》开创的辩证唯物主义知行观，首次彻底解决了长期争论的知行关系问题。《实践论》在知行观上的理论贡献，不仅在于从具体观点上超越传统知行观，还在于这篇重要哲学著作为超越传统知行观提供的思维平台。《实践论》中的“实践”具有绝对的独立性和优先性，不仅理论活动只是实践活动的构成部分，而且这个实践活动具有自由解放的鲜明政治蕴涵。

《实践论》《矛盾论》还引发马克思主义哲学在军事哲学方面的发展，其具体体现就是《抗日游击战争的战略问题》和《论持久战》。这两篇文章表明毛泽东对于具体战争规律的认识和军事方法论的总结变得更加深刻和科学，同时也表明他在军事哲学上的创见达到新境界。相比较《中国革命战争的战略问题》，《抗日游击战争的战略问题》和《论持

① 《毛泽东选集》第 1 卷，人民出版社 1991 年版，第 296 页。

② 《毛泽东选集》第 1 卷，人民出版社 1991 年版，第 296 页。

③ 《毛泽东选集》第 1 卷，人民出版社 1991 年版，第 284 页。

④ 《列宁选集》第 1 卷，人民出版社 2012 年版，第 311 页。

久战》所论述的范围相对小些，只是针对抗日战争的一般性来讲的，但这种一般性并没有脱离中国革命战争的一般性，而是以抗日战争为具体对象来对无产阶级反抗敌对力量的革命战争进行深入剖析。从研究方法上看，毛泽东在军事哲学的探索上已经从抽象回到了具体，已经能够从相对抽象的一般性回到相对具体的一般性领域；从研究意义上看，毛泽东已经将从革命战争的具体实践中总结出的一般性军事哲学，进一步运用于思考中国革命战争发展的特殊性领域，从而使中国共产党能够自觉自如地领导中国革命战争。

这一时期，毛泽东撰写的《论反对日本帝国主义的策略》《中国革命战争的战略问题》《实践论》《矛盾论》《论持久战》等富有哲学思想的论著，往往最先都是在会议和学校讲演的。如《论反对日本帝国主义的策略》是在瓦窑堡党的积极分子会议上讲的，《实践论》《矛盾论》是为抗大学员讲课的内容，《论持久战》是在延安抗日战争研究会上的演讲。通过这些大量的、听众甚多的演讲，强有力地宣传了马克思主义哲学思想。

1938 年 8 月 22 日，毛泽东在中央党校作《当学生，当先生，当战争领导者》的讲演，进一步号召大家学理论，研究实际。1939 年 5 月 20 日，毛泽东在延安在职干部教育动员大会上亲自作报告，强调开展马克思主义学习运动的重要性。为了推动全党学习，在他的亲切关怀下，《反杜林论》又重新校正，由延安解放社出版，《哥达纲领批判》也重译出版。马克思的《法兰西内战》、列宁的《哲学笔记》中的《谈谈辩证法问题》《辩证法的十六要素》、恩格斯的《劳动在从猿到人转变过程中的作用》等都得到充分介绍。《自然辩证法》的学习也受到相当重视。《哲学的贫困》全书也在 1942 年至 1944 年再次更准确地译出。在毛泽东指示下，专门选编了《马恩列斯思想方法论》，要求全党学习马克思主义辩证方法论。1941 年 5 月，他在延安干部会议上作了《改造我们的学习》这篇充满马克思主义辩证唯物论精神的重要报告，提出了反对主观主义的斗争任务。7月，毛泽东主持中央政治局会议，通过了《中共中央关于增强党性的决议》。9月，毛泽东又在中央政治局会议上，用辩证唯物论的科学方法分析了党的历史。同月，毛泽东又组织和领导中央研究组及高级研究组学习哲学理论。1942年，毛泽东亲自领导全党干部开展了整风学习运动。这个运动就是从宇宙观的高度反对唯心论和形而上学、宣传唯物论和辩证法的伟大思想解放运动。这是一次马克思主义学习的大竞赛。毛泽东号召大家理论联系实际，刻苦学习马列主义经典著作，包括《资本论》那样的理论巨著。他号召全党都要掌握《资本论》分析问题的辩证方法。在《改造我们的学习》中，他再次要求全党像马克思创作《资本论》那样，运用唯物辩证法“详细地占有材料，加以科学的分析和综合的研究”[①]。为了让全党掌握《资本论》的方法，早在写作《矛盾论》时，他就对《资本论》研究问题的辩证方法作了深刻的阐述。1943年冬到1944年4月，毛泽东领导全党高级干部，集中深入地进行党史的讨论，在组织学习他主持编辑的《六大以前》和《六大以来》两本文献集的基础上，号召全党高级干部用辩证唯物论全面的观点和发展的观点研究党史，认真总结历史经验，清算“左”、右倾机会主义形而上学世界观对革命的危害，提高对唯物辩证法学习和运用的自觉性。

遵义会议上，毛泽东增补为中央政治局常委，进入党的领导核心。但这是针对当时军情紧急的一种选择，主要是对毛泽东军事领导才能的看重。而毛泽东在陕北的大量哲学研读和著述，大幅度地提高了他的理论水准，他的充满唯物论、辩证法的大量论著，展现了他深厚的理论修养，因此得到党的领导层的普遍认同和钦佩，毛泽东在党内的威望空前提高。1941年10月，陈云在中央书记处和政治局会议上发言时说：“遵义会议前后，我的认识有一个过程。会前不知道毛主席和博古他们的分歧是原则问题，对毛主席也只是觉得他经验多。遵义会议后，开始知道毛主席是懂

① 《毛泽东选集》第3卷，人民出版社1991年版，第799页。

军事的。红军南渡乌江后，方才佩服毛主席的军事天才。到莫斯科及回国后直至十二月会议，在独立自主问题上、徐州会战问题上，对毛主席有了更多的了解，认识到他是中国革命的旗帜。”“过去我认为毛泽东在军事上很行，因为长征中遵义会议后的行动方针是毛泽东出的主意。毛泽东写出《论持久战》后，我了解到毛泽东在政治上也是很行的。”[①]

1943 年 8 月 2 日，周恩来从重庆回到延安，发表演说指出：“有了毛泽东同志的领导和指示，这三年来许多紧急时机、许多重要关键上，保证了我们党丝毫没有迷失了方向，没有走错了道路。”“没有比这三年来事变的发展再明白的了。过去一切反对过、怀疑过毛泽东同志领导或其意见的人，现在彻头彻尾地证明其为错误了。”“我们党二十二年的历史证明：毛泽东同志的意见，是贯串着整个党的历史时期，发展成为一条马列主义中国化，也就是中国共产主义的路线！”[②]

任弼时在同年 9 月召开的中央政治局会议上说，中央苏区时认为毛泽东“有独特见解，有才干”，“一九三八年到莫斯科及回国后，阅读了毛泽东的《论持久战》、《新民主主义论》、《论革命战争的战略问题》，又看到毛泽东在处理国共关系、领导整风运动以及对各种政策之掌握，对毛泽东则完全‘爱戴佩服’，而且‘认识到他一贯正确是由于坚定的立场和正确的思想方法’”[③]。

博古也在中央政治局九月会议上明确表示：武汉时期（1938 年）有两条路线，一条是毛泽东为首的党的正确路线——布尔什维克路线；一条是王明在武汉时期的错误路线——孟什维克的新陈独秀主义。

10 月 6 日，从井冈山时期起就和毛泽东患难与共的朱德，在政治局会议上说，毛泽东是一个“有魄力、有能力，遇到困难总能想出办法”

① 《陈云年谱》上卷，中央文献出版社 2000 年版，第 328、331 页。

② 《周恩来传》上卷，中央文献出版社 2008 年版，第 613—614 页。

③ 《任弼时年谱（1904—1950）》，中央文献出版社 2014 年版，第 452—453 页。

的人。有毛泽东领导，各方面都有发展。照毛泽东的方法办事，中国革命一定有把握胜利。“我们这次学习，就要每人学一套本事，主要学好毛泽东办事的本事。”①

12 月，张闻天在其《反省笔记》中写道，从 9 月中央政治局会议以来，“给我思想上的转变帮助最大”，“我从党史上发现了毛泽东同志的路线是中国党的真正的布尔什维克的路线，而我从莫斯科带来及四中全会后中央当权时所发挥的一套是完全错误的”，“毛泽东同志，不但是我党的政治家、军事家，而且是理论家的这个观点，也就是这个时候建立的，我对毛泽东同志心悦诚服的感觉，也是从此时发展起来的”。

即使是一直顽固不化的王明，虽然托病没有参加九月会议，但也在 12 月 1 日，由其妻子孟庆树代笔写了致毛泽东和中共中央的信，表示：“我完全放弃我自己的那些意见”，“重新学起，改造自己的思想意识，纠正自己的教条宗派主义错误，克服自己的弱点。”

1945 年 4 月 24 日，毛泽东在中国共产党第七次全国代表大会的报告中，又要求全党干部读《共产党宣言》《社会主义从空想到科学的发展》《两个策略》《共产主义运动中的“左派”幼稚病》及《联共（布）党史》等 5 本书，牢牢掌握辩证唯物主义认识路线，养成实事求是的优良作风。列宁曾经指出，只有成熟的马克思主义政党，才能开展大规模的哲学运动，而“这种哲学上的‘清理’”②正是先进阶级和政党成熟的标志。毛泽东亲自领导的延安整风运动，标志着中国共产党已经是一个完全成熟的党，一个用马克思主义辩证唯物论宇宙观武装起来的党，这就保证了中国革命从此走上了无往而不胜的发展道路。

---

① 《朱德年谱（1886—1976）》（新编本）中卷，中央文献出版社 2006 年版，第 1143 页。

② 《列宁全集》第 20 卷，人民出版社 2017 年版，第 130 页。

三、以调查研究转变党的学风作风文风

毛泽东一贯力行并大力倡导调查研究。他认为，调查研究是认识世界的基本方法，只有坚持按照一切从实际出发、实事求是这一马克思主义的思想路线来制定党的路线、方针、政策，才能符合客观实际，才能正确地反映变化发展着的客观实际以指导实践。而做到这一点，唯一的办法，就是调查研究，向社会作调查。他在 1930 年写的《反对本本主义》一文中，就指出了“中国革命斗争的胜利要靠中国同志了解中国情况”[①]，把调查研究提到了思想路线的高度来认识。

（一）编印《农村调查》揭开延安时期调查研究活动的序幕

面对全面抗战爆发后异常严峻的战争形势和错综复杂的国内矛盾，毛泽东认为，“十年内战时期的经验，是现在抗日时期的最好的和最切近的参考”[②]。为更好地指导正在进行的抗日战争，使广大党员干部深刻认识到不调查研究，只是“片面地简单地看问题，是无法使革命胜利的”[③]。为改变党内理论脱离实际的状况，毛泽东以推动调查研究为切入点，对十年内战时期调查研究的经验进行总结，先后写了《〈农村调查〉的序言和跋》《关于农村调查》《改造我们的学习》《整顿党的作风》《反对党八股》等著作，并领导起草了党中央关于开展调查研究工作的决定等一系列文件，从而使其调查研究思想得以完善和系统化。

1941 年三四月间，毛泽东把他在 1930 年至 1934 年所作的 11 篇农村调查报告汇集成的《农村调查》一书出版，并写了序言和跋。毛泽东

① 《毛泽东选集》第 1 卷，人民出版社 1991 年版，第 115 页。
② 《毛泽东选集》第 3 卷，人民出版社 1991 年版，第 792 页。
③ 《毛泽东选集》第 3 卷，人民出版社 1991 年版，第 793 页。

期望以过去进行调查研究的历史经验，推动全党开展广泛的调查研究，以促进理论与实际的结合，从而引导党员干部思想观念的转变。

毛泽东在百忙中将他在土地革命战争时期进行的大量农村调查中保存下来的调查材料编为《农村调查》，是为了纠正在全党同志中存在的“一种粗枝大叶、不求甚解的作风，甚至全然不了解下情，却在那里担负指导工作”[①]这种异常危险的现象，以期达到“帮助同志们找一个研究问题的方法”[②]的目的。毛泽东在《〈农村调查〉的序言和跋》中再次强调了“要了解情况，唯一的方法是向社会作调查”。用马克思主义的基本观点作几次周密的调查，“乃是了解情况的最基本的方法。只有这样，才能使我们具有对中国社会问题的最基础的知识”[③]。

毛泽东从马列主义普遍真理与中国革命具体实践相结合的高度，阐述了调查研究的地位和作用。他认为调查研究是理论和实际相结合的中心环节，“对于只懂得理论不懂得实际情况的人，这种调查工作尤有必要，否则他们就不能将理论和实际相联系”[④]。在中国共产党历史上，由于不重视调查研究而招致的损失是巨大的。毛泽东在《关于农村调查》的讲话中，进一步强调了调查研究的重要性和长期坚持调查研究的必要性。他指出：“认识世界，不是一件容易的事。马克思、恩格斯努力终生，作了许多调查研究工作，才完成了科学的共产主义。列宁、斯大林也同样作了许多调查。”“中国革命也需要调查研究工作，首先要了解中国是个什么东西（中国的过去、现在及将来）。”[⑤]但是，认识客观世界有

① 《建党以来重要文献选编（1921—1949）》第18册，中央文献出版社2011年版，第183页。

② 《建党以来重要文献选编（1921—1949）》第18册，中央文献出版社2011年版，第183页。

③ 《毛泽东选集》第3卷，人民出版社1991年版，第789页。

④ 《毛泽东选集》第3卷，人民出版社1991年版，第791页。

⑤ 《毛泽东文集》第2卷，人民出版社1993年版，第378页。

一个过程，不能一次完成，因此，调查研究也不能一劳永逸。“事物是运动的，变化着的，进步着的。因此，我们的调查，也是长期的。今天需要我们调查，将来我们的儿子、孙子，也要作调查，然后，才能不断地认识新的事物，获得新的知识。”[①]毛泽东表示，“没有调查没有发言权”，这句话，虽然曾经被人讥为“狭隘经验论”，“我却至今不悔；不但不悔，我仍然坚持没有调查是不可能有发言权的”[②]。因此，“我现在还痛感有周密研究中国事情和国际事情的必要。……和全党同志共同一起向群众学习，继续当一个小学生，这就是我的志愿”[③]。

《农村调查》一书中共有 11 篇调查报告，毛泽东写了 6 条按和注，针对一些需要说明的情况和一般读者不懂的方言，作了简明的解释。毛泽东在序言中一再申明，出版此书的目的，“在于指出一个如何了解下层情况的方法，而不是要同志们去记那些具体材料及其结论”[④]。换句话说，就是为了在全党各级领导机关和广大党员干部中，大兴调查研究之风，克服主观主义（包括教条主义和经验主义），树立马克思列宁主义的思想方法和工作作风。毛泽东在《兴国调查》整理后记中说：“实际政策的决定，一定要根据具体情况，坐在房子里面想像的东西，和看到的粗枝大叶的书面报告上写着的东西，决不是具体的情况。倘若根据‘想当然’或不合实际的报告来决定政策，那是危险的。”[⑤]

---

① 《毛泽东文集》第 2 卷，人民出版社 1993 年版，第 378 页。

② 《建党以来重要文献选编（1921—1949）》第 18 册，中央文献出版社 2011 年版，第 185 页。

③ 《建党以来重要文献选编（1921—1949）》第 18 册，中央文献出版社 2011 年版，第 185 页。

④ 《建党以来重要文献选编（1921—1949）》第 18 册，中央文献出版社 2011 年版，第 184 页。

⑤ 《毛泽东文集》第 1 卷，人民出版社 1993 年版，第 254 页。

（二）以调查研究作为开展整风的突破口

1941年5月19日，毛泽东在延安干部会上作《改造我们的学习》的报告。他开宗明义地指出："中国共产党的二十年，就是马克思列宁主义的普遍真理和中国革命的具体实践日益结合的二十年。"毛泽东痛心地指出当时党内的状况："许多同志的学习马克思列宁主义似乎并不是为了革命实践的需要，而是为了单纯的学习。……只会片面地引用马克思、恩格斯、列宁、斯大林的个别词句，而不会运用他们的立场、观点和方法，来具体地研究中国的现状和中国的历史，具体地分析中国革命问题和解决中国革命问题。这种对待马克思列宁主义的态度是非常有害的，特别是对于中级以上的干部，害处更大。"他们"仅仅根据一知半解，根据'想当然'，就在那里发号施令"[①]。"这种反科学的反马克思列宁主义的主观主义的方法，是共产党的大敌，是工人阶级的大敌，是人民的大敌，是民族的大敌，是党性不纯的一种表现。……只有打倒了主观主义，马克思列宁主义的真理才会抬头，党性才会巩固，革命才会胜利。""没有科学的态度，即没有马克思列宁主义的理论和实践统一的态度，就叫做没有党性，或叫做党性不完全。"[②]由此，引发了毛泽东对"实事求是"的经典概括，即："'实事'就是客观存在着的一切事物，'是'就是客观事物的内部联系，即规律性，'求'就是我们去研究。"[③]研究者多把这篇报告作为中共实事求是思想路线形成的标志。

毛泽东在《改造我们的学习》的报告中，从加强党的思想建设，转变党的作风的高度，阐述了调查研究的重要性。为克服党内存在的教条主义和经验主义两种错误倾向，实现实事求是的思想路线，毛泽东提出

---

① 《毛泽东选集》第3卷，人民出版社1991年版，第797—798页。

② 《毛泽东选集》第3卷，人民出版社1991年版，第800页。

③ 《毛泽东选集》第3卷，人民出版社1991年版，第801页。

的第一个解决的办法就是“向全党提出系统地周密地研究周围环境的任务”，把调查研究作为“转变党的作风的基础一环”[①]。毛泽东之所以如此看重调查研究的作用，其立意不是一般地讲调查研究的重要性，而是强调它对转变党的作风，特别是克服主观主义，转变党的学风，坚持马克思主义思想路线的特殊重要性。在毛泽东看来，离开调查研究，树立和坚持党的正确的思想路线就会落空，党对革命事业的领导作用也不可能正确地、充分地得到发挥。

调查研究既然具有如此重要的作用，那么如何进行调查研究？有哪些技术要求？毛泽东从调查研究的亲身实践中摸索出一整套行之有效的方法，并在已有理论论述的基础上进行了更为系统的概括：

（1）获得调查研究材料的基本形式是开调查会。因为“开调查会，是最简单易行又最忠实可靠的方法，我用这个方法得了很大的益处，这是比较什么大学还要高明的学校”[②]。毛泽东在《〈农村调查〉的序言和跋》中将如何开展调查总结概括为：“开调查会每次人不必多，三五个七八个人即够。必须给予时间，必须有调查纲目，必须自己口问手写，并同到会人展开讨论。”[③]在《关于农村调查》一文中，毛泽东则从搜集材料的方法角度强调了开调查会的关键环节：“一个调查会不仅提出问题，而且要有解决问题的方法。”[④]调查的典型可分 3 种，即先进的、中间的和落后的；要亲自收集和整理材料、抓住重点；材料要搜集得愈多愈好，但一定要抓住要点或特点。这就提出了利用典型材料分析问题的具体方法，形成了一整套开调查会进行调查研究的程序、内容和方法。

---

① 《毛泽东选集》第 3 卷，人民出版社 1991 年版，第 802 页。

② 《建党以来重要文献选编（1921—1949）》第 18 册，中央文献出版社 2011 年版，第 184 页。

③ 《毛泽东选集》第 3 卷，人民出版社 1991 年版，第 790 页。

④ 《毛泽东文集》第 2 卷，人民出版社 1993 年版，第 383 页。

（2）在调查研究的过程中要把握住对立统一和阶级斗争的观点。对立统一的观点，就是要求正确处理调查研究中的辩证法问题。基于实践和认识的矛盾运动，调查研究是一个无限发展的辩证过程。在这一过程中，只有自觉地运用对立统一规律，正确处理调查研究中一系列辩证关系，才能把握事物的特点、本质和规律。在调查研究中贯彻阶级斗争的观点，是为了更深入地分析社会中各个阶级的状况及其相互关系。毛泽东谈自己开始接触马克思主义时，留下印象最深的就是“阶级斗争”4个字，并且将其作为一种认识问题的方法论来分析中国的阶级状况，由此获得了对中国国情的正确认识。因此毛泽东告诫即将去调查的同志，要“以这种观点和方法指导自己的实践，另方面又从实践中不断地充实自己的理论”[①]，即运用马克思主义的观点研究中国的具体实际，在全面把握中国实际的基础上形成中国化的马克思主义理论。

（3）调查研究必须眼睛向下，甘当学生。调查者在调查研究中不仅要学会运用马克思主义的观点，掌握正确的调查研究方法，还需有真诚的态度。毛泽东着重强调了调查研究中所持态度的重要性。因为“群众是真正的英雄”[②]，调查研究的过程，就是倾听群众呼声的过程；调查研究的方法，同时也是深入群众的根本方法。他特别告诫全党：那种“‘下车伊始’就哇喇哇喇地发议论，提意见，这也批评，那也指责，其实这种人十个有十个要失败。因为这种议论或批评，没有经过周密调查，不过是无知妄说。我们党吃所谓‘钦差大臣’的亏，是不可胜数的”[③]。调查研究，如果“没有满腔的热忱，没有眼睛向下的决心，没有求知的渴望，没有放下臭架子、甘当小学生的精神，是一定不能做，也

① 《毛泽东文集》第2卷，人民出版社1993年版，第382页。

② 《建党以来重要文献选编（1921—1949）》第18册，中央文献出版社2011年版，第184页。

③ 《建党以来重要文献选编（1921—1949）》第18册，中央文献出版社2011年版，第185页。

一定做不好的”[①]。

7月7日，中共中央发出关于设立调查研究局的通知，拟以毛泽东为主任，任弼时为副主任[②]。8月1日，党中央向全党发布了由毛泽东起草的《中共中央关于调查研究的决定》。文件强调：“我党现在已是一个担负着伟大革命任务的大政党，必须力戒空疏，力戒肤浅，扫除主观主义作风，采取具体办法，加重对于历史，对于国内外、省内外、县内外具体情况的调查与研究，方能有效地组织革命力量，推翻日本帝国主义及其走狗的统治。”[③]文件提出了6项加强调查研究的办法，其中前5项分别为：

（1）中央设置调查研究机关，收集国内外政治、军事、经济、文化及社会阶级关系各方面材料，加以研究，以为中央工作的直接助手。

（2）各中央局、中央分局、独立区域的区党委或省委，八路军、新四军之高级机关，各根据地高级政府，均须设置调查研究机关，收集有关该地敌友我政治、军事、经济、文化及社会阶级关系各方面材料，加以研究，以为各该地工作的直接助手，同时供给中央以材料。

（3）关于收集材料的方法，举例如下：第一，收集敌、友、我三方关于政治、军事、经济、文化及社会阶级关系的各种报纸、刊物、书籍，加以采录、编辑与研究。第二，邀集有经验的人开调查会，每次三五人至七八人，调查一乡、一区、一县、一城、一镇、一军、一师、一工厂、一商店、一学校、一问题（例如土地问题、劳动问题、游民问题、会门问题）的典型。从研究典型着手是最切实的办法，由一典型再及另一典型。第三，在农村中，应着重对于地主、富农、商人、中

① 《毛泽东选集》第3卷，人民出版社1991年版，第790页。

② 《毛泽东传》第2册，中央文献出版社2011年版，第639页。

③ 《建党以来重要文献选编（1921—1949）》第18册，中央文献出版社2011年版，第531页。

农、贫农、雇农、手工工人、游民等各阶层生活情况及其相互关系的详细调查；在城市中，应着重对于买办大资产阶级、民族资产阶级、小资产阶级、贫民群众、游民群众及无产阶级的生活情况及其相互关系的详细调查。第四，利用各种干部会、代表会收集材料。第五，写名人列传。凡地主、资本家财产5万元以上者，敌军、伪军、友军团长以上的军官，敌区、友区县长以上的官长，敌党、伪党、友党县以上的负责人，名流、学者、文化人、新闻记者在一县内外闻名者，会门首领、教派首领、流氓头、土匪头、名优、名娼，以及在华外人活动分子，替他们每人写一数百字到数千字的传记。此种传记，要责成地委及县委同志分负责任，传记内容须切合本人实际。同时注意收集各种人员的照片。第六，个别口头询问。或派人去问，或调人来问，问干部、问工人、问农民、问文化人、问商人、问官吏、问流氓、问俘虏、问同情者，均属之。第七，收集县志、府志、省志、家谱，加以研究。

（4）除中央及各地的调查研究机关外，必须动员全党、全军及政府之各级机关及全体同志，着重对于敌友我各方情况的调查研究，并供给上级调查研究机关以材料。

（5）向各级在职干部与训练干部的学校，进行关于了解客观情况（敌、友、我三方）的教育。……在学习中反对不管实际只记条文的风气，反对将学习马列主义原理原则与了解中国社会情况、解决中国革命问题互相脱节的恶劣现象。要提倡干部与学生看报，指导看报方法，指导他们分析时局的每一变动。要供给干部与学生关于国内外、省内外、县内外各种情况的实际材料，把讲授与研究这些材料及其结论当作正式课程，给与必要时间，并实行考绩。①

同日，党中央还发布了《中共中央关于实施调查研究的决定》，对

① 《建党以来重要文献选编（1921—1949）》第18册，中央文献出版社2011年版，第531—532页。

从中央到地方的调查研究实施办法逐一做了相应的要求。这两个专项文件充分反映了以毛泽东为首的中共中央对调查研究工作的高度重视和精心部署与指导的情况，这在党的调查研究史上是空前的。8 月 27 日，中共中央政治局会议进一步讨论了这一问题，正式决定成立中央调查研究局，毛泽东兼局长，任弼时为副局长；中央调查研究局下设党务研究室和政治研究室。党务研究室下设根据地、大后方、敌占区、海外 4 组，任弼时任主任兼根据地组组长；政治研究室下设政治、国际、敌伪 3 个研究组，毛泽东兼主任，陈伯达为副主任。会议还决定：中央情报部隶属中央调查研究局等。[①]中央调查研究局的设立，对党中央领导好全面的调查研究工作，提供了强有力的组织保证。

在毛泽东的推动下，1941 年中央政治局召开的九月会议使党的领导层对必须反对主观主义和宗派主义这个根本问题大体上取得了共识。1943 年 10 月 6 日，毛泽东在中共中央政治局会议上的发言曾这样评价："九月会议是关键，否则我是不敢到党校去报告整风的，我的《农村调查》等书也不能出版"，"整风也整不成"[②]。

（三）掀起全党调查研究的新高潮

在延安时期，毛泽东不仅反复强调调查研究，实事求是，而且在调查研究实践方面，也是全党的表率。他的调查研究工作，内容方方面面，形式多种多样，并且随时随地，不拘一格。他不仅善于抓住同各方、各界、各类人士谈话、聊天的机会进行调查研究，甚至能从个别百姓一时对他的诅咒中发现党的政策中存在的问题，并责成有关部门及时深入了解，合理解决。他更善于对重大问题进行深入的专项调查。例如关于"精兵简政"的重大决策，就是一次调查研究的典范事例。

---

① 《任弼时年谱（1904—1950）》，中央文献出版社 2014 年版，第 406 页。

② 《毛泽东传》第 2 册，中央文献出版社 2011 年版，第 645 页。

精兵简政是在抗日战争进入相持阶段的最艰难时期，中国共产党在各抗日民主根据地实行的一项重要政策。1941 年 11 月，毛泽东在陕甘宁边区第二届第一次参议会上，热情地希望参议员们本着知无不言、言无不尽的精神，提供意见，为减轻群众负担，克服目前困难，坚持长期抗战，献计献策。在聆听毛泽东这次演讲的参议员中，就有米脂县参议会议长李鼎铭。李鼎铭原是米脂县一位有名望的绅士，清朝末年，曾在米脂县办学，后又做过榆林中学的教员和小学校长，晚年以行医务农为主，为人耿直，同情农工，热爱祖国，拥护中国共产党的团结抗日政策。毛泽东的演讲深深地打动了他。出于爱国热忱，他根据陕甘宁边区的实际情况，提出一个“精兵简政”的提案。要求“政府应彻底计划经济，实行精兵简政主义，避免入不敷出，经济紊乱之现象”。提案提出，“军事政治之建立，必须以经济力量为基础。在今日人民困苦，资源薄弱之状况下，欲求不因经济枯竭而限制军政发展，亦不因军政发展而伤害经济命脉，惟有政府彻底计划经济，实行精兵简政主义，量入为出，制定预算，以求得相依相助，平衡发展之效果。”[①]这一提案引起毛泽东的高度重视，当李鼎铭刚发完言，毛泽东就站起来，一边鼓掌，一边走到台前，对这一提案表示极为赞成。他说，在抗战初期，采取精兵主义自然是不对的，但现在情况不同了，全面抗战已经四五年了，人民经济遇到很大困难，而我们的大机关和不精干的部队，又不适合今天的战争。教条主义就是不管环境变了，还是死啃不合时宜的条文。我们的党是为人民服务的，不论谁提出的意见，只要有利于抗战，对人民有好处，我们就照办。17 日，毛泽东在他召集的中央政治局会议上指出：财政经济方针须实行两大原则，第一，精兵简政，调整人员。第二，扩大收支，发展事业。会议确定实行精兵简政的方针。翌日，李鼎铭关于精兵简政的提案以 165 票的多数在参议会获得通过。事后，毛泽东反复看

① 黄正林：《陕甘宁边区社会经济史（1937—1945）》，人民出版社 2006 年版，第 252 页。

着这个提案，拿起红笔把重要的段落圈了起来，又一字一句地抄在自己的本子上，旁边还加了一段批语："这个办法很好，恰恰是改进我们的机关主义、官僚主义、形式主义的对症药。"[①]

12月13日，中共中央向各抗日根据地发出"精兵简政，发展经济"的指示。延安的《解放日报》分别于1941年12月6日，1942年2月20日、4月9日、8月3日、8月23日先后发表题为《精兵简政》《再论精兵简政》《贯彻精兵简政》《彻底实行精兵简政政策》《精兵简政——当前工作的中心环节》5篇社论，号召各地厉行精兵简政。

陕甘宁边区最早开始贯彻精兵简政，先后实行两次精简，为其他根据地提供了经验。尽管如此，边区的精简工作仍然存在一些问题，而就全国各根据地的情况看，还有若干根据地的同志没有理解精兵简政同当前形势和党的各项政策的关系，没把它当作一个极其重要的政策看待，因而也没有认真地进行。为此，1942年9月7日，毛泽东亲自为《解放日报》撰写了题为《一个极其重要的政策》的社论。向全党分析目前我们面临的形势，阐明实行精兵简政的必要性、迫切性。毛泽东指出，抗战五年后的形势，"实处于争取胜利的最后阶段"[②]，既接近着胜利，又有极端的困难，也就是所谓"黎明前的黑暗"。共产党人必须清醒地认识到，在争取抗战胜利的最后阶段，还将遇到比目前更加严重的困难。除了政治上困难，还有经济上的困难。要取得抗战胜利，必须克服这些困难。我们的重要办法之一就是精兵简政。实行精兵简政之所以十分必要，十分迫切，是因为：第一，解放区"鱼大水小"矛盾突出。抗战全面爆发以后，为发展壮大抗战力量，我们建设了庞大的战争机构，那时的情况容许我们这么做，也应该这么做。但现在情况不同了，根据地已经缩小，在今后的一个时期内还可能再缩小，我们便决然不能像过

① 于俊道、李捷：《毛泽东交往录》，人民出版社1991年版，第880页。
② 《毛泽东选集》第3卷，人民出版社1991年版，第880页。

去那样维持着庞大机构，必须克服战争机构和战争情况之间存在的矛盾，缩小自己的机构，使兵精政简。毛泽东还形象地把它比作“褪去冬衣，穿起夏服，以便轻轻快快地同敌人作斗争”[①]。第二，日伪对解放区实行“三光”政策，其目的正是企图扩大我们“鱼大水小”的矛盾，把我们困死。这也迫使我们必须是严格地、彻底地、普遍地，而不是敷衍地、不痛不痒地、局部地实行精兵简政。使我们的战争机构能适应战争情况，显得越发有力量，从而不但不会被敌人战胜，而且最终战胜敌人。年底，毛泽东又明确提出“精兵简政”所要达到的五项目的，即“精简、统一、效能、节约和反对官僚主义”，通过精兵简政，达到健全机构、建立制度，调整干部，改变作风，加强领导，精通业务，厉行节约，改善各方面关系之目的。

在毛泽东和中共中央的大力倡导和正确领导下，陕甘宁边区和各解放区普遍实行精兵简政，收到显著的效果。解决了根据地“鱼大水小”的矛盾，减轻了人民的负担，调动了广大群众的抗日积极性，增强了部队的战斗力，提高了机关效率，对度过抗日战争最艰苦时期，巩固根据地，坚持长期抗战，夺取最后胜利，起了重要的历史性作用。

毛泽东在这一时期写出的《抗日时期的经济问题和财政问题》（1942 年 12 月）、《开展根据地的减租生产和拥政爱民运动》（1943 年 10 月 1 日）以及《组织起来》（1943 年 11 月 29 日）等论著，即是他对陕甘宁边区的经济和财政等问题进行深入专项调查的重要成果。毛泽东全面考察了陕甘宁边区关于发展农业、畜牧业、手工业、合作社、盐业、自给工业、军队的生产事业、机关学校的生产事业，以及粮食工作等问题。在每个项目中，又都作了详细的调查和深入的分析。经过这样一系列周密系统的调查研究，毛泽东找到了革命根据地经济工作和财政工作的规律，制定出发展经济，保障供给，以及公私兼顾等一整套财经工作

① 《毛泽东选集》第 3 卷，人民出版社 1991 年版，第 882 页。

的方针、政策。

西北局调查研究局考察团，是当时第一个大型调查组织，成员 30 多人。他们对陕甘宁边区的绥德、米脂两特区的政治、经济、党务等问题进行了为期两个月的调研。共写出调查报告、人物传略 20 多份，其中调查报告 19 份。还有 3 位同志写出了专著——《绥德、米脂土地问题初步研究》，于 1942 年 9 月在延安正式出版，全书 8.5 万字。它从一个侧面反映了当时延安开展调查研究活动的情况。

1941 年 12 月，陕甘宁边区政府主席林伯渠率 20 多人组成的考察团赴陕北的甘泉、富县进行调查研究，1942 年 1 月下旬回到延安。2 月 9 日，林伯渠在边区政府召开的政务会议上报告了考察观感。他根据考察团走家串户、亲自调查了解的情况，指出了这两个县存在的许多亟待解决的问题，“如三三制实行得比较差，县参议会没有开展经常工作；租佃关系未能适当解决；对人权保障不够；行政机构尚不健全；干部文化水平太低等”[①]。针对这些问题，他提出了改进政府工作的若干意见。继此之后，1943 年 4 月 25 日至 5 月 6 日，林伯渠又亲赴安塞、志丹两县农村进行实地调查。返回后，他写了《农村十日》一文，发表在同年 5 月 30 日的《解放日报》上。文章的最后一段写道：“为什么我们不应向你们学习呢，你们是大地的儿子。人类的智慧、血汗，不都是埋藏在劳动中吗？我们政府号召生产，要大家丰衣足食，就必须每个人向好的劳动者看齐，成为新的英雄啊。这次农村小住 10 日，觉得实际的内容太丰富了，需要虚心去学习的地方还多着哩。”[②]林伯渠的感想，真切地反映了调查研究对党的干部的启发和激励。

中共中央政治局委员、书记处书记兼中宣部部长张闻天任团长的延安农村调查团，于 1942 年 1 月 26 日从延安出发，至 1943 年 3 月 3 日回到

---

① 《林伯渠传》，红旗出版社 1986 年版，第 274 页。

② 《林伯渠文集》，华艺出版社 1996 年版，第 330 页。

延安。1943 年 3 月 27 日，张闻天向中共中央提交了此次调查研究的总结报告——《出发归来记》。张闻天的这次调研，目的明确，获得的实际材料十分丰厚（其中，在米脂县杨家沟的调查材料后来汇编成《米脂县杨家沟调查》一书，于 1957 年由生活·读书·新知三联书店公开出版。此外，《贺家川八个自然村的调查》《兴县十四个自然村的土地问题研究》《杨家沟地主调查》后来均收入中共党史出版社 1994 年 6 月初版的《张闻天晋陕调查文集》)。更重要的是，这次调研收获了宝贵的思想成果。张闻天指出："这次出发，从调查研究中得来的一些材料，一些具体知识，当然就是我一年来工作的结果。但最重要的，还不在这里。最重要的，还在于我最后认识到：我以后有向着接触实际、联系群众的方向不断努力的必要，……其次，还在于我实际开始使用了马列主义的方法，来研究了一下中国的实际。不容讳言，因为我是开始学着射箭，所以我觉得我的箭术很是生疏。但每射一次，比着上次总觉得要熟练些。求得射箭术的进步，除实际练习外，是没有其他方法的。一次二次是射不好的，必须几百次、几千次的射下去，才能射得更加熟练些，射得更加正确些。"[①]他告诉大家："冲破了教条的囚笼，到广阔的、生动的、充满了光与热的、自由的天地中去翱翔——这就是我出发归来后所抱着的愉快心情。"[②]

这一时期，在延安先后组成较大型考察团，深入实际进行调查研究的，还有中央青委考察团、中央妇委妇女生活考察团、八路军政治部战地考察团等。此外，一些地方机关和个人开展的各种各样的调查研究活动及其收获不胜枚举。这些调查研究活动，不仅为各级党政组织制定和实行科学的决策提供了宝贵的依据，极大地推动了陕甘宁边区乃至各抗日民主根据地各项事业的发展，更重要的是帮助广大党员干部克服"唯

① 《延安时期党的重要领导人著作选编》(下)，中央文献出版社 2014 年版，第 468—469 页。

② 《延安时期党的重要领导人著作选编》(下)，中央文献出版社 2014 年版，第 449 页。

书、唯上”的教条主义浮夸作风，树立起深入基层、深入实际，实事求是的思想作风，有力地促进了全党上下党风、文风和学风的转变，成为延安整风运动深入开展的重要助推器。

四、一场特殊的调查研究活动——延安文艺座谈会

1942 年春，中共中央和毛泽东发起了全党的普遍整风。毛泽东除抓总外，还具体分管延安文艺界的整风，其重要成就是通过召开延安文艺座谈会，帮助知识分子确定为无产阶级政治服务、为工农兵服务的立场和前进方向。这不是一次简单的座谈会，而是一次极富成效的调查研究活动。毛泽东在会前就进行了认真的准备，不仅通过观看戏剧文艺演出、阅读报刊墙报等发表的文艺作品与文学评论杂文等，了解延安文艺的状况和文艺工作者的思想动态，而且亲自分批约请 40 多人次的作家、诗人、画家、音乐戏剧界人士和理论工作者及那些部门的党政干部谈话，虚心征求意见、交流思想，与他们书信往来不断，并指定专人和有关部门分别召开小型的座谈会，就一些专题搜集不同的反映；会议期间，除会下的交流外，5 月 16 日，毛泽东出席延安文艺座谈会第二次会议，一整天都在认真听取与会者的发言，并不时地做着记录；会议结束后，为慎重起见，毛泽东并没有马上公开发表他在会议上的讲话，而是以他的讲话精神为指导，领导延安乃至各抗日民主根据地（解放区）文艺界的整风学习，推动座谈会讲话精神的落实，从而有力地促进了解放区文艺事业的大繁荣，从根本上奠定了中共对文艺工作的领导地位，确定了文艺工作和文艺工作者的前进方向。

（一）延安文艺座谈会召开的背景与原因

延安文艺座谈会是在中国人民抗日战争处在最艰难时刻的历史背景下召开的。1941 年年初国民党顽固派制造皖南事变，掀起了第二次反共

高潮。与此同时，在“曲线救国”的幌子下，大批国民党军将领率部投敌，配合日伪军进攻八路军、新四军。而侵华日军为准备于1941年冬季发动太平洋战争，对华北敌后抗日根据地进行所谓“治安肃正”，集中日伪军“扫荡”各抗日民主根据地，实行烧光、杀光、抢光的“三光政策”，妄图消灭中国解放区和中国共产党领导的人民武装，稳定其战略后方。这直接导致解放区缩小，人口由1亿减少到5000万，军队由100万减少到50万。延安和陕甘宁边区的军民缺衣少食。为了克服和战胜困难，毛泽东和中共中央采取的对策和措施是：一方面实行精兵简政，厉行节约，发展生产；另一方面开展整风学习运动，克服党内王明路线余毒，用中国化的马克思主义统一全党思想，促进全党的团结，强本固根。

自斯诺的《西行漫记》发表后，中国共产党及其领导下的人民军队吸引了全国人民的目光，特别是中国共产党抗日民族统一战线主张成为现实后，延安更是成为全国广大青年的向往之地。抗战之初，由于第二次国共合作的形成，中国共产党领导下的陕甘宁边区合法化，给广大青年特别是青年学生奔赴延安提供了可能。“仅在1938年5月—8月间，经西安八路军办事处赴延安的知识青年就达2288人。”[①]任弼时在1943年12月22日中央书记处会议上发言指出，抗战后到延安的知识分子总共4万余人，就文化程度言，初中以上71%（其中高中以上19%，高中21%，初中31%），初中以下约30%[②]。由此可见，当年全国各地奔赴延安的知识分子总数是可观的。这些人当中当然有人来了又走了，但是更多的人从延安走上了抗日救亡的光辉道路，成为抗战的中坚力量。在这些人当中，“有一定创作成果的成员约407人。这407名文艺家中，作

① 刘悦清：《延安知识分子的群体特征及其历史地位》，《浙江社会科学》1995年第5期。

② 《胡乔木回忆毛泽东》（增订本），人民出版社2014年版，第280页。

家227人，占55.8%，艺术家180人，占44.2%”[①]。在中华民族面临生死存亡的危难之际，正是由于有了大批爱国青年、能人志士会聚延安，满怀激情投身抗战文艺创作中去，促进了延安文艺界的发展，丰富了延安的精神生活，为延安文艺座谈会的召开打下了坚实的群众基础。

随着奔赴延安的青年知识分子的增多和革命文艺运动的深入展开，多数青年学生迅速成长为坚定的无产阶级革命战士。但也有一些知识分子的革命激情随着理想与现实间的反差而日渐消退，消极的茫然的情绪在他们身上滋长，围绕着陕甘宁边区文艺的许多问题逐渐产生了不同认识和矛盾。一些人主张艺术脱离政治或者高于政治，认为马列主义立场观点多余或有害；不愿意关注和深入人民群众，创作的作品与人民群众的现实生活脱节，还是着重表现小资产阶级的生活方式和环境；思想僵化、教条主义倾向严重，不懂得灵活处理理想与现实间的反差；一些争论、分歧、对立和不团结现象及宗派主义问题因得不到解决而日积月累。团结一致、共同抗战是当时争取民族独立的唯一选择，因此，毛泽东是抗战的舆论导向和风向标，文艺工作显得至关重要。

作为一位伟大的思想家和革命领袖，毛泽东深知文学艺术是整个革命战线不可缺少的一个方面，自1936年红军三大主力会师后，他就分出一部分精力来抓文艺工作。毛泽东是一位具有深厚文学造诣的诗人，这为他与文化人的交流提供了更好的便利条件。在酝酿延安整风运动的过程中，毛泽东敏锐地意识到，如果听任关于陕甘宁边区文艺工作的各种不正确认识继续存在和发展，而不妥善地加以解决，必将影响革命文艺运动的健康发展，给抗日民族统一战线的稳固带来极大阻碍，甚至导致分裂，后果将不堪设想。

毛泽东对于文艺的关注和思考，有一个由点到面、由外及内、由粗

① 刘增杰：《从左翼文艺到工农兵文艺——对进入解放区左翼文艺家的历史考察》，《中国现代文学研究丛刊》2006年第5期。

到精、循序渐进的过程。较早的时候，他只是就发挥文艺对抗日战争的宣传、组织作用，提出过一些观点，这些观点原则性比较强，很少展开论证。正如毛泽东 1936 年 11 月 22 日在中国文艺协会成立大会的演讲中所指出："中国苏维埃成立已很久，已做了许多伟大惊人的事业，但在文艺创作方面，我们干得很少。今天这个中国文艺协会的成立，是近十年来苏维埃运动的创举。过去我们是有很多同志爱好文艺，但我们没有组织起来，没有专门计划的研究，进行工农大众的文艺创作，就是说过去我们都是干武的。现在我们不但要武的，我们也要文的了，我们要文武双全。"[①]1938 年 4 月，他在鲁迅艺术学院的讲话中提出"艺术作品要有内容，要适合时代的要求，大众的要求"[②]。同年 10 月，在《中国共产党在民族战争中的地位》中提出"洋八股必须废止，空洞抽象的调头必须少唱，教条主义必须休息，而代之以新鲜活泼的、为中国老百姓所喜闻乐见的中国作风和中国气派"[③]。1940 年 1 月，他在《新民主主义论》中提出"所谓新民主主义的文化，一句话，就是无产阶级领导的人民大众的反帝反封建的文化"[④]，是"民族的科学的大众的文化"[⑤]的判断。

由于毛泽东在中共党内的地位的巩固、国共双方关系的恶化、抗日战争战局的变化，在 1942 年前后，毛泽东对文艺工作从原则性的要求发展到了具体化的要求，其实质是对知识分子世界观的改造。1942 年，中国抵御日本帝国主义侵略的全民族抗战已经到了第 6 个年头，中日民族矛盾异常尖锐，国内的阶级矛盾也日益加剧。有的知识分子没有从理想世界中走出来，身上带着优越感和过度自信，因而在思想、言行、举止上与工农兵群众格格不入，甚至出现了不可逾越的隔阂。但工农兵群

① 《毛泽东文艺论集》，中央文献出版社 2002 年版，第 3 页。

② 《毛泽东文集》第 2 卷，人民出版社 1993 年版，第 122 页。

③ 《毛泽东选集》第 2 卷，人民出版社 1991 年版，第 534 页。

④ 《毛泽东选集》第 2 卷，人民出版社 1991 年版，第 698 页。

⑤ 《毛泽东选集》第 2 卷，人民出版社 1991 年版，第 708 页。

众是抗战的主力军，如果不能很好地团结他们抗战，抗日民族统一战线巩固乃至夺取抗日战争胜利都将成为空话或奢望。

对于为什么要召开延安文艺座谈会，1943 年 4 月 22 日新华社播发的“党务广播”《关于延安对文化人的工作的经验介绍》中说明了原因：“在延安集中了一大批文化人，脱离工作，脱离实际。加以国内政治环境的沉闷，物质条件困难的增长，某些文化人对革命认识的模糊观点，内奸破坏分子的暗中作祟，于是延安文化人中暴露出许多严重问题。”“有人想把艺术放在政治之上，或者脱离政治。”“有人以为作家可以不要马列主义的立场、观点，或者以为有了马列主义的立场、观点就会妨碍写作。”“有人主张对抗战与革命应‘暴露黑暗’，写光明就是公式主义（所谓歌功颂德），还是‘杂文时代’（即主张以鲁迅对敌人的杂文来讽刺革命）一类口号也出来了。代表这些偏向的作品，在文艺刊物甚至党报上都盛极一时。”于是“中央特召开文艺座谈会”，“上述的这些问题都在毛主席的结论中得到了解决”[①]。毛泽东曾说：“党务广播，是党内教育干部的一种方式。”[②]而引述的这篇广播稿，是由胡乔木起草，送给中央文委秘书长、《解放日报》和新华社编委、《解放日报》副刊部主任艾思奇签发的，代表了中共中央的立场和态度。

这篇广播稿上所说的“代表这些偏向的作品，在文艺刊物甚至党报上都盛极一时”。它说的有些什么作品呢？《解放日报》文艺副刊 1942 年 3 月 9 日发表的丁玲的《三八节有感》，3 月 13 日和 23 日分别发表的王实味的《野百合花》序言和 4 段杂文。罗烽的《还是杂文时代》和艾青的《了解作家，尊重作家》都是发表在纪念《文艺》百期特刊（3 月 12 日和 3 月 13 日）上的。王实味的《政治家、艺术家》是发表在中华

① 黎辛：《关于“延安文艺座谈会”的召开、〈讲话〉的写作、发表和参加会议的人》，《新文学史料》1995 年第 2 期。

② 《毛泽东新闻工作文选》，新华出版社 2014 年版，第 146 页。

全国文艺家协会延安分会的《谷雨》杂志一卷四期（2月）上的。这篇广播稿上说的其他错误思想与问题，是毛泽东与艺术家谈话时听到的，或延安文艺座谈会上艺术家说的，或毛泽东请人搜集来的。

（二）为召开延安文艺座谈会进行的调查研究

毛泽东一贯注重调查研究，召开文艺座谈会实际就是一次调查研究和解决问题的过程。会前，面对着革命队伍中众多才华横溢，又有极强个性的文艺工作者，毛泽东觉得极有必要摸透和吃准他们的真实思想，以便“对症下药”，找到切合实际的工作思路。因此，延安文艺座谈会的召开不是随意偶然的，而是计划的一部分。刘白羽作为当事人回忆起当年的情形：“有一天，主席派人约我去他那里……开门见山就说：边区的经济问题我们整顿得差不多了，现在可以腾出手来解决文艺问题了。”刘白羽解释说：“这两句话非常重要，这说明召开延安文艺座谈会……是党中央深思熟虑的战略决策。”[①]毛泽东进行这项调查研究工作的主要方法，就是主动约请文学艺术界人士，开诚布公、推心置腹地面对面交谈。从1942年4月初起，用将近一个月的时间，毛泽东先后约请了丁玲、艾青、萧军、舒群、罗烽、周文、于黑丁、李雷、欧阳山、草明、刘白羽、萧三、塞克、周扬、何其芳、严文井、周立波、曹葆华、姚时晓、陈荒煤、李伯钊等20多位文艺界人士进行交谈。毛泽东深入细致的作风与坦诚认真的态度，得到了他们的尊重和信赖。毛泽东重点约去谈话的作家之一是丁玲。据她回忆：“为了准备这次会，毛主席分别找了很多人个别谈话，我也是被找去的一个。这次毛主席和我谈话的内容只是有关（文艺）批评的问题。毛主席说：‘内部批评，一定要顾及人家的长处，肯定优点，再谈缺点，人家就比较容易接受了。’”

延安“文抗”（中华全国文艺界抗敌协会延安分会）作家艾青是延安

---

① 刘白羽：《延安文艺座谈会的前前后后》，《人民文学》2002年第5期。

时期毛泽东比较看重的一个作家，毛泽东三次给他写信，两次约他面谈，时间都在 1942 年的 4 月。艾青回忆说："1942 年春天，延安文艺界出现了许多文章。四月间，毛主席给了我一封信，约我去他住处面谈。"毛泽东这封短信内容如下："艾青同志：有事商量，如你有暇，敬请惠临一叙。此致敬礼！"艾青如约而至。当时，中央研究院的墙报《矢与的》在延安最热闹的地方挂出。其中几篇尖锐地批评人及事的文章引起了贺龙、王震等多位将军的不满。一天晚上，毛泽东提着马灯，专门去看了墙报，随即指出：思想斗争有了目标了，这也是有的放矢嘛！所以，毛泽东见到艾青后，开门见山地说："现在延安文艺界有很多问题，很多文章大家看了有意见。有的文章像是从日本飞机上撒下来的；有的文章应该登在国民党的《良心话》上的。你看怎么办？"艾青向毛泽东提议说："开个会，你出来讲讲话吧。"似乎是有意反问，毛泽东说："我说话有人听吗？"艾青说："至少我是爱听的。"①过了两天，毛泽东又给艾青写信："艾青同志：前日所谈有关文艺方针诸问题，请你代我收集反面的意见。如有所得，希随时赐知为盼。此致敬礼！"毛泽东还在"反面的"3 个字下面画了 3 个着重号。艾青不知道该去收集什么反面的意见。他只是把自己的意见从正面提出来了，并认真拟写成题为《我对于目前文艺上几个问题的意见》的一篇文稿，送交了毛泽东。几天后，毛泽东派卫兵牵着马带着写好的第三封信又来接艾青："艾青同志：大著并来函读悉，深愿一谈，因河水大，故派马来接，如何？乞酌。此致敬礼！"在杨家岭住地，毛泽东再次接见了艾青。这是一个新的窑洞，中间放着一张桌子。毛泽东把那篇文章交还给艾青，说："你的文章，我们看了，有些意见，提供你参考。"在文章第一页的空白地方，有政治局同志传阅后写下的字样。艾青正准备记录，但是地面不平，桌子有些摇晃，就走出窑洞去想找块小石片垫桌子。想不到毛泽东走得比他快，马上捡来小瓦片回屋垫稳了桌子。当后来回忆起

---

① 《艾青论创作》，上海文艺出版社 1985 年版，第 28 页。

这件小事时，艾青感慨地说："这件事给我印象很深。不要说他是革命领袖，就是一个连长也不会那么快跑去捡石头。"毛泽东手里拿了几张上面用铅笔写了一些意见的纸，边看边谈，并希望艾青把文字修改得更好。毛泽东当面谈了对艾青那篇文章的一些意见，"谈的主要是包括文艺与政治、歌颂和暴露等等重要问题"。回来后，艾青根据毛泽东的意见，又对自己的文章作了认真修改，定稿于4月23日，刊发于5月15日的《解放日报》[①]。在这篇论文中，艾青就文艺与政治、作者的立场和态度、写什么、怎样写、作家的团结、文艺工作的领导等问题，发表了自己的见解。这在当时的延安是一篇有相当影响的文艺评论。[②]

萧军是一个性格豪爽、颇有才华、崇尚自由却性情有些孤傲固执的作家。毛泽东对他也很欣赏器重。1940年6月他来延安后任"文抗"理事、《文艺月报》编辑、鲁迅研究会主任干事等职。自1941年8月至1942年5月，毛泽东写给萧军的信多达10封。1942年4月初，萧军将之前受毛泽东的委托而陆续收集到的文艺界资料给毛泽东寄去。为此，毛泽东给萧军写信："来信及附件收读，并转给几个同志看去了，感谢你的好意。"[③]4月7日，毛泽东写信约萧军在当天下午或晚上来谈，萧军应约而来。他们接连两天谈了有关党的文艺方针政策等问题[④]。4月13日，毛泽东分别致信萧军、欧阳山（时任延安中央研究院文艺研究室主任）和草明（欧阳山的夫人）、舒群（时任《解放日报》文艺专栏主编），要他们代为搜集文艺界的反面意见。经过一段时间的调查研究和充分的准备，召开文艺座谈会的时机已经成熟。还未等会期定下来，萧军就又想走了，毛泽东再次写信留他："准备本星期六开会，请你稍等一下出发，开完你

① 《艾青论创作》，上海文艺出版社1985年版，第29页。

② 孟红：《毛泽东为延安文艺座谈会的召开搞调研》，《党史文汇》2012年第5期。

③ 《毛泽东年谱（1893—1949）》（修订本）中卷，中央文献出版社2013年版，第372页。

④ 《毛泽东年谱（1893—1949）》（修订本）中卷，中央文献出版社2013年版，第373页。

就可走了。会前我还想同你谈一下，不知你有暇否？我派马来接你。月报 1—14 期收到，谢谢你！”[①]可见，毛泽东给萧军的礼遇是很高的。当时延安没什么交通工具，出门都安步当车，从这个单位到那个单位，少则几里，多则几十里，很不方便。少数领导同志为了节省时间，才骑马代步。毛泽东用自己的马去接萧军，这在当时是不多见的。见面后，毛泽东再次恳切挽留，希望他务必开完会再走。有毛泽东的这番盛情，萧军便决定留下来参会。

刘白羽当时担任“文抗”的党支部书记，也是座谈会前毛泽东重点约谈的作家之一。毛泽东在座谈会前的调查中前后总共与刘白羽约谈了 3 次。在第一次约请谈话时，毛泽东就许多文艺问题和现象谈了自己的看法，对有关情况了如指掌。毛泽东为更多地了解情况，还要刘白羽找“文抗”的党员作家先行座谈，听取意见。毛泽东说：“你那里作家不少，你把他们集合起来，把我的话念给他们听听，然后让他们发表意见。会有正面意见，但我更需要的是反面意见，刘白羽同志，我不是老说兼听则明吗？”[②]他提醒刘白羽把议论结果告诉他。回来后，刘白羽按照毛泽东的意见，在“文抗”召开了两次会议，传达了这次谈话。刘白羽一讲完，会场上议论纷纷，其中不乏近乎荒谬的言论。刘白羽只是埋头记录。过了几天，毛泽东又把刘白羽找去，让他汇报“文抗”开会的情况。其中谈到文艺界的问题不是立场问题，大家心是好的，只是表现不好，起了坏作用……毛泽东听后笑了起来。这一次是刘白羽说，毛泽东听，毛泽东有时也用铅笔记几笔，有时听不过去就反驳几句。像后来在《讲话》中提到的一种糊涂观念“不是立场问题；立场是对的，心是好的，意思是懂得的，只是表现不好，结果反而起了坏作用”[③]这一段话就是从“文抗”那儿生发出来

① 《毛泽东年谱（1893—1949）》（修订本）中卷，中央文献出版社 2013 年版，第 376 页。
② 孟红：《毛泽东为延安文艺座谈会的召开搞调研》，《党史文汇》2012 年第 5 期。
③ 《毛泽东选集》第 3 卷，人民出版社 1991 年版，第 873 页。

的。刘白羽还向毛泽东提出人犯了错误怎么办的问题。毛泽东回答说：在哪里犯的就在哪里改，如果是写了文章，影响会更大些，应该是在哪里发表的就在哪里改正。第三次约请谈话，毛泽东向刘白羽阐述了为工农兵服务和深入工农兵的思想，使刘白羽耳目一新，有一种豁然开朗的感觉。

1942 年 4 月下旬的一天，毛泽东以集体谈话的方式，找来鲁迅艺术学院文学系、戏剧系的几位党员教师进行当面交流。周扬、何其芳、严文井、周立波、曹葆华、陈荒煤、姚时晓等几位党员教师得到通知后，怀着既兴奋又有几分忐忑紧张的心情，来到杨家岭毛泽东住所座谈。毛泽东一见面就问：你们是主张歌颂光明的吧？听说我们有委屈情绪。一个人没有受过十年八年委屈，就是教育没有受够。又说：知识分子到延安以前，按照小资产阶级的幻想把延安想得一切都很好。延安主要是好的，但也有缺点。这样的人到了延安，看见了缺点，看见了不符合他们的幻想的地方，就对延安不满，就发牢骚。在回答是喜欢李白还是喜欢杜甫的问题时，毛泽东说：我喜欢李白，但李白有道士气。杜甫是站在小地主的立场。在谈到《聊斋志异》时，毛泽东说：《聊斋志异》可以当作清朝的史料看，其中一篇叫作《席方平》的，就可以作为史料。《聊斋志异》是反对八股文的。有人问：现在反映抗日战争的作品感人的比较少，是不是由于生活要经过沉淀，经过一段时间的隔离，然后才能够写成很好的作品？毛泽东说：写当前的斗争也可以写得很好，4 月 6 日《解放日报》上一篇黄钢的作品《雨》，写得很好，就是写当前敌后抗日战争的[①]。这个谈话发生在文艺座谈会的前夕。从谈话内容来看，毛泽东对座谈会的主要讲话内容已是胸有成竹了。

从毛泽东约请众多文艺家进行交流谈话的全过程看，可以明显地划分出下列几个阶段：

---

① 《毛泽东年谱（1893—1949）》（修订本）中卷，中央文献出版社 2013 年版，第 377 页。

4月2日到10日前，主要谈“文艺方针诸问题”，谈话对象主要是“文抗”作家；

4月10日，中共中央书记处召开会议，毛泽东在会上正式提议准备召集延安文艺界座谈会，拟就作家立场、文艺政策、文体与作风、文艺对象、文艺题材等问题交换意见。会议通过了毛泽东的提议；

4月13日，开始广泛“搜集反面意见”；

4月17日，在搜集反面意见的同时开始征集正面意见；

4月18日，开始与党员骨干文艺家交流“讲话结论”所要讲的主要内容，包括与萧三的交谈、与刘白羽的最后一次交谈、与鲁艺党员作家的交谈等。

与此同时，中央组织部部长陈云、中央宣传部代部长凯丰等也分别找作家谈话。至此，座谈会基本上万事俱备了。

（三）延安文艺座谈会的召开及“二为”方向的确定

1942年4月27日，以毛泽东和凯丰两人名义发出的请帖，由中央办公厅统一寄给100余位参会代表。请帖用的是粉红色油光纸，而不是延安自产的那种最常见的马兰纸。请帖上郑重写道：“为着交换对于目前文艺运动各方面问题的意见起见，特定于五月二日下午一时半在杨家岭办公厅楼下会议室内开座谈会，敬希届时出席为盼。”[①]

1942年5月2日至23日，中共中央正式召开了延安文艺工作者座谈会，地点在延安杨家岭，会议由毛泽东主持，受邀的100多名延安文艺工作者出席。延安文艺座谈会的会期有20天，其间，中共中央先后召开了3次大会，其余是小组讨论会议。5月2日召开第一次会议，毛泽东发表讲话，说明开会的目的，萧军、丁玲、周扬等相继发表了自己的看法

① 《毛泽东年谱（1893—1949）》（修订本）中卷，中央文献出版社2013年版，第377页。

和意见；5月16日召开第二次会议，主要内容为讨论发言；5月23日召开第三次会议，毛泽东作了总结。综合毛泽东两次发表的谈话，就是完整的《在延安文艺座谈会上的讲话》。1942年5月2日，延安文艺座谈会召开，毛泽东在会上发表讲话。他说："今天邀集大家来开座谈会，目的是要和大家交换意见，研究文艺工作和一般革命工作的关系，求得革命文艺的正确发展，求得革命文艺对其他革命工作的更好的协助，借以打倒我们民族的敌人，完成民族解放的任务。"他指出，在我们为中国人民解放的斗争中，有各种的战线，其中也可以说有文武两个战线，这就是文化战线和军事战线。"我们要战胜敌人，首先要依靠手里拿枪的军队，但是仅仅有这种军队是不够的，我们还要有文化的军队，这是团结自己、战胜敌人必不可少的一支军队。"[①]接着，根据延安文艺界的状况，他着重提出了本次会议的中心议题——立场、态度、工作对象、转变思想感情、学习马列主义和学习社会5个问题。这就是后来整理成文字的《在延安文艺座谈会上的讲话》（以下简称《讲话》）的"引言"。

毛泽东《讲话》的"引言"中提出的"立场问题""态度问题""工作对象问题""工作问题""学习问题"等5个问题，与中共中央书记处会议最初拟定的座谈会讨论议题有所区别和变化。可见，毛泽东礼贤下士找来许多文学艺术家促膝交谈，查阅大批材料，深入调查文艺界的情况，广泛听取他们的意见，与他们共同商讨党的文艺方针等相关问题，做了大量细致的调查研究工作，不仅增进了领袖与文艺工作者之间的了解与友谊，展现出共产党领导干部良好的工作作风，而且更重要的是，通过调查研究，摸清了文艺队伍的现状和延安文艺界的脉搏，全面掌握了包括正反两方面意见的第一手资料，为座谈会开得卓有成效打下坚实的基础，为系统地制定党的文艺工作的方针政策提供了客观依据。随着毛泽东与众多文艺家的广泛交流的不断延伸进展，延安文艺座谈会的讨

① 《毛泽东年谱（1893—1949）》（修订本）中卷，中央文献出版社2013年版，第377页。

论议题从 4 月 10 日最初拟定到 5 月 2 日提交大会而逐渐有所改变、调整与完善，从而有效保证了座谈会的圆满成功，达到了通过调研和整风而弄清情况、澄清是非、确定文艺发展的正确方针的目的。

5 月 21 日，中共中央政治局召开会议，讨论目前时局、整风学习和文艺座谈会等问题。毛泽东在发言中说："延安文艺界中小资产阶级自由主义浓厚。现在很多作品描写的是小资产阶级，对小资产阶级同情。鲁迅的《阿 Q 正传》是同情工农的，与延安文艺界不同。必须整顿文风，必须达到文艺与群众结合。要注意普及与提高，并以普及为基础。同时，要注意吸收外国的东西。"[①]关于延安文艺座谈会的结论问题，会议同意毛泽东指出的延安文艺界工作中存在着的偏向，认为党的文艺政策的基本方针是为群众和如何为群众的问题。会议决定 5 月 23 日由毛泽东在文艺座谈会上作结论。

毛泽东在《讲话》的"结论"部分，重点阐述了文艺"为工农兵"以及"如何为工农兵"这个根本问题，对当时的文艺形势进行深刻剖析，提出问题并作出指示和展望，然后以这个根本问题为重点，紧紧围绕"文艺与人民、文艺与生活、文艺与政治"3 个方面进行了详尽论述。

在文艺与人民方面，毛泽东明确地提出了文艺为广大人民群众首先为工农兵服务的根本方向，表示只有把立足点移过来，只有"在深入工农兵群众、深入实际斗争的过程中，在学习马克思主义和学习社会的过程中，逐渐地移过来，移到工农兵这方面来，移到无产阶级这方面来。只有这样，我们才能有真正为工农兵的文艺，真正无产阶级的文艺"[②]。"我们说要学习马克思主义和学习社会，就是为着完全地彻底地解决这个问题。我们说的马克思主义，是要在群众生活群众斗争里实际发生作用的活的马克思主义，不是口头上的马克思主义。把口头上的马克思主

① 刘益涛：《中流砥柱——抗战中的毛泽东》，中央文献出版社 2005 年版，第 424 页。
② 《毛泽东选集》第 3 卷，人民出版社 1991 年版，第 857 页。

义变成为实际生活里的马克思主义，就不会有宗派主义了。不但宗派主义的问题可以解决，其他的许多问题也都可以解决了。”[①]这一方向的提出，在人类文艺发展历史上具有划时代的意义，同一切剥削阶级的文艺思想划清了界限，为马克思主义文艺理论指明了新的方向。

在文艺与生活方面，毛泽东在《讲话》中深刻指出：“革命的文艺，则是人民生活在革命作家头脑中的反映的产物。人民生活中本来存在着文学艺术原料的矿藏，这是自然形态的东西，是粗糙的东西，但也是最生动、最丰富、最基本的东西；在这点上说，它们使一切文学艺术相形见绌，它们是一切文学艺术的取之不尽、用之不竭的唯一的源泉。这是唯一的源泉，因为只能有这样的源泉，此外不能有第二个源泉。”[②]这就揭示了文艺与生活的反映与被反映的关系，指明了文艺源于社会生活，社会生活作为文艺的源泉永远不会枯竭，因此，“中国的革命的文学家艺术家，有出息的文学家艺术家，必须到群众中去，必须长期地无条件地全心全意地到工农兵群众中去，到火热的斗争中去，到唯一的最广大最丰富的源泉中去，观察、体验、研究、分析一切人，一切阶级，一切群众，一切生动的生活形式和斗争形式，一切文学和艺术的原始材料，然后才有可能进入创作过程”[③]。这一阐述，实际上是对当时抗日根据地文艺工作者出现的思想意识上的问题和矛盾进行的针对性剖析，并提出了符合实际的建议，也表达了对于文艺工作者今后从事创作的希望，很好地做到了将马克思主义理论与中国实际结合起来，在文艺、政治和思想上都有极高价值。

在文艺与政治方面，毛泽东在《讲话》中主要阐述了文艺与政治的关系问题和文艺界统一战线问题。他深刻指出：“在现在世界上，一切

---

① 《毛泽东选集》第 3 卷，人民出版社 1991 年版，第 858 页。

② 《毛泽东选集》第 3 卷，人民出版社 1991 年版，第 860 页。

③ 《毛泽东选集》第 3 卷，人民出版社 1991 年版，第 860—861 页。

文化或文学艺术都是属于一定的阶级，属于一定的政治路线的。为艺术的艺术，超阶级的艺术，和政治并行或互相独立的艺术，实际上是不存在的。”[①]这就将文艺与政治的关系问题表述得非常清晰：文艺与政治相辅相成，密不可分，两者皆不可单独存在，文艺同时是服务于政治的。在毛泽东看来，政治是广大人民群众的意志，而不是少数人的行为。因此，政治作为连接党和人民的纽带，能为人民创造更好的作品，从而使文艺更好地为人民服务。正因为政治是人民的政治，文艺是人民的文艺，所以在对统一战线的问题上，我们党进行抗争的两条路线——革命的文艺与武装革命，都很重要。要形成文艺统一战线，必须认真解决在抗日、民主、文艺方法艺术作风这 3 方面团结的问题。这些观点和认识，无论当时还是现在，都有着振聋发聩的启示作用和影响。

毛泽东在《讲话》中对文艺批评方面的阐释再次提到了文艺与政治之间的联系。他认为政治标准第一，艺术标准第二。毛泽东强调：“任何阶级社会中的任何阶级，总是以政治标准放在第一位，以艺术标准放在第二位的。”[②]“我们的要求则是政治和艺术的统一，内容和形式的统一，革命的政治内容和尽可能完美的艺术形式的统一。缺乏艺术性的艺术品，无论政治上怎样进步，也是没有力量的。”[③]毛泽东坦率指出，党内许多同志存在忽视艺术的倾向或是艺术水准不够，要注意艺术的提高，但是更需要注意的是，他们在政治方面的不足，对基本的政治常识缺乏了解，存在着一些不成熟的观点，这是需要进行反省和改正的。只有将政治和艺术很好地结合起来，才能创作出符合时代的作品。

毛泽东在延安文艺座谈会上的讲话，事前备有一份提纲。提纲是他本人在同中央其他负责人和身边工作人员商量后亲自拟定的。讲话时由

---

① 《毛泽东选集》第 3 卷，人民出版社 1991 年版，第 865 页。

② 《毛泽东选集》第 3 卷，人民出版社 1991 年版，第 869 页。

③ 《毛泽东选集》第 3 卷，人民出版社 1991 年版，第 869—870 页。

速记员作记录。整理的时候主要是调整一下文字顺序，使之更具条理性和逻辑性。毛泽东对整理稿表示满意，但并没有马上发表。对此，胡乔木的回忆是：“稿子整理后并没有立即发表，其原因，一是他要对稿子反复推敲、修改，而他当时能够抽出的时间实在太少了；二是要等发表的机会。到 1943 年 10 月 19 日鲁迅逝世 7 周年时，讲话全文正式在《解放日报》上发表。”[①]

需要再对稿子进行推敲、修改，延时一年多之后才发表，容易理解；而为了等发表的机会，就需要联系当时的历史背景了。1937 年抗日战争全面爆发后，民族矛盾成为社会的主要矛盾；团结御侮成为当时全国民众面临的需要最急切解决的问题。1937 年 8 月 25 日公布的《为动员一切力量争取抗战胜利而斗争》中，提出：“全国人民除汉奸外，都有抗日救国的言论、出版、集会、结社和武装抗敌的自由。”“全中国人民动员起来，武装起来，参加抗战，实行有力出力，有钱出钱，有枪出枪，有知识出知识。”[②]这里的“人民”概念是包括了一切愿意抗战的阶级和阶层的。而在《讲话》中，毛泽东对“人民大众”进行了新的定义：“最广大的人民，占全人口百分之九十以上的人民，是工人、农民、兵士和城市小资产阶级。”[③]民族资产阶级及其他剥削阶级被排除在人民大众之外，这与当时的主流话语存在明显不同。《讲话》如果在座谈会召开之际就公开发表，无异于让人误解中国共产党的政策已有重大调整。而在 1943 年，蒋介石于 3 月发表《中国之命运》，对中国共产党及其领导的抗日斗争大肆攻击。5 月 15 日共产国际宣布解散，国民党借此发动咄咄逼人的宣传、军事攻势，中国共产党必须进行坚决反击。在党内，随着时事教育以阶级意识教育为主题的开展，以及对“毛泽东同志思想”宣传的需要，《讲话》发

① 《胡乔木回忆毛泽东》，人民出版社 2003 年版，第 260 页。

② 《毛泽东选集》第 2 卷，人民出版社 1991 年版，第 355 页。

③ 《毛泽东选集》第 3 卷，人民出版社 1991 年版，第 855 页。

表的时机就成熟了。

《在延安文艺座谈会上的讲话》，不仅是中国共产党在思想建设、理论建设上最重要的文献之一，也是中国现代文学史建设上最重要、影响最久远的文献之一。它全方位和多层次地体现了毛泽东思想的基本观点和思维方法，与毛泽东哲学思想之间存在着特殊的内在联系，使它在毛泽东思想发展史上具有一席之地，并成为反映毛泽东思想的经典文献之一。《讲话》不仅是马克思主义基本原理与中国革命及其革命文艺实践相结合的产物，进一步丰富了马克思主义文艺理论，为革命文艺以及文艺工作者的奋斗指明了方向，对文艺为谁服务、如何服务等中国革命文艺的一系列根本问题进行了科学系统的回答，为抗战文艺的繁荣，为中国共产党领导人民争取民族独立和抗日战争的最终胜利，为新中国文化艺术事业的健康发展，奠定了坚实的基础，而且发扬光大了他在《五四运动》和《青年运动的方向》等文章中提出的关于知识分子必须与工农相结合的重要思想，进一步指明知识分子世界观改造的必由之路。

五、研究中共党史促进全党思想统一

作为彻底的唯物主义者，毛泽东虽然始终坚持实践第一的观点，但从不忽略书本知识的重要性。其中，注重从历史经验中汲取智慧和规律性的认识，是他工作方法的一大特点，也是他调查研究的一个重要方面。这不只是指单一地从历史教科书和历史文献中获取前人的经验和对客观世界的正确认识，对于尚未经过系统总结的历史——中共党史，毛泽东从编辑研究党的历史文献入手，发动党的历史的重要参与者（在延安的高级干部），把自己的亲身经历和感悟与历史文献相结合，共同学习党史，分别进行讨论，认真地研究和总结党史。可以说是组织全党（主要是高级干部）进行的一次特殊的调查研究活动。

毛泽东在六届六中全会的报告中就指出：“指导一个伟大的革命运

动的政党，如果没有革命理论，如果没有历史知识，没有对于实际运动的深刻的了解，要取得胜利是不可能的。”他认为：“今天的中国是历史的中国的一个发展；我们是马克思主义的历史主义者，我们不应当割断历史。从孔夫子到孙中山，我们应当给以总结，承继这一份珍贵的遗产。这对于指导当前的伟大的运动，是有重要的帮助的。”[①]

（一）学习研究中共党史的缘起

中国共产党的革命斗争历程艰苦曲折，经验丰富，教训深刻。此前，蔡和森在莫斯科中山大学旅俄支部有过《中国共产党史的发展》的报告，研究一大到四大的情况，这是第一部中共党史著作；随后他又撰写了《党的机会主义史》，写到八七会议；瞿秋白撰写过《中国共产党历史概论》，记述1920年到1929年的党史；李立三在1930年2月写过《党史报告》；共产国际东方部的米夫发表过《中国共产党英勇奋斗的十五年》。且不论这些党史著述系统精到与否，它们都是党内的报告或文件，不是在苏联完成的，就是在上海发布的。当时在延安的高级干部很少有完全了解中共诞生以来全部历史情况的。毛泽东也不例外，自秋收起义踏上艰苦转战的征途后，他和外界的联系极其有限，无从知晓上述著述。因此，他在延安时认为“整个党的历史却没有哪个人去考虑过”[②]。

和以往由个别同志为了向共产国际作报告或为了宣传等目的而分别撰写党史著述不同，延安时期是组织全党集中学习研究党史，目的性更明确——分辨是非，统一思想。并且，这次研究与学习，自始至终是在毛泽东和中共中央的直接组织下进行的，由党中央发动党的高级干部长时间大规模系统地进行党史学习与研究，在中共历史上这是绝无仅有的。毛泽东虽然自遵义会议后就一直致力于党的思想建设，并在六届六中全会

① 《毛泽东选集》第2卷，人民出版社1991年版，第533—534页。

② 《毛泽东文集》第2卷，人民出版社1993年版，第399页。

提出马克思主义中国化的重要命题，但是，理论与实际相结合的学风在很长时间里并没有在全党范围内真正树立起来，把马克思主义与中国革命实际相结合的思想路线也无从形成。因此，他希望通过组织学习研究中共党史，以提高全党的思想认识，深入推进马克思主义中国化的进程。他在《〈共产党人〉发刊词》中明确指出："根据马克思列宁主义的理论和中国革命的实践之统一的理解，集中十八年的经验和当前的新鲜经验传达到全党，使党铁一样地巩固起来，而避免历史上曾经犯过的错误——这就是我们的任务。"①

当时引起毛泽东高度警觉的是，1940 年 3 月，王明未经中央许可，把他在 1931 年写的集中反映他"左"倾错误观点的《为中共更加布尔什维克化而斗争》一书，在延安印了第三版，并在第三版的序言中写道："我们党近几年来有很大的发展，成千累万的新干部新党员，对我们党的历史发展中的许多事实，还不十分明了。本书所记载着的事实，是中国共产党发展史中的一个相当重要的阶段，因此，许多人要求了解这些历史事实，尤其在延安各学校学习党的建设和中共历史时，尤其需要这种材料的帮助。"②这反映出党中央领导层思想认识方面的不统一。

是时，中共中央为配合原定在 1941 年上半年召开党的第七次全国代表大会，中央政治局决定收集和审核六大以来的历史资料，对党的历史文献进行编辑，给七大的政治报告准备材料，并安排毛泽东具体负责此项工作。毛泽东随即开始亲自编辑为召开七大总结既往历史而准备的六大以来党的历史文献集。为了保证七大能够顺利召开并达到预定的目的，为了使党内高级干部的思想觉悟有所提高，为了使全党的认识达到空前统一，就必须组织高级干部对党的历史活动的学习与研究。毛泽东先后挑选了 86 件重要文献，先是以散页的形式发给在延安的高级干部学习研究，其中既

---

① 《毛泽东选集》第 2 卷，人民出版社 1991 年版，第 614 页。

② 《毛泽东传（1893—1949）》，中央文献出版社 2004 年版，第 649 页。

有反映错误路线产生、形成、危害及其被纠正的文献，又有反映党在这一时期一系列正确路线、方针、政策制定与形成的文献。经过学习，正确与错误一目了然，人们自然得出结论："苏维埃运动后期的主观主义表现更严重，它的形态更完备，统治时间更长久，结果更悲惨。"①

毛泽东决定在1941年9月中共中央政治局扩大会议上成立一个中央研究组，"一方面研究马克思主义的思想方法论，一方面研究六大以来的决议"②。在延安的高级干部通过系统地阅读与研究《六大以来》历史文献，明辨了党史上的是是非非，这对于开好1941年九月会议起了决定性的作用。毛泽东后来说："六月后编了党书，党书一出许多同志解除武装，才可能召开一九四一年九月会议，大家才承认十年内战后期中央领导的错误是路线错误。"③

这个时期，毛泽东针对全党历史知识贫乏和党史研究落后的状况，向全党提出了研究与学习包括中共党史在内的历史遗产的任务。他从无产阶级政党能否指导当前革命运动的高度来论述其重要性。他指出：以史为鉴是必不可少的一项工作，"如果不把党的历史搞清楚，不把党在历史上所走的路搞清楚，便不能把事情办得更好"④。通过总结党的历史，可以明了"哪些是过去的成功和胜利，哪些是失败，前车之覆，后车之鉴"⑤。毛泽东认为，只有追溯党的历史，才能深刻理解党的现状；只有把握党的历史经验与现实斗争状况，才可能将马列主义普遍原理与中国革命的具体实际相结合。

---

①《毛泽东文集》第2卷，人民出版社1993年版，第372页。

②《毛泽东文集》第2卷，人民出版社1993年版，第375页。

③《毛泽东年谱（1893—1949）》（修订本）中卷，中央文献出版社2013年版，第469页。

④《毛泽东文集》第2卷，人民出版社1993年版，第399页。

⑤《毛泽东文集》第2卷，人民出版社1993年版，第399页。

（二）如何研究中共党史

1940 年 12 月 4 日，毛泽东在中央政治局会议上第一次比较系统地总结了中共在大革命时期、苏维埃时期和抗战时期的统一战线问题上所出现的右倾、“左”倾、再右倾错误的历史过程及其经验教训，其中集中地谈到党的历史上“左”的问题，特别是十年内战后期打倒一切的“左”倾错误及其给中国革命造成的危害。为引起全党重视，毛泽东要求把反对教条主义问题提到党性高度来认识。

1941 年三四月间，毛泽东以推动调查研究为切入点，把他在 1930 年至 1934 年所作的 11 篇农村调查报告汇集成的《农村调查》一书出版，并写了序言和跋。毛泽东以过去进行调查研究的历史经验，以及蕴含其中的如何将客观实际与主观认识相结合的理论，教育全党开展广泛的调查研究，以促进理论与实际的结合，从而引导党员干部思想观念的转变。

5 月 19 日，毛泽东在延安干部会上作《改造我们的学习》报告，强调：“中国共产党的二十年，就是马克思列宁主义的普遍真理和中国革命的具体实践日益结合的二十年。”[①]毛泽东痛心地指出当时党内的状况却是：对于自己的历史一点不懂，或懂得甚少，不以为耻，反以为荣。特别重要的是中国共产党的历史和鸦片战争以来的中国近百年史，真正懂得的很少。近百年的经济史，近百年的政治史，近百年的军事史，近百年的文化史，简直还没有人认真动手去研究。由于割断历史，只懂得希腊，不懂得中国，对于中国昨天和前天的面目漆黑一团，因此，只能是“为了单纯地学理论而去学理论。不是有的放矢，而是无的放矢”[②]。毛泽东在这篇文章中第一次对“实事求是”进行了完整的阐述，研究者

① 《毛泽东选集》第 3 卷，人民出版社 1991 年版，第 795 页。

② 《毛泽东选集》第 3 卷，人民出版社 1991 年版，第 799 页。

多把这篇报告作为中共实事求是思想路线形成的标志。但就是这样一篇重要的报告，当时却并未引起多数同志足够的重视，毛泽东后来说“我作《改造我们的学习》的报告，毫无影响”[①]，直到翌年的3月27日《解放日报》才全文发表。

有鉴于此，毛泽东希望造成一河大水，马克思列宁主义的革命的水，实行思想革命，用马克思列宁主义的水，彻底改革各部门的工作。[②]7月1日，中共中央政治局通过《关于增强党性的决定》，要求全党党员和党的各个组成部分都在统一意志、统一行动和统一纪律下面，团结起来，成为有组织的整体。8月1日，中共中央发布由毛泽东起草的《中共中央关于调查研究的决定》，号召全党“必须力戒空疏，力戒肤浅，扫除主观主义作风，采取具体办法，加重对于历史，对于环境，对于国内外、省内外、县内外具体情况的调查与研究，方能有效地组织革命力量，推翻日本帝国主义及其走狗的统治”[③]。《决定》还规定了开展调查研究的措施和具体方法，并在中央设立以毛泽东和任弼时负责的调查研究局。随后毛泽东在新命名的中央研究院（原马列学院）作《实事求是》的报告，“要求大家一定要以马列主义基本原理为指导，以研究中国革命实际问题为中心，调查研究敌友我三方面的历史和现状”[④]。

随后，中央政治局举行扩大会议（即九月会议），讨论十年内战后期的领导路线问题，毛泽东作关于反对主观主义和宗派主义的报告。他提出克服主观主义和宗派主义等不正之风的16条办法，并在报告的最

---

① 《毛泽东年谱（1893—1949）》（修订本）中卷，中央文献出版社2013年版，第469页。

② 《毛泽东年谱（1893—1949）》（修订本）中卷，中央文献出版社2013年版，第365页。

③ 《毛泽东文集》第2卷，人民出版社1993年版，第361页。

④ 《毛泽东年谱（1893—1949）》（修订本）中卷，中央文献出版社2013年版，第316页。

后宣读了王稼祥拟定的从六届四中全会到遵义会议这段历史的16个研究题目，包括六届四中全会的历史估价，主观主义与中国革命的理论问题，主观主义与政治策略路线、军事路线、组织路线问题，主观主义在各个地区及各方面工作的表现，以及遵义会议后主观主义的遗毒等问题，安排在延安的中央政治局委员及有关方面负责人准备研究①。会议决定在高级干部中开展整风，成立中央学习研究组，毛泽东任组长，王稼祥为副组长，组织在延安的高级干部学习马克思列宁主义理论，总结党的历史经验。

毛泽东不仅在理论上深刻阐明学习研究党史的重要性，而且多次在全党倡导开展广泛深入的党史研究与学习，并带头身体力行。其中，最具意义的是抗战时期延安整风运动对党史的研究与学习。这次研究与学习，自始至终是在中央总学习委员会负责人毛泽东的亲自领导下进行的。1942年2月，毛泽东发表《整顿党的作风》和《反对党八股》的报告，著名的延安整风运动全面展开。学习党史和研究党史成为推动这次整风学习运动的重要助推器。

3月30日，毛泽东在中央学习组作题为《如何研究中共党史》的报告。这篇专题研究中共党史的报告和同期他在其他著述中对于党史研究的论述，熟练运用马克思主义的唯物史观，全面系统地阐明中共党史研究的对象、方法、立场、切入点和中共党史的分期，以及如何评价党史人物等问题，不仅为广大党员干部学习和研究中共党史提供了可借鉴的方法，成为中共党史学科建设的奠基之作，而且对进一步肃清主观主义、宗派主义和党八股的影响，彻底纠正教条主义和经验主义的错误，发挥了重要的作用。具体来说：

一是明确了党史研究的目的与对象，即“我们是用整个党的发展过程做我们研究的对象。进行客观的研究，不是只研究哪一步，而是

① 《胡乔木回忆毛泽东》（增订本），人民出版社2014年版，第194—195页。

研究全部；不是研究个别细节，而是研究路线和政策”。为了在历史的纵深中说明党的产生与发展，毛泽东认为“只从一九二一年起还不能完全说明问题，恐怕要有前面这部分的材料说明共产党的前身”，因为“现在有很多东西直接联系到那时候”，“不说明以前的辛亥革命、五四运动，对于共产党的成立和以后的历史，也就不能说得清楚”。因为，“一九二一年开始的第一个阶段，实际上是由辛亥革命、五四运动准备的。”[①]他主张“应该把党成立以前的辛亥革命和五四运动的材料研究一下”[②]。他后来曾引用《庄子》上的“其作始也简，其将毕也必巨”一句话，回顾党成立之初，“马克思主义有多少，世界上的事如何办，也还不甚了了”的情形，说明“我们也是由小组到建立党，经过根据地发展到全国”[③]，党的发展壮大也是一个辩证的历史过程。为了在联系中全面地把握历史问题，毛泽东主张：“要研究当时的国共合作，如果只看共产党的宣言而不看国民党的宣言还不够”；“如不讲国民党如何投降帝国主义，帝国主义如何同国民党一起压迫剥削中国人民，就看不到内战的必要”，“不把地主与农民对土地的所有关系搞清楚，就不会知道土地革命的必要”[④]。

二是阐述了党史研究的方法，“全面的历史的方法”又称“古今中外法”；要以中国为中心，来研究中共党史，要注重研究中国的自身特点，不能把那些外国的东西机械地生搬硬套地应用到中国身上，“我们要把马、恩、列、斯的方法用到中国来，在中国创造出一些新的东西。只有一般的理论，不用于中国的实际，打不得敌人。但如果把理论用到实际上去，用马克思主义的立场、方法来解决中国问题，创造些新的东西，

① 《毛泽东文集》第2卷，人民出版社1993年版，第402页。

② 《毛泽东文集》第2卷，人民出版社1993年版，第404页。

③ 《建党以来重要文献选编（1921—1949）》第22册，中央文献出版社2011年版，第117页。

④ 《毛泽东文集》第2卷，人民出版社1993年版，第405页。

这样就用得了"[①]。毛泽东解释说："所谓'古今'就是历史的发展，所谓'中外'就是中国和外国，就是己方和彼方。"[②]"古今中外法"就是要从历史的具体时间、地点等条件出发，在事物的联系中全面地、发展地观察历史。毛泽东提出的"古今中外法"，实质上是用马克思列宁主义的方法论去正确地研究历史问题的一种必要程序和科学规范。它要求在一定的时间（古今）和空间（中外）界限以内，从纵横两方面全面地认识客观现实。而分析的目的在于发现客观事物的内部联系即规律性，作为我们行动的向导。我们研究一个问题，如果能细心地从它的历史发展过程看，从它的内在的基本特征看，从它与周围事物的相互关系看，问题的面貌和性质也就基本上清楚了。这正是马克思主义方法论的基本要求，即在对历史问题进行历史的、全面的、辩证的分析研究的基础上，对研究对象作出客观的评价。"古今""中外"研究就是对比研究，他指出，"辛亥革命以来，五四运动、大革命、内战、抗战，这是'古今'。中国的共产党、国民党，农民、地主，工人、资本家和世界上的无产阶级、资产阶级等等，这就是'中外'"[③]。研究中共党史不能只研究中共党内的材料，还要研究国民党的、帝国主义、地主、资产阶级的材料才行。只有进行两方面、多方面的比较研究，才能得出科学的结论。

三是阐明了党史研究的立场问题，即"研究中共党史，应该以中国做中心，把屁股坐在中国身上。……不研究中国的特点，而去搬外国的东西，就不能解决中国的问题"。毛泽东这一观点的提出，不仅源于他独立自主地运用马列主义解决中国问题的一贯思想，而且是有具体针对性的。长期以来，对共产国际方面在指挥中国革命中的失误，党内很少有人敢于指出，而全盘肯定和过分夸大它们积极作用的却不乏其人。米

① 《毛泽东文集》第 2 卷，人民出版社 1993 年版，第 408 页。
② 《毛泽东文集》第 2 卷，人民出版社 1993 年版，第 400 页。
③ 《毛泽东文集》第 2 卷，人民出版社 1993 年版，第 406 页。

夫 1936 年为纪念中国共产党成立十五周年而写的《中国共产党英勇奋斗的十五年》，便是这种观点的代表。王明再版他的代表作时的序言，也与之如出一辙。针对这种偏见，毛泽东批评说："我们有些同志有一个毛病，就是一切以外国为中心，作留声机。"[①]他尖锐指出："如果不研究中国共产党的历史的发展，党的思想斗争和政治斗争，我们的研究就不会有结果。"[②]所以他号召"研究中共党史，应该以中国做中心"[③]。毛泽东强调要站在中国的立场上，站在中国共产党的立场上来研究中共党史学，实际上也是强调了要站在中国共产党的经过实践检验是正确的路线的立场上，站在马列主义理论和中国革命实际相结合的立场上来研究中共党史学。在这里，毛泽东提出了一个涉及中共整个历史和现实与未来的根本原则，这就是马列主义和中国实际相结合的原则。这一根本原则不仅指导着如何研究既往的历史，更指导着中共的未来；不仅是中共党史研究的指导思想，也是中国革命、建设、改革和一切事业发展的根本指针。

四是指明详细占有史料是研究中共党史的前提，是研究党史的基本切入点。毛泽东曾建议，为了系统地研究中共党史，要编两套材料，一种是党内的，包括国际共产主义运动；一种是党外的，包括帝国主义、地主资产阶级等。两种材料都按年月先后编排。后来不久问世的《六大以来》和《六大以前》两部史料选编，就是在此思想指导下编辑印发的。不仅如此，毛泽东认为"读书是学习，使用也是学习，而且是更重要的学习"，历来注重调查研究，从客观事实出发，力求实事求是。他曾谈到他在兴国调查中得知"地主人口不过百分之一，富农人口不过百分之五，而贫农、中农人口则占百分之八十。一方面以百分之六的人口

① 《毛泽东文集》第 2 卷，人民出版社 1993 年版，第 407 页。

② 《毛泽东文集》第 2 卷，人民出版社 1993 年版，第 407 页。

③ 《毛泽东文集》第 2 卷，人民出版社 1993 年版，第 407 页。

占有土地百分之八十，另方面以百分之八十的人口则仅占有土地百分之二十。因此得出结论，只有两个字：革命。因而也益增革命的信心，相信这个革命是能获得百分之八十以上的人民的拥护和赞助的。"①因此，他强调，研究党史必须"不凭主观想象，不凭一时的热情，不凭死的书本，而凭客观存在的事实，详细地占有材料，在马克思列宁主义一般原理的指导下，从这些材料中引出正确的结论"②。

五是确立党史分期和分期的依据。毛泽东把党的历史分为大革命时期、内战时期、抗日时期，主张通过分析党的斗争目标、打击对象和政治路线在各个历史时期呈现出的不同特点和相互联系，动态描绘党的历史发展进程，总结各个历史时期的经验教训。毛泽东本人正是在全面深入分析研究中共在各个时期的历史之后，认为中共领导的新民主主义革命有两大特点："(一)无产阶级同资产阶级建立或被迫分裂革命的民族统一战线；(二)主要的革命形式是武装斗争。"③由此两大历史特点他进一步引申出："统一战线，武装斗争，党的建设，是中国共产党在中国革命中战胜敌人的三个法宝。"④三大法宝是毛泽东对党领导中国革命历史经验的深刻总结，也是对中共党史基本内容的高度概括。

六是关于如何评价党史人物。他主张对历史人物历史事件采取分析的态度，避免肯定一切，或否定一切的形而上学。譬如，毛泽东曾多次讲到陈独秀，他一方面毫不含糊地指出：陈独秀所犯右倾投降主义错误是大革命失败的主要原因，同时，又充分肯定了建党前后陈独秀作为党的创始人之一的历史地位："陈独秀是五四运动的总司令。现在还不是我们宣传陈独秀历史的时候，将来我们修中国历史，要讲一讲他的功

① 《毛泽东农村调查文集》，人民出版社 1982 年版，第 23 页。
② 《毛泽东选集》第 3 卷，人民出版社 1991 年版，第 801 页。
③ 《毛泽东选集》第 2 卷，人民出版社 1991 年版，第 604 页。
④ 《毛泽东选集》第 2 卷，人民出版社 1991 年版，第 606 页。

劳。”[①]他强调，“研究党史上的错误，不应该只恨几个人”，“应该找出历史事件的实质和它的客观原因”，当然只看客观原因是不够的，还必须看到领导者的作用，“但是领导人物也是客观的存在，搞‘左’了，搞右了，或者犯了什么错误，都是有客观原因的，找到客观原因才能解释”。他分析过去党在反对陈独秀、李立三等人的斗争时指出：这些斗争在方法上有所失误，“一方面，没有使干部在思想上彻底了解当时错误的原因、环境和改正此种错误的详细办法，以致后来又可能重犯同类性质的错误；另一方面，太着重了个人的责任，未能团结更多的人共同工作”[②]。后来，毛泽东深刻阐明研究党史和评价历史人物功过问题的正确态度是：“这次处理历史问题，不应着重于一些个别同志的责任方面，而应着重于当时环境的分析，当时错误的内容，当时错误的社会根源、历史根源和思想根源，实行惩前毖后、治病救人的方针，借以达到既要弄清思想又要团结同志这样两个目的。”[③]

（三）系统总结党史促进思想统一

在开展延安整风运动的过程中，为了更好地树立理论联系实际的学风，推动全党开展党史研究和整风学习的深入，1942 年 4 月 3 日，中共中央宣传部在《关于在延安讨论中央决定及毛泽东整顿三风报告的决定》中规定了整风学习的 18 个文件：（1）毛泽东二月一日在党校的报告；（2）毛泽东二月八日在延安干部会上的报告；（3）康生两次报告；（4）中央关于增强党性的决定；（5）中央关于调查研究的决定；（6）中央关于延安干部学校的决定；（7）中央关于在职干部教育的决定；（8）毛泽东在陕甘宁边区参议会的演说；（9）毛泽东关于改造学习

① 《毛泽东文集》第 2 卷，人民出版社 1993 年版，第 403 页。
② 《毛泽东选集》第 3 卷，人民出版社 1991 年版，第 938 页。
③ 《毛泽东选集》第 3 卷，人民出版社 1991 年版，第 938 页。

的报告；（10）毛泽东论反对自由主义；（11）毛泽东农村调查序言二；（12）《联共党史》结束语六条；（13）斯大林论党的布尔什维克化十二条；（14）刘少奇《论共产党员的修养》第二章第二、第三、第四、第五节；（15）陈云论怎样做一个共产党员；（16）红四军九次代表大会论党内不正确倾向；（17）宣传指南小册；（18）中央宣传部关于在延安讨论中央决定及毛泽东整顿三风报告的决定。

1942 年 4 月 16 日，中共中央宣传部在《关于增加整风学习材料及学习时间的通知》中又增加了 4 个整风学习文件：（1）斯大林论领导与检查；（2）列宁、斯大林等论党的纪律与党的民主；（3）斯大林论平均主义；（4）季米特洛夫论干部政策与干部教育政策。任弼时 4 月 21 日在陕甘宁边区整风学习动员报告中强调：整顿三风“最基本的一个问题则是要真正掌握马列主义的精神与方法”，中央规定的 22 个文件是“历史的血的经验教训的总结”，干部“要以文件作标准对照检查自己的思想作风和本部门的工作”①。

这个时期由各地集中在中央党校一部和二部学习的中高级干部（分别是旅、地级和县团级以上），几乎无一例外，都按上级要求结合参加整风和干部审查，对照上述文件的精神，认真撰写并向组织递交了个人自述（思想自传）。其中，记述各自的革命经历，总结每个人对自己所亲身经历历史的感悟，是其自述的重要内容。与此同时，在延安还分别召开了红一军团历史座谈会、红五军团历史座谈会、湘赣根据地座谈会、湘鄂赣根据地座谈会、华北会议和中共西北局高干会等多个不同地区与部队、不同层次的座谈会，系统地总结各自的历史，明辨是非，统一思想。毛泽东、朱德、任弼时、陈云等中央领导亲自与会参加讨论。这其中最具代表性的是西北局高干会。

1942 年 10 月 19 日至 1943 年 1 月 14 日，西北局高干会议在延安召

① 《任弼时传》下卷，中央文献出版社 2014 年版，第 589 页。

开。毛泽东在开幕式上指出："高干会应该是整风学习的考试。"[①]11 月 2 日起，在边区党内有很高威信的习仲勋、马文瑞、张秀山等相继讲话，举出种种确证来证明当年"左"倾路线是怎样危害革命工作，危害党内团结和党同群众的，要求犯错误的同志承认错误。陈云指出，干部犯错误，一个是路线问题，一个是品质问题，但主要是路线问题。他结合自己的经历谈道：他过去之所以犯错误，主要是革命经验不足；革命知识少，中国大事、中国现状知道不多；马列主义理论缺乏。今后要避免犯错误，就要求同志的肚子里真正多装一些"真正的、老实的、不是假的"东西——马列主义。没有这一条，"我们将来还是要吃亏的"[②]。11 月 21 日、23 日，毛泽东用两天时间向与会者讲解斯大林论党的布尔什维克十二条经验，他逐条联系中共的实际进行阐述，借马克思主义之"箭"，射主观主义、宗派主义和党八股之"的"。毛泽东总结说：这个十二条，很值得我们好好地研究一下。这是我们全党的"圣经"，是"圣经"，而不是教条，是可以变化的[③]。11 月 24 日起，采用大会讨论的方式集中批评当前工作中的偏向，从县级团级干部起，直到边区许多高级负责人止，70 多人都作了发言并深刻地进行自我批评，特别是对 1935 年秋陕甘根据地错误肃反的历史，做了进一步的清算，对主持肃反的中共北方局代表等主要责任人进行了严肃的批评教育，并作出组织结论。这样使边区党在路线上、政策上、组织上和思想上达到了统一。

通过组织学习和研究中共党史，分辨是非，统一思想，促进全党思想统一的最重要的举动，是起草制定《关于若干历史问题的决议》。继 1941 年九月会议后，毛泽东提出"过去我们的党很长时期为主观主义所

① 《任弼时传》下卷，中央文献出版社 2014 年版，第 595 页。

② 《陈云传》上卷，中央文献出版社 2005 年版，第 347 页。

③ 《毛泽东年谱（1893—1949）》（修订本）中卷，中央文献出版社 2013 年版，第 414 页。

统治，立三路线和苏维埃运动后期的‘左’倾机会主义都是主观主义”[①]之后，10 月 13 日，中央书记处决定成立以毛泽东为首，王稼祥、任弼时、康生和彭真参加的清算过去历史委员会。毛泽东在会议上对中共过去 20 年的历史作了初步的概括：五四运动至大革命时期——在指导思想上是唯物辩证法的时期，我党生动活泼的时期；1927 年下（上？——引者注）半年——这是陈独秀右倾机会主义统治时期，指导思想的机械唯物论时期；立三路线与苏维埃运动后期——这是“左”倾机会主义时期，思想方法上的主观主义与形式主义；六届四中全会虽在形式上克服了立三路线，但在实际政策上没有执行正确的转变，四中全会决议对于当时形势与工作政策没有具体决定，只说明交新的政治局讨论，但新的中央政治局没有完成此任务；遵义会议以后，我党又恢复按辩证法行事，即按实际办事；抗战四年以来，我党的阶级自觉性比五四时更提高了，党更加生动活泼，更能灵活地运用辩证法。[②]22 日，毛泽东向中央政治局会议提交了关于六届四中全会以来领导路线问题的结论草案，即《关于四中全会以来中央领导路线问题结论草案》，共 16 个问题，约 2 万字。文章指出这条中央领导路线的性质是“左”倾机会主义的，而在形态的完备上，在时间的长久上，在结果的严重上，则超过了陈独秀、李立三两次的错误路线。他特别强调，“王明同志与博古同志领导的这条路线是在思想上、政治上、军事上、组织上各方面都犯了严重原则错误的，集各方面错误之大成，它是形态最完备的一次错误路线”[③]。毛泽东的这篇文章后来被作为中共六届七中全会《关于若干历史问题的决议》（以下简称《决议》）的蓝本，其中的主要思想都为《决议》所吸收。据胡乔木回忆，

---

① 《毛泽东文集》第 2 卷，人民出版社 1993 年版，第 372 页。

② 《胡乔木回忆毛泽东》（增订本），人民出版社 2014 年版，第 223 页。

③ 《胡乔木回忆毛泽东》（增订本），人民出版社 2014 年版，第 226 页。

当年毛泽东就在这个文件的封皮上题写了“历史草案”四字[①]。

1943 年 4 月 3 日，中共中央发布《关于继续开展整风运动的决定》，延安整风进入纠正错误思想和审查干部阶段。在此背景下召开 1943 年九月会议（政治局扩大会议），仍把研究党史作为一项重要的内容。但重点是总结抗战以来的历史，特别是 1937 年十二月会议到 1938 年六届六中全会的历史，同时也联系到大革命和土地革命时期的历史。9 月 30 日的会议决定，从 10 月开始的 5 个月内，组织在延安的高级干部和七大代表二三百人，讨论党史文件和联共（布）党史。

1944 年春，整风运动开始进入总结党的历史经验的阶段。4 月 12 日，毛泽东在延安高级干部讨论党的历史问题会议上作《学习和时局》的报告，在报告中，毛泽东特别强调“对于任何问题应取分析态度，不要否定一切。例如对于四中全会至遵义会议时期中央的领导路线问题，应作两方面的分析：一方面，应指出那个时期中央领导机关所采取的政治策略、军事策略和干部政策在其主要方面都是错误的；另一方面应指出当时犯错误的同志在反对蒋介石、主张土地革命和红军斗争这些基本问题上面，和我们之间是没有争论的”。报告最后向全党发出号召：“为了争取新的胜利，要在党的干部中间提倡放下包袱和开动机器。”5 月 10 日，中央书记处会议决定成立“党内历史问题决议准备委员会”，由任弼时牵头，刘少奇、康生、周恩来、张闻天、彭真、高岗、博古为成员，负责起草全面总结党的历史的决议，准备在党的七大上正式通过。任弼时很快就以毛泽东的《结论草案》为基础写出《决议》初稿，其中写道：“七大认为教育党员和干部最好的办法，就是号召全党来研究中国革命运动和中国党的历史，首先研究和学习毛泽东同志关于中国革命的理论，用马列主义的思想方法去研究和总结中国党的各方面斗争的历史经验。只有用中国革命的理论，用中国革命的实际经验来教育中国的共产党员和

---

① 《胡乔木回忆毛泽东》（增订本），人民出版社 2014 年版，第 222 页。

革命者，才能收到更迅速的和直接的效果，而且一定能够避免许多历史上曾经犯过的错误，无限地增加党员和干部斗争的信心与勇气。”[①]

5 月 21 日，中共六届七中全会召开，会议持续进行了 11 个月，是中共历史上持续时间最长的一次会议。会议的主要任务是审议党的七大的各项准备工作，其中包括多次讨论党的历史问题和《决议》草案。《决议》草案在七中全会期间经过胡乔木、任弼时、张闻天等多人多次的修改，毛泽东本人前后亲自修改了 7 次。毛泽东在第一次修改稿上明确《决议》是“对于十年内若干党内历史问题，尤其是六届四中全会至遵义会议期间中央的领导路线问题，作出正式结论”。他认为，“关于抗战后党内若干历史问题，因为抗战阶段尚未结束，留待将来做结论是适当的”。这样，就确定了《决议》的时限和所要解决的重点问题。为了不因用较多的篇幅总结十年间党内机会主义错误的表现即社会历史根源而误导读者，毛泽东在第五次修改稿中加写了一段话：“中国共产党自从产生以来，就以马克思主义的普遍真理与中国革命的具体实践相结合为自己一切工作的指针。”[②]他简要总结了中共成立以来在北伐战争、土地革命与抗日战争时期 24 年间光辉历程与业绩，从而凸显了中共对中华民族独立于解放事业的伟大贡献和无可替代的重要作用，奠定了《决议》的基调。

在毛泽东的亲自主持下，经过长时间的反复征求意见和讨论修改，1945 年 4 月 20 日，中共中央扩大的六届七中全会第一次会议，一致通过了《关于若干历史问题的决议》。《决议》对毛泽东运用马克思列宁主义的理论方法解决中国革命问题给予极高的评价，指出在全党确立毛泽东领导地位的重大意义；对于党在历史上的若干问题，特别是对王明“左”倾机会主义错误作了全面的系统的批判，并本着实事求是的原则，作出了正确总结；对历史上犯错误的同志本着“既要弄清思想又

---

① 《胡乔木回忆毛泽东》(增订本)，人民出版社 2014 年版，第 309 页。

② 《胡乔木回忆毛泽东》(增订本)，人民出版社 2014 年版，第 317 页。

要团结同志”的方针，进行了诚恳的批评。毛泽东在会议发言中强调：《决议》不但是领导机关内部的，而且是全党性质的，要对全党与全国人民负责的。他还特别指出：“《决议》把许多好事都挂在我的账上，我的错误缺点没有挂上，不是我没有而是没有挂，为了党的利益没有写上。这是大家要认识清楚的，首先是我。”①

《决议》从酝酿起草到七中全会讨论通过，再到在七大期间的修改和七届一中全会第二次会议最终定稿，前后历时近 4 年，凝聚了全党的智慧，不仅体现了整风运动的胜利成果，使全党对党的历史有了统一的认识，为全党的团结和中共七大的召开奠定了思想基础，而且发动制定《决议》的过程，就是梳理研究奠定中共党史学科基础的过程，它的问世对中国共产党的历史发展进程和中共党史学科的建设，产生了深远的影响。

中国共产党在成立之初确定，每年召开一次党的全国代表大会，一大到六大基本上是如期召开的。第七次全国代表大会，酝酿的时间则很长。这主要是国民党反动统治的白色恐怖和复杂多变的斗争形势所迫。红军三大主力会师后，全党实现了在遵义会议精神指导下的团结统一，面对领导全面抗战的新任务和新形势，召开七大得以提上议事日程。1937 年 12 月，中共中央政治局会议作出决定，在近期适当时机召开七大，并成立了中共七大筹备委员会，毛泽东为筹备委员会主席。继而推迟到 1942 年，后又决定在 1943 年年底，结果又延期。七大之所以一再推迟召开，一方面是由于战争原因，时间紧张、工作繁忙，而且交通阻隔，高级领导干部难以集中；另一方面主要是全党，特别是党的高级干部对于党在历史上的一些重大是非问题，认识存在分歧，思想还不统一。经过系统地学习研究中共党史、广泛地开展调查研究和深入全面地

① 《毛泽东年谱（1893—1949）》（修订本）中卷，中央文献出版社 2013 年版，第 592 页。

进行整风，全党受到一次深刻的马克思主义教育，党内把马克思主义教条化、把共产国际决议和苏联经验神圣化的错误倾向得到根本的破除，实事求是、马克思主义与中国革命具体实践相结合的思想，深入人心。全程参加延安高级干部整风活动的杨尚昆回忆说："延安整风在中国共产党历史上极其重要的一页：第一是学习马列，研究历史，分清路线，整顿'三风'，特别是毛主席提倡'实事求是'，从思想方法的高度总结历史经验和教训，这是很伟大的，不然，全党思想统一不了，七大可能开不成功，以后中国革命的发展也不会那么快取得胜利。"[①]即使是王明，也在七中全会闭幕前夕致信中央表示："我对于七中全会根据毛泽东同志的正确思想和正确路线以及近年来全党同志在整风运动与党史学习的认识，而作出的对各次尤其是第三次'左'倾路线在政治上、组织上、思想上所犯严重的错误的内容实质与其重大的危害以及产生此种错误的社会的和历史的根源底分析和估计，完全同意和拥护。这条路线的错误和危害，早已由历史实践所充分证明。"[②]

1945 年 4 月 23 日，已经拥有 121 万名党员的中国共产党在延安召开第七次全国代表大会。中共七大是在中国人民抗日战争胜利的前夜召开的，抗日战争的胜利是中华民族由衰落走向复兴的伟大转折点；七大又是在中国人民面临两条道路、两种命运抉择的关键时刻召开的，它不仅确定了彻底驱逐日本帝国主义出中国和建设一个独立、自由、民主、统一和富强的新中国的路线，描绘了建设社会主义中国的宏伟蓝图，而且正式确定"中国共产党，以马克思列宁主义的理论与中国革命的实践之统一的思想——毛泽东思想，作为自己一切工作的指针"；七大以一次"团结的大会，胜利的大会"载入了史册。七大之后，中共在毛泽东思想的指引下，为争取一个光明的中国，开启了新的征程。

---

① 《杨尚昆回忆录》，中央文献出版社 2007 年版，第 212—213 页。

② 《胡乔木回忆毛泽东》（增订本），人民出版社 2014 年版，第 321 页。

第六章

调查研究与耕者有其田

——中国农民千年梦想的实现

毛泽东在解放战争时期调查研究的理论与实践，涉及政治、经济、军事、文化等各个方面，是他自建党以来相关实践的继续，是对其以往历史经验和理论方法的总结与拓展。这里集中以土地革命方面的情况为例，进行展示和研究。

“耕者有其田”是几千年来在封建专制束缚下失去土地的亿万农民大众的强烈心声；历代以“均田地”为号召的农民暴动，包括传统农民起义的最高峰——太平天国运动，其中所制定的《天朝田亩制度》，都未能实现这个目标；中国民主革命的先驱孙中山，也响亮地提出“平均地权”的口号，但是，他关于用“核定地价”和“国家授田”的方法来解决农民土地问题的主张，在封建主义的森严壁垒面前，最终也只是破灭的泡影。究其根本，毛泽东认为：“因为没有共产党，中国人民就没有一个能够代表他们利益的彻底的革命纲领，没有一个正确的领导者毫不动摇地始终如一地领导他们进行斗争。……他们那时还没有革命的社会科学、还没有马克思主义武装头脑。我们是用科学社会主义武装头脑的人，看清楚社会前途的人，我们比他们进步，我们要完成他们没有完成的事业。”[①]矢志于中华民族独立与解放的中国共产党人，把废除封建地主土地所有制和建立巩固的工农联盟作为自己最基本的奋斗纲领，一直为探索一条符合中国国情的土地革命路线而努力。调查研究是其贯彻始终的工作方法和工作载体。

① 《毛泽东文集》第3卷，人民出版社1996年版，第433—435页。

一、土地革命新高潮的兴起与偏颇

大革命失败后，以毛泽东为代表的中国共产党人，在八七会议关于土地革命与武装反抗国民党反动派总方针的指引下，开展了为期10年的土地革命斗争，在十几块红色根据地中实现了耕者有其田；可惜的是，在中外反动力量的强势反扑下，这十几块苏区只剩下陕甘宁根据地一隅，那些刚刚为享有自己的土地而庆幸的农民，美梦再次成空；全民族抗日战争爆发前夕，为团结一切可以团结的力量共同抗日，中国共产党停止没收地主土地的政策，转而在农村开展“减租减息”运动，以改善民生和聚集抗战力量；抗战胜利后，面对国民党蒋介石集团挑起的全面内战，中国共产党在“保卫胜利果实”的口号下，重启土地斗争，古老的中华大地终于燃起翻天覆地的燎原巨焰。

土地革命新高潮的到来，是时势发展的必然，但如何因势利导推动其大发展，中共对此则是极其审慎的，在一定程度上讲，这个过程是在深入调查研究中逐步明确的。毛泽东自重庆谈判回到延安后，由于各种原因造成身体严重不适，中共中央的日常工作仍由刘少奇主持。当时，中共中央把练兵、减租与生产作为解放区的中心工作。1945年11月7日，毛泽东为中共中央起草“减租和生产是保卫解放区的两件大事”的指示，要求各地“要使整个解放区，特别是广大的新解放区，在最近几个月内（冬春两季）发动一次大的减租运动，普遍地实行减租，以发动大多数农民群众的革命热情”。按照毛泽东的指示，各根据地迅速兴起大规模的减租减息斗争。在此过程中，没收地主土地分配给农民问题开始被提上议事日程。

随着国共关系趋于彻底破裂和内战的战火愈燃愈烈，一些老解放区的干部和农民不满足于减租减息，他们在反奸、清算和“保卫胜利果实”口号的号召下，自发地组织起来解决自己的土地问题。例如晋冀鲁豫解放区有的地方开展均产均地运动，提出“三亩推平”口号，即每人三亩平均分配，经济上消灭地主、富农[①]。1946 年 4 月，晋冀鲁豫、山东和华中解放区的负责人薄一波、黎玉、邓子恢等到延安参加会议，进一步向中央汇报了他们那里的相关情况，这引起中共中央的重视。于是，在刘少奇的主持下，由他们讨论制定一个解决农民土地问题的文件。这就是后来由胡乔木执笔起草的《中共中央关于土地问题的指示》（即《五四指示》）。当时，刘少奇还专门致电晋察冀中央局，要他们派赵振生（即李葆华）作为代表来延安参加讨论土地问题的中央会议。5 月 4 日，中共中央开会讨论通过了这个文件。《五四指示》一方面明确指出“解决解放区的土地问题是我党目前最基本的历史任务，是目前一切工作的最基本的环节，必须以最大决心和努力，放手发动与领导群众来完成这一历史任务”；另一方面，又没有直接采用没收地主土地给农民的政策，而是坚决支持农民群众在反奸、清算、减租、减息、退租、退息等斗争中，从地主手中获得土地。刘少奇后来解释道：“因为当时全国要和平，你要平分土地，蒋介石打起来，老百姓就会说，打内战就是因为你共产党要彻底平分土地。”因此，“为了既不脱离全国广大群众，又能满足解放区群众要求，二者都照顾，使和平与土地改革结合起来，结果就产生了‘五四指示’”[②]。7 月 19 日，中共中央提出 14 项关于没收和征购地主土地分配给农民的具体政策，特别提出“如果我们目前宣布这样法令，对当前正在发展的群众运动有否阻碍？地主多留地和用公债征购及农民出一部分地价等办法，农民是否赞成，有无损伤农民的基本利益？”等，要求各中央局、各中央分局“仔细考虑给我们答复”，

① 《建党以来重要文献选编（1921—1949）》第 23 册，中央文献出版社 2011 年版，第 209 页。

② 《建党以来重要文献选编（1921—1949）》第 24 册，中央文献出版社 2011 年版，第 365 页。

“不要下达”，“以便我们能更周密的考虑与制定一公开的土地政策，在一个月到两个月内加以公布”[①]。两个月后，对于这个着重于打算用“征购”地主土地以解决农民土地问题的文件，中共中央也明确指出：“中央关于征购土地提议，有些地区要求暂缓发表，以免影响群众的反奸清算运动。有些地区要求提早发布，其主要目的是为了在老区内解决抗日地主、抗属地主的土地。我们将各地意见研究之后，认为目前暂不公布为有利，等过了阳历年各地将土地问题基本解决之后，再看情况决定发布问题。”[②]

这个时期，土改实际被限制在解放区范围内，采取的是一种相对温和的政策。对于《五四指示》，“我们还是说党内的指示，还没有公开打出我们土地改革的旗帜”[③]。毛泽东后来也指出：当时“没收分配土地是过早的。某些地区已经分配者不再变动，但对地主必须设法救济，对富农必须设法拉拢，对中农受损害者必须补偿损失。这些方面如不注意，将破裂农村统一战线，使我党陷于孤立，有利于国民党”[④]。尽管这个时期采用的是比较温和的手段，但却是卓有成效的，到1947年年初，各解放区有三分之二的地方按照《五四指示》解决了无地农民的土地问题。

1947年2月底，以国民党方面勒令中共驻重庆、南京、上海等地办事机构人员限期离开为标志，国共关系彻底破裂。与此同时，中共方面开始改变比较温和的土地政策。毛泽东要求全党，没有解决土地问题的，

① 《建党以来重要文献选编（1921—1949）》第23册，中央文献出版社2011年版，第374—375页。

② 《建党以来重要文献选编（1921—1949）》第23册，中央文献出版社2011年版，第447页。

③ 《建党以来重要文献选编（1921—1949）》第24册，中央文献出版社2011年版，第239页。

④ 《建党以来重要文献选编（1921—1949）》第22册，中央文献出版社2011年版，第607页。

“必须于今后继续努力，放手发动群众，实现耕者有其田”；解决土地问题不彻底，引起群众不满意的地方，“必须认真检查，实行填平补齐，务使无地和少地的农民都能获得土地”[①]。为粉碎蒋介石对山东和陕北解放区发动的重点进攻，以及应对国民党军占领延安后的局势，3 月 29 日，毛泽东在陕北清涧县枣林沟村召开会议，决定成立中央前委和中央工作委员会；由毛泽东、周恩来、任弼时率领前委，代表中央，坚持在陕北指挥全国的解放战争；由刘少奇、朱德等组成中共中央工作委员会到晋察冀解放区执行中央赋予的任务。其中主要是：将晋察冀军事问题解决好；将（全国）土地会议开好；将（华北联合）财经办事处建立起来。[②]

3 月 31 日晚，中共中央工委书记刘少奇和副书记朱德等东渡黄河赴山西临县。在随后的 20 余天里，他们集中对晋绥解放区的土改等工作进行了深入的调研和指导。刘少奇等不仅听取了晋绥解放区主要领导贺龙、李井泉等和沿途各县领导的汇报，而且深入农家目睹了当地农民缺衣少食的极度穷困生活，痛感全面发动群众彻底开展土地改革之急切。4 月 8 日，刘少奇在兴县蔡家崖的晋绥解放区干部会议上讲话，提出彻底解决土地问题，使农民真正得到土地。他强调：解决土地问题的中心一环是发动群众，要依靠群众自己来解决土地问题。[③]4 月 22 日，刘少奇根据自己的实地调查和晋绥六地委等的汇报材料，致信晋绥分局负责人贺龙、李井泉、张稼夫并康生，指出那里存在的干部脱离群众、群众发动工作缺失和土地改革不彻底等问题。他认为：“没有一个有系统的普遍的彻底的群众运动，是不能普遍彻底解决土地问题的。”[④]24 日，刘少奇和朱德致电中共中央指出：晋绥土地问题基本上还未解决，如不采取有效办法，

① 《毛泽东选集》第 4 卷，人民出版社 1991 年版，第 1216 页。

② 《毛泽东军事文集》第 4 卷，军事科学出版社、中央文献出版社 1993 年版，第 102 页。

③ 《刘少奇年谱（1898—1969）》下卷，中央文献出版社 1996 年版，第 73 页。

④ 《建党以来重要文献选编（1921—1949）》第 24 册，中央文献出版社 2011 年版，第 137 页。

确难继续支持长期战争。电报提出拟抽调最可靠的干部组织工作团，到农村帮助农民建立贫农小组及各级农会，以彻底发动群众，搞好土改等设想。[①]刘少奇的主张得到毛泽东的肯定，他在刘少奇4月22日给晋绥分局负责人贺龙等的信上批示："应将这封信发到一切地方去，希望各地领导机关将这封信印发给党政军各级一切干部，并指示他们研究这封信，用来检查自己领导下的一切群众工作，纠正错误，发扬成绩，彻底解决土地问题，改造一切脱离群众的组织，支持人民战争一直到胜利。"[②]

7月17日，按照毛泽东和中共中央的既定部署，在中央工委的主持下，全国土地会议在河北省平山县西柏坡召开。为了充分发扬民主，刘少奇期望这次会议成为一次更广泛的调查研究和民主决策的过程。全国土地会议的开会方法特别，即不事先准备主题报告，而"先由各地代表报告并提出问题，然后进行研究讨论和解决问题并决定若干文件"[③]。8月4日，刘少奇向中共中央报告土地会议情况："关于土地改革本身各种问题，大体均有各地成熟经验，已无重大原则问题须要解决，我们当与各地代表商讨解决之。但关于民主，则有重大原则问题待解决。"他介绍了在会议上和会议期间听取汇总的情况：在晋察冀和晋绥解放区，"党、政、民县以上干部地主、富农家庭出身者占很大百分比。区、村干部及支部党员中农是主要成分，其中地主、富农成分直接间接占统治地位者不少"。他具体列举了因此而造成土改中出现的多种乱象。刘少奇指出："民主是保障与巩固土地改革彻底胜利的基本条件，是全体农民向我政府和干部的迫切要求，原因是我们干部强迫压制群众的作风，脱离群众，已达惊人程度，其中贪污自私及为非作恶者亦不很少，群众迫切要求改

① 《刘少奇年谱（1898—1969）》下卷，中央文献出版社1996年版，第76页。

② 《建党以来重要文献选编（1921—1949）》第24册，中央文献出版社2011年版，第136页。

③ 《建党以来重要文献选编（1921—1949）》第24册，中央文献出版社2011年版，第230页。

变这种作风并撤换与处分那些坏干部。"[①]13 日，毛泽东以中央名义复电指出：所提出的原则是正确的，同意将报告所述方针提到土地会议上研究。于是，全国土地会议研究决定结合土改在各解放区开展整党运动。

这时，中共的党员人数已由抗战初的 3 万多人激增到抗战胜利时的 120 万人（到 1948 年年底更是发展到 300 多万人），多数党员都存在着如何由"抗日救国"到"彻底完成民主革命"的思想观念的转变问题。虽然抗战时期中共开展了普遍的整风运动，但那时主要是解决党的中高级干部的学风党风文风问题。因此，在抗战胜利两年之后，为了解决基层组织和中下级干部及普通党员当中思想不纯、组织不纯、作风不纯的问题，有必要开展一次普遍的基层整党。其中一个最重要的内容是解决党员干部在土改中的立场、态度和作为问题，所谓必须"过好土改关"。因此整党对各项土改政策能否正确地实施产生了极大的影响。通过整顿基层组织推动土改逐渐成为深入开展全国土改运动的重要手段。

9 月 5 日，刘少奇起草中央工委给中共中央《关于彻底平分土地的原则》的请示，他指出：土地会议已经进入结束阶段，"多数意见赞成彻底平分，认为办法简单，进行迅速，地主从党内党外进行抵抗可能减少，坏干部钻空子、怠工、多占果实的可能亦减少。而缺点就是除一般要削弱富农外，还可能从约占人口百分之五的上中农那里抽出或换平一部（分）土地。得利者在老区亦仍占百分之五十到六十，不动者占百分之二十到三十，仍可团结百分之八十以上的农民，因系彻底平分，中农的不安与动摇反而减少，故大家认为利多害少。因此，决定普遍实行彻底平分"[②]。他的主张得到毛泽东和中共中央的原则批准。于是，全国土地会议制定的

① 《建党以来重要文献选编（1921—1949）》第 24 册，中央文献出版社 2011 年版，第 266—267 页。

② 《建党以来重要文献选编（1921—1949）》第 24 册，中央文献出版社 2011 年版，第 344 页。

《中国土地法大纲》明确规定："乡村中一切地主的土地及公地，由乡村农会接收，连同乡村中其他一切土地，按乡村全部人口，不分男女老幼，统一平均分配。"①

没收封建地主阶级的土地归农民所有，是新民主主义革命的三大经济纲领之一。刘少奇与中央工委不负中共中央和毛泽东的重托，在赴河北省平山县途中和在全国土地会议期间，通过实地考察、召开各级座谈会、听取汇报和审阅相关材料，以及与各解放区代表进行会议交流等调查研究手段，顺应人民解放战争发展的时势，深切把握了千百万无地或少地农民的迫切愿望，并初步了解了老解放区土地改革的一般现状及其存在的一些问题，通过制定《中国土地法大纲》，成功实现了中共的土地政策由减租减息向没收地主土地分配给农民的历史性转变。《中国土地法大纲》的颁布和贯彻，掀起了中国历史上最彻底、规模最大、影响最深远的土地革命风暴，从而彻底动摇了帝、官、封势力在中国的反动统治基础，对于加速和推进人民解放战争的胜利进程，发挥了无可替代的重要作用。刘少奇曾经高度评价全国土地会议："在某种意义上，相当于历史上的八七会议。"②

《中国土地法大纲》对于土改运动的全面展开发挥了关键性作用，但是这个文件本身并不周严，它关于彻底平分一切土地的规定，以及"废除一切乡村中在土地制度改革以前的债务"③的规定，确实存在着侵犯一部分中农利益的问题。特别是在激烈的战争环境下，正如时任中共

① 《建党以来重要文献选编（1921—1949）》第24册，中央文献出版社2011年版，第417页。

② 《建党以来重要文献选编（1921—1949）》第25册，中央文献出版社2011年版，第460页。

③ 后来中共中央以注释的形式将此条订正为"系指土地改革前劳动人民所欠地主富农高利贷者的高利贷债务"，《建党以来重要文献选编（1921—1949）》第24册，中央文献出版社2011年版，第417页。

中央西北局书记的习仲勋所指出的那样——“战争是一河大水，震动一切，改变一切。”[①]在尖锐的阶级对垒中，各地（尤其是晋绥、晋察冀和陕甘宁等老解放区）在具体贯彻这些政策的过程中出现许多漏洞和严重的“左”倾错误。具体来说：

一是许多中农被错划为地主富农。例如晋绥解放区兴县蔡家崖行政村共 552 户，评定为地主富农的 124 户，占总户数的 22.46%。按照中共在多年多地进行土地革命得出的经验和调查数字看，中国农村的地主一般占总户数的 3%，富农占 5%，地主富农的人数一般不超过农村人口的 10%。后来经过只以占有生产资料和剥削情况一项标准进行复查（而不是把政治态度、生活水平、历史情况等都作为评定成分的标准），蔡家崖有 50 多家中农和富裕中农（甚至还有一些贫农）被错定为所谓生产富农或破产地主。[②]

二是在贯彻依靠贫雇农政策问题上的极端化问题。有些解放区的主要负责人，甚至是出自中央领导机关的某些言论和规定失之偏颇。比如有的同志说“在生活上、行动上，事无大小巨细，不论喜怒哀乐，都应以贫雇农的观点立场为观点立场”[③]。再如中央工委曾经明确“乡村中一切工作，特别关于土地改革中的一切问题，必须先经贫农团的发启和赞成，否则，就不能办。这些都可成为法律，党与政府可训令一切党委、工作团及党员和干部遵守这些规定去进行工作，凡有不遵守这个方针和这些规定的党委干部和党员，可给以处分、撤职、调离本地和开除党籍”[④]。这

---

① 习仲勋：《在边区土地会议开幕时的讲话》（1947 年 11 月 1 日）。

② 《建党以来重要文献选编（1921—1949）》第 25 册，中央文献出版社 2011 年版，第 13—16、20 页。

③ 《建党以来重要文献选编（1921—1949）》第 24 册，中央文献出版社 2011 年版，第 487 页。

④ 《建党以来重要文献选编（1921—1949）》第 24 册，中央文献出版社 2011 年版，第 513 页。

样的指示和规定，加上整党中完全撇开（有些是解散）原有基层组织和唯成分论盛行，许多基层党员干部被批、被查、被撤职、被揪斗、被打骂，严重助长了“贫雇农打江山坐江山”的错误，致使有些地方贫雇农包办一切，农会中没有中农的代表，或是不让中农代表参与讨论决定成分、分配土地和果实、确定公粮负担和支前任务等事务，造成有些中农得不到土改成果却要过重负担公粮、土地税和支前任务等现象。

三是影响老区的农业生产。由于实行平分一切土地的政策和错划成分问题的大量存在，致使农村的新式富农（包括土改后发家的和采用资本主义经营方式的两种富农）和中农，包括一些新分得土地的贫雇农，“有一部分生产的积极性提不高，有一部分还会降低些”，“中农怕斗争，怕‘割韭菜’，怕‘共产’，怕负担重”，“故意消耗他们自己的积蓄”[①]。特别是对新式富农与旧式富农不加区别地同样打击。实际上老区的新式富农原来是贫农和中农，是在民主政府的帮助下发展起来的。任弼时就指出：“若现在又打击这种富农，就会引起中农动摇。这种富农的存在对我们并无害处，而且在将来一个时期内还会发展的。”[②]

四是对地主富农扫地出门，以很大精力去“挖地财”。后来习仲勋在中共中央西北局的《党内通讯》上曾发文批评这种现象：凡是地主富农，“个个必斗，斗必打，打必拷”，“把土改大部的时间都占在逼地主富农的底财上”，“地主不分大、中、小，恶不恶，一律扫地出门，富农也十之七八扫地出门，这是毫无策略的行动”[③]。上述“左”的政策的实行，使土地改革的成就大打折扣，已经严重干扰老解放区的稳定和农业生产的发展以及支前工作的进行，如果得不到及时的纠正，还将对正在

① 《建党以来重要文献选编（1921—1949）》第24册，中央文献出版社2011年版，第306—307页。

② 《建党以来重要文献选编（1921—1949）》第25册，中央文献出版社2011年版，第25—26页。

③ 习仲勋：《关于土地改革问题给马明方并中共中央西北局的信》（1948年1月8日）。

进行土地改革的半老区和即将进行土改的新解放区，产生极为不利的影响，并将危及人民解放战争的胜利进程。

二、土改出现“左”倾错误的原因

需要指出的是，在当时国内两大阶级阵营激烈交锋的历史条件下，实行“推倒平分土地”的原则，以及在农村开展旨在解决基层党组织和党员干部“组织不纯”“作风不纯”“思想不纯”的整党，一般地讲，确实存在客观必然性，其愿望正确无误，其效用也十分明显，并且都是经毛泽东和中共中央批准的。但深入分析看，其所存在的问题主要在于执行过程中的脱离实际和不分区域，以及片面性、机械性、自发性与盲动性。究其根源，直接的表现是在调查研究工作中的不周严和偏差，实际体现出的是对解放战争特定历史条件下的国情和前景估计不足、认识不清。

第一，对发动土地革命的范围、区域和规模认识不足。和第二次国内革命战争时期在敌人统治间隙的十几块红色根据地开展土改不同，这时发动的土改是面向全国范围的而不是小区域的，是铺天盖地全面蔓延而不是被隔绝的若干地区的各自为政，是涉及上亿人口翻天覆地的大革命而不是几百万人的翻身暴动，是以夺取全国胜利为目的的宏伟战略的重要组成部分而不是着眼于被分割包围的若干红色政权如何存在。因此，其声势规模之大、任务之艰巨、形势之严峻、面临问题之繁芜多样、牵涉和影响面之广之深，都是不可比拟的。中央工委从 1947 年 4 月初开始调查酝酿，到 9 月 13 日制定出《中国土地法大纲》，单从时间上看，还是比较仓促的。

第二，调查研究的对象，从区域看，主要是老解放区，比较单一。抗日战争胜利之际，中共领导有近一亿人口的抗日民主根据地，这些地区后来被称为老解放区；到 1946 年 6 月底，解放区面积迅速扩大，人口已经增加到一亿三千万[①]，这些地区在1947年7月人民解放军全线转入战略进攻后被称为半老区。中央工委去河北省平山县西柏坡途中调研的陕甘宁、晋绥和晋察冀等都属于老区；参加全国土地会议的代表分别来自东北、冀热辽、山东、晋冀鲁豫、晋察冀、晋绥、陕甘宁等解放区，其中除东北的代表以外，也均是来自老区。因此对于半老区和正在开辟的新区如何开展土改，缺乏第一手的调查研究。因此，用主要依据对老区调研得出的认识，制定覆盖全国的《中国土地法大纲》及其具体实施措施，势必产生片面性。

第三，即使是对老区的调研也存在不深入、不细致和想当然的问题。这主要是在对老区农村贫农和中农分别占全村人口比例的估计问题上。根据杨家沟会议的精神，1948年1月4日，习仲勋就陕甘宁边区老解放区的土改问题致信中共中央西北局和中共中央，认为老区的中农多，贫雇农少，地主、旧富农也比新区少得多，如再进行土地平分，“即有百分之八十的农民不同意”[②]。无独有偶，8日，任弼时致电刘少奇，对中央工委《关于执行土地法大纲的指示（草案）》（1947年11月12日）中关于“雇贫农、工人及其他无地少地农民，在老解放区一般仍占乡村人口百分之五十以上”的估计，提出异议。并举例太行地区的统计，中农在抗战前即占人口百分之四五十。又以晋绥、陕甘宁的估计和部分统计，新旧中农合计也多在农村人口半数左右。[③]12日，任弼时又在西北野战军前委扩大会议上发表《土地改革中的几个问题》的演讲，指出：以往大家一直认为中农在旧政权下，约占农村人口的20%。可是“在老解放区，一般占了百分之五十上下。在彻底平分土地以后，

① 《毛泽东年谱（1893—1949）》（修订本）下卷，中央文献出版社2013年版，第101页。

② 《习仲勋文选》，中央文献出版社1995年版，第38页。

③ 《任弼时年谱（1904—1950）》，中央文献出版社2014年版，第566页。

则农村中绝大多数人都成了中农，只有少数人不是中农了”。他强调：“现在我们的解放军中有百分之三十到四十是中农，如果我们破坏了中农的利益，甚至与他们对立起来，那就要使我们在战争中失败。在新民主主义经济建设中，由个体经济到集体合作经济的发展过程中，主要是依靠新老中农。他们有丰富的生产经验，是值得贫雇农学习的。他们的生产工具也比较完备，可以给贫雇农以帮助。在将来，中农还可以同我们一道走进社会主义。因此，中农是我们的永久同盟者。”①中央工委在这个问题上的认识偏差，是《中国土地法大纲》出现侵犯中农利益和在开展土改中片面依靠贫农的错误的主要原因。

第四，中央工委的调研与决策，受到康生等“左”倾言行的干扰和影响。1947 年 3 月随中央机关撤离延安东渡后，康生和陈伯达等留在晋绥解放区，他们无视那里在贯彻中央《五四指示》过程中已经基本完成土改工作的现实，别出心裁地提出划分“化形地主富农”的四条标准，即“一看现在的土地和财产；二看土地财产的历史根源；三看过去和现在的经营方式；四看群众的态度”②。他们推行“查三代”“挖地财”“搬石头”“贫雇农要怎么办就怎么办”等一系列极左政策，使晋绥地区的土改工作出现严重的偏颇。这期间，途经晋绥解放区的刘少奇一行于 4 月 4 日在临县白文镇听取了康生等关于郝家坡土改工作的经验介绍；随后，康生带着他的所谓“晋绥经验”，参加了 7 月 17 日由中央工委主持在河北省平山县西柏坡召开的全国土地会议，还是会议主席团 5 位常委之一（其他 4 位是刘少奇、朱德、董必武、彭真）。并且因为这次会议是采取先充分讨论再制定文件的开法，客观上也使康生有了充分“表现”的机会。他在会议上多次插话，还有人编辑了所谓《康生语录》，

① 《任弼时选集》，人民出版社 1987 年版，第 420—421 页。

② 《杨尚昆回忆录》，中央文献出版社 2007 年版，第 248 页。

以作为发动群众的经验。[①]

这样，土改中严重的“左”倾错误就由晋绥到陕甘宁、晋察冀，以致全国各解放区蔓延开来，并波及整党、基层政权建设、工商业政策和城市政策等多个方面。

从社会历史根源看，农民和城市小资产阶级的绝对平均主义是出现这次“左”倾错误的思想基础，而许多具体的政策偏差和组织行为上的错误则与中央工委在一个阶段里的工作指导有关，并且有些主张得到转战陕北途中的毛泽东和中共中央的原则批准。因此，我们认为这次“左”的错误的出现是自上而下的，带有全局性（但不是全国范围的，主要在老区和土改工作方面），波及面广，危害也比较严重。

毛泽东后来在1948年3月20日为中共中央起草的党内通报中指出：“现在的‘左’的偏向，主要的是侵犯中农，侵犯民族资产阶级，职工运动中片面强调工人眼前福利，对待地主和对待富农没有区别，对待地主的大中小、恶霸非恶霸没有区别，不按平分原则给地主留下必要的生活出路，在镇压反革命斗争中越出了某些政策界限，以及不要代表民族资产阶级的党派，不要开明绅士，在新解放区忽视缩小打击面（即忽视中立富农和小地主）在策略上的重要性，工作步骤上的急性病等。这些‘左’的偏向，在过去大约两年的时间内，各解放区都或多或少地发生过，有时成了严重的冒险主义倾向。”[②]据杨尚昆回忆，毛泽东在代表中共中央书记处向七届二中全会作的报告中曾专门检讨一中全会以来的工作有两项错误，一是因为上面没抓紧而造成的无政府无纪律状态；二是土地改革中犯了错误，就是只有战略指示，没有策略指示，划分阶级的文件发迟了，中央没有系统的说明。[③]

---

① 《杨尚昆回忆录》，中央文献出版社2007年版，第249页。

② 《毛泽东选集》第4卷，人民出版社1991年版，第1297页。

③ 《杨尚昆回忆录》，中央文献出版社2007年版，第279页。

三、运用调查研究纠“左”

毛泽东在转战陕北的起初 5 个月（1947 年 8 月西北野战军取得沙家店战役胜利之前），在胡宗南部的大军围堵下，自身就多次涉险。在转战陕北的日子里，毛泽东和战士们一起，跋山涉水，栉风沐雨，先后宿营在延安、延川、清涧、子长、安塞、靖边、横山、子洲、绥德、葭县（今佳县）、米脂、吴堡 12 县中 37 个乡镇的农家村落。四个半连的警卫部队，经常担负着抗击敌军几个旅尾随尾追的艰巨任务。危急时，望得见敌人烧起的火堆，听得到敌人的战马嘶鸣。最危急时，与敌人追兵相距不过十几里，并且又遇山洪暴发，过河不得。毛泽东和周恩来、任弼时等从容自若，率领中央纵队或深夜淋着大雨，或白昼冒着敌机轰炸扫射，徒步上下于高山深壑和敌人的层层包围中间，牵制了大量敌军，行程 1000 多公里，历时一年零五天。他们的主要精力也是聚焦于指挥西北战场和全国战场的人民解放战争。客观上没有宽松的环境，也不容许他们有充裕的时间研究筹措具体的土地改革政策。

尽管如此，毛泽东也一直没有放松对解决农民土地问题的关注。在全国土地会议召开的第四天，即 7 月 21 日，毛泽东在陕西靖边召开的小河村会议上讲话，集中阐述了解放战争第二年的战略方针即战略反攻的方略，同时指出：“土地政策今天可以而且需要比五四指示更进一步，因为农民群众要求更进一步，如土地推平。平分土地是一个原则，但按情况不同可以有某些伸缩，如对杜斌丞、侯外庐，但对共产党员不应该有例外。中农的土地应该不动，但在群众运动的大潮流中和中农同意的情况下，要富裕中农拿出少许土地也是许可的，这种做法不要正式写在文件上。”[①]9 月 6 日，毛泽东复电中央工委，明确表示赞同彻底平分土地

① 《毛泽东文集》第 4 卷，人民出版社 1996 年版，第 270—271 页。

的方针。[①]但是，毛泽东对于土改中的“左”倾错误的态度是旗帜鲜明的，在小河村会议期间当听到杨尚昆关于康生等在晋绥的极左行为的汇报时，当即明确：不要听康生那一套。后来他在去平山县途中亲自了解到晋西北土改的“左”倾乱象时，更是严厉地批评中央后方工作委员会的同志：“你们后委就住在这里，这些事情都知道，可是你们根本不反映，你们读的马列主义到哪里去了？！”[②]当时，和中央工委有所不同，毛泽东和中共中央对于如何贯彻《中国土地法大纲》及其在贯彻过程中可能出现的问题，态度更为审慎，考虑更为细致，措施更为全面，而广泛和深入的调查研究则是其纠正这次严重“左”倾错误的主要武器。

9 月 23 日，毛泽东、周恩来和任弼时率中共中央机关进驻佳县神泉堡。结合起草《中国人民解放军宣言》和《重行颁布三大纪律八项注意的训令》，毛泽东认真审阅了《中国土地法大纲》。10 月 9 日，他致电中央工委，在告知“土地法大纲业已修改完毕，决于明（十）日发表”后，强调“至于按照土地法实行分配土地，应在你们土地会议决定实行步骤全部布置完毕以后，方才开始”[③]。同时，他在翌日公布的他为中共中央起草的《关于公布中国土地法大纲的决议》中，把这个重要文件定位为开展全国性土改的“建议”，明确要求各地民主政府和各级农会组织，“对于这个建议，加以讨论及采纳，并订出适合于当地情况的具体办法，展开及贯彻全国的土地改革运动，完成中国革命的基本任务”[④]。可见，他对全面贯彻《中国土地法大纲》是有顾虑的，似乎还有什么不放心或意犹未尽的感觉。还是在 10 月 9 日这一天，和他同行的任弼时

---

① 《建党以来重要文献选编（1921—1949）》第 24 册，中央文献出版社 2011 年版，第 343 页。

② 《杨尚昆回忆录》，中央文献出版社 2007 年版，第 257 页。

③ 《毛泽东年谱（1893—1949）》（修订本）下卷，中央文献出版社 2013 年版，第 240 页。

④ 《建党以来重要文献选编（1921—1949）》第 24 册，中央文献出版社 2011 年版，第 416 页。

致电晋绥分局并转中央秘书处处长曾三，要他从已经运输保存在晋绥解放区的中央文件库中，查找当年苏区中央局所印发的有关划分农村阶级成分的文件，查到后送回此间。①

随着陕北战局的根本好转和全国各战场全面转入战略反攻，毛泽东的目光开始转向如何实现“打倒蒋介石，解放全中国”的宏伟目标。从10月中旬开始，毛泽东在神泉堡和佳县县城周边地区调研，10月下旬移驻米脂县。关于农村阶级成分的划分，仍是毛泽东无法搁置的问题。11月8日，中共中央发出由任弼时起草的致华东局、东北局、晋察冀中央局、晋冀鲁豫中央局的电报，要求各地把在土改中如何确定地主、富农、中农、贫农、雇农、工人等的材料日内电告中央。任弼时在研究了各地的相关材料后，于12日致函毛泽东提出两个问题：一是“各级代表会的名称以用人民代表会为妥”，“因为现在许多地方的农会多系贫农会，其中只有少数好的中农参加，如用农民代表会，则将有一批中农也不能参加”；二是对新式富农与旧式富农的区别及其相关政策问题。任弼时还提出“确须颁发一大体通用的‘怎样分析阶级’的文件”②。毛泽东很快就批示“照办”。22日，中共中央移驻杨家沟。29日，中共中央向全党发出指示，重新印发毛泽东1933年在苏区查田运动中撰写和主持制定的《怎样分析农村阶级》（原名《怎样分析阶级》）和《关于土地斗争中一些问题的决定》，以细化和匡正《中国土地法大纲》的不足。在经毛泽东修改发出关于重新印发这两个文件的中央指示中，不厌其烦地三次提出：“你们规定阶级成分时，应召集有经验与有正确观点的同志开会，经过正式讨论通过，并将有争论之点电告”；“为着征求下级意见，请你们将两项参考文件印发各级党委、政府、农会及土改工作团，引起他们讨论，并要求他们提出意见”；“望你们根据各地具体情况，参考此项文件，提出

① 《任弼时年谱（1904—1950）》，中央文献出版社2014年版，第559页。

② 《任弼时选集》，人民出版社1987年版，第411—412页。

关于阶级成分分析的明确意见电告，然后由中央制定统一的正式文件，公开发表”[①]。

为筹备召开中共中央工作会议（即杨家沟会议，亦称十二月会议），中共中央和中央后委及晋绥、陕甘宁解放区的负责同志被分为政治、军事、土改3个小组，讨论当前形势和党的政策。任弼时出任土地改革小组组长，从平山参加全国土地会议归来的中央后方工作委员会书记叶剑英任副组长，自出席小河村会议后回后方主持西北局工作的习仲勋也在这个小组参加讨论。土改小组的讨论从12月7日开始，持续到24日。除讨论毛泽东拟发表的报告《目前形势和我们的任务》和《关于目前国际形势的几点估计》外，主要是结合晋绥、陕甘宁的土改和整党问题，讨论相关的政策，特别是如何分析阶级问题。习仲勋和李井泉在小组会上分别介绍了陕甘宁和晋绥土改情况与存在的问题，产生强烈反响。小组会期间，毛泽东逐一与参加会议的代表谈话，听取意见。习仲勋向毛泽东全面汇报了陕甘宁的战争、生产和群众生活等情况，并如实谈了自己对边区土改中的问题与形势发展的看法，引起毛泽东的关注和深思。[②]

12月25日，正式会议召开。毛泽东在向会议提交的书面报告中指出：“这里必须注意两条基本原则：第一，必须满足贫农和雇农的要求，这是土地改革的最基本的任务；第二，必须坚决地团结中农，不要损害中农的利益。”他肯定《中国土地法大纲》中彻底平分土地的规定，并分析了一部分富裕中农愿意拿出多余土地平分的可能性，但他又强调“虽然如此，各地在平分土地时，仍须注意中农的意见，如果中农不同意，则应向中农让步”。可见，“不动中农土地”的原则在他头脑中是根深蒂固的。毛泽东在书面报告中一方面支持全国土地会议的观点，强调

① 《建党以来重要文献选编（1921—1949）》第24册，中央文献出版社2011年版，第494页。

② 《习仲勋传》上卷，中央文献出版社2013年版，第541页。

"为着坚决地彻底地进行土地改革，乡村中不但必须组织包括雇农贫农中农在内的最广泛群众性的农会及其选出的委员会，而且必须首先组织包括贫农雇农群众的贫农团及其选出的委员会，以为执行土地改革的合法机关，而贫农团则应当成为一切农村斗争的领导骨干"。同时，他又具体清晰地指出了涉及中农利益的4个主要问题，明确要求："在没收分配封建阶级的土地财产时应当注意某些中农的需要。在划分阶级成分时，必须注意不要把本来是中农成分的人，错误地划到富农圈子里去。在农会委员会中，在政府中，必须吸收中农积极分子参加工作。在土地税和支援战争的负担上，必须采取公平合理的原则。这些，就是我党在执行巩固地联合中农这一战略任务时所必须采取的具体政策。"①这反映了毛泽东对"依靠贫雇农"和"团结中农"关系的态度。特别是他把"联合中农"提到"战略任务"的高度，这是前所未有的。

会议期间毛泽东广泛听取各方面意见，有了新的思考。和事先准备的书面报告《目前形势和我们的任务》相比，毛泽东25日在会议上发表的讲话对相关政策界限的勾勒更加明确，立场也更为坚定。他虽然原则性地肯定晋西北土改的方向是正确的，但同时又郑重指出其存在的错误，强调"土地分配不能搞绝对平均。由于当地地主、富农太少就要同中农扯平，这也是不对的。对同中农有关系的事一定要征求中农的同意。在土地问题上一定要把中农问题处理好，在城市问题上一定要把中小资产阶级问题处理好。一定不要重犯土地革命战争时期的错误"。他还对书面报告中提及的"其他爱国分子"作出明确的解释，"是指开明绅士，例如地主阶级中的李鼎铭、刘少白等人，他们同我们共过患难，在丝毫不妨碍土地改革的条件下，对这些人分别情形加以照顾是必要的，个别人物还可以留在我们高级政府内。"正是基于预备会议期间的调研，毛泽东对陕甘宁、晋绥等地出现的严重"左"倾错误及其危害性有了更

① 《毛泽东选集》第4卷，人民出版社1991年版，第1250—1252页。

充分的认识。28日，他在会议结论报告中指出：杨家沟召开的这次中央扩大会议，“要解决的新的问题，是在中农、中小资产阶级和党外人士问题上新出现的‘左’的偏向”，“当‘左’倾成为一种潮流的时候，共产党员要反对这个潮流”[①]。这表明了毛泽东在执行政策上鲜明的立场和坚持原则的坚定决心。

27日，任弼时就土地改革和整党问题在大会上作了针对性很强的发言。他一是全面阐释土改中依靠贫雇农的方针，指出贫农团应由党来组织，但随后就要组织农会，以便通过成分；二是要求正确对待党的基层组织和党员，对于被地主富农、坏分子操纵了的支部，应该处理，但是好的支部不要抛弃，将来还是以支部为核心；三是具体明确了对地主、开明士绅、富农、开明富农、新式富农、知识分子以及地主富农的工商业等的政策[②]。

毛泽东针对战略反攻以来人民解放军势如破竹的胜利和蒋介石集团民心丧失殆尽，以及中国共产党党内普遍洋溢着的乐观情绪，在随后召开的西北野战军前委扩大会议上郑重地提出：“蒋介石的孤立是不是等于我们的胜利？是不是我们就可以不要全民族绝大多数人口参加的民族统一战线了？”他指出：“如果我们的政策不正确，比如侵犯了中农、中等资产阶级、小资产阶级、民主人士、开明绅士、知识分子，对俘虏处置不当，对地主、富农处置不当，在统一战线问题上犯了错误，那就还是不能胜利。”他告诫各级干部“坚持真理，修正错误”，强调要“多收集各种意见，认清自己工作中的缺点错误，这样就可以减少盲目性”[③]。1月18日，毛泽东在《关于目前党的政策中的几个重要问题》中进一步指出：“如果我们在每一个局部上，在每一个具体问题上，不采取谨慎

① 《毛泽东文集》第4卷，人民出版社1996年版，第331、332、334、335页。
② 《任弼时年谱（1904—1950）》，中央文献出版社2014年版，第564—565页。
③ 《毛泽东文集》第5卷，人民出版社1996年版，第22—23、29页。

态度，不讲究斗争艺术，不集中全力作战，不注意争取一切应当争取的同盟者……我们就要犯‘左’倾机会主义错误。”[①]

杨家沟会议是全面筹划夺取全国胜利方针和纲领的一次重要会议，指导全国的土地改革是其中的主要内容之一。这次会议在全国性土地改革运动发动之初，及时发现和敲响了防止土改“左”倾错误进一步扩大化的警钟，初步纠正了已经发生的一些偏差，明确了相关的政策界限，并立见成效。会议一结束，西北局和晋绥分局的负责人习仲勋等就立即回去贯彻会议精神。在会议闭幕的第三天，中共中央工委就向各地党组织发出由刘少奇起草的《关于阶级分析问题的指示》，针对晋绥和晋察冀等地在土改中的错误，明确指出“划分阶级应只有一个标准，即占有生产手段（在农村主要是土地）与否，占有多少，及与占有关系相连带的生产关系（剥削关系）。如再提出其他标准都是错误的。追历史只能追到当地新政权建立以前三年、五年，而不要追到太远或追几代”[②]。以杨家沟会议为标志，全国的土地改革运动开始处于毛泽东和中共中央的直接领导之下，进入一个新的阶段。

四、在深入调研中确立土地革命总路线

人民解放战争是中国新旧民主革命的最高峰，而解放战争历史条件下的土地改革运动则是集近代农民土地斗争之大成，是一场涉及全国一半人口切身利益的社会大革命，深度和广度都是规模空前，影响更是深远浩大。其最大的一个特点，是伴随着人民解放战争的胜利进程逐步在全国范围内展开的。因此，它不仅在根本指导思想上与孙中山的平

---

① 《毛泽东选集》第 4 卷，人民出版社 1991 年版，第 1267—1268 页。

② 《建党以来重要文献选编（1921—1949）》第 24 册，中央文献出版社 2011 年版，第 560 页。

均地权主张有质的区别，而且在政策策略要求上与中国共产党在第二次国内革命战争时期领导的土地革命也有很大的不同。杨家沟会议后，以毛泽东、任弼时、习仲勋等为代表的中国共产党人，在完善和订正《中国土地法大纲》的过程中，用领导农村革命新的伟大实践描绘了土地革命总路线的壮丽诗篇。

为纠正土改中的“左”倾错误，习仲勋于 1948 年 1 月 4 日致信中共中央西北局和中共中央，具体指出可能发生的几种错误：（1）把新升富农评成旧富农。（2）把已经没收过土地并经过 8 年以上劳动已经转化了的地主、富农，再定成地主、富农，去进行斗争。（3）把富裕一点的农民，定成地主、富农。或把在我方任职的公教人员，其家中缺乏劳动力者，也定成地主、富农。①12 日，任弼时在中共西北野战军前委扩大会议的讲演中，也具体阐释了对地主、富农、开明士绅、知识分子等分别应该采取的政策及需要避免的错误。其中他还特别阐述中农与富农的界限。他把富裕中农的轻微剥削在其总收入的比例，由 1933 年下发《如何分析阶级》时的15%调高到25%，连续3年以上超过25%的即为富农，以此作为中农与富农的分界线。②这样的界定不仅有利于鼓励农业生产，而且为防止土改中出现侵犯中农利益问题筑牢了防火墙。

毛泽东非常重视任弼时和习仲勋的观点，特别是认同他们对已经完成土改或经过减租减息后的老区贫雇农与中农比例数据的判断，因为他们关于老区中农所占农村人口比例的认定，实际指明了《中国土地法大纲》涉及中农问题政策失误的根源之所在，并成为科学分析老解放区农村阶级和制定正确土改政策的客观依据。毛泽东先是在 9 日回复西北局和习仲勋：“完全同意仲勋同志所提各项意见，望照这些意见密切指导各分区及各县的土改工作，务使边区土改工作循正轨进行，少犯错

---

① 《习仲勋文选》，中央文献出版社 1995 年版，第 39 页。
② 《任弼时选集》，人民出版社 1987 年版，第 418 页。

误。”[①]随后他又在任弼时的讲话稿上批示：“由新华社转播全国各地，立即在一切报纸上公开发表，并印小册子。”[②]他还对任弼时的讲话稿作了多处修改，其中补充道：“无论如何，只应该把打击面放在真正的封建剥削阶级的范围以内，绝对不许可超出这个范围。”[③]14 日，毛泽东专门致电刘少奇，明确指示不要再下发《关于执行土地法大纲的指示（草案）》。毛泽东指出：“我觉得这个指示似乎有些过了时机，土改运动已经按新方针向前发展，运动中发生了许多急待回答的问题（主要是过左），而这些问题，指示草案中或者缺乏具体的回答，或者回答的分量不够。”[④]

18 日，毛泽东在为中共中央起草《关于目前党的政策中的几个重要问题》的决定草案中，对任弼时和习仲勋的各项主张作了全面的肯定和发挥。其一，“必须避免对中农采取任何冒险政策”。他具体指出：“有剥削收入的农民，其剥削收入占总收入百分之二十五（四分之一）以下者，应订为中农，以上者为富农。富裕中农的土地不得本人同意不能平分。”其二，从稳定中农、发展解放区农业生产的角度，提出“必须将新富农和旧富农加以区别”。他明确指出，对于老解放区土改后在政府鼓励下上升起来的新富农，“照富裕中农待遇，不得本人同意，不能平分其土地”。其三，“对大、中、小地主，对地主富农中的恶霸和非恶霸，在平分土地的原则下，也应有所区别。”他反对乱打乱杀，强调极少数罪大恶极者要经过人民法庭认真审讯判决，要把占全国乡村人口 10% 约 3600 万的地主富农，看作国家的劳动力，而加以保存和改造。他重

① 《习仲勋文选》，中央文献出版社 1995 年版，第 38 页。

② 《建党以来重要文献选编（1921—1949）》第 25 册，中央文献出版社 2011 年版，第 12 页。

③ 《毛泽东文集》第 5 卷，人民出版社 1996 年版，第 12 页。

④ 《毛泽东年谱（1893—1949）》（修订本）下卷，中央文献出版社 2013 年版，第 267 页。

申“我们的任务是消灭封建制度，消灭地主之为阶级，而不是消灭地主个人”，并强调“土地改革的中心是平分封建阶级的土地及其粮食、牲畜、农具等财产（富农只拿出其多余部分），不应过分强调斗地财”。其四，毛泽东要求必须避免对于中小工商业者，对于学生、教员、教授、科学工作者和一般知识分子，采取任何冒险政策。对于那些同我党共过患难确有相当贡献的开明绅士，在不妨碍土地改革的条件下，必须分别情况，予以照顾。即使是地主富农，毛泽东也明确“地主转入劳动满五年以上，富农降为中贫农满三年以上者，如果表现良好，即可依其现在状况改变成分”[①]。

在土地革命中采取“依靠贫雇农”的方针，是中国共产党历来的正确主张。但是在杨家沟会议前，晋绥、陕甘宁和晋察冀等老解放区，在土改中却把贯彻这一方针绝对化，存在着很大的偏颇。19日，习仲勋致电毛泽东，介绍了一些地区的农民，在“左”倾政策影响下，都不愿意当中农。他写道：“在老区，有些乡村贫雇农很少。其中，有因偶然灾祸贫穷下来的，有是地、富成分下降但还未转化好的，有因好吃懒做、抽赌浪荡致贫的。故这些地区组织起的贫农团在群众中无威信，由他们起来领导土改，就等于把领导权交给坏人。”习仲勋坦率地指出：“老区就要不怕中农当道，真正的、基本的好群众在中农阶层及一部分贫农中。”[②]毛泽东第二天就在这份报告上批示，“完全同意习仲勋同志这些意见。华北、华中各老解放区有同样情形者，务须密切注意改正‘左’的错误”[③]。毛泽东之所以充分肯定习仲勋的意见，是因为他本人对这个问题有更为深刻的认识。在习仲勋来电的前一天，毛泽东在为中共中央起

① 《毛泽东选集》第4卷，人民出版社1991年版，第1269—1271页。

② 《习仲勋文选》，中央文献出版社1995年版，第44页。

③ 《建党以来重要文献选编（1921—1949）》第25册，中央文献出版社2011年版，第61页。

草的一个文件中就明确指出，“必须将贫雇农的利益和贫农团的带头作用，放在第一位”，但是，“这种带头作用即是团结中农和自己一道行动，而不是抛弃中农由贫雇农包办一切。在老解放区中农占多数贫雇农占少数的地方，中农的地位尤为重要”。他毫不含糊地指出：“‘贫雇农打江山坐江山’的口号是错误的。在乡村，是雇农、贫农、中农和其他劳动人民联合一道，在共产党领导之下打江山坐江山，而不是单独贫雇农打江山坐江山。”[①]

任弼时和习仲勋在他们关于土改的演讲和报告中，分别使用了“老解放区”“苏维埃时期的老区”和“抗战时期的新区”等概念，特别是习仲勋在信中提出“望能在土改方针及方式上，随时注意，适合当地的具体情况”[②]。这启发了毛泽东的深入思考。1 月 14 日，毛泽东就致电邓小平，提出“（一）在新区是否应当分为两种区域，一种是可以迅速建立巩固根据地的，一种是要经过长期拉锯战才能建立巩固根据地的，对两种区域的工作采取不同的政策？（二）新区土改是按土地法大纲分平，还是对富农及某些弱小地主暂时不动？新区中富农及弱小地主态度如何？”[③]等 6 个问题，咨询他的意见。这实际上就是调查研究的一种方式。经过咨询调研和深思熟虑，2 月 3 日，毛泽东致电刘少奇，明确“老区、半老区和新区”的概念和划分界限，并提出实施《中国土地法大纲》要区别 3 种地区，采取不同的策略。一是日本投降以前的老解放区，早已分配土地，过去的贫农大多数已升为中农，“在这种老区，不是照土地法再来分配一次土地，也不是人为地、勉强地组织贫农团去领导农会”；二是自日本投降到解放区战场大反攻（1947 年 8 月）形成的半老区，这种地区中农占少数，贫农占大多数，土地问题尚未彻底解决，

---

① 《毛泽东选集》第 4 卷，人民出版社 1991 年版，第 1268 页。
② 《习仲勋文选》，中央文献出版社 1995 年版，第 39 页。
③ 《毛泽东文集》第 5 卷，人民出版社 1996 年版，第 17 页。

"完全适用土地法，普遍地彻底地分配土地"，并"必须确定贫农团在农会中、在农村政权中的领导地位"；三是大反攻后新解放的地区，"不应当企图一下实行土地法，而应当分两个阶段实行土地法。第一阶段，中立富农，专门打击地主"，"第二阶段，将富农出租和多余的土地及其一部分财产拿来分配"。毛泽东还强调，新区土改"第一阶段，大约须有两年时间；第二阶段，须有一年时间。太急了，必办不好"①。

根据不同区域的实际，采用不同的策略和步骤推进全国的土地改革运动，不仅客观准确地划定了《中国土地法大纲》的适用范围，纠正了中央工委的误判（刘少奇在全国土地会议的结论报告中曾明确："这次会议决定的政策，可以全部适用于比较巩固的解放区"②），而且从根本上解决了《中国土地法大纲》彻底平分土地的规定在老区侵犯中农利益问题和因脱离各地实际片面强调依靠贫雇农的方针所造成的危害，使全国土改运动纳入健康有序的轨道。

2月6日，毛泽东又就不同区域采用不同策略实施土改问题，分别致电李井泉、习仲勋和邓小平，以及陈赓、粟裕等，进一步征询他们的意见。8日，习仲勋复电毛泽东表示："此种分法，非常切合实际。"他在复电中还根据自己的切身体会进一步阐述了在老区实行彻底平分土地政策的危害。他指出："这会对农民土地所有权的信心发生动摇，普遍现象是农民都不愿积极生产，认为这次平分了，又不知几年之后，再来平分。"③这一时期，任弼时、董必武等都从不同的角度阐述了土改政策与发展农业生产关系的问题。毛泽东对他们的意见十分重视。

为了"纠正党内广泛存在着的关于在观察及划分阶级问题上的非马

---

① 《毛泽东选集》第4卷，人民出版社1991年版，第1277—1278页。

② 《建党以来重要文献选编（1921—1949）》第24册，中央文献出版社2011年版，第371页。

③ 《习仲勋文选》，中央文献出版社1995年版，第46—47页。

克思主义的思想及补足在土改中缺乏对各阶级阶层人们的具体明确政策的缺点”，毛泽东投入很大精力主持制定了《中共中央关于土地改革中各社会阶级的划分及其待遇的规定（草案）》。2 月 16 日，他为中共中央起草致中央工委及各中央局关于组织讨论这个草案的指示，指出“单有土地法大纲及其他党的若干指示文件而无这样一个完备的文件，很难使我们的工作人员不犯或少犯错误。我们既要彻底消灭帝国主义、封建主义与官僚资本主义，又要在这个伟大斗争中不要因为划错与斗错阶级成分及采取错误政策而打乱自己的阵线，增加敌人力量，使自己陷于孤立。不要忘记，在一九二七至一九三五年而特别是一九三一至一九三五年时期，我党曾经因为政策过左陷于孤立，处于极端危险的地位，而在我党与国民党破裂时期党内主要的危险倾向，曾经是现在仍然可能是‘左’倾冒险主义。如果我们现在不严重地注意到这一点，我们就将在政治上犯错误”①。2 月 20 日，毛泽东在给刘少奇的电报中非常明确地指出：“这个文件实际上带着党纲、政纲、政策几重性质。我们如果要取得全国胜利，需要这样一个文件，党内外才有明确遵循的政治、经济与社会生活的章程。”②3 月 6 日，他再次致电刘少奇，要求中央工委与近日即将抵达西柏坡的陈毅、邓子恢等以及华北局的同志，用充分的时间“讨论全部政策问题（以划阶级一书为中心）”③。

随后，毛泽东本人又对该文件几番修改。可能是战争进程发展得太快的原因，也可能是因为提炼概括具有普遍意义的政策难度过大，因为任何一种政策都很难涵盖老解放区、半老区和新区等多种复杂的实际情况，这个文件迟迟没有下发。任弼时在 3 月 10 日就曾致函毛泽东，认

---

① 《毛泽东文集》第 5 卷，人民出版社 1996 年版，第 64—65 页。

② 《毛泽东文集》第 5 卷，人民出版社 1996 年版，第 62 页。

③ 《建党以来重要文献选编（1921—1949）》第 25 册，中央文献出版社 2011 年版，第 192 页。

为这个文件“包括的问题太大太广”，把人民共和国成立后“政纲内容的问题与当前具体政策问题混在一起”，“这样使现在应解决的重要问题不显得突出”①。出于谨慎的缘故，这个蕴含了毛泽东对新民主主义革命理论最新发展的文件，最终并未能作为正式文件下发执行。尽管如此，在制定这个文件和在讨论修改完善这个文件过程中，中共中央、中央工委和各中央局、中央分局，对前一阶段出现的政策偏差进行了全面的梳理和检讨，深化了对政策与策略的认识，并开始系统地纠正政策与策略方面的失误。毛泽东认为：“在这些工作中所发生的偏向有了着重的纠正，或正在纠正中，这样就可以使整个中国革命运动走上健全发展的轨道。……中国革命才有胜利的可能。政策和策略是党的生命，各级领导同志务必充分注意，万万不可粗心大意。”②

3 月 23 日，毛泽东和中共中央结束了转战陕北的征程，从吴堡县川口东渡黄河开赴平山县西柏坡，当晚进驻临县在寨则山村过夜。途中毛泽东继续进行实地的调研。24 日，他在中共中央后委驻地临县三交镇双塔村听取中央后委留守人员杨尚昆等的工作汇报；26 日至 29 日，他和周恩来、任弼时等在晋绥解放区领导机关所在地兴县蔡家崖，听取贺龙、李井泉关于战争、土改、整党、生产、支前和工商业政策等全面汇报，并先后召开贫农团代表、土改工作团代表和地方干部代表等座谈会，详细调查农村各阶级的人口比例、土地占有状况和如何发动群众进行土改等情况；4 月 4 日，在岢岚县听取县委书记丛一平关于土改和整党的汇报；6 日，在代县听取县委书记兼县长苏黎和土改工作团副团长、晋绥日报社社长郝德青的工作汇报；7 日，在繁峙县伯强村与村党支部书记、村长、贫农团长等座谈该村土改、生产和群众生活情况；12 日，任弼时召集河北省阜平县西下关村本村和邻近村的党员干部座谈，

① 《任弼时年谱（1904—1950）》，中央文献出版社 2014 年版，第 569 页。
② 《毛泽东选集》第 4 卷，人民出版社 1991 年版，第 1298 页。

毛泽东和周恩来会见了参加座谈会的人员；13日，毛泽东一行到达晋察冀军区所在地阜平县城南庄，任弼时召集区县干部座谈会，毛泽东和周恩来则多次听取聂荣臻关于晋察冀解放区情况的全面汇报。毛泽东等的晋绥华北之行，是一次密集和系统的调查研究活动，调研的内容虽然很广泛，但主题是土改，特别是对土改"左"倾错误泛滥的晋绥地区的调研，具有很强的针对性。他们边走边看，边座谈了解情况边发表意见，阐述了许多重要的指导意见。其主要观点集中体现于毛泽东4月1日《在晋绥干部会议上的讲话》和4月2日《对晋绥日报编辑人员的谈话》。

毛泽东充分肯定这个时期各解放区土地改革的巨大成就，并系统总结近一年来土地改革运动中反对右的和"左"的倾向的经验与教训，全面地阐明中国共产党在新民主主义革命时期土地改革工作中的总路线和总政策——"依靠贫农，团结中农，有步骤地、有分别地消灭封建剥削制度，发展农业生产"[①]。

学术界长期以来一直把中国共产党的土地革命路线当作土改的阶级路线看待，似乎主要是解决依靠谁、团结谁、打击谁的问题。从总体上看确实如此。但在解放战争条件下，解决农民的土地问题所面临的情况与过去相比有很大变化。一是过去的土地革命是分别在各个革命根据地进行的，而这时却是要在全国推进，因而出现分区域的问题，即分为老区、半老区和新区。二是为了分化孤立和集中力量打击最主要的敌人，尽可能地减少阻力，运用和提高策略水平的必要性大大提高，因而提出不仅要分区域，而且要分阶段和分步骤进行土改的重要思想。三是强化土地革命以促进生产发展的目的。毛泽东明确指出："发展农业生产，是土地改革的直接目的。只有消灭封建制度，才能取得发展农业生产的条件。在任何地区，一经消灭了封建制度，完成了土地改革任务，党和民主政府就必须立即提出恢复和发展农业生产的任务，将农村中的一切

① 《毛泽东选集》第4卷，人民出版社1991年版，第1314页。

可能的力量转移到恢复和发展农业生产的方面去。”[①]四是着力纠正对地主富农扫地出门和乱打乱杀的错误，把大约 3600 万的旧式富农和地主作为劳动力加以保护。

因此，与 1931 年年初已经形成的土地革命路线相比，毛泽东这时对新民主主义土地革命总路线的概括，就不只是各阶级路线的问题了，而且增加了“有步骤地、有分别地”和“发展农业生产”的内容，并将过去的“限制富农、消灭地主”改为“消灭封建剥削制度”，其科学性、完整性、严谨性和策略性比以往任何时期都有显著提高，标志着中国共产党土地革命路线的最终形成。在毛泽东和中共中央的正确领导下，土地改革运动稳步健康地开展起来，并取得极其伟大的成果。据 1949 年 6 月统计，在全国拥有 2.7 亿人口的解放区中，已有 1.5 亿多人口的地区完成土地改革。其影响，不仅决定了人民解放战争最终胜利的大局，并且从根本上瓦解了帝国主义、封建主义和官僚资本主义在中国的统治，为新中国成立后全国土地改革事业的彻底胜利奠定了坚实的基础。

五、调查研究的新篇章

在把马克思主义与中国革命的实际相结合的过程中，调查研究成为中国共产党人的锐利武器，是毛泽东思想的精髓之所在。在波澜壮阔的人民解放战争中，中共中央和毛泽东主要开展了两个战场的斗争，一个是指挥人民解放军通过武装斗争彻底埋葬蒋家王朝，建立崭新的人民共和国；另一个是领导亿万农民群众彻底废除封建地主土地所有制，从根本上瓦解帝、官、封反动统治的基础，奠定新民主主义经济和人民民主专政的基石。在后一场斗争中，他们运用的依然是调查研究这个传家宝，并从实践与理论上予以发展。

---

① 《毛泽东选集》第 4 卷，人民出版社 1991 年版，第 1315—1316 页。

第一，通过调查研究确定开展土地改革的时机、步骤和政策。解放战争时期的土改运动分为4个阶段。自抗战胜利到1946年5月以前的第一阶段，毛泽东和中共中央的主要成员，看似没有进行一般意义上的调查研究活动，但是他们都以主要精力亲身投入争取和平建设一个独立、自由、统一、富强的新中国。毛泽东亲赴重庆40多天与国民党政要及各方面人士反复切磋和平建国的大略；刘少奇全面主持中共中央的日常工作，与各解放区党政军负责同志电文往来不断；周恩来更是长期在第一线实际掌控中国共产党与外界的一切交往。因此，他们无须进行常规的调查研究活动，就对当时的客观形势和全国人民对和平的热切期盼，有切身的感受和深入的了解。正因如此，抗战胜利后中国共产党方面并没有马上启动动员农民夺取地主土地的斗争，而是把争取和平作为既定的方针。毛泽东提出“和平、民主、团结”的口号，并认为这一口号能得到国内外的广大同情。[①]于是，就有了《双十协定》和《停战协议》的签订，国内和平有望。

可是，《停战协议》墨迹未干，国民党方面就撕毁协议，全面向解放区进攻。与此同时，解放区的广大农民不满足于减租减息，开始自发地开展夺取地主土地的斗争。这种情况反映到中共中央，主持中央工作的刘少奇召集各战略区的负责同志到延安开会，经过调研磋商，中共中央发布《五四指示》，开始用比较温和的办法解决无地和少地农民的土地问题。解放战争时期的土改运动进入第二阶段。

1947年3月，国共关系彻底破裂后，为了动员广大农民群众保卫胜利果实，为了彻底动摇国民党反动统治的社会基础，毛泽东和中共中央委托刘少奇率领中央工委，经过比较系统的调查研究，讨论制定了《中国土地法大纲》，开启了全国范围的大规模的土地改革运动。是为解放战争时期土改运动的第三个阶段。

---

① 《毛泽东文集》第4卷，人民出版社1996年版，第6页。

第二，通过调查研究纠正土改工作中的严重“左”倾错误。随着全国各战场胜利转入战略反攻，毛泽东开始把更多的精力转入领导土改运动。他不满足于自己以往在解决农民土地问题上的丰富经验，特别看重土改工作一线同志的意见，并在戎马倥偬中利用一切机会，了解解放战争条件下土改工作的新情况和新问题。毛泽东对于土改政策极为慎重。和起草《关于建立报告制度》《关于健全党委制》等文件的指令性语气不同，他涉及土改方面的电报、讲话和起草的文件，即使是以中共中央名义发出的指示，也往往是以商量的口吻提出。具体地讲：一是在正式发布《中国土地法大纲》等重要文件之前，他先普遍征求方方面面的意见；二是就专项问题征求有关方面的意见，如他就新区政策征求邓小平意见，通篇电文除列举 6 个问题要邓小平回答外，再无一句其他的话，反映出他对新解放区究竟实行什么样政策的关切和深思[①]；三是通过审阅批转各地和各部门的汇报材料进行调研；四是在中共中央十二月会议期间认真听取与会者的意见，围绕土改问题进行有针对性的咨询。[②]并在从陕北去西柏坡途中，对晋绥等地的土改情况进行直接的调查。在调研中，毛泽东发现了许多过去不曾注意到的新情况。

与此同时，任弼时等中央领导同志和各中央局的负责同志也就土改政策问题，进行了深入的调查研究。这些经过深入调查研究得出的情况，成为毛泽东纠正关于联合中农等问题上“左”的错误，以及分别制定老区、半老区和新区不同的土地改革政策的客观依据。

第三，注重纠正错误的方式方法。在全面深入调查研究的基础上，毛泽东和中共中央从各解放区和各个战场的实际出发，以严肃认真的态度，坚决地纠正土改中的“左”倾错误。自十二月会议开始，全国的土改运动实际转由毛泽东和中共中央直接领导，这种状况一直延续到大陆

---

① 《毛泽东文集》第 5 卷，人民出版社 1996 年版，第 17 页。

② 《习仲勋传》上卷，中央文献出版社 2013 年版，第 541 页。

的全部解放。这构成解放战争时期土改运动的第四个阶段。

毛泽东领导的土改纠“左”，有一些重要的特点：其一是严明政策界限，一丝不苟。他曾极而言之地指出：“在土地问题上反‘左’主要是反对对中农的冒险政策，哪怕只发生一户中农被错当作地主来整，我们也必须十分注意纠正。在农村中按户数计算，地主、富农只占百分之八左右，中农、贫农、雇农合占百分之九十，这个阵线不能混乱。”[①]其二是带头检讨自己，非常注意保护各级干部的工作热情。他在接到刘少奇1948年2月28日关于“最近我调查了老区几个村的确实材料证明你的提议完全正确，即在老区土地早已基本平分，而不要再来一次平分，也不要人为地去组织领导一切的贫农团，只要在农会中组织贫农小组，实行土地调整，即可完全解决土地问题”的电报后，3月6日复电指出“无论做什么事，凡关涉群众的，都应有界限分明的政策。我感觉各地所犯的许多错误，主要的（坏人捣乱一项原因不是主要的）是由于领导机关所规定的政策缺乏明确性，未将许可做的事和不许可做的事公开明确地分清界限”。他特别说道，此事“不能专责备各中央局，我自己即深感这种责任”[②]。其三是防止一面倒，即一种倾向压倒另一种倾向。毛泽东充分肯定《中国土地法大纲》及整个土改运动所取得的重要成就及其重要作用。他在谈到1947年11月西北局召开的义合镇会议在贯彻全国土地会议精神中的“左”倾错误时指出：“义合镇会议好比一河水，这河水十个浪头有八个是好的，但是没有解决好中农和中小资产阶级问题，发生了偏向，那末这两个浪头就是不好的。”[③]再如他在充分肯定习仲勋1948年1月19日关于纠“左”的意见时，特地告诫“同时注意，

① 《毛泽东文集》第4卷，人民出版社1996年版，第331页。

② 《建党以来重要文献选编（1921—1949）》第25册，中央文献出版社2011年版，第191—194页。

③ 《毛泽东文集》第4卷，人民出版社1996年版，第335页。

不要使下面因为纠正‘左’而误解为不要动”[①]。毛泽东始终认为废除封建土地所有制使无地少地的农民（特别是贫农）获得土地，是第一位的。客观地看，《中国土地法大纲》在1950年6月30日《中华人民共和国土地改革法》颁布之前，确实是中国共产党历年来最完备最系统的土地改革纲领，全面吸收了过去的经验。除去彻底平分土地和废除乡村中一切债务的规定侵犯了中农利益问题外，它的其他内容（包括依靠贫雇农的相关规定）基本适用于半老区和新区的土地改革。毛泽东认为：“只要是真正的群众运动，当我们纠正‘左’的错误，即纠正干部及群众对于中农、富农及中小地主的过火行动时，应当用极大的善意与热忱去说服他们，使他们在自觉与高兴的基础之上纠正他们的错误，想出补救的办法，绝对不可泼冷水，绝对不可使他们感觉受了挫折。”[②]

第四，由调查研究到明确“政策与策略，是我党我军的生命”[③]。在全面贯彻杨家沟会议精神的过程中，毛泽东不仅系统地采纳和发挥了任弼时、习仲勋等同志关于土改问题的见解和主张，而且从“中国新民主主义的革命要胜利，没有一个包括全民族绝大多数人口的最广泛的统一战线，是不可能的”[④]这样一个战略出发，将这些具体的调查研究的成果转化为政策和策略，进而升华到理论指导的高度。

1948年2月27日，毛泽东就工商业政策问题为中共中央起草党内指示，从理论与实践结合的角度指出：“政策是革命政党一切实际行动的出发点，并且表现于行动的过程和归宿。一个革命政党的任何行动都是实行政策。不是实行正确的政策，就是实行错误的政策；不是自觉

---

① 《建党以来重要文献选编（1921—1949）》第25册，中央文献出版社2011年版，第61页。

② 《建党以来重要文献选编（1921—1949）》第23册，中央文献出版社2011年版，第201页。

③ 《毛泽东文集》第5卷，人民出版社1996年版，第83页。

④ 《毛泽东文集》第5卷，人民出版社1996年版，第19页。

地，就是盲目地实行某种政策。所谓经验，就是实行政策的过程和归宿。政策必须在人民实践中，也就是经验中，才能证明其正确与否，才能确定其正确和错误的程度。但是，人们的实践，特别是革命政党和革命群众的实践，没有不同这种或那种政策相联系的。因此，在每一行动之前，必须向党员和群众讲明我们按情况规定的政策。否则，党员和群众就会脱离我们政策的领导而盲目行动，执行错误的政策。”[①]3月20日，毛泽东在转发西北野战军一则指示的批语中，正式提出“政策和策略是我党我军的生命”[②]这一至理名言。

这个时期，毛泽东还先后起草并发表《在不同地区实施土地法的不同策略》《纠正土地改革宣传中的“左”倾错误》《新解放区土地改革要点》《在晋绥干部会议上的讲话》《新解放区农村工作的策略问题》《一九四八年的土地改革工作和整党工作》等文件及讲话。

毛泽东把建立全民族最大多数人参加的反帝反封建爱国统一战线的战略思想，具体运用于指导土地改革的工作实践。比如，他提出：新解放区的农村“应当充分利用抗日时期的经验，实行减租减息和酌量调剂种子食粮的社会政策和合理负担的财政政策，以便联合或中立一切可能联合或中立的社会力量，帮助人民解放军消灭一切国民党武装力量和打击政治上最反动的恶霸分子”。他强调，“在这类地区，既不要分土地，也不要分浮财，因为这些都是在新区和接敌区的条件之下，不利于联合或中立一切可能联合或中立的社会力量、完成消灭国民党反动力量这一基本任务的”[③]。

毛泽东着重从改正工作方法方面着手纠正土改过程中出现的错误。3月12日，毛泽东为推介《山西崞县是怎样进行土地改革的》的经验，

① 《毛泽东选集》第4卷，人民出版社1991年版，第1286页。
② 《毛泽东文集》第5卷，人民出版社1996年版，第83页。
③ 《毛泽东选集》第4卷，人民出版社1991年版，第1330页。

撰写按语指出："现在是成千万的人民群众依照党所指出的方向向着封建的买办的反动制度展开进攻的时候，领导者的责任，就是不但指出斗争的方向，规定斗争的任务，而且必须总结具体的经验，向群众迅速传播这些经验，使正确的获得推广，错误的不致重犯。"[①]4 月 1 日，他进一步指出："按照实际情况决定工作方针，这是一切共产党员所必须牢牢记住的最基本的工作方法。我们所犯的错误，研究其发生的原因，都是由于我们离开了当时当地的实际情况，主观地决定自己的工作方针。这一点，应当引为全体同志的教训。"[②]翌年 3 月 13 日，毛泽东在《党委会的工作方法》中谈到领导干部必须胸中有"数"时，再次以土改政策举例。他说："对于何谓富农，何谓富裕中农，有多少剥削收入才算富农，否则就算富裕中农，这也必须找出一个数量的界限。"他强调："任何质量都表现为一定的数量，没有数量也就没有质量。我们有许多同志至今不懂得注意事物的数量方面，不懂得注意基本的统计、主要的百分比，不懂得注意决定事物质量的数量界限，一切都是胸中无'数'，结果就不能不犯错误。"[③]

他把这一纠偏过程视为对全党干部的一次系统的政策学习教育而给予高度评价。他指出："全党大多数干部，在过去几年，特别是在一九四八年，有系统地学会了在农村工作中，在城市工作中和在军事工作中的各项具体的政策和策略，有系统地纠正了右的和'左'的偏向。许多同志在过去长时期内没有学会的东西，一个年头内都学会了。这样，就使党的总路线在全党内能够贯彻执行。这是一个最伟大和最根本的胜利。这是我党政治成熟程度的极大的增长。这样一件事就指明：我

① 《毛泽东文集》第 5 卷，人民出版社 1996 年版，第 80 页。
② 《毛泽东选集》第 4 卷，人民出版社 1991 年版，第 1308 页。
③ 《毛泽东选集》第 4 卷，人民出版社 1991 年版，第 1443、1442 页。

党在不要很久的时期内是能够有把握地取得全国政权的。”①

通过调查研究，抓事物的主要矛盾和矛盾的主要方面，是毛泽东哲学思想和工作方法的精髓所在。在解放战争的历史条件下，他和他的战友们运用调查研究的武器，聚焦土改政策进行深入系统的调研，有力地推动了土改运动健康有序地全面开展，使亿万农民终于实现了“耕者有其田”的千年梦想，书写了中国共产党人调查研究理论与实践的新篇章。

在中国共产党人民主革命时期的斗争实践中，大规模地组织调查研究有3次，其中中央苏区时期的调查研究和延安整风时期的调查研究，已经广受学术界关注和研究。但是，对围绕全国土改开展的这次调查研究，似乎没有更多的瞩目。事实上，这是一次持续一年多时间、涉及各级党员干部、面向全国、以夺取全国革命胜利为直接目的的，全面系统深入的调查研究。这期间，毛泽东和他的战友们不仅亲自投身其中，而且带动全党参与；不仅用调查研究得出了结论，纠正错误的政策和防范制止错误的倾向，而且用于制定切实可行的政策，确立具体实施的策略与步骤；不仅结合斗争实际对全党上下施以感悟至深的政策策略教育，为夺取全国政权做了充分的干部准备，而且大大丰富了中国共产党人给予调查研究的理论思想，并且以此为切入点有力推动了创建新中国的其他各项理论政策的探讨，从而加速了人民解放战争的胜利进程。这其中的经验和智慧，值得后人深思和总结。

① 《毛泽东文集》第5卷，人民出版社1996年版，第231—232页。

第七章

调查研究探索中国式社会主义建设道路

从青年时期就坚信“中华民族的社会，将较任何民族为光明”的毛泽东，毕生致力于中华民族的独立、解放和复兴。沿着社会主义道路实现民族复兴，不仅是中国历史发展的必然趋势，而且是毛泽东矢志以求的奋斗目标。

新中国成立后，毛泽东和他的战友们从中国的实际出发，通过民主建政，奠定了工人阶级领导的以工农联盟为基础的人民民主专政的国体，确立了以民主集中制为灵魂的根本政治制度——人民代表大会制度为政体，以及中国共产党领导的多党合作和政治协商制度、民族区域自治制度，制定了第一部“社会主义性质的”宪法；开创了一条具有中国特色的社会主义改造的道路，确立起以生产资料公有制为主体的社会主义制度，成功实现了中国历史上最深刻最伟大的社会变革。

社会主义制度在中国确立伊始，毛泽东便率先开始探寻与苏联不完全相同的适合中国实际的社会主义建设道路，并提出要把马克思主义与中国社会主义建设相结合，即“第二次结合”的历史性课题；他最早明确以经济建设为中心的思想；他第一个认识到可以把社会主义社会分为不发达和比较发达两个阶段；他提出并阐明以工业为主导、农业为基础这样一条有别于苏东国家的，实际是工农业并举的工业化道路；他在马克思主义发展史上第一次系统地阐述了关于社会主义社会基本矛盾的理论，特别是创立了关于严格区分和正确处理两类不同性质矛盾的学说，并把正确处理人民内部矛盾问题作为我国政治生活的主题；他提出要对高度中央集权的计划管理体制进行改革，要调动中央和地方两个积极性；要兼顾生产和生活，兼顾国家、集体和生产者个人三方面的积极性，提出“统筹兼顾、各得其所”的方针，以调动各方面的积极性；他系统地论述了“自力更生为主，争取外援为辅”的方针；他提出“百花齐放、百家争鸣”和“洋为中用、古为今用”的方针，为发展社会主义科学文化艺术事业指明了正确的方向；等等。他的这些思想，都是沿着社会主义方向推动中华民族伟大复兴的重要理论指导，也是新时期中国共产党继往开来全面开创中国特色社会主义的重要理论准备。

一、中国特色的社会主义改造之路

（一）过渡时期总路线的提出

中国革命分两步走，是党的二大通过的最高纲领和最低纲领即已提出的问题。毛泽东在抗日战争时期则从理论上详细地论述了其基本内容。毛泽东认为，新民主主义社会不是一个稳定的社会形态，过渡性是其重要特征之一。从某种意义上讲，创建新民主主义社会的过程，就是为社会主义社会的诞生作准备的过程。1949 年新中国的诞生，标志着新民主主义革命的胜利，同时也意味着社会主义革命开始列入议事日程。但是，社会主义革命的实际步骤究竟应从什么时候开始，用什么方式进行，当时并不明朗，这主要是根据国内经济政治形势的发展情况，逐步明确起来的。对此，毛泽东在思想上也有一个发展变化的过程。

新中国成立前夕，在中共七届二中全会的报告中，毛泽东根据中国生产力发展水平低下和民族资产阶级具有两面性等特点指出：在全国革命胜利以后的一定时期内，“还需要尽可能地利用城乡私人资本主义的积极性，以利于国内经济的向前发展”。“但是中国资本主义的存在和发展，不是如同资本主义国家那样不受限制任其泛滥的。”① 一方面容许有利于国计民生的资本主义工商业存在和发展，另一方面对它采取恰如其

① 《毛泽东选集》第 4 卷，人民出版社 1991 年版，第 1431 页。

分的限制政策。这就是毛泽东那时对资本主义经济的基本方针。当时只提利用和限制，还没有提改造。

基于这种认识，新中国成立前夕在协商制定《共同纲领》时，并未把中国社会的发展必须导向社会主义这个前途明确地规定出来，而是着重通过这个纲领中有关新民主主义经济的各项规定，在实际上保证国家和社会向着社会主义前途发展。

新中国诞生后，毛泽东和中央人民政府并没有马上进行社会主义革命，而是一方面继续致力于全面完成新民主主义革命的遗留任务，另一方面逐步把新民主主义的社会制度推向全国。1950 年 4 月，当有人提出把民族资产阶级当作主要的斗争对象，对私营工商业实行排挤等观点时，毛泽东对之进行了批评。他重申中国共产党对民族资产阶级采取又团结又斗争的策略，以达到团结他们共同发展国民经济的目的。在 1950 年 6 月召开的全国政协一届二次会议上，毛泽东还认为，实行私营工业国有化和农业社会化，即在全国范围内实行社会主义改造，是要在“很远的将来”。与此同时，在这个过程中继续为向社会主义制度的过渡准备着条件。这主要表现在：

其一，通过没收官僚资本和清理帝国主义在华资产，为社会主义性质的国有经济打下了坚实的基础，使国有经济在工商行业中居于主体地位。在新中国成立之初，国有经济已经拥有全国电力产量的 58%、原煤产量的 68%、生铁产量的 92%、钢产量的 97%、水泥产量的 68%、棉纱产量的 53%。

其二，医治了战争创伤，使长期在帝国主义、封建主义、官僚资本主义统治下受到严重摧残的国民经济得到迅速恢复，并在工业化的道路上大大地迈进了一步。1952 年全国工业和手工业总产值不仅较 1949 年增长近一倍半，而且超过战前最高水平 1936 年的 22.3%。农业总产值较 1949 年增加了 48.8%，比战前最高年份 1936 年增长 18.5%。在此期间，国民经济结构也发生了变化，现代工业在工农业总产值中的比重已由1949年的17%增长至26.7%。

其三，生产关系发生了巨大变化。一是社会主义国营经济在国民经济中的领导地位进一步得到加强，国营工业资产总值由1949年的68.9亿元增加至108.4亿元。国营商业销售额比1950年增加了3倍。其中在商品批发总额中的比重由23.2%增加为60.5%。二是彻底废除了延续2000多年的封建土地所有制，使几亿农民真正实现了“耕者有其田”。三是在党的利用和限制政策下，经过工商业调整与民主改革，特别是经过“三反”“五反”运动，资本主义经济结构与经营管理都发生了重要变化。具体表现在：有利于国计民生的资本主义工商业都得到恢复和发展；反之，则受到限制而趋于衰退或被淘汰。

这样，原来具有半殖民地半封建特性的资本主义工商业，已经初步成为人民民主专政国家管理下的、社会主义性质的国营经济领导的、工人群众监督的资本主义工商业了。再加上无产阶级领导的、以工农联盟为基础的人民民主专政的国家政权，对向社会主义过渡发挥了强大推动力和基本的政治保证作用，以及以马克思列宁主义为指导思想的意识形态和全国上下对社会主义的向往与憧憬等因素的促进作用。于是，毛泽东逐步改变了关于向社会主义过渡问题的看法，即不再是到“很远的将来”实行社会主义，而是从现在起就开始向社会主义过渡。

1952年9月，毛泽东在中共中央书记处会议上提出，我们要在“十年到十五年基本上完成社会主义，不是十年以后才过渡到社会主义”。1953年2月，他又提出：“在十年到十五年或者还多一些的时间内，基本上完成国家工业化及对农业、手工业、资本主义工商业的社会主义改造。”6月15日，毛泽东在中共中央政治局会议上第一次对党在过渡时期的总路线和总任务的内容作了比较完整的表述，他说：“党在过渡时期的总路线和总任务，是要在十年到十五年或者更多一些时间内，基本上完成国家工业化和对农业、手工业、资本主义工商业的社会主义改造。这条总路线是照耀我们各项工作的灯塔。不要脱离这条总路线，脱离了就要发生‘左’倾或右倾的错误。”[①]随后，毛泽东又进一步指出，中华人民共和国的成立，就标志着社会主义革命阶段的开始，“从中华人民共和国的成立，到社会主义改造基本完成，这是一个过渡时期”。1953 年 9 月发布的庆祝国庆四周年纪念口号，正式向全党和全国人民公布了党在过渡时期的总路线。12 月，党中央批准了中央宣传部制发的《为动员一切力量把我国建设成为一个伟大的社会主义国家而斗争——关于党在过渡时期总路线的学习和宣传提纲》。毛泽东在修改这个提纲时，对总路线作了更为完整的表述，对于为什么以中华人民共和国成立作为从新民主主义到社会主义过渡时期的开始，他还作了这样的说明："我们说标志着革命性质的转变、标志着新民主主义革命阶段的基本结束和社会主义革命阶段的开始的东西是政权的转变，是国民党反革命政权的灭亡和中华人民共和国的成立，并不是说社会主义改造这样一个伟大的任务，在人民共和国成立以后就可以立即在全国一切方面着手施行了。不是的，那时，我们还须在广大的农村中解决封建主义与民主主义即地主与农民之间的矛盾。那时在农村中的主要矛盾是封建主义与民主主义之间的矛盾，而不是资本主义与社会主义之间的矛盾，因此需要有两年至三年时间在农村实行土地改革。那时我们一方面在农村实行民主主义的土地改革，一方面在城市立即着手接收官僚资本主义企业使之变为社会主义的企业，建立社会主义的国家银行，同时在全国范围内着手建立社会主义的国营商业和合作社商业，并已在过去几年中对私人资本主义企业开始实行了国家资本主义的措施。所有这些显示着我国过渡时期头几年中的错综复杂的形象。”[②]

① 《中国共产党历史大事记(1919 年 5 月—1990 年 12 月)》，人民出版社 1991 年版，第 203 页。

② 《建国以来重要文献选编》第 4 册，中央文献出版社 1993 年版，第 694—695 页。

（二）制定社会主义性质的宪法

毛泽东推行过渡时期总路线，在政治方面的重要举措，就是建立人民代表大会制度和制定宪法。1953 年 1 月 13 日，中央人民政府委员会举行第二十次会议，讨论关于召开全国人民代表大会问题。毛泽东说，就全国范围来讲，召开全国人民代表大会及地方各级人民代表大会的条件已经成熟了；人民代表大会制的政府，仍将是全国各民族、各民族阶级、各民主党派和各人民团体统一战线的政府。会议对召开普选的地方各级人民代表大会，并在此基础上召开全国人民代表大会，制定宪法，批准国家五年建设计划纲要和选举新的中央人民政府等各项工作内容作了深入的研究。会议决定分别成立以毛泽东为主席，朱德、宋庆龄等 32 人为委员的中华人民共和国宪法起草委员会；以周恩来为主席，安子文、李维汉等 23 人组成的中华人民共和国选举法起草委员会，领导进行宪法和选举法的起草工作。根据 1953 年 2 月通过的选举法，全国各地经过一年多的紧张工作，在 21 万余个基层选举单位，3.23 亿登记选民中进行了基层选举，共选出基层人民代表大会的代表 566 万余名。接着，县、市、省相继召开人民代表大会，选举产生了 1226 名出席全国人民代表大会的代表。

1954 年 9 月 15 日，第一届全国人民代表大会在北京隆重开幕。毛泽东致开幕词，他说：“这次会议是标志着我国人民从 1949 年以来的新胜利和新发展的里程碑。我们的总任务是：团结全国人民，争取一切国际朋友的支援，为了建设一个伟大的社会主义国家而奋斗，为了保卫国际和平和发展人类进步事业而奋斗。”他强调：“领导我们事业的核心力量是中国共产党。指导我们思想的理论基础是马克思列宁主义。”他号召全国人民，应当努力工作，准备在几个五年计划之内，将我们现在这样一个经济上文化上落后的国家，建设成为一个工业化的具有高度文化程度的伟大的国家。毛泽东在开幕词结束时豪迈地指出：“我们正在做我们的前人从来没有做过的极其光荣伟大的事业。我们的目的一定要达到。我们的目的一定能够达到。”①

一届人大一次会议通过的《中华人民共和国宪法》，是在毛泽东亲自主持下起草的。1953 年 12 月 24 日，毛泽东率宪法起草小组成员离京赴杭，在西湖边度过 77 个日夜，起草完成新中国第一部宪法草案初稿。其间，毛泽东调阅了旧中国的临时约法、“天坛宪草”、“五五宪草”和 1948 年蒋介石召集其所谓“行宪国大”通过的“伪宪法”，以及苏联和东欧人民民主阵营各国的宪法，进行了认真的比较研究，五易其稿，然后交宪法起草委员会，又先后 7 次举行会议，对宪法草案初稿进行研究讨论；同时，北京和全国各大城市组织各方面代表人物 8000 多人，用两个月的时间讨论宪法初稿，共提出 5900 余条修改意见，给予起草工作重大帮助。此后，全国有 1.5 亿多人参加讨论，对宪法草案表示热烈拥护，同时提出很多修改和补充的意见。提交大会的宪法草案，就是在广大人民群众深入讨论的基础上形成的。

1954 年 6 月 14 日，中央人民政府委员会举行会议通过了宪法草案，并决议交全国人民代表大会讨论。这部宪法起草、讨论、反复征求意见和多次论证、修改的过程，实际是一次由点到面、由民主到集中的深入调研，是关于共和国法制建设的一次全面深入的集思广益，奠定了社会主义中国法律体系的基础。

毛泽东在宪法草案通过后作了重要讲话。他说，这个宪法草案，是一部比较好的、比较完全的宪法草案。说它好，主要有两条：一条是总结了历史经验；一条是结合了原则性和灵活性。原则基本上是两个：民主原则和社会主义原则。他指出：“一个团体要有一个章程，一个国家也要有一个章程，宪法就是一个总章程，是根本大法。用宪法这样一个根本大法的形式，把人民民主和社会主义原则固定下来，使全国人民有一条清楚的轨

① 《毛泽东年谱（1949—1976）》第 2 卷，中央文献出版社 2013 年版，第 283—284 页。

道，使全国人民感到有一条明确的和正确的道路可走，就可以提高全国人民的积极性。”①

宪法规定：“中华人民共和国是工人阶级领导的、以工农联盟为基础的人民民主国家。”“中华人民共和国的一切权力属于人民。人民行使权力的机关是全国人民代表大会和地方各级人民代表大会。”“全国人民代表大会、地方各级人民代表大会和其他国家机关，一律实行民主集中制。”这种区别于西方国家“三权分立”的人民代表大会制度，既有利于人民切实行使自己的权利，又便于人民经常参加国家的管理，从而有助于充分发挥人民群众参与管理国家政治事务和社会经济文化事务的积极性和创造性。宪法明确宣告：“中华人民共和国公民在法律上一律平等。”并对公民享有的权利和应尽的义务作了相应的规定。宪法规定：设立国家主席。中华人民共和国主席由全国人民代表大会选举。国家主席统率全国武装力量，担任国防委员会主席；同时担任最高国务会议主席。在起草宪法关于国家主席的权力的条文时，毛泽东特别强调：我们的主席不能像资本主义国家的总统可以解散国会那样解散全国人民代表大会。相反地，全国人民代表大会可以罢免主席。

《中华人民共和国宪法》，既是100多年来中国人民的英勇斗争，又是中国共产党领导的新民主主义革命的历史经验的总结，也是中华人民共和国成立以来新的历史经验的总结。宪法用法律的形式把中国共产党提出的过渡时期总路线，作为全国人民在过渡时期的总任务确定下来。宪法明确规定：“中华人民共和国依靠国家机关和社会力量，通过社会主义工业化和社会主义改造，保证逐步消灭剥削制度，建立社会主义社会。”

（三）三大改造的重中之重

在领导贯彻实行过渡时期总路线的过程中，毛泽东和中央人民政

① 《毛泽东年谱（1949—1976）》第2卷，中央文献出版社2013年版，第251页。

府从1953年年初开始实施旨在逐步达到国家工业化目标的发展国民经济的第一个五年计划，同时开始进行三大改造。对于这两方面的工作，毛泽东都很重视，但是他的精力更多的是放在社会主义改造方面。这种情况同他的这个观点是有联系的，即：“党在过渡时期的总路线的实质，就是使生产资料的社会主义所有制成为我们国家和社会的唯一的经济基础。”[①]这其中的重中之重是对资本主义工商业的社会主义改造。

对资本主义工商业的社会主义改造，从接收大城市之日起就拉开序幕了，当时没收官僚资本企业，并将私营企业中的战犯、汉奸、官僚股收归国有，实行公私合营。

1951年12月1日，中共中央作出《关于实行精兵简政、增产节约、反对贪污、反对浪费和反对官僚主义的决定》，在开展“三反”斗争中，揭发出许多资产阶级不法分子同党和国家机关中的贪污分子狼狈勾结，共同盗窃国家财产的严重违法行为，引起中央的重视。毛泽东指出：这件事不仅要在机关检查，而且应在商人中进行工作。过去土地改革中，我们是保护工商业的，现在应该有所区别，对于不法商人要斗争。

1952年1月5日，毛泽东在北京市委《关于三反运动开展情况和继续开展这一运动的意见的报告》上作了批示。同日，中共中央根据毛泽东的批示发出《关于在“三反”斗争中惩办犯法的私人工商业者和坚决击退资产阶级猖狂进攻的指示》。中央指出：一定要使一切与公家发生关系而有贪污、行贿、偷税、盗窃等犯法行为的私人工商业者，坦白或检举其一切犯法行为，……借此给资产阶级三年以来在此问题上对于我党的猖狂进攻（这种进攻比战争还要危险和严重）以一个坚决的反攻，给以沉重的打击，争取在两个月至三个月内基本上完成此项任务。1月26日，毛泽东为中共中央起草《关于在城市中限期展开大规模的坚决彻底的“五反”斗争的指示》，决定从1952年2月上旬起在全国大中城市

① 《毛泽东文集》第6卷，人民出版社1999年版，第316页。

开始“五反”运动，并规定了“五反”运动的范围、斗争的方针和任务。

“五反”运动中，查出不少资本家都不同程度地存在着“五毒”行为。许多党员、干部基于义愤主张一举消灭私营经济，而工商界人士情绪低落。毛泽东注意到这一情况，及时提出处理工商户的五条基本原则，即：“过去从宽，今后从严；多数从宽，少数从严；坦白从宽，抗拒从严；工业从宽，商业从严；普通商业从宽，投机商业从严。”为了调动工商界人士的积极性，鼓舞他们振作起来搞好生产，在“五反”运动的末期，毛泽东劝民主建国会负责人黄炎培出面发表一次讲话。他还亲自对黄炎培的讲稿作了一些修改，把讲稿中的“资本家应充分接受工人阶级思想”改为“资本家应充分接受工人阶级和国营经济的领导”；把讲稿中的用“工人阶级思想”教育改造资本家，改为用“爱国主义的思想，共同纲领的思想”教育改造资本家；把帮助资本家“改造思想”，改为帮助资本家“改造那些坏思想，那些不合乎爱国主义和共同纲领的思想，即所谓‘五毒’思想”。在讲稿中“资产阶级分子有坏的，也有好的”一句之后，毛泽东加写了“就资产阶级的大多数人来说，一个人的思想中有坏的方面，也有好的方面。我们应该帮助他们去掉坏的方面，发展好的方面”。在讲稿的最后一段，毛泽东又加写了一段话：“我们在现阶段对于资产阶级的多数人的要求是如此。但在中国的条件下，资产阶级中的少数人，那些有远见的人们，可能超过上述要求，而接受工人阶级的基本思想，即社会主义思想，而对社会主义事业发生兴趣。他们一面开工厂，并不要求马上变更自己的成分和事业；一面看到社会主义事业对于人类的伟大贡献，想在将来做一个社会主义者，这种人是可能有的，我们应该表示欢迎。”①经毛泽东修改的这篇讲稿发表后，在全国收到很好的效果，工商界人士大受鼓舞。经过“五反”运动，进一步规范了生产经营秩序，1953 年私营工商业生产有了较大的发展。

① 《建国以来重要文献选编》第 3 册，中央文献出版社 1992 年版，第 336 页。

在国民经济恢复时期，国家通过加工、订货、统购包销、经销代销等初级形式，开始把资本主义工商业纳入国家资本主义的轨道。党的过渡时期总路线提出以后，国家对资本主义工商业的改造工作就全面地有计划地展开了。

1953年4月，中共中央统战部部长李维汉率领调查组，通过对上海、武汉等几个城市资本主义公私关系的调查，向中央作了《关于利用、限制、改造资本主义工商业的若干问题的报告》，认为公私合营是改造资本主义工商业的最适当的方式，并提出进一步做好利用、限制、改造资本主义工商业工作的具体方针政策。毛泽东十分重视这个报告的意见。中央政治局批准了这个报告，并进一步指出，党对资本主义工商业的方针是“利用、限制、改造”，对资本主义工商业者的方针是“团结、教育、改造”。

在全国财经工作会议期间，毛泽东召开关于国家资本主义问题的座谈会。他指出，国家资本主义对我们已不是理论问题，而是一个实际问题。要求中央财经各部门、各中央局、分局、省市委都要讨论这个问题。他又指出，资产阶级不走国家资本主义，没有路走，大势所趋，非走这条路不可，我们不走国家资本主义，也没有别的路，因为我们根本不能没收他们的财产，而且需要它。他认为，实行国家资本主义的条件已经成熟了，资产阶级已经完全孤立起来了。他还具体指出，实行改造要分两步走，第一步变私营企业为国家资本主义，第二步由国家资本主义变成社会主义。1953年7月9日，毛泽东在全国财经工作会议一个文件上的批语中更明确地指出：“中国现在的资本主义经济其绝大部分是在人民政府管理之下的，用各种形式和国营社会主义经济联系着的，并受工人监督的资本主义经济。这种资本主义经济已经不是普通的资本主义经济，而是一种特殊的资本主义经济，即新式的国家资本主义经济。它主要地不是为了资本家的利润而存在，而是为了供应人民和国家的需要而存在。”“这种新式国家资本主义经济是带有很大的社会主义性质的，是对工人和国家有利的。"[①]毛泽东的指示，通过全国财经会议的讨论，使全党进一步明确了国家资本主义是对资本主义工商业进行改造的最适当的形式。

1953 年 9 月 7 日，毛泽东在同民主党派和工商界部分代表进行座谈时进一步指出："经过国家资本主义完成对私营工商业的社会主义改造，是较健全的方针和办法"，"国家资本主义是改造资本主义工商业和逐步完成社会主义过渡的必经之路"[②]。毛泽东还具体说明了这项改造的一系列政策：在形式上，采取公私合营、加工订货和收购等形式。在利润分配上，实行"四马分肥"的政策，即所得税占 34.5%，福利费占 15%，公积金占 30%，资方红利占 20.5%。在时间上，用 3 年到 5 年的时间，将全国私营工商业基本上引上国家资本主义轨道，要"稳步前进，不能太急"。[③]在工作方法上，通过他们去说服大部分资本家自愿地接受改造，不能像对待地主那样，实行强迫。毛泽东的这次谈话大大地推动了私营工商业者走社会主义改造道路的积极性。谈话后第二天，政协全国委员会召开常务委员会扩大会议，根据毛泽东的指示，肯定了通过各种形式的国家资本主义来改造私营工商业的方针和办法。9 月 23 日，中华全国工商联合会召开会员代表大会，进一步学习和讨论党对资本主义工商业社会主义改造的方针、政策，解除了工商界人士的顾虑，从而促进了对工商业的社会主义改造。

1955 年 10 月 4 日至 11 日，中共七届六中全会在北京举行，会议重要议题之一是讨论农业合作化问题。就在这次全会的结论中，毛泽东表达了他关于加快资本主义工商业改造步伐的设想。他说：围绕农业合作化发展速度问题的大辩论，牵涉的面很广，牵涉到手工业和资本主义工商业的改造，牵涉到党政军各方面的工作。在阐明农业合作化同资本主

① 《毛泽东年谱（1949—1976）》第 2 卷，中央文献出版社 2013 年版，第 130 页。
② 《毛泽东年谱（1949—1976）》第 2 卷，中央文献出版社 2013 年版，第 159—160 页。
③ 《毛泽东年谱（1949—1976）》第 2 卷，中央文献出版社 2013 年版，第 160 页。

义工商业改造的关系的问题时，他说：我在三中全会（即中共七届三中全会）说过，不要四面出击，因为那时全国大片地方没有实行土改，农民还没有完全站到我们这边来。土地改革，使我们在民主主义基础上同农民结成了联盟，使资产阶级第一次感到了孤立。现在的农业合作化使我们在无产阶级社会主义的基础上，而不是在资产阶级民主主义的基础上，巩固了同农民的联盟。这就会使资产阶级最后地孤立起来，便于最后的消灭资本主义。

中共七届六中全会一结束，毛泽东立即部署加快对资本主义工商业的社会主义改造。1955 年 10 月 29 日，毛泽东邀请工商联第一届全国执委会的全体委员召开座谈会，并发表谈话指出，资本主义工商业的改造即将走向一个新阶段，工商业者应该认清社会发展的规律，只要接受社会主义改造，走社会主义道路，就有前途。只有把自己的前途和国家的前途结合起来，才可以掌握自己的命运。毛泽东还指出：党和国家将对接受改造的工商界人士给以政治上和工作上的适当安排，继续贯彻“赎买”政策，鼓励他们把自己从剥削者改造成为自食其力的劳动者。凡是现在对工商业的改造有贡献的，社会和国家都不会忘记他们的贡献。

11 月 1 日至 21 日，全国工商联第一届执行委员会召开第二次会议。会议期间，传达和讨论了毛泽东在座谈会上的讲话。与会者在讨论中，纷纷表示一定要掌握好自己的命运，把个人的前途与国家的前途结合起来。他们分析对比了解放前和解放后资本主义不同的发展道路，认识到只有接受社会主义改造才是唯一光明的道路。会议通过《向毛主席致敬电》和《告全国工商界书》，号召每一个工商业者在党的领导下，积极接受社会主义改造。会议还指出，国家对于资本主义工商业者不是采取突然剥夺的办法，而是采取逐步和平转变的办法，经过国家资本主义的过渡的步骤，有秩序地进入社会主义，这是资本主义工商业者历史发展的必由之路。

11 月 16 日至 24 日，中共中央政治局召集各省、市、自治区党委和市委的代表，举行关于改造资本主义工商业问题的会议，讨论毛泽东主持起草的《关于资本主义工商业改造问题的决议（草案）》。毛泽东在最后一天参加会议并讲话。他说，帝国主义眼前还不敢发动战争，我们要趁着这个机会，加快社会主义改造，加快我国的发展。在批评那种认为民族资产阶级不能接受社会主义这一错误思想时，他说："现在，它是一只半脚踏进社会主义，人家快要变工人阶级了，已经是半社会主义者了"，"它只有四分之一没有进来了"[①]。会议充分分析了当时的形势，提出实行全行业公私合营的规划，通过了《关于资本主义工商业改造问题的决议（草案）》。决议提出："我们现在已经有了充分有利的条件和完全的必要把对资本主义工商业的改造工作推进到一个新的阶段，即从原来在私营企业中所实行的由国家加工订货、为国家经销代销和个别地实行公私合营的阶段，推进到在一切重要的行业中分别在各地区实行全部或大部公私合营的阶段，从原来主要的是国家资本主义的初级形式推进到主要的是国家资本主义的高级形式。"[②]

各级党委和政府，按照中共中央和毛泽东的部署，进行了紧张的准备工作，制定了改造资本主义工商业的全面规划。这样，继农业合作化高潮的兴起，一个以全行业公私合营为中心的资本主义工商业社会主义改造高潮，在全国各地开展起来了。

1956 年 1 月 1 日，首都北京的私营工商业者首先提出全行业公私合营的申请。这种申请已经不是一户一户进行，而是一个行业一个行业进行的。1 月 10 日，北京市召开公私合营大会，宣布全市 35 个私营工业行业的 3990 家工厂和 42 个私营商业行业的 13973 家商店，共 17963 户全部批准实行公私合营。1 月 15 日，首都各界 20 万人举行庆祝社会主义改造胜利大会。毛泽东等出席大会。彭真市长宣布："我们首都已进

① 《毛泽东年谱（1949—1976）》第 2 卷，中央文献出版社 2013 年版，第 471—472 页。
② 《建国以来重要文献选编》第 8 册，中央文献出版社 1994 年版，第 149 页。

入社会主义社会。”

在北京私营工商业改造首先实现公私合营的影响下，全行业公私合营的高潮迅速推广到全国。到 1956 年 1 月底，私营工商业集中的上海、天津、广州、武汉、西安、重庆、沈阳等大城市，以及 50 多个中等城市，相继实现了全行业公私合营。随后，全行业公私合营的浪潮席卷全国各城市，到 1956 年第一季度末，除西藏等少数民族地区外，全国各地基本上实现全行业公私合营，标志着全国对资本主义工商业的社会主义改造基本完成。

全行业公私合营后，为了巩固这一伟大的成果，还有大量政策性很强的工作要紧跟着进行，这主要是国家对资本家在经济和政治上进行定股、定息和人事安排等。国家对私营企业的资产和负债，根据“公平合理，实事求是”原则，进行清理和估价，核定私股股额。截至 1956 年年底，全国公私合营的私股共有 24 亿元，其中工业 17 亿元，商业、饮食业和服务业 6 亿元，交通运输业 1 亿元。国家根据核定的私股股额，发给私股股东以固定息率（年息 5%）的定息。

当时资本家心存顾虑，不知定息能拿几年。为此，1956 年 12 月 5 日、7 日和 8 日，毛泽东 3 次邀请全国工商联代表人士座谈，他说：定息到底多少时间，中共中央谈过，认为时间太短不好，赎买就要真正赎买，不是欺骗的，发不了多少钱。有人问究竟还有多少年？大家很关心。我们以 7 年为期——今年、明年、第二个五年计划共计 7 年。毛泽东又说：还可以拖一个尾巴（7 年过后，国务院又宣布，从 1963 年起，延长 3 年，到期再议。1966 年 9 月，停止了支付定息）。1956 年年底统计，领取定息的私股股东共有 114 万人，国家共为定息支付 1.2 亿元。“出这么一点钱，就买了这样一个阶级。”对原企业的资方在职人员和资方代理人，国家采取“包下来”的方针，进行全面的人事安排。在安排过程中，贯彻了“量才使用，适当照顾”的原则，结果安排直接参加生产经营的占 60% 到 65%，安排为企业管理人员的占 35% 到 40%，对部分资产阶级代表人物，还在国家机关、国营经济业务部门安排了行政职位。对于他们原有的高工薪，作为赎买的一部分，也都保留下来，不予变动。到 1956 年 7 月底，全国基本上妥善解决了公私合营高潮后所产生的政策调整和相关的遗留问题。这样，在 1956 年内，基本上实现了对农业、手工业和资本主义工商业的社会主义改造，在中国历史上建立了崭新的社会主义制度。

三大改造进行之顺利，特别是对私营工商业的社会主义改造完成之快，出乎毛泽东的意料。1955 年 10 月 29 日，毛泽东在私营工商业社会主义改造问题座谈会上，还针对工商界一些人士要立即全面实行公私合营的提法指出：那样搞太厉害了，要求太急了，要瓜熟蒂落，水到渠成，要有秩序有步骤地来，不要搞乱了。不承想两个多月后，私营工商业的社会主义改造就全面完成。对此，毛泽东感到由衷的高兴。

在中国这样一个大国里，率领人民通过非暴力的和平方式实行社会主义革命，顺利地建立起社会主义制度，这是毛泽东对科学社会主义的一个重大贡献，这是中国人民继夺取民主革命胜利之后获得的又一个划时代的胜利。毛泽东把列宁关于过渡时期的学说同中国的具体实际相结合，经过深入细致的调查研究和有计划有步骤的耐心摸索，提出一整套的理论和方法，对社会主义改造的每一个步骤都作了周密的安排，成功地提出和实践了有中国特色的社会主义改造之路。在他和中共中央的领导下，这场涉及几亿人的社会大变革，得以顺利完成。并且，在变革中不仅没有使社会生产力下降，相反还促进了整个国民经济的发展，使发展国民经济的第一个五年计划提前一年，在 1956 年同社会主义改造同时完成。到 1957 年，国内生产总值达到创纪录的 1388 亿元，其中工业为 784 亿元，农业为 604 亿元，工业产值首次超过农业。这不能不说是一个创举。尽管在三大改造的后期，毛泽东有急于求成的情绪，存在要求过急、工作过粗等问题，但是领导中国这样一个大国消灭了持续几千年的剥削制度，建立起社会主义公有制，毫无疑义，这是毛泽东对中国革命事业的又一个伟大贡献。

二、立足国情确立新中国工业化道路

把落后的农业国变为先进的工业国，是毛泽东在中共七大上就提出的奋斗目标，也是国家独立和富强的当然要求和必要条件，是几代中国人梦寐以求的愿望，是党带领全国人民实现国家富强、人民幸福的根本出路。毛泽东认识到，要想由落后的农业国变为富强的工业国，就需要实现国家的社会主义工业化。那么，新中国的工业化道路该怎么走？坚持什么方针？中国工业化应该规划什么样的工业结构和工业布局？这些都是毛泽东需要思考的问题。毛泽东通过全方位、多角度的调查研究，确定了优先发展重工业的战略方针，并在发展过程中对部分措施及时进行调整，为新中国的工业化指明了正确方向，铺平了道路。

（一）确定优先发展重工业的战略方针

新中国成立之初，工业基础极其薄弱，几乎没有重工业，交通运输业极不发达，轻工业虽有一些，但开工还不足，而且缺乏新机器和技术改造。就连工业相对集中的东北地区，机器设备也已比较陈旧，技术和管理水平落后。对此，毛泽东于1950年春从苏联回国在东北考察时，曾经作过实地调研，印象比较深刻。关于重工业的落后情况，毛泽东后来曾有过一段形象的阐述：“现在我们能造什么？能造桌子椅子，能造茶碗茶壶，能种粮食，还能磨成面粉，还能造纸，但是，一辆汽车、一架飞机、一辆坦克、一辆拖拉机都不能造。”[①]如果重工业发展不起来，轻工业的技术改造、军事和国防力量的强大以及农业机械化都将是一句空话。从国际上看，西方帝国主义国家对新中国进行包围封锁，只有尽快

① 《毛泽东文集》第6卷，人民出版社1999年版，第329页。

建立重工业基础，增强综合国力，才能提高抵御外敌的能力。

从社会主义阵营来看，苏联经过两个五年计划基本实现了国家工业化，工业产值跃居欧洲第一、世界第二，仅次于美国。同时，苏联取得了建设国家工业化的丰富经验。对渴望早日实现工业化的社会主义中国来说，苏联的工业化道路和取得的经验无疑具有十分重要的参考价值。1949 年 12 月 6 日，毛泽东率团访问苏联，客观上为毛泽东实地考察苏联工农业生产提供了一次难得的机会。次年一二月间，在中苏谈判进入签订新约阶段后，一身轻松的毛泽东对苏联各地的工农业生产作了一系列考察。他先后参观了很多工厂和农场，主要有列宁格勒基洛夫工厂、莫斯科的汽车制造厂和飞机制造厂，以及位于克拉斯诺雅尔斯克的生产自动推进联合收割机的制造厂等。这次实地考察给毛泽东留下了深刻印象。他看到苏联在不长的时间内，从一个落后国家变为比较发达的社会主义国家，这对于同样是社会主义国家的新中国来说，无疑是一个巨大的鼓舞。为此，他在离开苏联回国的告别演说中深情地说，苏联的伟大成就和优良作风“证实了中国共产党人历来的信念，即：苏联经济文化及其他各项重要的建设经验，将成为新中国建设的榜样”[①]。这是新中国成立后，毛泽东公开向全世界发出的学习苏联的第一个信号。毛泽东所说的学习苏联，一方面是学习它的建设经验，更重要的是要学习苏联人民建设社会主义强国的坚定信心。从苏联回国后，毛泽东于 1950 年 3 月 3 日在中共中央东北局高级干部会议上的讲话进一步阐明了这一点：“我们参观了苏联一些地方，使我特别感兴趣的是他们的建设历史。他们现在的工厂有很大规模，我们看到这些工厂，好像小孩子看到了大人一样，因为我们的工业水平很低。但是，他们的历史鼓励了我们。”“第一个社会主义国家发展的历史，给我们提供了最好的经验，我们可以用他

① 《毛泽东年谱（1949—1976）》第 1 卷，中央文献出版社 2013 年版，第 95 页。

们的经验。”[1]在毛泽东心里，对新生的人民政权来说，苏联的成功经验，不仅代表了一种信心，更代表了一条通往工业化的正确道路。毛泽东借鉴苏联的最主要的经验，就是确定优先发展重工业的战略方针，这是毛泽东在对中国国情和国际形势深刻认识的基础上作出的慎重决定。优先发展重工业，就要用有限的资金和建设力量首先保证重工业和国防工业的基本建设。这是毛泽东设想的国家工业化的基本思路。

关于开展实现工业化的时间，1951 年 12 月 1 日，毛泽东在修改《中共中央关于实行精兵简政、增产节约、反对贪污、反对浪费和反对官僚主义的决定》时，增写和改写的内容中就明确提出：“一九五二年是我们三年准备工作的最后一年。从一九五三年起，我们就要进入大规模经济建设了，准备以二十年时间完成中国的工业化。”[2]

在建设工业化国家的过程中，毛泽东同苏联一样重视通过农业集体化为工业化提供粮食和资金支撑。但是，毛泽东并没有照搬苏联的资金积累模式，而是更加重视农民利益，采取提高农产品收购价格、稳定农村工业品销售价格的方式来缩小工农业“剪刀差”。中共中央于 1952 年 12 月 22 日发出的《关于编制一九五三年计划及长期计划纲要的指示》中明确要“集中力量保证重工业的建设”，但“决不能理解为可以忽视轻工业的发展、农业和地方工业的发展、贸易合作事业和运输事业的发展及文化教育卫生事业的发展，以至放松对这些事业的领导。如果那样，显然也是错误的”[3]。这是以毛泽东为代表的党中央广泛听取各方意见、兼顾轻工业和农业的鲜明特色。

在具体实施重工业优先战略的过程中，以梁漱溟为代表的一些民主人士片面地从个人利益和眼前利益出发看问题，认为优先发展重工业

---

① 《毛泽东年谱（1949—1976）》第 1 卷，中央文献出版社 2013 年版，第 98—99 页。

② 《毛泽东年谱（1949—1976）》第 1 卷，中央文献出版社 2013 年版，第 426 页。

③ 《建国以来重要文献选编》第 3 册，中央文献出版社 1992 年版，第 450 页。

加重了农民负担、压缩了轻工业生产，因而要求党和国家“施仁政”。毛泽东对此专门作出过解释：“‘施仁政’，我们是要施仁政的。所谓仁政有两种：一种是为人民的当前利益，另一种是为人民的长远利益，例如抗美援朝，建设重工业。前一种是小仁政，后一种是大仁政。两者必须兼顾，不兼顾是错误的。那末重点放在什么地方呢？重点应当放在大仁政上。现在，我们施仁政的重点应当放在建设重工业上。”[①]毛泽东的这段话说明了重工业和轻工业积累与消费、长远利益与眼前利益、整体利益与局部利益的关系问题。它们在根本上是一致的，但也存在一定的矛盾。使广大劳苦大众都能过上幸福美满的生活，一直是毛泽东矢志以求的奋斗目标。他在艰苦的革命战争年代，就一再强调“关心群众生活，注意工作方法”[②]。新中国成立后，在他的领导下，占人口 80%—90% 的工农群众，不仅在政治上翻身，而且在经济上也获得了自己的土地和工厂等其他生产资料，成为生产资料的主人，其生活水平的提高获得根本的保障。但是由于历史的积弊，虽然经济建设有了突飞猛进的发展，但生产力水平长期处于落后状态，积累和消费的矛盾一直是困扰毛泽东和他的战友们的难题。因此，他更注重提倡艰苦奋斗和勤俭办一切事业，认为应随着生产力的发展水平的提高而相应地满足人民群众不断增长的物质和文化需要。毛泽东认为，社会主义建设的根本目的，就是要不断满足人民日益增长的物质文化需要，要发展社会主义事业，必须积累建设资金，需要人民艰苦奋斗，勤俭建国。重点发展重工业，对于在一穷二白基础上建设新国家，对于奠定新中国工业化的基础和巩固国防，其意义极为重大。

---

① 《毛泽东年谱（1949—1976）》第 2 卷，中央文献出版社 2013 年版，第 163 页。
② 《毛泽东选集》第 1 卷，人民出版社 1991 年版，第 138 页。

（二）根据国内外形势的变化适时调整工业布局

以重工业为中心的工业化战略确定以后，如何安排工业布局，仍然是摆在毛泽东面前的重大问题。中国地域辽阔，各地经济发展水平不均衡，受历史因素制约，旧中国的工业约 70% 建在沿海，只有 30% 在内地。必须正确处理好沿海工业和内地工业之间的关系，否则中国工业化进程将会受到影响。关于这一点，毛泽东在调查研究基础上，坚持长远规划与近期目标相结合，在不同时期设计了侧重点不同的工业布局。

新中国成立初期，毛泽东在调查研究基础上，提出工业布局的长远目标和近期目标。为了使工业布局逐步平衡，新的工业应当大部分摆在内地，这是工业化道路的长远目标，但是当前应当重视并充分发展沿海工业。这一思想集中体现在他的《论十大关系》讲话中。1956 年 2 月 14 日到 4 月 24 日，毛泽东用一个半月的时间集中听取工业、农业、商业、财政等 34 个部门的工作汇报。这期间，他曾连续 6 天，每天下午用一两个小时或三四个小时参观机械工业展览。在讲解员讲解的基础上，毛泽东饶有兴致地找相关图书资料认真研读，对中国经济建设的情况和问题进行系统的调查研究。此后，中央政治局多次进行讨论，集体总结经验。在此基础上，4 月 25 日，毛泽东在中央政治局扩大会议上发表《论十大关系》的讲话，接着又在 5 月 2 日最高国务会议上作进一步的阐述。他在讲话中初步总结了中国社会主义建设的经验，提出探索适合中国国情的社会主义建设道路的任务。其中，新中国经济发展战略布局问题，仍是毛泽东和中共中央关注的重点问题之一。毛泽东的主要考虑是：

第一，沿海工业占全国工业的大部分，应当充分利用。他从历史上形成的工业状况出发，指出："轻工业百分之七十在沿海，不积极利用还靠什么来提高生产？""许多新产品都是在沿海工厂生产，可见沿海工业作用很大，应充分利用。""不仅原有的轻工业绝大部分在沿海，就是造船、机械、钢铁、水泥、化工等重工业也多在沿海，也必须充分利用。”[①]毛泽东认为，沿海工业中，不仅原有的工业基础要充分利用，而且还要根据国家战略的需要“建立一些新的厂矿，有些也可以是大型的”[②]。既然沿海工业要充分利用甚至新建扩建，那么沿海企业如上海、天津的“企业一般不内迁，个别有条件的，经济合算的，可以内迁”[③]。

第二，发展沿海工业可以更好地支持内地工业。毛泽东明确指出，“好好地利用和发展沿海的工业老底子，可以使我们更有力量来发展和支持内地工业。如果采取消极态度，就会妨碍内地工业的迅速发展”[④]。从资金积累的角度看，“上海、天津的企业赚钱，内地建厂，这有什么不好？这和新建厂放在内地的根本方针并不矛盾”[⑤]。可以看出，毛泽东站在全国工业大局的高度来协调沿海工业和内地工业的关系，反对将二者对立或者割裂的片面观点。这对于很多思想不通的人具有很强的说服教育意义。

第三，战争短时期内打不起来。新中国成立初期，由于朝鲜战争正在进行，国际形势比较紧张，沿海工业的地缘特征决定了其受战争限制因素影响较大。随着朝鲜战争的结束和国际局势的缓和，毛泽东认识到中国“可能有十年或者更长一点的和平时期”，“不说十年，就算五年，我们也应当在沿海好好地办四年的工业，等第五年打起来再搬家”[⑥]。他强调，不能因为惧怕战争而“杞人忧天”，对沿海工业采取消极态度是

---

① 《毛泽东年谱（1949—1976）》第2卷，中央文献出版社2013年版，第540、561、562页。

② 《毛泽东文集》第7卷，人民出版社1999年版，第26页。

③ 《毛泽东年谱（1949—1976）》第2卷，中央文献出版社2013年版，第539页。

④ 《毛泽东文集》第7卷，人民出版社1999年版，第26页。

⑤ 《毛泽东年谱（1949—1976）》第2卷，中央文献出版社2013年版，第539页。

⑥ 《建国以来重要文献选编》第8册，中央文献出版社1994年版，第246页。

不可取的。

作为一名杰出的军事家、战略家，毛泽东对战争的判断来源于他长期对国际、国内局势的广泛关注和深入细致的分析研究。事实证明，毛泽东的分析和判断是完全正确的。

（三）根据实际情况调整经济结构比例

对于经济上一穷二白的新中国来说，工业、农业、商业等各行业都需要大力发展，才能尽快恢复经济，满足人民群众基本生活的需要。但是在人力、财力、物力都比较紧缺的情况下，必须要分清轻重缓急。从长远来看，毛泽东认为必须走苏联优先发展重工业的工业化道路。但是，苏联和东欧一些国家由于片面强调发展重工业，忽视农业和轻工业，带来了许多困难和问题。为此，中国制定第一个五年计划时，确定优先发展重工业的同时，必须充分注意发展农业、轻工业，这符合当时中国经济结构状况和生产力水平。但在执行过程中，仍然出现了各产业发展不均衡、不协调的问题。具体来说，第一个五年计划后期，农业、轻工业、重工业比例不协调的现象已表现出来，首先是农业发展赶不上工业发展的需要，农产品的供应紧张；轻工业由于原料和投资的不足，生产潜力得不到充分发挥；在重工业生产结构的安排上，没有足够重视为农业和轻工业服务。1956 年 4 月 25 日，毛泽东在《论十大关系》讲话中，首先指出："在处理重工业和轻工业、农业的关系上，我们没有犯原则性的错误。我们比苏联和一些东欧国家作得好些。像苏联的粮食产量长期达不到革命前最高水平的问题，像一些东欧国家由于轻重工业发展太不平衡而产生的严重问题，我们这里是不存在的。他们片面地注重重工业，忽视农业和轻工业，因而市场上的货物不够，货币不稳定。我们对于农业、轻工业是比较注重的。我们一直抓了农业，发展了农业，相当地保证了发展工业所需要的粮食和原料。我们的民生日用商品比较丰富，物价和货币是稳定的。”[1]接着，毛泽东指出在以重工业为主的前提下，“还要适当地调整重工业和农业、轻工业的投资比例，更多地发展农业、轻工业。这样，重工业是不是不为主了？它还是为主，还是投资的重点。但是，农业、轻工业投资的比例要加重一点。”这样做的好处，“一可以更好地供给人民生活的需要，二可以更快地增加资金的积累，因而可以更多更好地发展重工业。重工业也可以积累，但是，在我们现有的经济条件下，轻工业、农业积累得更多更快些。”[2]

与此相关，国家、生产单位和生产者个人的关系，这是一个关系到全体人民的大问题。毛泽东主张必须兼顾国家、集体和个人三者利益，“我们历来提倡艰苦奋斗，反对把个人物质利益看得高于一切，同时我们也历来提倡关心群众生活，反对不关心群众痛痒的官僚主义。”关于工人，毛泽东说：“随着整个国民经济的发展，工资也需要适当调整。”关于农民，毛泽东说，我们犯了 1954 年因灾减产却多购了 70 亿斤粮食的错误。还讲到苏联把农民挖得很苦，把农民生产的东西拿走太多，给的代价又极低，使农民生产积极性受到极大损害。毛泽东很形象地说：“你要母鸡多生蛋，又不给它米吃，又要马儿跑得好，又要马儿不吃草。世界上哪有这样的道理！”因此，“除了遇到特大自然灾害以外，我们必须在增加农业生产的基础上，争取百分之九十的社员每年的收入比前一年有所增加，百分之十的社员的收入能够不增不减，如有减少，也要及早想办法加以解决”[3]。

在随后的建设实践中，毛泽东和中共中央逐步形成了“同时并举”经济发展战略，即在继续完成经济战线、政治战线和思想战线上的社会主义革命的同时，逐步实现技术革命和文化革命；在重工业优先发展的

① 《毛泽东文集》第 7 卷，人民出版社 1999 年版，第 24 页。
② 《毛泽东文集》第 7 卷，人民出版社 1999 年版，第 24、25 页。
③ 《毛泽东文集》第 7 卷，人民出版社 1999 年版，第 28—30 页。

条件下，工业和农业同时并举；在集中领导、全面规划、分工协作的条件下，中央工业和地方工业同时并举，大型企业和中小型企业同时并举，洋法生产与土法生产同时并举。以及“工业为主导，农业为基础，以农、轻、重为序发展”的战略方针，通过这些，尽快地把我国建设成为一个具有现代化农业和现代科学文化的伟大的社会主义国家。

（四）实事求是纠正“大跃进”造成的工业高指标等问题

1958 年 5 月，党的八大二次会议召开，通过了“鼓足干劲、力争上游、多快好省地建设社会主义”的总路线。会后，“大跃进”运动在全国展开并进入高潮，以高指标、瞎指挥、浮夸风和“共产风”为主要特征的“左”倾错误泛滥开来。在工业方面，主要表现是突出发展重工业和冶金工业，并且制定了不切实际的工业发展速度和指标。尤其是提出为 1958 年生产 1070 万吨钢而奋斗，全党全民办钢铁，导致国民经济比例严重失调，社会资源造成极大浪费，农业和轻工业生产受到严重冲击，人民生活水平大幅下降。

“大跃进”所导致的问题很快上报到党中央，引起了毛泽东的高度关注。从 1958 年秋冬开始到 1959 年庐山会议前期，毛泽东到各地视察，先后主持召开郑州会议、武昌会议、中共八届六中全会、第二次郑州会议、上海会议等一系列会议，努力纠正已经出现的问题。

1958 年 11 月 2 日至 10 日，毛泽东主持召开第一次郑州会议。11 月 3 日，在谈到 1958 年钢铁生产任务的完成情况时，毛泽东说：“北戴河会议以后搞了几千万人上山，总要讲成绩是主要的。”①可见，这时毛泽东对工业“大跃进”总体上持肯定态度。11 月下旬，在武昌会议上，毛泽东同各地领导人反复讨论了生产指标问题，决定将 1959 年钢产量计划由原来的 2700 万—3000 万吨，降为内定数 2000 万吨、对外公

① 《毛泽东年谱（1949—1976）》第 3 卷，中央文献出版社 2013 年版，第 487 页。

布数1800万吨。对钢产量指标的大幅度调整，表明毛泽东和党中央开始冷静下来，着手纠正工业领域的错误。

由于生产高指标问题没有很好解决，国民经济各个方面比例失调的问题依然严重，导致1959年第一季度的工业生产大幅下滑，1000多个基建项目，只有20多个投入生产。在这种背景下，1959年3月25日至4月1日，毛泽东主持召开上海会议，决定基本建设投资由360亿元降为260亿—280亿元；钢产量确定为1800万吨，其中好钢为1650万吨，实际上是把钢的生产指标降低到1650万吨。会后，为进一步落实钢铁指标问题，毛泽东委托陈云领导财经小组继续开展调查研究。

到了1959年第二季度，因比例失调而导致的轻工业生产大幅下降、供应紧张等严重问题进一步凸显，而钢产量指标也无法完成。为此，毛泽东委托陈云进一步研究钢产量指标的问题。5月15日，陈云就降低钢铁指标问题致信毛泽东："冶金部的同志认为，钢材数量定为九百万吨太少了，会使下面泄气。对此，我看不见得。正如少奇同志在政治局会上讲的，定高了，做不到，反而会泄气。"[①]毛泽东采纳了陈云的意见。6月13日，毛泽东主持召开中央政治局会议，正式决定将1959年的钢产量指标降到1300万吨，对基本建设项目也作了较大幅度的压缩。毛泽东在会议上就高指标问题讲话，并再次作自我批评。他说："本来是一些好事，因为一些指标一高，每天处于被动。工业指标，农业指标，有一部分主观主义，对客观必然性认识不足。"[②]他还感慨地说："我到井冈山，头一仗就是打败仗，这是一个好经验，吃了亏嘛。"[③]此后，毛泽东和党中央指示在抓好农业的同时，大抓关系国计民生的轻工业和手工业的生产，削减限额以上的基建项目数量，降低一些原定偏高的指

① 《陈云年谱》下卷，中央文献出版社2000年版，第19页。

② 《毛泽东年谱（1949—1976）》第4卷，中央文献出版社2013年版，第70页。

③ 《毛泽东年谱（1949—1976）》第4卷，中央文献出版社2013年版，第71页。

标。总体来看，这一时期毛泽东在调查研究基础上的理论反思和实际举措，对初步纠“左”起到了决定性作用，为探索建设社会主义道路提供了很有价值的思想和经验积累。

1959 年夏季庐山会议和随后展开的“反右倾”斗争，总体上打断了第一次郑州会议以来纠“左”的进程，国内政治、经济形势发生重大波折，脱离实际的高指标重新泛滥，生产力遭到极大破坏，国民经济出现了严重困难。

面对这一严峻问题，从 1959 年 9 月到 1960 年 3 月，毛泽东分两次到河北、山东、河南、江苏、上海、浙江、湖南、广东等省市，实地考察各地的工农业生产，同各省市领导人研究经济问题。1960 年 6 月 8 日至 18 日，毛泽东在上海主持召开政治局扩大会议，针对工业指标偏高的问题，毛泽东提出要转入主动，必须下决心降低指标。他在 6 月 14 日的会上说：“过去有一个时期，包括我在内，想那个大数目字，比如一亿吨钢。多少年之后，我们有一亿吨钢，接近美国，那该多好呀！我看，现在不要着重那个东西，要着重门类样样都有，钢与钢材的规格很高。”[①]毛泽东的讲话反映出他对不切实际的高指标的焦虑和反思。会议对“二五”计划后三年补充计划的 14 项指标作了较大幅度调整，有些调整甚至低于“二五”计划原定的指标。其间，毛泽东写出《十年总结》一文，简要回顾了新中国成立以来经济建设的发展过程。他指出：“我们对于社会主义时期的革命和建设，还有一个很大的盲目性，还有一个很大的未被认识的必然王国。我们还不深刻地认识它。我们要以第二个十年时间去调查它，去研究它，从其中找出它的固有的规律，以便利用这些规律为社会主义的革命和建设服务。”[②]

1961 年 1 月 14 日至 18 日，毛泽东主持召开中共八届九中全会。全

① 《毛泽东年谱（1949—1976）》第 4 卷，中央文献出版社 2013 年版，第 415 页。

② 《毛泽东年谱（1949—1976）》第 4 卷，中央文献出版社 2013 年版，第 420 页。

会指出，1961 年全国必须坚持大办农业、大办粮食的方针，轻工业部门应当努力开辟新的原料来源，增加生产，尽可能地保证人民生活必需品的供应，适当地缩小基本建设的规模，调整发展的速度，采取“调整、巩固、充实、提高”的方针。在这次会议上，毛泽东针对调查研究发表了若干意见。1 月 18 日，毛泽东说：“近几年来我们也做了一些调查研究，但是比较少，对情况不甚了了，对刮‘共产风’情况就不明。”①关于指标问题，毛泽东强调实事求是、一切从实际出发，不搞两本账，上下只搞一本账，决不要层层加码。毛泽东反思说：“对于经济建设就是不行，我没有研究，没有亲身看，看也看得不多。凡是规律要经过几次反复才能找到。”②他希望大家要搞实际工作，调查研究，去督促，去实践，并希望 1961 年成为一个调查年，大兴调查研究之风。毛泽东在全会上关于调查研究的讲话以及党的指导方针的重要转变，表明全党开始回到正确轨道上，国民经济建设开始由“大跃进”转入调整阶段。此后，在全党大兴调查研究之风的氛围中，国家计委根据《中共中央关于当前工业问题的指示》精神，降低 1961 年、1962 年的计划指标，其中钢降至 850 万吨，煤降至 2.74 亿吨；对 1962 年计划指标，钢、煤和基建投资分别调整为 750 万吨、2.5 亿吨和 42.3 亿元③。在降低工业指标的同时，党中央还开始整顿企业秩序，经过讨论修改，在邓小平的主持下，形成《国营工业企业工作条例（草案）》（简称“工业七十条”），规定国营工业企业实行党委领导下的厂长负责制，实行职工代表大会制度和严格的责任制，国家对企业实行“五定”，企业对国家实行“五保”。“工业七十条”对于工业的调整、巩固、充实、提高发挥了积极作用，受到广大干部和职工群众的拥护。

---

① 《毛泽东年谱（1949—1976）》第 4 卷，中央文献出版社 2013 年版，第 525 页。
② 《毛泽东年谱（1949—1976）》第 4 卷，中央文献出版社 2013 年版，第 526 页。
③ 《中国共产党历史》第 2 卷下册，中共党史出版社 2011 年版，第 587 页。

为进一步总结“大跃进”以来的经验教训，统一认识，增强团结，1962 年 1 月 11 日至 2 月 7 日，党中央在北京召开扩大的中央工作会议（即七千人大会）。1 月 30 日，毛泽东在大会上发表讲话，作了自我批评。他说：“在社会主义建设上，我们还有很大的盲目性。社会主义经济，对于我们来说，还有许多未被认识的必然王国。拿我来说，经济建设工作中间的许多问题，还不懂得。”[①]毛泽东还说：“调查研究，我们从前做得比较好，可是进城以后，不认真做了。一九六一年我们又重新提倡，现在情况已经有所改变。”[②]毛泽东认识到，使中国赶上和超过世界上最先进的资本主义国家，没有 100 多年的时间是不行的。这是他对社会主义建设长期性的进一步认识。

七千人大会之后，工业领域进一步缩短战线，实行必要的关、停、并、转。全国工业企业数量 1962 年比 1959 年减少 38%，还降低了大多数重工业的生产指标。按可比价格计算，同 1960 年相比，1962 年工业总产值下降 48.48%，其中重工业产值下降 58.64%，钢产量由 1866 万吨降为 667 万吨，煤产量由 3.97 亿吨降为 2.2 亿吨。

从 1963 年夏开始，国家各项建设事业呈现出健康发展势头。1964 年年底，周恩来在三届全国人大一次会议上郑重提出实现“四个现代化”的历史任务，即“在不太长的历史时期内，把我国建设成为一个具有现代农业、现代工业、现代国防和现代科学技术的社会主义强国，赶上和超过世界先进水平”[③]。“四个现代化”从此成为党和全国各族人民的共同奋斗目标，成为凝聚和团结全国各族人民不懈奋斗的强大精神力量。到 1965 年年底，调整国民经济的任务全面完成。

① 《毛泽东年谱（1949—1976）》第 5 卷，中央文献出版社 2013 年版，第 79 页。

② 《建国以来重要文献选编》第 15 册，中央文献出版社 1997 年版，第 129 页。

③ 罗平汉：《中共百年若干重大事件述实》，人民出版社 2021 年版，第 325 页。

（五）立足世情国情提出和推动三线建设

20世纪60年代，党中央和毛泽东郑重提出了“三线建设”这一战略决策。该决策的提出，蕴含着对世界“存在着战争可以避免和战争不可避免这样两种可能性”①的深刻洞察和宏观判断，也包含着对如何推动经济发展和优化工业布局作出的深入调研和深刻思考，因而在当时具有鲜明的时代特征，展现出立足当下、着眼长远的政治智慧。

新中国成立后，美国等西方国家长期对中国进行军事和经济封锁。50年代后期至60年代中期，美苏两大国之间关系进入时而紧张时而又有所缓和的阶段，社会主义阵营内部矛盾逐渐暴露，亚非拉地区争取民族解放和国家独立的运动不断壮大，美国和苏联借插手这些地区事务扩大影响力。60年代初，美国派遣“特种作战部队”进入越南南方，后将侵越战争扩大到越南北方，并支持台湾国民党军队加紧对大陆东南沿海进行骚扰和破坏，在日本和朝鲜半岛建立战略基地，严重威胁我国的国家安全。这一时期，苏联的反华立场日趋明显，中苏关系恶化。1962年4月中旬，苏联驻新疆维吾尔自治区的领事馆和“苏侨协会”策动塔城、裕民、霍城三县居民数万人逃往苏联。5月底，苏联驻伊宁领事馆策动数百人冲击伊犁哈萨克自治州政府。在西面，1959年西藏上层反动分子发动武装叛乱被平息以后，印度政府一些人支持西藏少数人搞民族分裂活动，其军队多次在中印边界挑起武装冲突。1962年10月20日，中国边防部队奉命对印度军队的武装进攻进行自卫反击作战。总体来看，这一时期国际形势出现新的动荡，我国周边形势逐渐紧张，我国面临的战争压力显著增大，原有的沿海工业发展战略已经明显不适应形势的发展。毛泽东将国际局势作为思考国内经济建设和工业布局的重要依据，提出了一系列具有重大战略意义的判断和部署。

① 《毛泽东年谱（1949—1976）》第5卷，中央文献出版社2013年版，第259页。

1963 年 2 月 19 日，毛泽东在中央工作会议全体会议上听取张国华关于中印边境东段自卫反击作战的几个问题的报告期间说："我们要注意，在座的同志们，你们总要准备打仗，不要以为天下太平，四方无事。总是要注意军事，只搞文，不搞武，那个危险。各大区的同志，省委的同志，中央的同志，你们要准备打仗。"[①]同年 12 月 16 日，毛泽东同刘少奇、邓小平等听取聂荣臻关于十年科学技术规划问题汇报时说："军事上除进攻武器外，要注意防御问题的研究，也许我们将来在作战中主要是防御。进攻武器，比如原子弹的数量我们比不赢人家。战争历来都是攻防两手，筑城、挖山洞都是防嘛。秦始皇的万里长城没有多大用处。我们准备做一些蠢事。要搞地下工厂、地下铁道，逐年地搞。"[②]这些讲话提出的一系列方针政策，实际上是关于三线建设战略决策的先声。

按照毛泽东关于"准备打仗"的指示，有关部门就我国在防备外部军事威胁方面面临的短板，展开比较系统的调查研究，撰写调研报告上报中央。1964 年 4 月 25 日，中国人民解放军总参谋部作战部写出《关于国家经济建设如何防备敌人突然袭击的报告》，提出我国在经济和国防建设中的若干短板：第一，工业过于集中。仅 14 个 100 万人口以上的大城市就集中了约 60% 的主要民用机械工业、50% 的化学工业和 52% 的国防工业。第二，大城市人口多。据 1962 年年底统计，全国有 14 个 100 万人口以上的城市，有 20 个 50 万至 100 万人口的城市。第三，主要铁路枢纽、桥梁和港口码头多在大城市及其附近，易在敌人轰炸城市时一起遭到破坏。第四，所有水库的紧急泄水能力都很小。战时来不及处置，就可能遭敌破坏，酿成巨大灾害。报告建议由国务院组织一个专案小组，根据国家经济的可能情况，研究采取一些切实可行的积

---

① 《毛泽东年谱（1949—1976）》第 5 卷，中央文献出版社 2013 年版，第 192 页。

② 《毛泽东年谱（1949—1976）》第 5 卷，中央文献出版社 2013 年版，第 295 页。

极措施，以防备敌人的突然袭击。8 月 12 日，毛泽东审阅了总参谋部作战部的这份报告，并批示：此件很好，要精心研究，逐步实施。[①]按照毛泽东的批示精神，8 月 17 日，李富春、薄一波、罗瑞卿召集有关方面负责同志开会决定：第一，在国务院成立专案小组，由李富春等 13 人组成，李富春任组长，薄一波、罗瑞卿任副组长。第二，各个方面的防备措施，除作战部提的 4 条外，还应包括大专学校、科学研究、设计机构、仓库、机关、事业单位等，以及城市、矿山的人防措施。各有关方面，都必须按照毛泽东指示的“精心研究，逐步实施”的原则，尽快进行研究。各方面，用 9 月、10 月两个月的时间进行研究，提出逐步施行的具体方案，经专案小组综合研究以后，报告中央，分别纳入明年计划和第三个五年计划。这些意见得到党中央和毛泽东的赞同，进一步指导了各有关部门加快对三线建设的调查研究和推进实施。

在审阅各部门调研报告和汇报材料基础上，毛泽东对三线建设的认识逐步加深。1964 年 5 月 10 日、11 日，毛泽东在听取国家计划委员会领导小组汇报关于第三个五年计划的初步设想时说：“工业要为农业服务。当然，重工业本身还有个相互关系的问题。”当国家计委领导小组汇报到基础工业和交通同各方面还不适应时，毛泽东说：“没有坐稳，没有站稳，是要跌跤子的。两个拳头——农业、国防工业，一个屁股——基础工业，要摆好。要把基础工业适当搞上去，其他方面不能太多，要相适应。”当国家计委领导小组汇报到国防建设时，毛泽东说：“我看还是小而全，小而不全比大而不全好，大而不全就要浪费。并且小咧，就有可能比较全。”[②]

5 月 15 日至 6 月 17 日，中共中央工作会议在北京举行。在这次会议上，毛泽东正式提出了三线建设问题，并在会议期间多次开会对这一

---

① 《建国以来重要文献选编》第 19 册，中央文献出版社 1998 年版，第 130 页。
② 《毛泽东年谱（1949—1976）》第 5 卷，中央文献出版社 2013 年版，第 348 页。

问题进行研究，通过提出问题、集体讨论等方式，对三线建设的战略方针不断进行完善。5月27日，毛泽东主持召开中共中央政治局常委会议，提出两个问题，一是对第三线建设注意不够，二是对基础工业注意不够。他还在会议上说："第一线是沿海，包钢到兰州这一条线是第二线，西南是第三线。"①毛泽东从备战角度强调三线建设的重要性，并对"三线"的地理范畴作出阐述。他还希望同志们从历史中吸取经验教训，尤其是苏联在苏德战争爆发前的教训。5月28日，中央政治局常委、书记处书记和各中央局负责人开会，研究讨论"三五"计划问题。与会者一致拥护毛泽东的主张，认为应该在加强农业生产、解决人民吃穿用的同时，迅速展开三线建设，加强战备。

8月初，美国借口所谓"东京湾事件"悍然轰炸越南北方。8月6日中国政府发表经过毛泽东当天审阅过的声明，对美国的侵略行径提出警告。毛泽东在声明稿上的批示中，再次作出"要打仗了"的判断。美国侵略越南北方，加剧了地区紧张局势，进一步威胁我国的国家安全，客观上促使毛泽东更加确定开展三线建设的决心。

8月20日，毛泽东在听取薄一波关于计划工作的汇报时，针对工业布局问题指出："现在沿海搞这么大，不搬家不行。你搞到二线也好嘛！二线包括湘西、鄂西、豫西、山西、陕西、江西、吉林、内蒙古，四川、云南、贵州是三线，都可以搬去嘛！"②在这次谈话中，毛泽东对"三线"的行政区划范围作出进一步阐释。

毛泽东关于三线建设的设想，从提出"大三线"逐步发展为"大三线"和"小三线"协同发展。1964年6月8日，毛泽东主持召开中共中央政治局常委扩大会议并讲话。在这次会议上，毛泽东说："沿海各省要搞些手榴弹、炸药厂，军工厂，讲了几年了，都没有搞起来，打起仗

① 《毛泽东年谱（1949—1976）》第5卷，中央文献出版社2013年版，第355页。
② 《毛泽东年谱（1949—1976）》第5卷，中央文献出版社2013年版，第391页。

来，不能等二、三线给运去。每个省都要有一、二、三线嘛！”[①]6月16日，他在主持召开中共中央政治局常委和各中央局第一书记会议时讲话说：“各大区、各省要作计划，包括民兵、修械厂、军工厂等。各省要搞民兵，要搞地方部队，省、地、县都要搞。趁和平时期，要搞点枪，最基本的是每省要搞一个兵工厂。”[②]

根据毛泽东的指示，各地开始考虑和部署自己行政区划内部的“三线”部署问题。1964年10月18日，中共广东省委上报《关于国防工业和三线备战工作的请示报告》，为应对美国侵略越南北方这一紧张局势，提出广东省的部署：第一，加速地方军事工业建设；第二，从广州等前沿城市中迁建部分民用工业到三线去，后方电力工业要有相应发展；第三，加强国防公路和国防通讯网的建设；第四，做好物资储备与仓库建设工作；第五，加速后方农业和山区经济的发展；第六，适当加强三线的文教和卫生建设。10月22日，毛泽东对这份报告作出批示：“广东省是动起来了，请总理约瑞卿谈一下，或者周、罗和邓、彭一起谈一下，是否可以将此报告转发第一线和第二线各省，叫他们也讨论一下自己的第三线问题，并向中央提出一个合乎他们具体情况的报告。无非是增加一批建设费，全国大约需十五亿左右，分两、三年支付，可以解决一个长远的战略性的大问题。现在不为，后悔无及。”[③]随后，周恩来于10月25日开会研究落实毛泽东对广东省委报告的指示，并于10月29日向中央和毛泽东上报《关于一二两线各省、市、区建设自己后方和备战工作的报告》。报告提出一、二线后方建设和备战工作的7条内容：第一，建设一批地方军工厂；第二，从大城市搬迁必要的配套工厂到省、区后方，并在后方相应地建设一些小煤矿、小电站等；第三，搞好现有的公

① 《毛泽东年谱(1949—1976)》第5卷，中央文献出版社2013年版，第358—359页。
② 《毛泽东年谱（1949—1976)》第5卷，中央文献出版社2013年版，第363页。
③ 《建国以来重要文献选编》第19册，中央文献出版社1998年版，第316页。

路、桥梁、渡口和通讯线路，新建或者改建一些运输、通讯设施和江河护岸工程；第四，修建一批储备粮食、原盐、汽油等战略物资的仓库；第五，加强一、二两线后方地区的农业建设，特别是山区建设；第六，迁建或者新建一些必需的医院和学校；第七，省委和军区领导机关的防护工程。11 月 3 日，毛泽东的批示和批转的广东省委报告下达各地和有关部门，处于一、二线的各省市区迅速行动，在后方部署一批新建、迁建的军工、民用、交通、通讯、电力、文教等项目，小三线建设开始全面展开。

由此可以看出，关于三线建设，毛泽东的要求是具体的、明确的：第一，大三线、小三线建设都要重视。第二,三线建设搞快一些，“但不要毛糙”[①]。他强调在三线建设过程中，要按照客观规律办事。1965 年 6 月，毛泽东在听取编制“三五”计划的汇报时说：鉴于过去的经验，欲速则不达，还不如少一点慢一点能达到。要根据客观可能办事，绝不能超过客观可能，按客观可能还要留有余地。这是毛泽东对速度与质量的关系问题提出的要求。第三,三线建设的工业种类要全。毛泽东强调不能只规划煤和钢，而“应当是机械、化工、军工什么都有才好，还有煤气”[②]。第四，“以一、二线的生产来支援三线建设”[③]。

三线建设决策提出后，有关部门和单位从 3 个方面对西南、西北的三线建设作出部署。一是由国家计委负责，在三线地区建设新工厂，扩建部分工厂。二是由国家建委负责，将一线重要工厂和配套工厂迁至三线。三是由国家经委负责，组织好全国工业生产，为三线建设提供设备和材料；物资部负责三线建设的物资供应。随后，为组织中央有关部门在三线地区新建、扩建、迁建项目的计划协调和物资供应工作，中央成

① 《毛泽东年谱（1949—1976）》第 5 卷，中央文献出版社 2013 年版，第 359 页。

② 《毛泽东年谱（1949—1976）》第 5 卷，中央文献出版社 2013 年版，第 473 页。

③ 《毛泽东年谱（1949—1976）》第 5 卷，中央文献出版社 2013 年版，第 473 页。

立国务院三线建设专案小组，由李富春任组长，罗瑞卿、薄一波任副组长，共 14 人组成。同时，西南、西北三线建设指挥部分别成立，由李井泉、程子华、阎秀峰、彭德怀（1965 年后）负责，西北三线建设指挥部由刘澜涛、王林、安志文、宋平负责。从 1965 年起，全国各省、市、区加快作出三线建设的安排，陆续将建设队伍和材料物资等向三线地区集中，形成大小三线建设统筹谋划、齐头并进的局面。

1964 年 10 月 30 日，中共中央批准下发《一九六五年计划纲要（草案）》，确定了三线建设的总目标，即采取多快好省的方法，在纵深地区建立起一个工农业结合的、为国防和农业服务的比较完整的战略后方基地。毛泽东在思考和提出三线建设决策期间，多次讲到建设攀枝花钢铁基地。攀枝花位于川滇交界处，钒、钛、铁矿储量丰富，具有符合三线建设条件的较为优越的工业建设优势和地理优势。毛泽东反复提及建设攀枝花，无疑是长期对攀枝花进行调查研究和深入思考的缘故。1964 年 5 月 10 日、11 日，毛泽东在听取国家计委领导小组汇报制定第三个五年计划的设想时强调："酒泉和攀枝花钢铁厂还是要搞，不搞我总是不放心，打起仗来怎么办？"①

三线建设开始后，根据党中央和毛泽东指示，由周恩来安排部署攀枝花建设项目，邓小平赴攀枝花进行决策指导，李富春、薄一波具体负责，并组织有关部委领导干部到攀枝花蹲点调研，为毛泽东更加系统了解和研究攀枝花提供了重要帮助，更加坚定了加紧建设攀枝花钢铁基地的决心。

毛泽东在 5、6 月召开的中央工作会议上正式作出三线建设决策后，各地各部门的进展速度并没有令毛泽东满意。8 月 20 日，毛泽东在听取薄一波关于计划工作的汇报时说："中央工作会议开过好久了，成昆路仍然没有落实，不着急的样子。湘黔、滇黔、川黔三条路，搞了几年

---

① 《毛泽东年谱（1949—1976）》第 5 卷，中央文献出版社 2013 年版，第 348—349 页。

了，没有影子。成昆路要两头修，滇黔路也可以两头开工，还可以更多的点开工。我看了津浦路修复线，也是一段一段修嘛！如果钢轨不够，别的路轨可以拆掉。"[①]他实际上对三线建设的开工速度提出了批评。随后，中央有关负责同志迅速行动起来，奔赴四川实地考察。10 月底 11 月初，李富春和薄一波考察攀枝花，回北京后于 11 月 26 日向毛泽东汇报攀枝花钢铁基地 6 个布点方案。毛泽东听取汇报后表示："在宜宾布点，又没有煤，又没有铁路，还得修内昆铁路，还要疏浚金沙江，宜宾不要搞了。"[②]毛泽东基于对西南三线地区尤其是四川省情的充分了解，为四川工业布局指明了方向。

为尽快统一党内思想，毛泽东在多个场合反复强调建设攀枝花的重要性和紧迫性。毛泽东建设攀枝花的心情十分迫切，认为攀钢建设不是钢铁问题，而是战略问题。1964 年 5 月 27 日，毛泽东在主持召开中央政治局常委会时，针对三线建设问题，着重讲了攀枝花。虽然也提到了酒泉，但不是摆到第一位，第一位是讲攀枝花，强调其他各方面少搞，搞攀枝花。毛泽东在这次会上说：攀枝花铁矿下决心要搞，把我们的薪水都拿去搞。在原子弹时期，没有后方不行的，要准备上山，上山总还要有个地方。当罗瑞卿讲到总参谋部担心密云、官厅这些水库的泄洪量太小时，毛泽东说："北京出了问题，只要有攀枝花就解决问题了。北京淹了，还有攀枝花嘛。应该把攀枝花和联系到攀枝花的交通、煤、电的建设搞起来。"[③]毛泽东还风趣地说过："你们不搞攀枝花，我就骑着毛驴去那里开会；没有钱，拿我的稿费去搞。"[④]毛泽东还强调要理性、客观地计划好建设速度问题，强调攀枝花钢铁基地建设"要快，但不要毛

① 《毛泽东年谱（1949—1976）》第 5 卷，中央文献出版社 2013 年版，第 391—392 页。

② 《毛泽东年谱（1949—1976）》第 5 卷，中央文献出版社 2013 年版，第 438 页。

③ 《毛泽东年谱（1949—1976）》第 5 卷，中央文献出版社 2013 年版，第 355 页。

④ 《毛泽东年谱（1949—1976）》第 5 卷，中央文献出版社 2013 年版，第 359 页。

糙”[①]。在毛泽东的推动下，中央领导层经过研究讨论，很快就攀枝花等三线建设问题达成共识。

从1965年开始，国家对一、二线经济建设采取“停”“缩”“搬”“分”“帮”等措施，同时大幅增加对三线建设的投资，使三线建设进入实质性实施阶段，并在两年内形成一个小高潮。据统计，从1964年下半年到1965年，由一线迁入三线的第一批工厂有49个，1965年完成全部搬迁计划的40%，1965年建成和部分建成的项目接近在建项目的40%[②]。1965年至1975年，三线地区共完成基本建设投资1269.67亿元[③]。1970年7月，成昆铁路建成通车。1972年4月，甘肃西北铝加工厂建成投产；同年11月，株洲至贵阳的湘黔铁路通车。在广大工人、干部、科技人员、解放军官兵和民工艰苦努力下，我国建成一批新兴工业基地，在短期内初步建立起门类比较齐全的工业生产体系，较大规模地改变了我国的工业布局和三线地区的落后局面。

不可回避的是，三线建设存在过分突出战备因素、忽视经济规律、投资比例不协调、投资效益差、浪费严重等不少问题。但是，从20世纪60年代的局势来看，三线建设的成绩是主要的，对于巩固国防、改善国民经济布局、推进中西部落后地区的经济社会发展起到较大作用。参加三线建设全过程的李先念曾经说过：“当时建设三线的气魄很大，速度很快，确实振奋人心。三线建设从战争的观点来看是必要的，从改变我国工业布局不合理的状况来看也是应该的。”[④]

总的讲，当年党中央和毛泽东作出的这个战略决策是完全正确的，是很有战略眼光的。三线建设的实施，是推进我国现代化进程的重要步

① 《周恩来传（1898—1976）》下卷，中央文献出版社2008年版，第1598页。

② 《中国共产党历史》第2卷下册，中共党史出版社2011年版，第692页。

③ 《中国共产党历史》第2卷下册，中共党史出版社2011年版，第828页。

④ 《建国以来李先念文稿》第4册，中央文献出版社2011年版，第255页。

骤，对于提高国家的国防能力，对于改善我国国民经济布局、推进中西部落后地区的经济社会发展，具有重要意义。

三、以调查研究推动农业合作化的健康发展

毛泽东是农业合作化运动的支持者和领导者。在农业合作化运动的兴起、发展和调整过程中，始终没有缺少毛泽东的身影。他通过不同途径开展农业调查研究，付出了很多心血，积极推动农业合作化运动向前发展。

（一）开辟不同于苏联模式的中国农业合作化道路

在社会主义的中国，引导个体农民走合作化道路，不仅是发展农业生产的需要，也是完成农业社会主义改造的必经之路。农业合作化不仅有理论依据，也有现实基础。

从理论上看，在农业领域的互助合作是无产阶级实现生产资料公有制的重要一环，是马克思主义的题中应有之义。马克思指出："合作运动是改造以阶级对抗为基础的现代社会的各种力量之一。"[①]恩格斯也提出，无产阶级掌握政权后，应该把小农的"私人生产和私人占有变为合作社的生产和占有"[②]。同时，马克思和恩格斯都强调对农民的互助合作，只能采取自愿的方式，不能采取强制的措施。列宁也专门作过关于农业合作社的论述，这些论述同马克思、恩格斯的论述是一脉相承的。

在中国共产党人领导土地革命的斗争中，苏联农业集体化的发展模式，曾经产生深刻影响。苏联的集体化道路是先搞农业机械化，再搞集体化，依靠政权力量，强制消灭富农经济，一举实现全盘集体化。但是，毛泽东并不满足于既有的理论和苏联的经验。他早在1948年9月西

---

① 《马克思恩格斯全集》第16卷，人民出版社1964年版，第218—219页。

② 《马克思恩格斯选集》第4卷，人民出版社1995年版，第498页。

柏坡中央政治局会议（即九月会议）上，就提出“要巩固无产阶级对农民的领导权，分给农民土地只是建立了领导权，单有这一条还不够。所谓领导权，就是要使被领导者相信，将来在经济建设方面，还要给他机器，组织合作社，使农民富裕起来，集合起来。他们信服了，领导权就巩固了，否则会失去领导权的”[①]。他认为，在现代工业经济只占10%而广大农村的生产力水平又极其低下的情况下，土改后的农民在自愿互利前提下，采用延安时期出现的变工队、临时互助组和合作社等“组织起来”的方法，是提高粮食产量、增强抵御自然灾害的能力、减缓两极分化并为发展工业提供后备军（劳动力）的重要途径。他指出：“当然，今天我们农村的合作社，是个体农民在私有财产基础上组织的合作社，不完全是社会主义的，但它带有社会主义性质，是走向社会主义的”，“但整个国民经济还是新民主主义经济，即社会主义经济领导之下的经济体系”[②]。1949年3月5日，毛泽东在中共七届二中全会上作的报告中更加确切地指出，“占国民经济总产值百分之九十的分散的个体的农业经济和手工业经济，是可能和必须谨慎地、逐步地而又积极地引导它们向着现代化和集体化的方向发展的，任其自流的观点是错误的”。他认为“单有国营经济而没有合作社经济，我们就不可能领导劳动人民的个体经济逐步地走向集体化，就不可能由新民主主义社会发展到将来的社会主义社会，就不可能巩固无产阶级在国家政权中的领导权”[③]。毛泽东的上述思想及其实施措施，既巩固了中国共产党对土改后亿万农民的领导权，又没有超越新民主主义社会的发展阶段，不仅丰富和发展了新民主主义革命理论，而且架起了通向社会主义的桥梁。这是新中国成立初期农业合作化运动的源头，又是在一个落后的农业国推进工业化和实现中国式

① 《毛泽东文集》第5卷，人民出版社1996年版，第146页。

② 《毛泽东文集》第5卷，人民出版社1996年版，第140—141页。

③ 《毛泽东选集》第4卷，人民出版社1991年版，第1432页。

社会主义改造的必由之路。

从新中国成立初期的状况来看，在新区土地改革完成后，将全国农民组织起来，走互助合作的道路，符合新中国成立初期的农村实际和农业生产力状况。新中国成立初期，随着土地改革在新解放区的完成，广大农民获得了土地，翻身做了主人。尽管有了可以耕种的土地，但是广大农民尤其是贫下中农普遍缺乏其他生产资料，为了避免陷入经济困境的农民出卖或典当土地，造成两极分化，也为了兴修水利、抵御自然灾害、采用农业机械和新技术，必须逐步把个体农民组织起来，走互助合作的道路。

互助组是民主革命时期就广泛存在的农业互助合作形式。无论是临时互助组还是常年互助组，既能发挥劳动互助的优越性，又能保护个体经济的积极性，受到农民群众的广泛欢迎。据 1950 年统计，全国有互助组 280 万个，参加的农户达 1150 万户，占农户总数近 11%，其中大部分分布在老解放区[①]。为进一步发展生产，解决互助组无法克服的矛盾，在 1951 年秋季以前的老解放区，已经出现了一批以互助组为基础建立的农业生产合作社，比较有名的是天津市郊区的新立屯农业生产合作社和山东省莒县吕鸿宾领导的农业生产合作社。这些合作社的生产和收入大都有了明显增加。

尽管如此，对于在什么时间、采取什么方式实现由互助组转到更高级的合作形式，对于刚刚在全国执政的中国共产党来说没有可以借鉴的成功经验。社会主义制度的先行者苏联走的是先工业化、后农业集体化的发展道路。但是由于尚未组织起来的小农经济的粮食生产能力有限，而苏联全国工业化对商品粮需求的矛盾十分突出，从而导致全国性的粮食短缺，也就从客观上说明苏联先工业化、后农业集体化的道路是存在缺陷的。

① 《中国共产党历史》第 2 卷上册，中共党史出版社 2011 年版，第 129 页。

关于这一问题的争论要追溯到1951年4月17日山西省委向中央和华北局提交的题为《把老区的互助组织提高一步》的专题报告。该报告认为农民的自发力量是互助组发生涣散现象的最根本原因，为此必须积极稳健地提高农业生产互助组，引导它走向更高级一些的形式，以彻底扭转涣散的趋势。主持中央政治局日常工作的刘少奇和华北局不同意山西省委的看法，明确指出针对土改后农民的自发因素，应从价格和税收等方面加以限制，适当控制自发势力的发展，而不是去动摇私有基础。在没有实行国家工业化和使用机器耕种的条件下，不可能由互助组直接转变到农业的社会主义化。应该说，刘少奇的认识更接近于苏联道路。

毛泽东了解情况后，明确表示支持山西省委的报告，批评了互助组不能生长为农业生产合作社的观点和现阶段不能动摇私有基础的观点。他说："既然西方资本主义在其发展过程中有一个工场手工业阶段，即尚未采用蒸汽动力机械、而依靠工场分工以形成新生产力的阶段，则中国的合作社，依靠统一经营形成新生产力，去动摇私有基础，也是可行的。"①毛泽东的这个观点说服了刘少奇等其他领导人和有关部门的负责人。于是，在毛泽东的领导下，新中国没有走苏联先搞机械化后搞集体化的老路，而是创造性地提出了工业化和农业集体化并举的新路。而走这条新路的关键，就是在巩固、发展农业互助组的前提下，逐步引导农民走向更高级的合作形式——初级农业生产合作社和高级农业生产合作社。

为了在全党统一思想，毛泽东在审阅各地汇报材料过程中，把那些提出发展由低级到高级形式互助合作运动的材料批转各地。1951年10月17日，毛泽东将高岗10月14日关于东北农村的生产合作互助运动的报告批转各地党委党组。高岗在报告中提出农村生产合作互助运动的指导方针是：根据群众的自愿与需要，加以积极扶助与发展，并逐步由

① 薄一波：《若干重大决策与事件的回顾》上卷，中共党史出版社2008年版，第135页。

低级引向较为高级的形式。毛泽东代中央起草的批语指出高岗报告中所提方针是正确的，并要求已经完成土地改革任务地区的党委要“领导农民群众逐步地组成和发展各种以私有财产为基础的农业生产互助合作组织，同时不要轻视和排斥不愿参加这个运动的个体农民”①。这是毛泽东以中共中央名义第一次对新中国的农业互助合作运动作出批示。

在毛泽东倡议下，1951 年 9 月 20 日至 30 日，中央召开了全国第一次农业互助合作会议，会议通过了《中国共产党中央委员会关于农业生产互助合作的决议（草案）》[以下简称《决议（草案）》]。该文件经毛泽东审定后，于同年 12 月 15 日印发全党试行。《决议（草案）》汲取农民作家赵树理的意见，提出农民在土改后存在的两种生产积极性：一个是个体经济发家致富的积极性，另一个是互助合作的积极性。认为发展个体经济的积极性是农民小私有者的特点，党不能忽视和挫伤这种积极性。同时，对农民互助合作的积极性，党必须按照自愿和互利的原则，充分地将其发挥起来。《决议（草案）》明确指出，各地应“根据可能的条件而积极稳步前进的方针”发展农业互助合作运动，批评了强迫命令和放任自流两种错误倾向，提出要正确对待农民的生产积极性和劳动互助积极性。并强调：“这种劳动互助是建立在个体经济基础上（农民私有财产的基础上）的集体劳动，其发展前途就是农业集体化或社会主义化。长时期以来的事实，证明党中央这个方针是完全正确的。”②

这次会议后，随着《决议（草案）》的下发，农业生产互助合作运动很快开展起来，全国农村由此而普遍地实现了增产增收。到 1952 年，中国的工农业生产普遍达到或者超过了抗日战争前的最高水平。这充分说明农业的互助合作符合中国农村的实际情况，有利于农业的长远发展。

---

①《中共中央文件选集（1949 年 10 月—1966 年 5 月）》第 7 册，人民出版社 2013 年版，第 126 页。

②《建国以来重要文献选编》第 2 册，中央文献出版社 1992 年版，第 511 页。

为了进一步增加感性经验，毛泽东于1952年年底至1953年春，连续两次离京考察。其中，农业合作化是考察的重点之一。1953年2月15日，毛泽东离京视察路过邢台时，在专列上专门听取邢台县县长张玉美汇报全县农业互助合作发展情况。当张玉美汇报到东川口村在1952年建立生产合作社的当年粮食就增产12%时，毛泽东说："多数农民是愿意走社会主义道路的，因为这是一条由穷变富的道路，关键是我们领导采取什么态度。"[①]当晚，毛泽东就农业合作化问题进一步强调："看来，农业不先搞机械化，也能实现合作化，中国不一定仿照苏联的做法。邢台是个老区，合作化可以提前。在合作化问题上，一定要本着积极、稳妥、典型引路的方法去办。"[②]张玉美的汇报内容给毛泽东留下了深刻印象，使他进一步坚定了农业合作化的思想。

1953年2月，《中国共产党中央委员会关于农业生产互助合作的决议（草案）》经过毛泽东修改后，作为正式决议下发各地。毛泽东的修改主要有两点：一是将试办少数社会主义性质的集体农庄需要"有机器条件"改为"有适当经济条件"，从而放宽了对试办高级社的条件限制，办高级社并不是非有农业机器不可。二是强调在开展农业合作化运动时，对单干农民的政策必须十分注意和慎重。毛泽东加写的一段话为："在解决了有关农业互助合作的许多问题之后，党中央认为必须重复地唤起各级党委和一切从事农村工作的同志和非党积极分子的注意，要充分地满腔热情地没有隔阂地去照顾、帮助和耐心地教育单干农民，必须承认他们的单干是合法的（为共同纲领和土地改革法所规定），不要讥笑他们，不要骂他们落后，更不允许采用威胁和限制的方法打击他们。农业贷款必须合理地贷给互助合作组织和单干农民两方面，不应当只给互助合作组织方面贷款，而不给或少给单干农民方面贷款。在一个

① 《毛泽东年谱（1949—1976）》第2卷，中央文献出版社2013年版，第29页。
② 《毛泽东年谱（1949—1976）》第2卷，中央文献出版社2013年版，第29页。

农村内，哪怕绝大多数农民都加入了互助组或合作社，单干农民只有极少数，也应采取尊重和团结这少数人的态度。”[①]正式决议的下发，进一步推动了农业合作化运动的深入开展。到1953年春，全国初级农业合作社经整顿后有1.5万多个，参加农户27.5万户，比上年大大增加[②]。这成为党领导农村生产资料私有制的社会主义改造的重要步骤和主要实现形式。

（二）农业合作化第一阶段的两次整顿

1953年春，农业合作化运动总体上是健康的，但在华北、华东和东北部分地区出现了急躁冒进现象，在农村造成一定程度的思想混乱，对农业生产造成了不利影响。在新区的主要表现是：盲目大量发展互助组，打击单干农民，没有解决农民“怕归公”的思想顾虑；在互助组内强调满足贫雇农利益，侵犯中农利益，损害了绝大多数个体农民的生产积极性。在老区的主要表现是：轻视初级互助组，盲目试办农业生产合作社，贪多贪大；在经营管理方法上标新立异，脱离实际；在分配上侵犯农民的私有财产，侵犯中农利益，盲目要求增加社会主义因素；过多过急地扩大公积金和公共财产，有的甚至采取共同消费的制度；等等。这些错误倾向被农民称为“步子跨的太大，两步当做一步走”；“摊子大，底子空，债务多，产量高，分红少”[③]。这些错误做法导致一些地区出现砍树杀猪、出卖牲口、无人搞副业生产、大吃大喝等严重问题，造成农村生产力的破坏。

毛泽东对这些问题十分关注。3月8日，他听取中央农村工作部部

---

① 《毛泽东年谱（1949—1976）》第2卷，中央文献出版社2013年版，第67—68页。

② 《中国共产党的九十年》（社会主义革命和建设时期），中共党史出版社、党建读物出版社2016年版，第426页。

③ 《建国以来重要文献选编》第4册，中央文献出版社1993年版，第91页。

长邓子恢的汇报。当天，中央发出《对各大区缩减农业增产和互助合作发展的五年计划数字的指示》。《指示》指出：各大区提出的关于农业增产的五年计划数字和互助合作的五年发展计划数字以及1953年的农业增产指标和互助合作发展指标都过高，“势必发生急躁冒进，贪多贪大，盲目追求高级形式与强迫命令形式主义”，“如不立即有效制止，将招致生产的破坏”[①]。

该《指示》提出，5年之内组织起来的农户，老区控制在农村总户数的80%左右，新区控制在70%左右。其中农业生产合作社老区平均控制在农村总户数的45%左右，新区平均控制在12%左右；常年组新区控制在农村总户数的30%左右[②]。3月16日，中央发出《关于春耕生产给各级党委的指示》，一方面，进一步强调要纠正农业生产互助合作运动中的急躁冒进倾向，正确解决农民个体利益与公共利益的结合问题，稳步地循序而进；另一方面，对农业生产互助合作运动采取消极态度，放任自流，在互助组合作社中排斥贫困农民，使贫困农民吃亏等现象也是必须纠正的。

在这段时间里，毛泽东还对农业合作化运动需要注意的事项提出具体要求。例如，他强调互助合作组织是小型的组织，“是建立在私有财产基础之上的……用旧式农具的”[③]，“决不应当将它们混同于社会主义的集体农庄，决不应当施行过多的干涉”[④]。再如，毛泽东强调“农业生产是农村中压倒一切的工作”[⑤]，凡足以妨碍农民生产的所谓工作任务和工作方法都必须避免。这些指示从中国农业的现状出发，对纠正偏差、回到正确轨道具有重要指导意义。

---

① 《建国以来重要文献选编》第4册，中央文献出版社1993年版，第65—66页。

② 《建国以来重要文献选编》第4册，中央文献出版社1993年版，第66页。

③ 《毛泽东文集》第6卷，人民出版社1999年版，第273页。

④ 《毛泽东文集》第6卷，人民出版社1999年版，第273—274页。

⑤ 《毛泽东文集》第6卷，人民出版社1999年版，第273页。

为将中央的正确方针政策及时传达下去，经毛泽东批准，3月26日，《人民日报》发表《中共中央关于农业生产互助合作的决议》《中共中央关于春耕生产给各级党委的指示》和《人民日报》社论《领导农业生产的关键所在》。4月1日，毛泽东批示将以上3个文件汇编成《当前农村工作指南》一书，并为该书题写按语，指出这3个文件“提示了党在当前阶段指导农村工作时所必须掌握的理论认识和重要政策原则，以及群众路线工作方法”，要求一切从事农村工作的人员“来一次认真的学习”，将思想水平在整体规模上提高一步。

1953年4月3日至23日，中央农村工作部召开全国第一次农村工作会议。会议按照毛泽东设定的主题，重点讨论逐步改造小农经济的长期战略部署等工作。会议期间，毛泽东两次主持召开中央政治局会议，专门听取邓子恢关于会议情况的汇报。邓子恢在农村工作会议上传达了毛泽东提出的用10年、15年或者更长一些时间引导几亿农民逐步走向集体化的设想。此后几个月中，各地认真学习《当前农村工作指南》一书，并贯彻落实第一次全国农村工作会议精神，提高了思想认识，端正了政策观念，纠正了急躁冒进、放任自流等错误倾向，农业合作化运动重新回到正确轨道上来。

经过整顿和巩固，1953年互助组数量较1952年年底有所减少，但参加农户有所增加；初级农业生产合作社经整顿后有1.5万多个，参加农户27.5万户，平均每社18.3户①。由于工作比较扎实，生产组织程度比较适当，1953年有90%以上的互助组、合作社增产，并且合作社生产效率大多高于单干户和一般互助组生产效率。

1953年6月，毛泽东正式提出党在过渡时期的总路线，提出要在“十年到十五年或者更长一些时间内，基本上完成国家工业化和对农业、手工业、资本主义工商业的社会主义改造”。在全国宣传学习总路线的

① 《中国共产党历史》第2卷上册，中共党史出版社2011年版，第223页。

同时，10 月 26 日至 11 月 5 日，中共中央召开第三次农业互助合作会议。会前和会议期间，毛泽东同中央农村工作部负责人有过两次谈话，主题是要尽量加快发展农业生产合作社。毛泽东说：新区每个县要办好一到两个合作社；“要有控制数字，摊派下去。摊派而不强迫，不是命令主义”；“发展合作社，也要做到数多、质高、成本低”；“发展农业生产合作社，现在是既需要，又可能，潜在力很大”[①]。会议通过《中共中央关于发展农业生产合作社的决议》，报党中央修改后，于 12 月公布执行。这是继中央关于农业互助合作的第一个决议之后，出台的第二个关于农业合作化的决议。《决议》强调，农业个体经济与社会主义工业化之间日益暴露出很大的矛盾。党在农村工作中最根本的任务，就是去教育和促进农民组织起来，逐步实行农业的社会主义改造，各地农村应把重点更多转向兴办初级农业生产合作社。这次会议精神和所通过《决议》的下发，加上党在过渡时期总路线的宣传教育的展开，促使广大农村很快掀起大办农业生产合作社的热潮。

到 1955 年春，全国共办起 38 万多个初级农业生产合作社。由于各地建社的准备工作不足、存在过粗过快等问题，这个数字很大程度上偏离了正常发展的轨道。同时，1954 年中国南方发生大面积严重水灾，粮食生产计划无法完成，但是粮食收购却比原计划多了 70 亿斤。这些因素导致农民尤其是中农的不安，许多地方“闹粮荒”，并发生大批出卖耕畜、滥宰耕畜、杀羊砍树等现象。这种情况很快引起中共中央和毛泽东的重视，党中央采取分别不同地区“停、缩、发”方针，对合作社进行了必要的整顿和压缩，通过大力保护耕畜、实行粮食定产定购定销等措施，稳定农民生产情绪，缓解粮食供应紧张局面。

1955 年 1 月 10 日，经毛泽东批准，中共中央发出《关于整顿和巩固农业生产合作社的通知》。《通知》指出：大批农民踊跃入社，“当然

① 《建国以来重要文献选编》第 4 册，中央文献出版社 1993 年版，第 467—471 页。

是好现象”，但是“不能只是盲目叫好”[①]。《通知》决定，“对当前的合作化运动，应基本上转入控制发展、着重巩固的阶段”[②]，要根据不同地区的情况，分别采取不同的措施。1月15日，中共中央发出《关于大力保护耕畜的紧急指示》，强调“各地在农业合作化运动中，对牲畜入社问题，必须妥善处理，克服急躁草率情绪”[③]。3月3日，经毛泽东审批，中共中央、国务院发出《关于迅速布置粮食购销工作，安定农民生产情绪的紧急指示》，要求“把农村合作化的步骤放慢一些，这对于缓和当前农村紧张情况，安定农民生产情绪，有重大的意义”[④]。

为进一步掌握农村出现的问题，毛泽东通过多种渠道调查研究，获取真实情况。3月5日，毛泽东审阅了其卫士李银桥带回的河北安平县细雨村副村长关于组织农业生产合作社情况来信。这封信反映，细雨村在组织农业生产合作社的过程中，简单化地用“跟共产党走，还是跟老蒋走”一类的大帽子压群众入社，造成农民生产积极性下降。毛泽东当即将此信批给中共河北省委书记、省长林铁，指出这种情况“恐怕不止安平县一个乡里有，很值得注意”[⑤]。3月11日，黄炎培给毛泽东写信反映农村粮食问题，信上说：“最近有人从家乡来，反映一般居民生活苦，尤其是农民特别苦，农民说‘我们吃不饱，哪有力气去种田呢？’而一些村干部工作作风不好，总疑心农民家有藏粮，致使民间有怨声。”3月14日，毛泽东专门给黄炎培回信说：“农村粮食问题已采取措施，下一年度可以缓和下来，目前则仍有些紧张。”[⑥]

3月中旬，毛泽东约中央农村工作部的邓子恢、陈伯达、廖鲁

---

① 《建国以来重要文献选编》第6册，中央文献出版社1993年版，第11页。
② 《建国以来重要文献选编》第6册，中央文献出版社1993年版，第12页。
③ 《建国以来重要文献选编》第6册，中央文献出版社1993年版，第16页。
④ 《建国以来重要文献选编》第6册，中央文献出版社1993年版，第81页。
⑤ 《毛泽东年谱（1949—1976）》第2卷，中央文献出版社2013年版，第349页。
⑥ 《毛泽东年谱（1949—1976）》第2卷，中央文献出版社2013年版，第353页。

言、陈正人、杜润生谈话。听完农村互助合作和粮食征购情况汇报后，毛泽东说："生产关系要适应生产力发展的要求，否则生产力就会起来暴动。当前农民杀猪宰羊就是生产力起来暴动。"[①]他提出"一曰停、二曰缩、三曰发"的方针。根据毛泽东的指示，全国农业合作化运动进行了降温，全国共减少2万个合作社，由67万个减为65万个，农民生产情绪趋于稳定，粮食供应紧张的局面得到缓解，农村形势开始好转。

（三）加速推进农业社会主义改造的动因

1955年4月，毛泽东到南方视察期间，感到实地了解到的情况同在北京看到的材料有较大出入。他沿途看见麦子长得半人高，认为不能说农民生产消极，生产消极的只是小部分。上海市委书记柯庆施对毛泽东说，经过调查，在县、区、乡三级干部中，有30%的人反映农民要"自由"的情绪，不愿意搞社会主义。这些新了解的情况让毛泽东认为前一段农村关系的紧张，不能归咎于合作化运动搞快了。只要把粮食征购指标压一些，便可缓和同农民的关系，而不必放慢农业合作化的脚步。

5月17日，毛泽东主持召开15个省、市委书记会议，着重讨论粮食统购统销、发展农业合作社等问题。会上，毛泽东批评了对合作化问题的消极情绪，称再不改变，就会犯大错误。他重申了中央的"停、缩、发"方针，但重点是放在"发"上。这同3月间对合作化的态度有明显变化。根据毛泽东要加快发展的讲话精神，会上各省重新调整了计划数字。

6月8日，毛泽东再次离京到南方各地考察农业合作化的情况。在外地视察期间，毛泽东沿途听取各省负责人汇报农业合作化的进展情况，认为农民群众的社会主义积极性正在高涨。6月23日他回到北京后，向邓子恢提出将1956年合作社发展计划从100万个增加到130万个。

① 《毛泽东年谱（1949—1976）》第2卷，中央文献出版社2013年版，第355页。

邓子恢认为坚持原计划数字好，主张还是按 100 万个的计划为好，即在原有的 65 万个基础上翻半番。

为统一思想，经毛泽东提议，7 月 31 日至 8 月 1 日，中共中央在北京举行省、市、自治区党委书记会议。7 月 31 日，毛泽东在会上作《关于农业合作化问题》的报告。毛泽东的报告开头就批评了“小脚女人走路”，对邓子恢等人采取的“特别迟缓的速度”进行了批评。报告强调农业合作化的高潮即将到来，“我们应当积极地热情地有计划地去领导这个运动，而不是用各种办法去拉它向后退”[1]。

毛泽东在报告中充分论述了农业合作化与工业化的关系，指出“如果我们不能在大约三个五年计划的时期内基本上解决农业合作化的问题”，“我们就不可能完成社会主义工业化”[2]。报告提出在我国的条件下必须先有农业合作化，然后才能使用大机器的重要观点。

毛泽东认为农业是否增产、农业合作社是否比单干户和互助组产量高，是农业合作化是否成功的关键，也是重要标志。他在《关于农业合作化问题》报告中强调，“决不能老是等于单干户或互助组的产量，如果这样就失败了，何必要合作社呢？更不能减低产量。”[3]这一时期，各地上报材料显示，现有的 65 万个农业生产合作社 80% 以上都是增产的。这些数据给了毛泽东以很大的信心和勇气，也成为他用来说服和批评持不同意见者的主要依据。

毛泽东的报告总结了几十年来党领导农业互助合作运动的基本经验，提出不少独创性的政策思想和理论观点。但是，把农业合作化步骤上的不同意见当作“右的错误”来批判，在很大程度上助长了党内的急躁冒进情绪。

---

① 《毛泽东文集》第 6 卷，人民出版社 1999 年版，第 418 页。

② 《毛泽东文集》第 6 卷，人民出版社 1999 年版，第 431 页。

③ 《毛泽东文集》第 6 卷，人民出版社 1999 年版，第 426 页。

1955 年 10 月，中国共产党七届六中全会（扩大）召开，讨论通过了《关于农业合作化问题的决议》。会议批评了在农业合作化问题上的“右倾机会主义错误”。会议的最后一天，毛泽东作了总结讲话。他首先谈了关于“大发展好还是小发展好”的问题，认为主张小发展的观点是错误的。他还提出应当办一批高级农业生产合作社，但又表示：关于高级社的条件和应办多少高级社，今天不说，条件问题还是请大家加以研究，明年再讲，各地方可以按照情形，实际去办。总而言之，条件成熟了的就可以办，条件不成熟的不要办，开头办少数，以后逐步增加。

毛泽东的这篇总结讲话，将农业合作化的不同争论提升到“大辩论”和“阶级斗争”的高度来批评，很大程度上束缚了大家发表正确意见的积极性。尽管毛泽东对如何发展农业合作社提出了很多好的意见和措施，但是在这样一种不正常的政治生态下，农业合作化运动势必脱离实际，出现过快、过粗等问题。

会议通过的《决议》要求比较先进的地方在 1957 年春季以前、全国大多数地方在 1958 年以前，入社农户达到当地总农户的 70%—80%，基本上实现半社会主义的合作化。这个新的规划数字大大超出了毛泽东在 7 月省、市、自治区党委书记会议上提出的规划数字。全会结束后，“关于发展社会主义或发展资本主义的两条道路的斗争”成为农业合作化运动乃至全部农村工作中的主题，农业合作化运动形成猛烈发展的浪潮。

中共七届六中全会后，毛泽东决定继续开展关于农业合作化的调查。11 月 1 日，他离京乘专列南下，一边走一边同各地党政领导人谈话，调查了解农业合作化和农业生产等情况。11 月 7 日，毛泽东向警卫一中队江苏、浙江籍的 7 名战士了解农村情况。11 月 10 日，毛泽东又向刚刚探家归队的几名战士了解他们家乡的情况。

1955 年夏季以后，农业社会主义改造出现急速变化的形势，在全国形成迅猛发展的农业合作化浪潮。1956 年春夏，全国农村又掀起以发展高级社为中心内容的全国农业合作运动的第二个高潮，各地的初级社纷纷转为高级社。到 1956 年年底，加入合作社的农户占全国农户总数的 96.3%，其中参加高级社的农户占总农户的 87.8%，原来计划 18 年完成的农业合作化，仅用 7 年时间，提前 11 年完成了[①]。对农业社会主义改造的顺利完成，使全国广大农民彻底摆脱小块土地私有制的束缚，走上合作经济的广阔发展道路，开创了建设社会主义农村的新时代。它的胜利也为实现国家工业化和推进对资本主义工商业及手工业的社会主义改造，创造了有利的条件。

与此同时，资本主义工商业、手工业的社会主义改造也大大加快了步伐。至 1956 年年底，我国基本上完成了对生产资料私有制的社会主义改造。这一生产关系上的深刻社会变革，标志着党领导全国人民实现了从新民主主义到社会主义的历史转变。社会主义制度在中国基本建立起来了。

（四）在编辑《中国农村的社会主义高潮》过程中“周游列国”

为更好地宣传贯彻农业合作化思想，总结推广各地农业合作化的典型经验，进而推动农业合作化运动，毛泽东在 1955 年用很大精力编辑了《怎样办农业生产合作社》（后改名为《中国农村的社会主义高潮》）一书。尽管毛泽东是坐在办公室中编辑这本书的，但是他审阅了各地报送上来的大量鲜活材料，实际是一次在办公室中完成的“调查研究”活动，是一次运用党的群众路线了解民情的生动实践。在编辑这本书的过程中，他不仅审阅各地的材料，而且写了 4 万多字的“按语”，提出了一些很有价值的科学论断，成为这次特殊的调查研究的重要思想成果。

《怎样办农业生产合作社》的前期工作是毛泽东于 1955 年 9 月在北戴河编辑完成的。9 月 14 日，毛泽东从北京乘专列到达北戴河，9 月 25 日晚返回北京。在短短的 11 天中，毛泽东每天除了处理公务，主要将精

---

① 《中国共产党的九十年》（社会主义革命和建设时期），中共党史出版社、党建读物出版社 2016 年版，第 455 页。

力用在编辑《怎样办农业生产合作社》一书上。编辑这本书的素材是杜润生和廖鲁言根据毛泽东要求报送的第三次全国农村工作会议的报告、发言和结论等材料以及地方报送的材料。他对这本书的编辑工作十分重视，从目录编排、篇目来源、修改目标、出版印刷等 6 个方面提出明确要求。在目录编排方面，他要求按照地区排列；在篇目来源方面，他让廖鲁言对有关篇目查明来源，注明在每一篇的题目之下；在修改方面，他要求校对一遍，文字上加以修改，使更加通俗化①。

同时，毛泽东对所收文章的标题作了仔细修改，并撰写了 19 篇按语。这些按语批评了各地在合作化问题上持收缩思想的做法。中共河北省委工作组写的《整顿农业生产合作社必须贯彻积极领导的精神》一文，认为整顿合作社必须从积极方面着眼，爱护群众的热情，克服消极因素，反对在困难面前消极畏缩。要依靠和发动群众来解决阻碍合作社巩固的问题，放弃领导就要犯"一哄而散"的错误。毛泽东审阅该文以后，将标题改为《不应当挫折干部和群众的社会主义积极性，胡乱地解散合作社》，并加写按语："这样地去解散合作社是完全错误的，本文作者的观点是正确的。"②

有的文章按语对合作社采取的具体措施给予肯定。毛泽东审阅中共山东省莒南县委关于新建农业生产合作社发动社员投资的情况报告后，将标题改为《解决生产资金不足的困难》，并加写按语指出："这个合作社的经验也证明，适当地，不是过多地，并且是在启发社员有了充分的觉悟以后，对于贫苦社员又加以照顾等项条件之下，发动社员投资，解决合作社生产资金不足的困难，是完全可能的。"③

还有一些按语，着重强调政治工作和党建工作的重要性。沙军所写

① 《毛泽东年谱（1949—1976）》第 2 卷，中央文献出版社 2013 年版，第 436—437 页。
② 《建国以来重要文献选编》第 7 册，中央文献出版社 1993 年版，第 205 页。
③ 《建国以来重要文献选编》第 7 册，中央文献出版社 1993 年版，第 235 页。

的《巩固社的关键——记张郭庄乡农业生产合作社的政治工作》一文介绍了北京市丰台区张郭庄乡农业生产合作社紧紧抓住政治思想领导这一重要环节，使该社逐步由小到大、由低到高迅速发展起来的经验。包括上级党委的领导、教育社员关心生产、反对资本主义倾向、民主办社、坚持党的政策和深入群众等方面。毛泽东将题目改为《张郭庄合作社的政治工作》，并加写按语指出："这篇文章的观点是正确的。合作社必须强调做好政治工作。政治工作的基本任务是向农民群众不断地灌输社会主义思想，批评资本主义倾向。"[①]毛泽东审阅《中共西乡县杨河坝乡支部领导互助合作的经验》后，将题目改为《西乡县杨河坝乡党支部正确地领导了那里的互助合作》，并加写按语指出："根据几处地方的反映，在农业生产合作社的管理委员会内设立政治副职，是必要的。各地都可以设立起来，在党支部的领导之下，专责进行政治工作。""我们一定要相信这样一点，即劳动人民中的缺点或者错误，是能够经过适当的政治工作使他们加以克服或者改正的。"[②]

经过篇目筛选、修改标题和加写按语，入选《怎样办农业生产合作社》的材料更加具有针对性，也更加通俗易懂。到这时，毛泽东主持编辑的《怎样办农业生产合作社》一书雏形基本完成。

9 月 25 日，在离开北戴河返回北京的当天，毛泽东亲自为这本书写了序言初稿。他在序言中写道："我们认为所有这些材料的作者所表示的观点是正确的，或者是基本上正确的。读者从这些材料，可以看出全国合作化运动的规模、方向和发展的前景。这些材料告诉我们，运动是健康的。出乱子的地方都是党委没有好好去指导。一待党委根据中央的方针跑上去做了适当的指导，那里的问题就立即解决了。这些材料很有说服力，它们可以使那些对于这个运动到现在还是采取消极态度的人们

① 《建国以来重要文献选编》第 7 册，中央文献出版社 1993 年版，第 213 页。

② 《建国以来重要文献选编》第 7 册，中央文献出版社 1993 年版，第 253—254 页。

积极起来，它们可以使那些到现在还不知道怎样办合作社的人们找到办合作社的方法，它们更可以使那些动不动喜欢‘砍掉’合作社的人们闭口无言。”[①]这段表述，明确地表明了毛泽东对农业合作化的肯定和支持态度，同时也明确地对那种“砍社”做法提出否定和批评。

序言还说：“在几万万农民中实行农业的社会主义的改造，是一件了不起的工作。就全国来说，时间还不算很久，经验还不算很多。特别是我们还没有在全党进行一次广泛有力的宣传工作，这就使得很多的同志对于这个问题没有提起注意，不明了这个运动的方针、政策和办法，使得党内的意志还不统一。现在我们党的六中全会很快就要开会讨论这个问题，即将作出关于这个问题的新的决议。我们应当根据这个决议做一次广泛有力的宣传工作，使得全党的意志统一起来。这本书的出版，对于这一次宣传工作，可能是有些帮助的。”[②]毛泽东将这本书同在全国宣传农业合作化联系起来，进一步说明，在毛泽东心目中，这本书绝不仅仅是一本关于农业合作化的资料集，更是一本供全党学习、汲取经验的重要教科书。这篇序言写好后，刘少奇等中央领导同志审阅并提出了修改意见。

关于 9 月份在北戴河编辑这本书的经历，毛泽东在同年 10 月 11 日中共七届六中全会上曾戏称这 11 天是“周游列国，比孔夫子走得快，所以云南、新疆一概走到了”。

这部书编成后，毛泽东将其作为会议材料在中共七届六中全会上印发。有些省委书记在会议期间提出，《怎样办农业生产合作社》中的材料已经过时了，应当补充新的材料。毛泽东采纳了这个意见，并让参会者带回去阅读，要增加的材料送来，哪些应该抽掉的提出来，应该修改的地方加以修改，按语有不对的地方也提出修改意见，限 10 月 25 日以

① 《建国以来重要文献选编》第 7 册，中央文献出版社 1993 年版，第 196—197 页。
② 《建国以来重要文献选编》第 7 册，中央文献出版社 1993 年版，第 197 页。

前报送中央办公厅。通过这种方式，毛泽东可以从各地各部门获得更多一手材料，为进一步开展关于农业合作化的调查研究提供了重要帮助。

到 1955 年年底，在中共七届六中全会的推动下，全国的农业合作化形势同 9 月相比，已经发生了很大改变。9 月参加合作社的农户为 3800 多万户，占全国农户总数的 32%。12 月下旬入社农户已达到 7500 多万户，占全国农户总数的 63.3%。客观形势的变化要求对《怎样办农业生产合作社》进行重新编辑。

12 月，在各地各部门报送的新材料基础上，毛泽东开始重新编辑《怎样办农业生产合作社》，精心筛选材料、修改文字、拟定标题、撰写按语。从原有的 121 篇材料中删去 30 篇，留下 91 篇；从新收材料中选出 85 篇，全书共 176 篇，约 90 万字。同时，撰写了 85 篇按语，并对 9 月份所写的一些按语作了修改，涉及办好合作社的经验总结、党的思想政治工作、农村经济工作、文化教育工作、妇女青年工作等，发表了很多正确意见。

毛泽东对冗长拖沓的标题予以修改，变得简洁生动、一目了然。例如，他将标题《邓家乡怎样运用中心社带动互助组和个体农民开展生产运动》改成《合作化模范邓家乡》；将标题《津东郊区詹庄子乡民生、民强农业生产合作社如何发动妇女参加田间生产》改成《妇女走上了劳动战线》；将标题《中共拉林县委对农业生产合作社的财务管理工作的领导》改为《关于财务管理》；将标题《葛世玉农业生产合作社是怎样通过生产自救获得巩固与扩大的》改为《只有合作化才能抵抗天灾》；将标题《肥东芦陈乡青春、陈祠农业生产合作社对多余劳动力的解决办法》改为《多余劳动力找到了出路》；将标题《大泉山怎样由荒凉的土山成为绿树成荫、花果满山》改为《看，大泉山变了样子！》；将标题《河北省邢台县东川口如何达到合作化》改为《只花一个多月时间就使全村合作化》；将标题《应当怎样认识工作薄弱的村的合作化运动》改为《所谓落后乡村并非一切都落后》；将标题《今年互助组的新情况和新问题——黑龙江省讷河县（今讷河市）平房、双泉、王福三个村互助组情况调查》改为《新情况和新问题》；等等。这些修改从侧面反映出毛泽东善于抓取文章核心要义的能力和深厚的文字功底，在生动鲜活中直指文章要义，使人耳目一新，印象深刻。

除了修改标题，更能体现毛泽东关于农业合作化思想的是他写的4万多字的104篇按语。例如，他为《书记动手，全党办社》写的按语说："遵化县的合作化运动中，有一个王国藩合作社，二十三户贫农只有三条驴腿，被人称为'穷棒子社'。他们用自己的努力，在三年时间内，'从山上取来'了大批的生产资料，使得有些参观的人感动得下泪。我看这就是我们整个国家的形象。难道六万万穷棒子不能在几十年内，由于自己的努力，变成一个社会主义的又富又强的国家吗？"[①]在这篇按语中，他对遵化县的王国藩合作社发扬艰苦奋斗的优良作风高度赞扬，表达出对中国人民自力更生、建设富强国家志气的充分肯定。类似地，毛泽东为《一个在三年内增产百分之六十七的农业生产合作社》写的按语说："曲阜县是孔夫子的故乡，他老人家在这里办过多少年的学校，教出了许多有才干的学生，这件事是很出名的。可是他不大注意人民的经济生活。他的学生樊迟问起他如何从事农业的话，他不但推开不理，还在背后骂樊迟做'小人'。现在他的故乡的人民办起社会主义的合作社来了。经过了两千多年仍然是那样贫困的人民，办了三年合作社，经济生活和文化生活都开始改变了面貌。这就证明，现在的社会主义确实是前无古人的。社会主义比起孔夫子的'经书'来，不知道要好过多少倍。有兴趣去看孔庙孔林的人们，我劝他们不妨顺道去看看这个合作社。"[②]

他为《勤俭办社》写的按语说："勤俭经营应当是全国一切农业生

① 《建国以来重要文献选编》第7册，中央文献出版社1993年版，第201页。

② 《建国以来重要文献选编》第7册，中央文献出版社1993年版，第218—219页。

产合作社的方针，不，应当是一切经济事业的方针。勤俭办工厂，勤俭办商店，勤俭办一切国营事业和合作事业，勤俭办一切其他事业，什么事情都应当执行勤俭的原则。这就是节约的原则，节约是社会主义经济的基本原则之一。”[①]毛泽东将勤俭节约提到工作方针和经济原则的高度，充分反映出他对中国“一穷二白”基本国情的准确认知和对中华优秀传统文化的传承。毛泽东为《只花一个多月时间就使全村合作化》写的按语说：“使一个地方健全地达到合作化的问题是党的政策和工作方法的问题。只要我们党对于处理合作化问题上的各项政策是正确的，只要我们党当着发动群众加入合作社的时候所采用的工作方法，不是命令主义的或者简单从事的方法，而是向群众讲道理，作分析，完全依靠群众自觉自愿的方法，那末，完成合作化，并且达到增产，决不是很困难的。”该按语还说：“一切合作社，都要以是否增产和增产的程度，作为检验自己是否健全的主要的标准。”[②]此外，毛泽东在按语中还提出：“政治工作是一切经济工作的生命线”；“真正的男女平等，只有在整个社会的社会主义改造过程中才能实现”；“提倡以集体利益和个人利益相结合的原则为一切言论行动的标准的社会主义精神”；“农村是一个广阔的天地，在那里是可以大有作为的”；“青年是整个社会力量中的一部分最积极最有生气的力量”；等等。这些观点，至今仍具有很强的指导意义。

不可忽视的是，毛泽东编辑这本书的首要目的，是论证农业合作化的必然性，旨在消除阻碍实现农业合作化的各种障碍，进而统一全党思想，顺利推进全国的农业合作化运动。因此，他在按语中批评：“有些人虽然顶着共产主义者的称号，却对于现在要做的社会主义事业表现很少兴趣。他们不但不支持热情的群众，反而向群众的头上泼冷水。”[③]

---

① 《建国以来重要文献选编》第 7 册，中央文献出版社 1993 年版，第 201—202 页。
② 《建国以来重要文献选编》第 7 册，中央文献出版社 1993 年版，第 203—204 页。
③ 《建国以来重要文献选编》第 7 册，中央文献出版社 1993 年版，第 232 页。

毛泽东对涉及办高级社的材料十分感兴趣，在按语中大力推荐。他说："对于条件已经成熟了的合作社，就应当考虑使它们从初级形式转到高级形式上去，以便使生产力和生产获得进一步的发展。因为初级形式的合作社保存了半私有制，到了一定的时候，这种半私有制就束缚了生产力的发展，人们就要求改变这种制度，使合作社成为生产资料完全公有化的集体经营的经济团体。"①

12 月 20 日，《怎样办农业生产合作社》的重编工作全部结束。经过反复考量，毛泽东将书名确定为《中国农村的社会主义高潮》。

12 月 27 日，毛泽东在杭州为《中国农村的社会主义高潮》写了序言。在序言中，毛泽东强调这是一本材料书，学习主体是"在农村工作的人们"，但是城市里的人也应当看，因为"这是新事情"。"为了要了解这些，看一看农村方面的材料是有好处的。"毛泽东认为 1955 年下半年，中国的情况发生一个根本的变化，即到 12 月下旬，1.1 亿农户中已有 60% 以上的农户（即 7000 多万户）响应中共中央的号召，加入了半社会主义的农业生产合作社。按语评价说："这是一件了不起的大事。""这件事告诉我们，中国的手工业和资本主义工商业的社会主义改造，也应当争取提早一些时候去完成，才能适应农业发展的需要。这件事告诉我们，中国的工业化的规模和速度，科学、文化、教育、卫生等项事业的发展的规模和速度，已经不能完全按照原来所想的那个样子去做了，这些都应当适当地扩大和加快。"毛泽东认为农业合作化是在一种健康的状态中进行的。表现在"一切地方的党组织都全面地领导了这个运动"。"农民是那样热情而又很有秩序地加入这个运动。他们的生产积极性空前高涨。最广大的群众第一次清楚地看见了自己的将来。"并再次强调："总之，群众已经看见了自己的伟大的前途。"

毛泽东在按语中，从马克思主义唯物辩证法出发，强调："人们的思

① 《建国以来重要文献选编》第 7 册，中央文献出版社 1993 年版，第 211 页。

想必须适应已经变化了的情况。当然，任何人不可以无根据地胡思乱想，不可以超越客观情况所许可的条件去计划自己的行动，不要勉强地去做那些实在做不到的事情。”这一基本观点是正确的。但是，毛泽东又认为“右倾保守思想在许多方面作怪”，“经过努力本来可以做到的事情，却有很多人认为做不到”，因此必须不断地批判那些确实存在的右倾保守思想。

1956 年 1 月，《中国农村的社会主义高潮》一书出版发行。毛泽东加写的 104 条按语，犹如在调查研究过程中的工作感悟，反映了他对迅速改变中国农村落后面貌的迫切愿望，也体现出他对实行农业合作化运动的决心和自信心。不可回避的是，很多按语以批判所谓“右倾机会主义”为主旨，客观上助长了农业发展上“左”的倾向。但是从历史角度看，毛泽东根据各地提供的先进材料，经过研究加工提炼，再下发给各地参照，充分体现了“从群众中来，到群众中去”的精神。这本书出版后，全国城乡尤其农村党员干部展开了认真学习，对集中全党意志推进农业合作化运动，对在广大农村掀起社会主义高潮，引导亿万农民走社会主义集体化道路，起到了重要作用。

（五）大力推动血吸虫病防治工作

新中国成立后，毛泽东十分重视和关心血吸虫病防治工作，安排卫生部门负责人和身边工作人员开展调查研究，多次听取有关部门工作汇报并作出重要指示，推动血吸虫病防治工作取得重要成果。

1953 年 9 月 16 日，全国政协副主席、最高人民法院院长、中国民主同盟中央副主席沈钧儒致信毛泽东，报告了他在上海养病期间了解到的水乡农村血吸虫病很严重，危害群众健康和生产生活的问题，建议加强并改进血吸虫病防治工作。9 月 27 日，毛泽东复信沈钧儒：“血吸虫病危害甚大，必须着重防治。大函及附件已交习仲勋同志负责处理。”[①]

① 《毛泽东年谱（1949—1976）》第 2 卷，中央文献出版社 2013 年版，第 171 页。

毛泽东将沈钧儒来信批转政务院秘书长、政务院文教委员会副主任、中共中央宣传部部长习仲勋处理，卫生部门随即加强了血吸虫病的调查研究，并采取了一些防治措施。在毛泽东直接过问下，新中国的血吸虫病防治工作开始步入正轨并逐步展开。

1955 年 11 月中旬，毛泽东在杭州召集华东、中南地区省委书记开会研究农业合作化、资本主义工商业改造等问题。其间，他让沈同等身边工作人员帮助他去了解杭州郊区农民的生活情况。工作人员在杭州余杭的一个村庄同丧失劳动能力的血吸虫病患者交谈，了解到血吸虫病给人民群众身体健康和生产生活造成的严重危害，及时将这一情况报告了毛泽东[①]。毛泽东因此专门让中央办公厅通知卫生部副部长、党组书记徐运北立即从北京赶赴杭州汇报血吸虫病防治问题。

11 月 17 日，毛泽东听取徐运北关于血吸虫病防治工作的汇报。毛泽东指出：血吸虫病流行范围广，一千万人受害，一亿人民受威胁，要认识它的严重性。我们一定要消灭血吸虫病。在工作中要充分发动群众，发挥科学家的作用，要使科学技术和群众相结合。还强调，血防工作由党委统一领导，全面规划，党内成立防治血吸虫病领导小组，柯庆施为组长，魏文伯、徐运北为副组长，农业部和重点疫区的省委书记或省长参加，就叫九人小组。有血吸虫病的省、地、县也成立七人小组或五人小组来领导这项工作。九人小组第一次会议要迅速在上海召开，各省立即行动。卫生部要把消灭血吸虫病作为当前的政治任务。各有关党委要亲自抓，了解情况，总结经验，并尽快编出通俗小册子，把消灭血吸虫病的知识和方法向群众进行宣传[②]。这一天，毛泽东还指示徐运北到上海准备血吸虫病防治工作会议，并强调："在路上，先看看浙江重

① 沈同：《回忆主席的一次调研》，《人民日报》2003 年 12 月 26 日。

② 《当代中国卫生事业大事记（1949 年—1990 年）》，人民卫生出版社 1993 年版，第 54—55 页。

点疫区的情况，一定要调查研究，深入基层，亲自掌握情况。”[①]可以看出，毛泽东十分重视对血吸虫病的调查研究工作。徐运北按照毛泽东的指示，到浙江嘉兴县重点乡走访调查了血吸虫病人和钉螺分布情况，为开好第一次血吸虫病防治工作会议奠定了重要基础。

根据毛泽东的指示，1955 年 11 月 23 日到 25 日，柯庆施在上海主持召开中央防治血吸虫病九人小组第一次会议。会议传达了毛泽东关于消灭血吸虫病的指示，研究了各地防治血吸虫病的有关情况，介绍了一些省市的经验，制定了血防的方针和大体规划。会议指出，各级党委对血吸虫病的严重性还认识不足，对防治工作缺乏应有的重视和全面规划，没有彻底消灭血吸虫病的决心。会议还分析了当前血防工作存在的有利条件，包括党的领导、农业合作化运动的迅速发展、广大干部群众的积极性，以及拥有一定数量的医务科学研究工作者队伍。会议制定了“全面规划，加强领导，依靠互助合作，组织中西医力量，积极防治，七年消灭”的方针，提出必须把消灭血吸虫病当作一项严肃的政治任务。会议提出“一年准备、四年战斗、两年扫尾”步骤，计划在七年内消灭血吸虫病。为此，各地应在 1956 年内做好调查病情、典型试验、训练干部、传授知识、编写材料、广泛宣传、总结经验、加强研究、健全机构等工作。会议建议在血吸虫病流行的地区，省、地、县党委成立七人或五人小组，区、乡成立三人小组，在各级党委领导下，专门负责血吸虫病防治工作。

12 月 21 日，毛泽东为中共中央起草的给上海局，各省委、自治区党委的通知中征询各地对“农业十七条”的意见，其中第 12 条提出：“在七年内，基本上消灭若干种危害人民和牲畜最严重的疾病，例如血吸虫病、血丝虫病、鼠疫、脑炎、牛瘟、猪瘟等。请你们研究各省、区的地方病，哪些是七年内可以基本上消灭的，哪些是要延长时间才能消

① 《缅怀毛泽东》上册，中央文献出版社 1993 年版，第 340 页。

灭的，哪些是目前无法消灭的。”[①]12 月 27 日，毛泽东在《中国农村的社会主义高潮》序言中指出：“许多危害人民最严重的疾病，例如血吸虫病等等，过去人们认为没有办法对付的，现在也有办法对付了。”[②]

做好血吸虫病防治工作，必须大力发展科学研究。毛泽东对科研工作者十分关心，曾经亲自接见吴光、苏德隆、陈心陶等科学家，询问防治科研工作的情况，指出研究的方向。例如，1956 年一二月间，毛泽东在最高国务会议第六次会议和全国政协二届二次会议召开期间，三次接见在广东从事血防科研工作的陈心陶，询问广东省血防工作情况，充分肯定广东采取结合农田水利建设和农业生产来消灭钉螺的做法[③]。1957 年 7 月 7 日晚上，毛泽东在上海中苏友好大厦会见上海科学、教育、文学、艺术和工商界的代表人士，流行病学专家苏德隆应邀在座。消灭血吸虫病问题是当晚毛泽东谈话的主题之一。在当时反右派斗争的政治氛围下，毛泽东仍然关心着血吸虫病防治工作，充分体现出他的为民情怀[④]。受到毛泽东的带动和影响，党中央很多领导同志深入调查研究，通过召开座谈会、实地考察科研机构等方式，了解血防研究进展情况，关心科研人员工作和生活，给广大血防研究工作者以极大的鼓舞，有力推动了血防研究工作的开展。

1956 年 1 月，经毛泽东多次主持修改的《一九五六年到一九六七年全国农业发展纲要（草案）》提出：“从 1956 年开始，分别在 7 年或者 12 年内，在一切可能的地方，基本上消灭危害人民最严重的疾病，例如血吸虫病、血丝虫病、钩虫病、黑热病、脑炎、鼠疫、疟疾、天花和性病。”[⑤]在短短 3 个月左右时间中，毛泽东经过认真调查、听取意见、反

① 《毛泽东文集》第 6 卷，人民出版社 1999 年版，第 509—510 页。
② 《建国以来重要文献选编》第 7 册，中央文献出版社 1993 年版，第 435 页。
③ 陈思轩主编：《陈心陶百年》，中山大学出版社 2004 年版，第 6—10 页。
④ 《毛泽东年谱（1949—1976）》第 3 卷，中央文献出版社 2013 年版，第 185—186 页。
⑤ 《建国以来重要文献选编》第 8 册，中央文献出版社 1994 年版，第 55—56 页。

复论证，将血吸虫病列入“危害人民最严重的疾病”清单中，确定消灭疫病的时限，充分反映出毛泽东始终心系人民群众健康，把人民医疗卫生事业置于重要位置的可贵品质。

毛泽东十分关注第二次全国防治血吸虫病工作会议的准备情况。3月3日，毛泽东致信徐运北，询问原定3月在上海召开的第二次防治血吸虫病会议是否按期召开以及准备情形如何。并将中国科学院水生动物专家秉志给刘少奇的信批转徐运北，指示开会时邀请秉志前往参加。秉志给刘少奇的信中谈了消灭血吸虫的办法，提出消灭钉螺用土埋不行，必须用火焚烧，以期永绝后患[①]。3月5日，毛泽东阅中共四川省委防治钩虫病、血吸虫病五人小组办公室3月2日给中央防治血吸虫病九人小组办公室的电报，批示杨尚昆：“请你电话告知上海柯庆施同志和中央卫生部徐运北同志，今年三月召开第二次防治血吸虫病会议的时候，应当邀请福建、广东、广西、四川等有血吸虫和钩虫病的省区派出代表到上海参加会议，并问他们此次会议何日召开，有无准备？”[②]3月7日，毛泽东阅徐运北关于召开防治血吸虫病会议问题的来信，作出批示：“除长江中下游六省外，其他已发现血吸虫病的省份如四川、广东、福建等也应当请他们派代表参加，请与柯庆施同志商处。会议除讨论血吸虫病为主要任务以外，钩虫病及其他最严重的疾病也宜加以讨论。会议应当订定下一次会议，下半年再开一次会议（即每年开会两次）也就可以了。”[③]毛泽东关于参加省份的几个批示，实际上为血吸虫病防治工作明确了工作范围，也为血防工作小组顺利地统筹各省区防治工作，奠定了基础。

3月20日至28日，中央防治血吸虫病九人小组在上海召开第二次

① 《毛泽东年谱（1949—1976）》第2卷，中央文献出版社2013年版，第541页。
② 《毛泽东年谱（1949—1976）》第2卷，中央文献出版社2013年版，第543页。
③ 《毛泽东年谱（1949—1976）》第2卷，中央文献出版社2013年版，第544页。

全国防治血吸虫病工作会议。会议汇报了第一次会议后各地工作情况，总结交流了各地区的经验，着重布置了夏秋两季的工作，讨论了加强党的领导、发动群众和科学技术保证3个基本问题[①]。4月18日，徐运北向中央报送关于消灭血吸虫病问题的报告。报告提出，要在全国范围内消灭血吸虫病，必须做到：第一，加强党的领导，这是问题的关键；第二，充分发动群众；第三，加强对科学研究的组织和领导；第四，追加防治血吸虫病的经费。4月20日，毛泽东将这个报告批转中共中央秘书长、国务院副总理邓小平，并批示将这份报告印发500份或更多些，分发党内外高级干部及25日到京参加中央政治局扩大会议的各省委书记参阅[②]。从批示印发的数量和印发对象来看，毛泽东对徐运北报告中提出的血防措施是充分认可的，认为具有较高的借鉴和推广价值，这对进一步推动血防工作起到重要作用。

按照毛泽东的批示精神，卫生部等部门很快建立起防治血吸虫病的工作机构和研究机构，血防工作机制日趋健全。卫生部正式设立血吸虫病防治局，与血防领导小组办公室合署办公。1956年3月21日，国务院二办批示同意卫生部成立中央防治血吸虫病科学研究委员会[③]。同年9月6日，卫生部发布《关于将血吸虫病等7种传染病列入传染病管理办法乙类传染病中进行管理的通知》[④]。

1956年12月24日，中央防治血吸虫病九人小组在上海召开第三次全国防治血吸虫病工作会议，讨论制定了1957年防治血吸虫病工作要点[⑤]。1957年2月6日，中共中央批转了《关于第三次防治血吸虫病工作会议的报告》和《1957年防治血吸虫病工作要点》，批示指出："加强党

① 《当代中国卫生事业大事记（1949年—1990年）》，人民卫生出版社1993年版，第60页。
② 《毛泽东年谱（1949—1976）》第2卷，中央文献出版社2013年版，第563—564页。
③ 《当代中国卫生事业大事记（1949年—1990年）》，人民卫生出版社1993年版，第61页。
④ 《当代中国卫生事业大事记（1949年—1990年）》，人民卫生出版社1993年版，第66页。
⑤ 《当代中国卫生事业大事记（1949年—1990年）》，人民卫生出版社1993年版，第68页。

对防治血吸虫病工作的领导，是完成防治任务的基本保证。”批示还强调，在防治血吸虫病工作上取得成绩的流行地区的党委，应当再接再厉，继续努力，争取更大的胜利；没有这样做的党委，都应当仿效进行①。

1957 年 4 月 20 日，国务院发出《关于消灭血吸虫病的指示》，指出：必须采取积极防治的方针，采取综合性措施，充分发动群众和科学技术相结合，防治工作和发展农业生产、兴修水利相结合，坚决进行反复的斗争②。4 月 23 日，中共中央发出《关于保证执行国务院〈关于消灭血吸虫病的指示〉的通知》，强调“血吸虫病流行地区的各省市委和国务院各有关部门党组，应该保证执行”。《通知》要求：血吸虫病流行地区的乡以上各级党组织尚未建立防治血吸虫病领导小组的应迅速建立起来。县级以上各级党委防治领导小组，应当吸收农业、卫生、水利、宣传、文教和其他有关部门的党员负责干部参加，以便环绕每个时期的防治任务协同作战。血吸虫病流行地区的各级党委，应当根据国务院的指示，对本地的防治血吸虫病的工作进行一次检查和讨论，制定 1957 年防治工作计划，省市委并应将讨论情况和计划报告中央。《通知》最后强调“各有关省市委应当每半年将防治工作向中央作一次专题报告”③。

在此后的繁忙工作中，毛泽东始终牵挂着血吸虫病防治工作。1958 年在安徽视察时，毛泽东亲自视察了安徽省消灭血吸虫病规划。他还在上海多次听取魏文伯关于血防工作情况的汇报。在他的亲自督促下，全国的血防工作进展顺利。

1958 年 6 月 30 日，《人民日报》发表题为《第一面红旗——记江西余江县根本消灭血吸虫病的经过》的报道，同时发表题为《反复斗争，消灭血吸虫病》的社论。

---

①《当代中国卫生事业大事记（1949 年—1990 年）》，人民卫生出版社 1993 年版，第 70 页。

②《当代中国卫生事业大事记（1949 年—1990 年）》，人民卫生出版社 1993 年版，第 74 页。

③《当代中国卫生事业大事记（1949 年—1990 年）》，人民卫生出版社 1993 年版，第 74 页。

毛泽东阅读报纸后，十分高兴，于7月1日作诗《七律二首·送瘟神》。其一："绿水青山枉自多，华佗无奈小虫何！千村薜荔人遗矢，万户萧疏鬼唱歌。坐地日行八万里，巡天遥看一千河。牛郎欲问瘟神事，一样悲欢逐逝波。"其二："春风杨柳万千条，六亿神州尽舜尧。红雨随心翻作浪，青山着意化为桥。天连五岭银锄落，地动三河铁臂摇。借问瘟君欲何往，纸船明烛照天烧。"同时，毛泽东还为这两首诗写了小引，用"浮想联翩，夜不能寐。微风拂煦，旭日临窗。遥望南天，欣然命笔"的文字来抒发自己的欣喜之情。在该诗后记中，毛泽东认为血吸虫病对我们生命的威胁，"强于过去打过我们的任何一个或几个帝国主义"，"八国联军，抗日战争，就毁人一点来说，都不及血吸虫"。为什么能够在短时间内基本消灭血吸虫？毛泽东在后记中总结指出："主要是党抓起来了，群众大规模发动起来了。党组织，科学家，人民群众，三者结合起来，瘟神就只好走路了。"10月3日，毛泽东的这两首诗在《人民日报》发表。

从20世纪五六十年代中国血吸虫病防治工作历程来看，毛泽东的重视、关心和推动，是这项工作得以顺利开展的关键。毛泽东之所以如此关心血防工作，是与他坚守一生的人民立场分不开的。从宗旨看，他拥有关心人民疾苦、重视群众健康的为民情怀；从工作方法看，他高度重视调查研究，善于组织他人开展实地调研，善于倾听下情，重视不同人士提出的意见和建议。这对当前我们开展医疗卫生工作和其他各项工作，仍然具有很大的借鉴意义。

（六）在农业合作化基础上探索中国农业的发展道路

毛泽东对中国式社会主义建设道路的全面探索，是从对农业的社会主义改造即将完成之时，制定全国农业发展纲要开始的。

1955年11月间，毛泽东先后同15个省、区的党委书记就全国农业发展问题交换意见，共同商定了"农业十七条"。12月21日，毛泽东起草了中共中央关于征询"农业十七条"意见给上海局和各省委、自治区党委的通知。通知要求各省、区党委立即召集所属各地委书记和一部分县委书记详细研究“农业十七条”，针对以下问题提出意见：第一，“农业十七条”是否全部可以实现，还是有一部分不能实现，实现的根据是否每条都是充分的；第二，除了十七条以外，是否还有增加（只要是可行的，可以增加）；第三，各地是否准备立即纳入 1956 年计划内开始实行。

当天下午 4 时，毛泽东即乘火车离开北京，先后到保定、郑州、武汉、长沙、南昌、杭州、上海、南京、天津，找沿途的地方干部谈话，调查对“农业十七条”的意见，直到 1956 年 1 月 12 日回到北京。在此期间，毛泽东对“农业十七条”作了反复修改，条款也在讨论修改过程中逐步增加。在 1 月 4 日会议上由 17 条增加为 22 条，1 月 7 日前增加到 36 条。在 1 月 7 日的铅印件上，根据毛泽东前一次批注的意见，增加了有关青年的一条，并加写了有关农业科研和技术指导的一条，共 38 条。1 月 8 日的铅印件上，又增加了关于勤俭办社和工农联盟两条，成为 40 条。接着，中共中央邀请在北京的工业、农业、医药卫生、社会科学等各方面的科学家和各民主党派、各人民团体、文化教育界人士 1735 人对草案进行讨论，并作了修改。1 月 23 日，毛泽东主持召开中央政治局会议，通过了这个纲要草案的修改稿。当天会后，毛泽东对纲要草案又作了修改，把条文中关于粮食亩产指标在 12 年内达到 400 斤、500 斤、800 斤后面的“各地区并且应当在上述基数上争取各提高 100 斤，分别达到 500 斤、600 斤和 900 斤”一句删去；把棉花亩产指标在 12 年内分别达到 70、80、90 斤后面的“各地区并且应当在上述基数上争取各提高 10 斤，分别达到 80、90 和 100 斤”一句删去①。这一改动，说明毛泽东对各地粮食亩产指标持一种比较谨慎和稳妥的态度。

1 月 25 日，毛泽东主持召开最高国务会议第六次会议，讨论农业发展纲要草案。他在会上指出：“从去年夏季以来，社会主义改造，也

① 《毛泽东年谱（1949—1976）》第 2 卷，中央文献出版社 2013 年版，第 518 页。

就是社会主义革命就以极广阔的规模和极深刻的程度展开起来。”“社会主义革命的目的是为了解放生产力。农业和手工业由个体所有制变为社会主义的集体所有制，私营工商业由资本主义所有制变为社会主义所有制，必然使生产力大大地获得解放。这样就为大大地发展工业和农业的生产创造了社会条件。”“我们进行社会主义革命所用的方法是和平的方法。”“在我国的条件下，用和平的方法，即用说服教育的方法，不但可以改变个体的所有制为社会主义的集体所有制，而且可以改变资本主义所有制为社会主义所有制。过去几个月来社会主义改造的速度大大超过了人们的意料。”“去年夏季以前在农业方面存在的许多困难情况现在已经基本上改变了，许多曾经被认为办不到的事情现在也可以办了。我国的第一个五年计划有可能提前完成或者超额完成。”关于农业发展纲要，毛泽东指出，《一九五六年到一九六七年全国农业发展纲要（草案）》的任务，就是在这个社会主义改造和社会主义建设的高潮的基础上，给农业生产和农村工作的发展指出一个远景，作为全国农民和农业工作者的奋斗目标。农业以外的各项工作，也都必须迅速赶上，以适应社会主义革命高潮的新形势。毛泽东最后说：“我国人民应该有一个远大的规划，要在几十年内，努力改变我国在经济上和科学文化上的落后状况，迅速达到世界上的先进水平。为了实现这个伟大的目标，决定一切的是要有干部，要有数量足够的、优秀的科学技术专家；同时，要继续巩固和扩大人民民主统一战线，团结一切可能团结的力量。我国人民还要同世界各国人民团结一起，为维护世界的和平而奋斗。”①

《一九五六年到一九六七年全国农业发展纲要（草案）》于 1956 年 1 月 26 日在《人民日报》公开发表。《纲要（草案）》分前言和正文两部分发。其中正文共 40 条，主要内容规定：从 1956 年开始，在 12 年内，粮食每亩平均产量，在秦岭、黄河（青海境内）以北地区，由 1955 年的

① 《建国以来重要文献选编》第 8 册，中央文献出版社 1994 年版，第 76—77 页。

150多斤增加到400斤，黄河以南、淮河以北地区由208斤增加到500斤，淮河、秦岭、白龙江以南地区由400斤增加到800斤。棉花（皮棉）每亩平均产量按照各地情况，由1955年的35斤（全国平均数）分别增加到60斤、80斤和100斤。《一九五六年到一九六七年全国农业发展纲要（草案）》一经公布，就极大地调动了广大农民的生产积极性，出现“跨黄河！过长江！”的热潮。

《一九五六年到一九六七年全国农业发展纲要（草案）》体现了毛泽东发展农业的一系列思想，如农业是国民经济基础，粮食是基础的基础；依靠提高农业技术发展农业生产；水利是农业的命脉；全党大办农业；等等。这些思想体现了毛泽东对中国式的社会主义农业发展道路的最初探索。

四、适时调整农村人民公社体制

扩大合作社规模、提高公有化程度，是毛泽东关于农业合作化运动的远景目标和长远规划，他认为“人民公社将是建成社会主义和逐步向共产主义过渡的最好的组织形式”①，进而发动了人民公社化运动。随着人民公社化运动暴露出若干问题，毛泽东在坚持人民公社体制前提下，在充分调查研究基础上，对生产关系作出若干调整，很大程度上降低了“左”的错误导致的损失，促进了生产力的恢复和发展。

（一）发起人民公社化运动

早在农业合作化运动时，毛泽东给《中国农村的社会主义高潮》写的按语中就指出：“现在办的半社会主义的合作社，为了易于办成，为了使干部和群众迅速取得经验，二三十户的小社为多。但是小社人少地

---

①《建国以来重要文献选编》第11册，中央文献出版社1995年版，第450页。

少资金少，不能进行大规模的经营，不能使用机器。这种小社仍然束缚生产力的发展，不能停留太久，应当逐步合并。有些地方可以一乡为一个社，少数地方可以几乡为一个社，当然会有很多地方一乡有几个社的。不但平原地区可以办大社，山区也可以办大社。”①在 1958 年 3 月召开的成都会议上，毛泽东又提出关于把小型的农业生产合作社有计划地适当合并为大型社的建议。可以看出，毛泽东从解放生产力的高度看待小社并大社的问题，认为在农业机械十分落后的情况下，逐步扩大农业社的规模是大势所趋，这为全国实现从初级社向高级社的转变提供了理论支撑。1957 年冬至 1958 年春，各地在开展农田水利建设过程中，许多地方为了加强集体协作，开始突破原有合作社规模，实行并社。毛泽东认为这是促进农业生产的有效组织形式，在 1958 年上半年萌生出改变农村基层组织结构的想法。

1958 年 7 月，《红旗》杂志披露毛泽东关于把工、农、商、学、兵组成一个大公社，从而构成我国社会的基本单位的思想。在毛泽东亲自倡导和指示下，人民公社化运动从 7 月份开始发展，河南、山东等地第一批建立了人民公社，其他地方也争先建立人民公社。8 月，北戴河会议作出《中共中央关于在农村建立人民公社问题的决议》，指出这是“在目前形势下，建立农林牧副渔全面发展、工农商学兵互相结合的人民公社，是指导农民加速社会主义建设，提前建成社会主义并逐步过渡到共产主义所必须采取的基本方针”②。《决议》提出人民公社目前还是集体所有制，不忙于改为全民所有制。同时，《决议》又提出快则三四年，慢则五六年或者更长一些时间就可以实现向全民所有制的过渡，并说：“看来，共产主义在我国的实现，已经不是什么遥远将来的事情了，我们应该积极地运用人民公社的形式，摸索出一条过渡到共产主义的具

① 《建国以来重要文献选编》第 7 册，中央文献出版社 1993 年版，第 225 页。

② 《建国以来重要文献选编》第 11 册，中央文献出版社 1995 年版，第 447 页。

体途径。”[1]

在8月北戴河会议精神的发动下，人民公社普遍规划试办，9月份全国进入高潮，到10月底，全国就实现了公社化。到年底，全国74万个农业合作社被2.6万个人民公社所代替，参加人民公社的达1.2亿多农户，占全国总农户的99%以上。

（二）及时调整人民公社生产关系

农村人民公社化运动是在“大跃进”的形势下出现的，再加上农业生产上出现的高指标、瞎指挥和浮夸风以及相应的“共产风”，导致出现了许多乱子。特别是与这年秋冬季兴起的大炼钢铁运动并举，出现的问题更多、更严重，对农业生产造成极大损害。针对出现的问题，特别是农村人民公社体制方面存在的问题，毛泽东多方调研，对公社体制进行了调整，对错象乱象进行了纠正，并进一步加深了对中国的国情和农业发展道路的认识。

人民公社建立初期的主要特征为：所有制上实现“一大二公”“政社合一”，“共产风”“强迫命令风”“瞎指挥风”“干部特殊化风”泛滥。

1958年8月，《中共中央关于在农村建立人民公社问题的决议》发出后，有些地方开始急于实现“两个过渡”（由集体所有制向全民所有制过渡、由社会主义向共产主义过渡）。同时，为完成工作任务，人民公社可以无偿征用生产队的劳动力、土地和物资，甚至直接调用社员的房屋、农具、家具等生产和生活资料。“共产风”和“一平二调”导致农村出现杀牲口、砍树、藏粮等不正常现象，影响了政府同农民的关系。在分配方式上，人民公社实行供给制和工资制相结合的分配制度。供给制被认为是按需分配原则的体现，具有共产主义因素，要求随着生产发展而逐步扩大实行的范围，导致“包下来”等分配方式迅速普及。由于

① 《建国以来重要文献选编》第11册，中央文献出版社1995年版，第450页。

带有明显的军事共产主义色彩，这种脱离实际的分配方式不仅没有给农民带来实惠，反而造成农民生活水平明显降低。诸如此类的严重问题很快引起中共中央和毛泽东的注意。

从 1958 年秋冬开始到 1959 年庐山会议前期，毛泽东到各地视察，带头开展调查研究，先后主持召开郑州会议、武昌会议、中共八届六中全会、第二次郑州会议、上海会议等一系列会议，不断调整公社的一些具体制度，为纠正农村“五风”、恢复和发展农业生产、提高农民生活水平等付出了大量心血。

为了解人民公社的真实状况，1958 年 10 月中旬至 11 月初，毛泽东先后视察河北省的天津、保定、石家庄、邯郸及河南省的新乡、郑州，广泛听取干部群众对人民公社的意见，体现了毛泽东以身作则、亲自下去作调查研究的决心和意志。在调查过程中，他发现地方不少干部普遍存在着对人民公社化运动的错误思想。在天津杨村召开的座谈会上，当听河北省徐水县委书记说徐水县（今保定市徐水区）已经有条件实行共产主义，实行统一分配，统一发衣服，统一发工资，并把这种实际上属于县级范围的大集体所有制宣布为“全民所有制”时，毛泽东立即表示：这样一来，劳动力强的吃亏，劳动力弱的就占了便宜。劳动力强的贡献大，得到的报酬反而少。这种供给制不会给我们的生产带来好处，反之会带来坏处。他指出：徐水县的“全民所有制”和鞍钢的全民所有制有区别，不能混为一谈。

毛泽东还组织调研组实地调研，了解真实情况。10 月 18 日至 20 日，毛泽东派刘子厚带队到徐水县作了 3 天的调查研究。回来后，刘子厚向毛泽东作了详细汇报。毛泽东针对如何倾听群众意见这一问题指出：“不要总听叫好声，听不到群众意见。有个框框，那就发现不了问题了。”针对徐水县的“全民所有制”的提法，毛泽东说：“实际上是集体所有，他们说全民所有，也不一定公开改，马虎下去好了。你们把这个问题弄清楚了好。是徐水全民所有，不是全国的全民所有。它和过去合作社不同，和国营工业也还不同。”[①]10月24日，毛泽东听取陈正人、廖鲁言汇报农业协作会议情况时指出：“要强调公社发展多种经营，发展经济作物，单搞粮食，除了吃饭以外，工资也开不出。不要过分强调公社自给，什么都自给，是不行的，交换一万年也是有的。”[②]

10月26日，毛泽东决定派吴冷西、田家英去河南调查人民公社，要求他们“不能道听途说，人云亦云，要深入实际，调查研究，实事求是，心中有数，头脑清醒，做冷静的促进派”[③]。同时，关于调查研究的方法，毛泽东嘱咐说：“下去调查时不要各级领导作陪，要找生产队长就只找生产队长，不要公社书记、大队长参加，要找群众谈话就不要找干部参加，要找县委书记也只请他本人来谈，因为人多了谈话就有顾虑。找群众谈话要有各个阶层的人物，尤其要注意中农的态度。还可以找下放干部谈话，他们可能顾虑较少。总之要了解各种人的真实想法。下去不要张扬。”[④]

11月5日，毛泽东针对人民公社化运动初期暴露出来的问题，召开第一次郑州会议。会议期间，毛泽东给县以上各级党委委员写信，建议认真阅读斯大林《苏联社会主义经济问题》和《马恩列斯论共产主义社会》以及苏联《政治经济学教科书》3本书，并先后在会上5次发表讲话，批评急于向全民所有制过渡和急于向共产主义过渡的错误倾向。毛泽东认为，人民公社找到一种建设社会主义的形式，便于由集体所有制过渡到全民所有制，也便于由社会主义过渡到共产主义的全民所有制。第一个过渡要多少年？他在建立人民公社的决议中设想：快的地方三四年，慢的地方，五六年或更长一些时间。他说：“设想的时间

---

① 《毛泽东年谱（1949—1976）》第3卷，中央文献出版社2013年版，第470—471页。

② 《毛泽东年谱（1949—1976）》第3卷，中央文献出版社2013年版，第474页。

③ 《毛泽东年谱（1949—1976）》第3卷，中央文献出版社2013年版，第478页。

④ 《毛泽东年谱（1949—1976）》第3卷，中央文献出版社2013年版，第478页。

是短了还是长了？有时觉得长了，有时又担心短了，我担心短了的时候多。”“河南说四年，我看四年比较困难一些，我给你们加一倍，八年。”[①]第二个过渡要多少年？毛泽东当时设想是 15 年。但在建立人民公社的过程中，许多地方急切得恨不能今天实行全民所有制，明天就进入共产主义。鉴于这种情况，毛泽东及时指出：北戴河会议关于公社化的文件有个缺点，就是年限快了一点，是受河南的影响，我以为北方少者三四年，南方多者五六年可以过渡到全民所有制，但办不到，要改一下。现在就是太快，我有点恐慌，怕犯什么冒险主义错误。他还在会议上就急于过渡的问题作自我批评：“我现在顾虑，我们在北戴河开那个口子，说少则三四年、多则五六年或者更多一点时间，即由集体所有制搞成全民所有制，像工厂那样，是不是开了海口，讲快了？我现在想，北戴河那个决议要有点修改才行。”[②]毛泽东在肯定总路线、“大跃进”和人民公社化运动的前提下指出：“现在的人民公社仍然是集体所有制，还不是全民所有制。我国现阶段仍然是社会主义社会，而不是共产主义社会。即使将来全国实现全民所有制，也不等于实行共产主义。”他认为，区别两种所有制和两个过渡的关键在于生产力的高度发展，社会产品的极大丰富，要达到这个目标，需要较长的时间。按照毛泽东的意见，第一次郑州会议通过的《会议纪要》作出规定：“现在存在的以人民公社形式出现的社会主义大集体所有制，也就系小全民所有制，要逐步地发展为全面的全民所有制。”[③]这是毛泽东和党中央关于人民公社性质的第一次书面表述。针对过早地取消商品生产和商品交换的错误做法，毛泽东明确指出，在社会主义时期废除商品是违背经济规律的，其实质是剥夺农民。关于人民公社初期的大兵团作战、劳

① 《毛泽东年谱（1949—1976）》第 3 卷，中央文献出版社 2013 年版，第 493 页。
② 《毛泽东年谱（1949—1976）》第 3 卷，中央文献出版社 2013 年版，第 491 页。
③ 《毛泽东年谱（1949—1976）》第 3 卷，中央文献出版社 2013 年版，第 509 页。

动强度过大等问题，毛泽东强调要劳逸结合，既抓生产又抓生活。在这次会议上，毛泽东把人民公社化运动中纠“左”问题提到理论高度，为全党纠正“大跃进”和人民公社化运动造成的“左”的错误奠定了基础。

在随后召开的武昌会议上，毛泽东针对急于过渡的倾向以及高指标、浮夸风等错误，形象地比喻：“有一种树，叫钻天杨，钻得非常快，就是不结实，建设搞得太快了，可能天下大乱。”[①]他还说：“人民公社整顿四个月。要搞万人检查团。”[②]11 月 23 日，毛泽东专门谈到作假问题，“建议跟县委书记、公社党委书记切实谈一下，要老老实实，不要作假。现在的严重问题是，不仅下面作假，而且我们相信，从中央、省、地到县都相信，主要是前三级相信，这就危险”[③]。

在毛泽东主持下，在武昌召开的中共八届六中全会讨论通过《关于人民公社若干问题的决议》，强调必须划清集体所有制和全民所有制、社会主义和共产主义的两种界限，继续发展商品生产和商品交换，保持按劳分配的原则。全会规定的保持或恢复生活资料个人所有制和社员家庭副业的政策，尤其受到广大农民的欢迎。中共八届六中全会以后，各地普遍开展整顿人民公社的工作，初步遏制了急于向全民所有制过渡、向共产主义过渡的势头。但是由于《决议》是以肯定“大跃进”和人民公社化运动为前提的，所以，不可能从根本上纠正分配上的平均主义和“一平二调”的“共产风”。

毛泽东进一步发现公社内部管理规模偏大和平均主义等问题。这些问题突出地表现在社员和基层干部瞒产私分与上面搞反瞒产的矛盾。他离开北京南下进行调查研究，于 1959 年 2 月 21 日在同河南新乡、洛阳、

---

① 《毛泽东年谱（1949—1976）》第 3 卷，中央文献出版社 2013 年版，第 519 页。

② 《毛泽东年谱（1949—1976）》第 3 卷，中央文献出版社 2013 年版，第 522—523 页。

③ 《毛泽东年谱（1949—1976）》第 3 卷，中央文献出版社 2013 年版，第 527 页。

许昌、信阳4个地委负责干部座谈时，提出反对平调和不赞成反瞒产的意见，并指出在积累上光搞国家和公社的积累不行，积累上真正的一盘棋，第一是农民，第二是公社，第三是国家。

为了解决这些问题，2月27日至3月5日，毛泽东在郑州主持召开中央政治局扩大会议（即第二次郑州会议）。在这次会议上，毛泽东强调人民公社必须以生产队所有制为基础。他说："目前公社所有制除了有公社直接所有的部分以外，还存在着生产大队（管理区）所有制和生产队所有制。要基本上消灭这三级所有制之间的区别，把三级所有制基本上变为一级所有制，即由不完全的公社所有制发展成为完全的、基本上单一的公社所有制，需要公社有更强大的经济力量，需要各个生产队的经济发展水平大体趋于平衡，而这就需要几年时间。"他又指出："六中全会的决议写明了集体所有制过渡到全民所有制和社会主义过渡到共产主义所必须经过的发展阶段。但是没有写明公社的集体所有制也需要有一个发展过程，这是一个缺点，因为那时我们还不认识这个问题。这样，下面的同志也就把公社、生产大队、生产队三级所有制之间的区别模糊了，实际上否认了目前还存在于公社中并且具有极大重要性的生产队（或者生产大队，大体上相当于原来的高级社）的所有制，而这就不可避免要引起广大农民的坚决抵抗。"[①]他在会上反复强调所有制、等价交换、按劳分配等问题，肯定"瞒产私分"的合理性，并主动作自我批评。他指出，要从所有制方面解决问题。针对有人说"公社权小了"，毛泽东说："我看公社权并不小，过去是太大了，包而不办，办得天怒人怨，现在要放一点，下放以后权还是大。"[②]这次会议最重要的成果是确定队为基础、等价交换、按劳分配，是对原先设想的"一大二公"的大公社在一定程度上的否定。毛泽东之所以如此重视人民公社的三级核

① 《毛泽东年谱（1949—1976）》第3卷，中央文献出版社2013年版，第603—604页。
② 《毛泽东年谱（1949—1976）》第3卷，中央文献出版社2013年版，第614页。

算单位问题，是因为这个问题是涉及侵犯群众利益的大问题。在3月17日的一封党内通信中，毛泽东特别告诉基层党组织的同志们说："一定要每日每时关心群众利益，时刻想到自己的政策措施一定要适合当前群众的觉悟水平和当前群众的迫切要求，凡是违背这两条的，一定行不通，一定要失败。"[①]

在1959年3、4月于上海召开的政治局扩大会议上，毛泽东批评了急于否定价值规律、商品经济等"左"的错误，提出"价值法则是一个伟大的学校"[②]。会议在肯定以生产队作为基本核算单位的基础上，进一步承认生产队下面的生产小队的部分所有制和一定的管理权限。这样，人民公社大体退回到原来高级社和初级社的规模和所有制水平。关于算账问题，毛泽东改变了过去不算旧账的主张。这一精神传达后，各地纷纷算账退赔。湖北麻城县（今麻城市）召开万人大会，对清算的账目当场兑现钱和物，轰动了全县。群众说："只讲政策，还是怀疑，一切兑现，非常满意。"[③]这形象地说明"算账"符合广大农民的普遍要求，深受群众欢迎。经过不到一年的紧张努力，党中央在纠正"共产风"、"强迫命令风"、"平调风"、整顿人民公社所有制等方面的工作取得一定成效。中央强调的以生产队（相当于原来的高级社）为人民公社的基本核算单位、公社内部实行等价交换、取消一县一社的体制等一系列政策，事实上是对最初设想的"一大二公"的人民公社体制的部分否定，在实践中产生重要影响，得到农民广泛拥护，推动了农业的恢复和发展。

1959年夏庐山会议后期开展的"反右倾"斗争在政治上导致阶级

---

① 《毛泽东文集》第8卷，人民出版社1999年版，第33页。

② 《毛泽东文集》第8卷，人民出版社1999年版，第34页。

③ 《农业集体化重要文件汇编（1958—1981）》下册，中共中央党校出版社1981年版，第171页。

斗争扩大化错误进一步升级，在经济上打断了第一次郑州会议以来的纠“左”进程，使得以“共产风”为代表的“左”倾错误再次蔓延，各地农村再次出现急于由基本队有制向基本社有制过渡、“一平二调”、恢复公共食堂、收回自留地等错误做法，严重损害了生产大队、生产队和农民利益，也损害了刚刚有所恢复的农村经济。这些严重问题再次引起了毛泽东的高度关注。

这个时期，除继续到各地进行调查研究外，他还集中两个月的时间进行了一次系统的学习与研究活动。1959 年 12 月 10 日到 1960 年 2 月 9 日，毛泽东带领陈伯达、胡绳、邓力群、田家英等一起研读苏联《政治经济学教科书》。他边读边议，阐述了许多重要的思想，大大地丰富了他关于中国式建设道路的认识。比如他首次提出社会主义发展阶段论。他说：“社会主义又可以分为两个阶段，第一阶段是不发达的社会主义，第二阶段是比较发达的社会主义，后一阶段可能比前一阶段需要更长的时间。”[①]这表明毛泽东对建设社会主义的长期性和艰巨性有了更充分、更客观清醒的认识。

面对依然复杂严峻的农村形势，1960 年 11 月，中共中央发出由周恩来起草、毛泽东亲自审改的《关于农村人民公社当前政策问题的紧急指示信》，其核心是要求全党用最大努力来坚决纠正“共产风”。《紧急指示信》发出前后，毛泽东多次召开会议听取各地汇报。他认为这几年错误的发生，直接源于思想方法上的主观主义和片面性。而他对《指示信》稿的修改，主要是围绕“以生产队为基础的三级所有制”的表述作出的，例如将这一体制“至少五年不变”改为“至少七年不变”；将这一体制“必须在一定时期内稳定下来”改为“一个长时期内稳定下来”；将各生产小队在分配上的差别对于发展生产是“有利的”改为“极为有

① 薄一波：《若干重大决策与事件的回顾》下卷，中共党史出版社 2008 年版，第 899 页。

利的”；将社员户养猪“也不可偏废”改为“应该鼓励”；等等。这些修改清晰地反映了毛泽东通过调查研究对农村人民公社体制有了更加深刻的认识，因而对纠正和杜绝“共产风”表现出更积极、更坚定的态度。《紧急指示信》规定的12条政策，主要是重申“三级所有，队为基础是现阶段人民公社的根本制度”，并规定彻底清理“一平二调”，坚决退赔；加强生产队的基本所有制，允许社员经营少量自留地；坚持按劳分配原则；等等。《紧急指示信》的发出，实际上是继续被“反右倾”斗争打断的纠“左”过程，受到广大农民群众的热烈欢迎，成为扭转农村严重形势的起点。

（三）形成大兴调查研究思想

1960年12月24日到1961年1月13日，中共中央在北京召开工作会议，讨论关于农村整风整社和纠正“五风”问题、关于1961年国民经济计划问题和关于世界各国共产党和工人党代表会议的报告。在此期间，毛泽东共听取了5次汇报，并就农村人民公社等比较急迫的问题发表了很多讲话，逐步形成关于在全党大兴调查研究的思想。

1960年12月23日，毛泽东召集中共中央政治局常委和各中央局第一书记、第二书记等开会，听取各中央局汇报农村生活安排和整风整社情况。这是毛泽东在中央工作会议召开前听取的第一次汇报。他在会上插话指出：全国按县、社、队为单位，大体是三、五、二的比例，即30%是好的，50%是中间的，20%是坏的。他把干部分成六类，认为前三类（五类分子、由好变坏的、死官僚主义分子）属于敌我矛盾，后三类（糊涂人、知道一些但不甚清楚者、头脑清楚且事情办得好的人）是好人，对于坏人要夺权。同时强调，大多数人是好的，就是烂了的地方也是好人多。对于好人，要帮助他们，帮助他们弄清楚问题。中央和省两级要担一些责任。帮助下边，帮助好人。关于退赔问题，毛泽东再次强调：“一定要坚决退赔。”关于自留地，毛泽东希望多留一点，要大家议一下。

关于养猪问题，毛泽东重申要实行公私并举、私养为主的方针。[①]

12月27日，毛泽东召开会议听取中央工作会议各小组讨论情况的汇报。这是第二次听取汇报。

关于整风整社问题，毛泽东说，摸底排队很重要，不然心中无数。毛泽东肯定县、社、队的干部90%基本上是好的，10%是坏的。毛泽东对死官僚主义分子的定性由“敌人”改为“人民内部问题”。当有人汇报到去年农业书记会议强调发展社有经济有问题的时候，毛泽东说：大办社有经济，必然刮“共产风”。这是一字之差，要大办队有经济，小办社有经济。他还反思说，庐山会议后，有些事情没有想到会是刮“共产风”。去年几个大办，如大办水利，大办交通，大办养猪，大搞商品生产基地，这些都是中央提出的，谁也没有想到他要一平二调，如果想到就不会那么办了。这是毛泽东对过去工作失误的诚恳检讨，体现出他一切从实际出发、实事求是的马克思主义的态度。他还说：过去我们大办工业，现在要大办农业，由大办工业转变到大办农业，工业发展速度要压低。毛泽东还提出，有些地方，县合并得太大了。从有利于抓好农业生产着眼，以小县制为好。[②]

12月30日，毛泽东召开会议听取宋任穷、李雪峰分别汇报东北小组、华北小组讨论的情况。这是他第三次听取汇报。关于价格问题，毛泽东在深思熟虑基础上提出：要提高粮食价格。关于退赔问题，他在这次会上更严厉、更坚决地说：县、社宁可把家业统统赔进去，破产也要赔。因为我们剥夺了农民，这是马列主义完全不许可的。退赔兑现了，干部作风才能转变。在谈到“共产风”时，毛泽东说：“刮‘共产风’，中央是有责任的，各省委把中央的责任担起来了。”“我们有责任，

① 《毛泽东年谱（1949—1976）》第4卷，中央文献出版社2013年版，第498—500页。
② 《毛泽东年谱（1949—1976）》第4卷，中央文献出版社2013年版，第507—508页。

这样才能总结经验。”[①]还说，这几年说人家思想混乱，首先是我们自己思想混乱。1960 年天灾更大了，人祸也来了。这人祸不是敌人造成的，而是我们自己造成的。

1961 年 1 月 3 日，毛泽东召集中共中央政治局常委、中央有关部门负责人和各中央局书记等开会，听取李富春汇报 1961 年国民经济计划。这是毛泽东第四次听取汇报。毛泽东针对去年的计划执行情况反思说：不仅没有注意农业，而是挤了农业，工业战线过长，面过宽。从调查研究角度考虑，毛泽东在会上希望各省市区和中央局的同志，自己去摸一个生产队，心中就有数了[②]。

1 月 9 日，毛泽东召集中共中央政治局常委、中央有关部门负责人和各中央局书记等开会，讨论“三大纪律、八项注意”草稿和中央工作会议、八届九中全会的安排问题。这是毛泽东第五次听取汇报。当日，毛泽东对胡乔木起草的“三大纪律、八项注意”草案亲自作出修改，使之更加简明好记、抓住要害。尤为重要的是，毛泽东在“八项注意”中加了一项“没有调查没有发言权”[③]，充分说明他对调查研究的重视程度。1 月 27 日，中共中央发出经过反复讨论和修改的《党政干部三大纪律、八项注意（草案第二次修正稿）》。三大纪律是：一切从实际出发；正确执行党的政策；实行民主集中制。八项注意是：同劳动同食堂；待人和气；办事公道；买卖公平；如实反映情况；提高政治水平；工作要同群众商量；没有调查没有发言权。针对河南 1959 年报粮食产量为 450 亿斤，实际只有 240 亿斤一事，毛泽东说：这几年，我们在许多工作中缺乏一种谨慎的和实事求是的态度，为某些现象所迷惑，值得我们注意[④]。

---

① 《毛泽东年谱（1949—1976）》第 4 卷，中央文献出版社 2013 年版，第 511 页。

② 《毛泽东年谱（1949—1976）》第 4 卷，中央文献出版社 2013 年版，第 516、517 页。

③ 《毛泽东年谱（1949—1976）》第 4 卷，中央文献出版社 2013 年版，第 521 页。

④ 《毛泽东年谱（1949—1976）》第 4 卷，中央文献出版社 2013 年版，第 519—521 页。

在中央工作会议召开期间，毛泽东5次专门开会听取汇报，在会上了解各地实情，同中央局、各省市区负责人讨论，并经过深刻思考，逐渐形成关于大兴调查研究之风的思想。

1月13日，毛泽东在中央工作会议闭幕会上发表讲话，着重强调要大兴调查研究之风。针对不了解客观实际的问题，毛泽东主要从情况明、决心大、方法对3个方面来阐述。他说：情况明是一切工作的基础，情况不明，一切无从着手。因此要摸清情况，要做调查研究。"现在有许多情况，就中央和省一级来说，还是不摸底。我们是向着摸清底的方向去做，这就进了一步。""要是不做调查研究工作，只凭想像和估计办事，我们的工作就没有基础。"[①]决心大同情况明紧密相关，情况明了才能下决心，才能决心大。"这次会议我们开了二十几天，情况逐步明了了，决心逐步增大了，但是决心还是参差不齐。"方法对同前两者又是紧密相关的，只有情况明才能方法对。"方法就是措施、办法，实现方针、政策要有一套方法。"[②]毛泽东用简明通俗的语言，将调查研究的内涵和外延讲述得十分清晰。在此基础上，他希望大家回去之后，"要搞调查研究，把小事撇开，用一部分时间，带几个助手，去调查研究一两个生产队、一两个公社。在城市要彻底调查一两个工厂、一两个城市人民公社。"[③]为了帮助各地领导提高调查研究的效果，他专门嘱咐说："调查研究工作，并不那么困难，时间并不要那么多，调查的单位也不要那么多。""要组织调查研究的班子，指导他们去搞。比如宝坻县（今天津市宝坻区）江石窝的调查，就不是我们中央去搞的，是中央农村工作部搞的。我看，这是他们的一大功劳。"组织和指导调研班子下去调研，对于工作繁忙的地方领导来说，无疑更加符合工作实际，成为毛泽东经常

① 《毛泽东年谱（1949—1976）》第4卷，中央文献出版社2013年版，第523页。
② 《毛泽东思想年编（1921—1975）》，中央文献出版社2011年版，第906页。
③ 《毛泽东年谱（1949—1976）》第4卷，中央文献出版社2013年版，第523页。

使用的一种调研方法。在讲话中，毛泽东对过去几年的工作失误作了实事求是的自我批评和反思。他说："我们党是有实事求是传统的，就是把马列主义的普遍真理同中国的实际相结合。但是建国以来，特别是最近几年，我们对实际情况不大摸底了，大概是官做大了。我这个人就是官做大了，我从前在江西那样的调查研究，现在就做得很少了。今年要做一点，这个会开完，我想去一个地方，做点调查研究工作。不然，对实际情况就不摸底。不摸清一个农村公社，不摸清一个城市公社，不摸清一个工厂，不摸清一个学校，不摸清一个商店，不摸清一个连队，就不行。其实，摸清这么几个单位的情况就差不多了。""现在我们看出了一个方向，就是同志们要把实事求是的精神恢复起来了。"[①]在毛泽东的直接领导和推动下，全党上下开始大兴调查研究之风，1961 年成为名副其实的"调查研究年"。

（四）亲自开展和组织农村调查工作

按照毛泽东关于实事求是、"不要图虚名而招实祸"的要求，1961 年 1 月，党的八届九中全会正式通过对国民经济实行"调整、巩固、充实、提高"的方针，标志着国民经济转入调整的轨道。

会后，毛泽东制定了一项系统的两条线并行的调查研究计划。第一，组织陈伯达、胡乔木、田家英各带一个调查组，分赴浙江、湖南、广东省的农村基层进行调查研究。毛泽东对调查组的人员数量和领导人员提出明确要求，即每组组员 6 人，连组长共 7 人，组长分别为陈伯达、胡乔木、田家英。他还对调查组成员的水平提出很高要求，即"每个人都要是高级水平的，低级的不要"。在行程安排上，毛泽东明确提出："一个小组（三人）调查一个最坏的生产队，另一个小组调查一个最好的生产队。中间队不要搞。时间十天至十五天。然后去广东，三组同去，与

---

① 《毛泽东文集》第 8 卷，人民出版社 1999 年版，第 233—237 页。

我会合，向我作报告。然后，转入广州市作调查，调查工业又要有一个月，连前共两个月。都到广东过春节。”[①]第二，亲自南下调研，在广东同3个调查组会合，听取汇报。1月25日晚，毛泽东主持召开中央政治局常委会议后，乘专列离开北京南下，着重了解当地农村整风整社中发现的问题。他路经天津、济南、南京时，在专列上先后听取了河北、山东、江苏3省党委负责人关于贯彻中央工作会议、八届九中全会精神的汇报，包括调查研究、整风整社、人民生活、轻工业生产和市场等毛泽东最关心的问题。1月26日到达天津。晚上，在专列上同中共河北省委负责人刘子厚等谈话，了解河北农村整风整社、城市轻工业及市场供应等问题。毛泽东说："今年这一年要大兴调查研究之风，没有调查研究就决定政策相当危险。退赔问题，这是个大问题，要分析一下，究竟哪一些要退赔。"在谈到群众生活时说，"四月以后，你们就开始种菜，可不可以？加紧种菜，提前一点。河北养羊情况好，抓得早，要认真抓"[②]。

1月27日到达济南。在专列上毛泽东同中共山东省委负责人曾希圣、谭启龙谈话，了解山东的整风整社和生活安排情况。关于"五风"问题，毛泽东说："反'五风'问题，党内认识是不断提高的，也是不一致的，经过三年现在是否基本一致了呢？在郑州会议时反对'一平二调'，没有坚持退赔，以后上海会议决定要退赔，但实际上大多数还是没有退赔，就是认识不一致。这就是不懂得农民。不懂得农民，怎么能搞社会主义呢？这实际上是反马列主义的。"[③]

1月29日到达南京。晚上，毛泽东在专列上同中共江苏省委负责人江渭清等谈话，了解江苏省委常委扩大会议传达中央工作会议和八届九中全会的情况及江苏整风整社、轻工业及市场等情况。在谈到纠正"共

---

① 《毛泽东文集》第8卷，人民出版社1999年版，第239页。

② 《毛泽东年谱（1949—1976）》第4卷，中央文献出版社2013年版，第532—533页。

③ 《毛泽东年谱（1949—1976）》第4卷，中央文献出版社2013年版，第533页。

产风”、“破产退赔”时，毛泽东说：“这个产本来不是他的，是抢来的，这是反马克思主义的，是剥夺农民。将来农民富起来了，国家怎么个富法？不是这么抢起来富，而是要农民能够拿得出来的一定的分量。”“干劲还是要鼓，要是实事求是的干劲，实事求是就要调查研究。水是浑的，有没有鱼不知道，就是要大兴调查研究之风。要把浮夸、官僚主义、不摸底这些东西彻底克服掉。过去有几年不大讲调查研究了，是损失。不根据调查研究来制定方针、政策是不可靠的，很危险，心中也无数，数字也许知道，实际情况并不知道。成绩、缺点要两面听，两点论嘛，正面、反面，成绩、缺点，光明面、黑暗面，已经认识了的世界和未被认识的世界等等，一万年也是这样。”[①]

2月上旬，他又到浙江、湖南搞调查，考察人民公社问题和整风整社工作。2月5日晚上，毛泽东听取田家英在浙江嘉兴县魏塘公社和合生产队的调查情况汇报。田家英主要反映了3个问题：第一，和合生产队水稻亩产由常年的400多斤下降到291斤，造成粮食生产大幅度减产的原因，主要由于“五风”的严重破坏；第二，和合生产队的规模太大，共辖11个小队；第三，社员对公共食堂普遍不满，不愿意在食堂吃饭，食堂实际上是造饭工厂，不做菜，社员将饭打回去，还得再热一次。田家英的这次汇报，为毛泽东提供了一手数据。2月6日，毛泽东听取浙江省委负责人江华等汇报整风整社和省委召开扩大会议的情况时，就引用了田家英的调研材料，认为县、社规模太大，大了搞不好，管不过来。几年来并县、并社，都是从上面方便着想的，不是从群众要求、从生产有利出发的。他提出：“把小队改成生产队，把生产队改成大队，明升暗降。原来的小队变成生产单位和消费单位。”他还要浙江省委研究一下，把基本核算单位放在过去的初级社好，还是放在过去的高级社好？就是说，放在生产小队好，还是放在生产队好？关于食堂

① 《毛泽东年谱（1949—1976）》第4卷，中央文献出版社2013年版，第534—535页。

问题，毛泽东同样根据田家英调研反映的材料说："食堂划小为好，几户人家办一个，大了恐怕对生产不利。要多样化，有常年食堂，有农忙食堂，也有自己烧饭的。办食堂一定要适合群众的要求。总而言之，不论办什么事一定要适合情况，适合情况了就能增产，适合情况了群众就高兴。"①毛泽东在深入调研基础上，对下放基本核算单位和如何办公共食堂提出了不同以往的看法，很大程度上反映出他的思想在悄然发生变化。此后，毛泽东于2月8日再次同浙江省委负责人谈话，2月10日在专列上听江西省委负责人杨尚奎汇报工作，2月11日、12日两次同湖南省委负责人谈话，谈的都是关于社队规模和公共食堂问题。关于公社体制问题，毛泽东的认识越来越明确：第一，公社规模，特别是基本核算单位规模要划小，分别恢复到原来的乡和原来的高级社的范围。第二，生产小队的权力要扩大，把它作为一级重要的核算单位，甚至是基本核算单位。第三，生产小队与生产小队之间存在平均主义。关于食堂问题，由于浙江调查组和湖南调查组得出的结论相反，引起毛泽东更加深入的思考。

2月下旬，毛泽东领导的各调查组汇集广州，同部分地方负责同志一起，着手起草农村人民公社工作条例。3月5日，毛泽东在广东省委三号楼主持召开中央政治局常委扩大会议，初步反省了庐山会议"反右倾"斗争的失误。他在会议上说："在庐山会议之前，我们对情况的了解还是比较清楚的，但在庐山会议之后就不大清楚了。因为庐山会议之后一反右，有人讲真实话，讲困难，讲存在的问题，讲客观实际情况等等，都被认为是右的东西。结果造成一种空气，不敢讲真实情况了。""右是应该反的，反右是正确的。但是带来一个高估产、高征购、高分配。这个教训值得我们吸取，这件事也教育了我们，反'左'中间插了一个反右，在群众中间一反，结果就反出一个浮夸风。庐山会议反

① 《毛泽东年谱（1949—1976）》第4卷，中央文献出版社2013年版，第536页。

右这股风把我们原来的反‘左’割断了。”[①]可以看出，毛泽东虽然仍认为反右不得不反，但同时认识到在群众中反右带来了负面影响。这一认识尽管还不彻底，但毕竟在向着实事求是的方向迈进。

根据毛泽东的意见，从3月11日开始，三北（东北、华北、西北）和三南（中南、西南、华东）的大区和省、市、自治区负责人分别开会讨论人民公社体制问题。其中，三北会议在北京召开，由刘少奇主持。三南会议在广州召开，由毛泽东主持。毛泽东根据自己的调查和对浙江、湖南、广东3个调查组的大量调查材料的分析研究，概括出反对两个平均主义（即大队内部生产队与生产队之间的平均主义问题、生产队内部人与人之间的平均主义问题）的思想。

3月13日，毛泽东主持三南会议并讲话。讲话首先明确了会议要解决的两个问题：一是生产队与生产队之间的平均主义；二是生产队内部人与人之间的平均主义。强调“这两个问题不解决好，就没有可能充分地调动群众的积极性”。他说：“要做系统的由历史到现状的调查研究。省委第一书记要亲自做调查研究，我也是第一书记，我只抓第一书记。其他的书记也要做调查研究，由你们负责去抓。只要省、地、县、社四级党委的第一书记都做调查研究，事情就好办了。”讲话分析了过去犯错误的原因在于缺少调查研究。指出：“过去这几年我们犯错误，首先是因为情况不明。情况不明，政策就不正确，决心就不大，方法也不对头。”“最近几年吃情况不明的亏很大，付出的代价很大。大家做官了，不做调查研究了。我做了一些调查研究，但大多也是浮在上面看报告。”“我们要接受教训。报表有一点也可以，统计部门搞统计需要报表，可是我们了解情况主要不靠报表，也不能靠逐级的报告，要亲自了解基层的情况。”[②]

---

① 《毛泽东年谱（1949—1976）》第4卷，中央文献出版社2013年版，第547—548页。

② 《毛泽东文集》第8卷，人民出版社1999年版，第252—254页。

为了更好地推动全党开展调查研究工作，在这次会议上，毛泽东将他一度丢失、新近重新发现的一篇重要著作《调查工作》印发给一些领导同志阅读。1930年5月，毛泽东在江西寻乌进行了一个月的深入调查，撰写整理出8万多字的调查报告——《寻乌调查》。在此之前，为了“指出一个如何了解下层情况的方法，而不是要同志们去记那些具体材料及其结论”[①]，他把自己在调查研究过程中的体会与经验，用哲学的思维进行了概括，撰写了《调查工作》一文。文章写成后曾少量印发，在以后漫长的转战中，这篇文章一度遗失（毛泽东当年撰写的另一篇文章《反对本本主义》遗失后至今没有找到，不是《调查工作》这一篇）。1961年3月11日，毛泽东要求将重新找到的《调查工作》印发给参加广州会议的同志，用以指导当时正在全党开展的“大兴调查研究之风”活动，并把题目改为《关于调查工作》。1964年此文被收入《毛泽东著作选读》，甲种本和乙种本公开发表时，毛泽东又将其改名为《反对本本主义》。毛泽东这篇深为他喜爱的文章的重新发现，正值他在新的形势下提倡大兴调查研究之风的时候，于是成为推动全党搞调查研究、转变思想作风的有力武器。

从3月15日开始，三北会议和三南会议合并为中央工作会议。毛泽东认为，这次会议是人民公社化以来中央同志第一次坐下来一起讨论和解决农业问题。这次会议讨论通过了《农村人民公社工作条例（草案）》（简称“农业六十条”）和《中共中央关于讨论〈农村人民公社工作条例（草案）〉给全党同志的信》《中共中央关于认真进行调查工作问题给各中央局，各省、市、区党委的一封信》。《中共中央关于讨论〈农村人民公社工作条例（草案）〉给全党同志的信》指出，在农村人民公社方面，有以下5个迫切需要解决的问题：第一，在分配上，生产队和生产队之间，社员和社员之间，都还存在着程度不同的平均主义现象；第

① 《毛泽东农村调查文集》，人民出版社1982年版，第17页。

二，公社的规模在许多地方偏大；第三，公社对生产大队一般地管得太多太死，生产大队对生产队，也一般地管得太多太死；第四，公社各级的民主制度不够健全；第五，党委包办公社各级行政的现象相当严重。信中提出的这 5 个问题是毛泽东和各级领导干部大兴调查研究之风获得的第一批重要成果。

广州会议结束后，中央领导人和各省、市、自治区负责人，以及毛泽东领导的 3 个调查组，带着“农业六十条”草案，深入基层开展了更加深入的调查研究。刘少奇、周恩来、朱德、邓小平等中央领导同志进一步深入农村调查研究，听取讨论意见，先后向中央提出关于不硬性坚持公共食堂和供给制，妥善处理粮食征购和余粮分配问题，搞好“三包一奖、评工记分”等建议，并着手解决各项实际工作中存在的问题。

从 3 月下旬至 4 月下旬，毛泽东继续同湖南省委、湖北省委、武汉市委负责人及农垦部部长王震等谈话，了解群众对“农业六十条”草案的看法。此外，他本人利用工作间隙在火车上细心观察铁道两旁农民插秧的情况，发现插秧还是太密，便派身边工作人员下去问几个农民，那几个农民都赞成 6 寸乘 6 寸的插秧密度。毛泽东说，瞎指挥生产有许多出自领导生产的部门。瞎指挥是由于没有生产知识，既没有实际生产经验，也没有现代农业科学知识。这是通过亲身调查得出的正确认识。在此期间，刚从韶山大队调查回来的胡乔木向毛泽东汇报说：群众最关心的是超产奖励问题、分配制度问题和食堂问题。食堂问题在目前特别突出。胡乔木表示：现在解散食堂有利；现在可以解散。并说“我们倾向于快一点解决为好。虽然有些困难，分过了之后，群众还是会陆陆续续自己去解决的”。[①]随后，胡乔木向毛泽东报送了关于解决公社食堂问题等的四份调查材料，再次提出解散食堂的建议。这对毛泽东后来下决心全部解散食堂产生了一定影响。

① 《毛泽东传》第 5 册，中央文献出版社 2011 年版，第 2119 页。

4月25日，毛泽东致信邓小平，请他和田家英起草关于5月召开中央工作会议的通知。毛泽东在信中明确指出：会议任务是收集农民和干部的意见，修改工作条例“农业六十条”和继续整“五风”。要求参会同志对农村中的食堂、粮食、供给制等关键问题进行重点调查，向群众寻求真理，以便五月会议能比较彻底地完成上述任务①。会议通知于当天晚上发出。中央和各省、市、自治区负责人收到会议通知后，纷纷到农村开展调查研究，并将调查结果写信报告毛泽东。从5月14日到16日，毛泽东连续转发张平化等的4封来信，并对张平化的来信写出批语：“都要坚决走群众路线，一切问题都要和群众商量，然后共同决定，作为政策贯彻执行。各级党委，不许不作调查研究工作。绝对禁止党委少数人不作调查，不同群众商量，关在房子里，作出害死人的主观主义的所谓政策。”②

5月21日至6月12日，中央工作会议在北京召开。会议讨论和修改了人民公社工作条例草案，形成《农村人民公社工作条例（修正草案）》。修正草案中最重要的修改是两点：一是取消供给制；二是规定办不办食堂“完全由社员讨论决定”，实际上是取消了公共食堂制度。这一规定是毛泽东带领各级领导干部通过反复调查、深入思考，充分听取人民群众意见后取得的，是调查研究工作的重大成果。

8月23日至9月16日，中央工作会议在庐山召开。尽管会议主要讨论工业等问题，但毛泽东关注的重点仍然是“农业六十条”。9月6日，毛泽东审阅中共中央农村工作部关于各地贯彻执行“农业六十条”的情况简报后批示印发参会各同志，让他们带回去印发省、市、区党委一级委员，开一次省委扩大会，有地委同志参加。批语还对此件第二部分所提出的粮食、退赔、自留地等10个问题“作一次认真的解决。时

---

① 《毛泽东文集》第8卷，人民出版社1999年版，第268、269页。

② 《毛泽东年谱（1949—1976）》第4卷，中央文献出版社2013年版，第586页。

间越早越好，以便在秋收、秋耕、秋种和秋收分配时间政策实行兑现，争取明年丰收”①。

经过反复调查研究，毛泽东对人民公社基本核算单位问题的认识越来越清晰，他下决心要解决“农业六十条”中的这一遗留问题。9 月 29 日，毛泽东给中央政治局常委等写信指出：“我们对农业方面的严重平均主义的问题，至今还没有完全解决，还留下一个问题。农民说，六十条就是缺了这一条。这一条是什么呢？就是生产权在小队、分配权却在大队，即所谓‘三包一奖’的问题。这个问题不解决，农、林、牧、副、渔的大发展即仍然受束缚，群众的生产积极性仍然要受影响。”“我的意见是‘三级所有、队为基础’，即基本核算单位是队而不是大队。”“在这个问题上，我们过去过了六年之久的胡涂日子（一九五六年，高级社成立时起），第七年应该醒过来了吧。也不知是谁地谁人发明了这个‘三包一奖’的胡涂办法，弄得大小队之间，干群之间，一年大吵几次，结果瞒产私分，并且永远闹不清。据有些同志说，从来就没有真正实行过所谓‘三包一奖’。实在是一个严重的教训。”②

此后，又经过多次开会讨论、调查研究，在毛泽东努力下，全党在基本核算单位问题上的认识才逐步统一起来。经毛泽东批准，1962 年 2 月 13 日，中共中央正式发出《关于改变农村人民公社基本核算单位问题的指示》，提出把人民公社基本核算单位由生产大队改为生产队，并规定至少 30 年不变。1962 年 9 月 27 日，党的八届十中全会通过《农村人民公社工作条例（修正草案）》[简称“农业六十条”（修正草案）]。至此，“农业六十条”正式定型，成为农村人民公社的“宪法”。以“三级所有、队为基础”和“政社合一”为基本特征的公社体制历经“四清”“文化大革命”而没有发生大的变动。

---

① 《毛泽东年谱（1949—1976）》第 5 卷，中央文献出版社 2013 年版，第 17 页。

② 《毛泽东文集》第 8 卷，人民出版社 1999 年版，第 284—285 页。

“农业六十条”（修正草案）是调整农村生产关系、促进农业生产恢复和发展的一个重要文件。这个条例在保持人民公社总体框架的前提下，纠正公社化以来农村实际工作中的若干突出错误，解决了当时群众意见最大最紧迫的问题，从而在调动农民积极性、恢复和发展农业生产方面发挥了积极作用，并对以后“共产风”的再次发生起到某种遏制作用。

“文化大革命”期间，农村人民公社体制一度受到当时“农业学大寨”运动的影响而出现倒退。“三级所有、队为基础”体制受到冲击，部分地区学习当时大寨经验，把相当一部分经济发展水平不同的生产队合并为大队，由生产队为基本核算单位过渡到以大队为核算单位；按劳分配政策受到破坏，大寨的政治评分受到推广；农民的自留地减少或取消；农村集市贸易、家庭副业受到限制或取消，农业生产因而受到严重影响。“农业六十条”（修正草案）虽然受到一定冲击，但并未被全盘否定。毛泽东等还是以“农业六十条”（修正草案）为基本依据，努力减少政治运动对农业生产的冲击。另外，张春桥等人鼓吹“穷过渡”，毛泽东始终没有松口[①]。广大农民群众也自发地对极左思潮进行了种种抵制，中央领导层内也进行了一些有效的抗争。这种抵制和抗争主要表现在不同程度和形式上对“农业六十条”（修正草案）的坚持，在一些重要会议上重申坚持调整时期确定的农业政策，等等。正是这些抵制和抗争，减少了极左思潮对农业的破坏，使农业能在这期间保持发展。

（五）顺应民意端正农村干部作风

人民公社化运动初期的一些做法严重违背了农民的愿望，其推广只能依靠行政命令和其他一些强制性手段。而“政社合一”的公社体制又给这些做法提供了体制条件。这就造成基层干部的权力高度集中，社员

---

① 罗平汉：《农村人民公社史》，人民出版社 2016 年版，第 491 页。

民主监督权力被大大削弱，一些干部贪污腐败、强迫命令、打骂群众现象日益严重，干群关系紧张。还有的农村人民公社在经济困难时期大盖楼堂馆所；有的农村干部道德败坏；有的干部欺上瞒下，故意掩盖困难形势，打击报复说真话的干部。这些错误做法严重违背了党的工作宗旨，偏离了群众路线，损害了党群干群关系，引起毛泽东等中央领导人的震惊和严重关切。

毛泽东在几十年的革命生涯中，始终非常反感和反对官僚主义。在人民公社化运动中，他看到有关地方上严重官僚主义问题的材料后感到震惊，遂决心予以纠正。1958 年 1 月，毛泽东在写《工作方法六十条（草案）》时强调，全党要鼓足干劲，打掉官气，实事求是，同人民打成一片，尽可能地纠正一切工作上、作风上、制度上的缺点和错误。他强调："人们的工作有所不同，职务有所不同，但是任何人不论官有多大，在人民中间都要以一个普通劳动者的姿态出现。决不许可摆架子。一定要打掉官风。"[①]8 月 30 日，毛泽东在北戴河主持召开中共中央政治局扩大会议全体会议时再次强调：你是当官，党官、政官、军官、学官，还有商官（做生意的），还有工官（当厂长的），官这么多，就出官僚主义。官气多，政治少。整风一来，就整官气，提政治，政治挂帅，从前争等级，争待遇，争薪水，后头不争了。我看要打掉这个东西。

毛泽东的群众观，就是反对各级干部的官僚主义、形式主义等不良风气，力求建立一个人人平等、像一个大家庭一样的党群干群关系。他从马克思主义理论的高度阐述了党群干群"相互关系"的重要性，认为这是生产关系的重要组成部分。并从历史角度回顾战争年代党同群众的鱼水关系，进行今昔对比，从而大力倡导重新恢复历史上那种好的党群干群关系，这对各级干部端正思想、以史为鉴、改正错误，起到了关键作用。

---

① 《毛泽东文集》第 7 卷，人民出版社 1999 年版，第 355 页。

1960年3月间，毛泽东审阅山东省六级干部会议情况简报，对其中提到的公社干部贪污腐化等问题十分震惊。他在批语中指出："山东发现的问题，肯定各省、各市、各自治区都有，不过大同小异而已。""在一些县、社中，去年三月郑州决议忘记了，去年四月上海会议十八个问题的规定也忘记了，共产风、浮夸风、命令风又都刮起来了。"[①]关于纠正措施，毛泽东指出，对少数公社和县委干部，坚决撤掉，换上新人。平调方面的处理，一定要算账，全部退还，不许不退；对这些旧社会坏习惯的残余，要有长期教育工作，才能克服。

3月23日和30日，中央先后发出《中共中央关于山东六级干部大会情况的批示》和《中共中央关于反对官僚主义的指示》。随后，5月15日中央发出《关于在农村中开展"三反"运动的指示》，指出犯错误的农村基层干部比重虽然很小，但是所犯错误的危害性很大。"这类错误所以存在，实质上是资产阶级思想对我们干部队伍的侵蚀。""'三反'运动所展开的斗争，正是两条道路的斗争的一个重要的方面。""必须采取坚决的态度，把运动搞深搞透；必须在广大干部和群众中，把资本主义思想搞臭。"[②]这些内容一方面反映出中央和毛泽东急于解决问题的迫切心态，另一方面却将这些更多属于生产关系层面和政治、经济体制层面的问题纳入阶级斗争和思想作风的范畴，导致调整工作开始走入"左"的轨道，大大限制了纠"左"的力度和广度。

其间，各地在贯彻执行《紧急指示信》过程中，检查揭露了一些农村中存在的贪污腐化、破坏党章、违法乱纪等严重问题。1960年12月8日，中共中央在《关于山东、河南、甘肃和贵州某些地区所发生的严重情况的指示》中认为，其中某些反革命的破坏行为，显然是封建势力在地方上篡夺领导，实行绝望性的破坏性的报复，这是农村中阶级斗争的

① 《建国以来重要文献选编》第13册，中央文献出版社1996年版，第129页。

② 《建国以来重要文献选编》第13册，中央文献出版社1996年版，第379页。

最激烈表现。并指出，农村中的地富分子及其家属、城市中的资产阶级分子及其家属中，未被改造或者不接受改造的最坚决的最隐蔽的反革命分子，他们对社会主义极端仇视，有意识地随时都在准备“借尸还魂”，篡夺领导，实行复辟和疯狂挣扎。对此，中央重申毛泽东的意见：我们不仅要继续实行社会主义革命，而且还要彻底完成民主革命的未了任务，“整个社会改造是一个长期而艰苦的阶级斗争任务，反革命分子只要存在一天，决不会自动放弃他们绝望的破坏和挣扎，我们对他们万万疏忽麻痹不得”①。

1961 年 1 月 1 日，在毛泽东批转河南信阳地委《关于整风整社运动和生产救灾工作情况的报告》的批示中，中共中央要求各地农村在整风整社中，彻底孤立和打倒反革命复辟势力，彻底反掉“五风”（“共产风”、浮夸风、强迫命令风、瞎指挥风、干部特殊化风），完全扭转三类社的局面，巩固地重新建立党的领导，并建议一切公社和生产队都应该成立社员代表会；同时提出，“一切权力归代表会”。

1961 年 1 月 14 日至 18 日举行的中共八届九中全会再次强调，在全国城乡居民中，有占人口百分之几的极少数没有改造好的地主阶级分子和资产阶级分子，总是企图复辟，他们利用自然灾害所造成的困难和某些基层工作中的缺点，进行破坏活动。还有一些坏分子、蜕化变质的分子等违法乱纪，危害人民利益。因此决定，必须在全国范围内充分发动群众，大鸣大放，大张旗鼓地、分期分批地进行整风运动。通过运动纯洁组织，清除混入党内和政府机关内的极少数坏分子。

不可否认，当时在农村干部中确有混入的敌对阶级分子，也确有蜕化变质分子，他们利用党在领导上“左”的错误，浑水摸鱼，损公肥私，作威作福，欺压人民，甚至故意把人整死。但那毕竟是极少数，可

---

① 《中共中央文件选集（1949年10月—1966年5月）》第35册，人民出版社2013年版，第 517 页。

以依党纪国法处理。大量存在着的，是犯有各种错误的干部，其中有的确实犯了严重错误，他们和群众之间的矛盾相当尖锐，而他们的错误，大部分与上边的“左”倾错误有关，越“左”越好，把“左”的错误推向极端。群众深受其害，心中有气，采用发动群众、开展政治运动的方式处理这些问题，而且强调阶级斗争，就很难不混淆两类不同性质的矛盾，因而打击面过宽，伤害了不少一度坚决执行“左”的错误政策的基层干部。

在总结各地整风整社试点经验之后，1961 年 1 月 20 日，中共中央为了指导运动进一步开展，提出划分 3 类社队、区别对待的意见。中央认为，当时农村中约 80% 的县、社、队是好的（即第一类）或者基本上是好的（即第二类）；只有约 20% 的县、社、队存在着性质不同和程度不同的严重问题（即第三类），这是形势不好的或者大不好的地区。在农村干部中，90% 以上是好的，或基本上是好的；只有近 7% 是犯有严重错误的或者是有比较严重错误的；其中真正属于五类分子和蜕化变质分子的约为 3%。中央提出，首先应该集中力量整顿 3 类社队。并进而分析，3 类社队的领导权，大致有 3 种情况：有一部分是被地富反坏分子和蜕化变质分子篡夺了的；有一部分是被死官僚主义分子（指僵化不变、程度严重的官僚主义者）占据了的；还有一部分是主要干部软弱无能、思想糊涂、不能贯彻执行党的政策的。中央提出，对第一种情况，首要的是把领导权夺回来，并指出这是一场尖锐的阶级斗争，实际是再来一次革命；对第二种情况，也要首先把他们撤下来；对第三种情况，也应该首先把他们调离主要的领导岗位。中央还具体规定了对上述 3 种人区别对待的政策，对于地富反坏和蜕化变质分子，必须坚决清洗，有多少清洗多少。除此以外，干部的处分面不宜过宽，包括撤换死官僚主义分子在内，一般应该严格控制在 5% 以下。

可以看出，中央的这些规定，既反映出毛泽东纯洁队伍的决心，也体现出要对具体情况作具体分析的政策，避免打击面过宽。中央指出，在三类社队中，也会有一些好的或者基本上是好的生产队、生产小队；在被坏人把持的组织中，也会有好人。又指出，在一、二类社队中，也可能有一些属于三类性质的生产队、生产小队；在好干部领导的组织中，也可能有某些坏人。虽然上述情况在实际生活中完全存在，可是在当时，尤其在破坏严重的地方，情况错综复杂，仍然难以分清敌我、区别对待。有的地方，错误的责任本应属于上级领导机关的，也推到基层干部身上。运动中，也出现有对犯错误的干部采取批斗、围攻、拘留以至逮捕的情况。虽然后来这些问题逐步得到平反和公正处理，但是在当时造成了一些混乱，带来不良后果。

1961 年 3 月 22 日，中共中央下发了《农村人民公社工作条例（草案）》。这个当时被称作“农村宪法”的文件，专设了“干部”一章，其中规定：人民公社的各级干部，都必须同社员一起参加劳动；人民公社的各级干部，都必须坚持群众路线的工作作风。依靠群众做好工作，关心群众生活，处处为群众打算；人民公社的各级干部，都必须坚持民主作风，不许压制民主，不许打击报复；人民公社的各级干部，都要树立为人民服务的思想，把自己看作是人民的勤务员，同群众同甘共苦，不许利用职权使自己及其亲属享受特殊待遇，不许多记工分和多吃多占，不许另设干部小灶，反对特殊化。

农村“三反”运动及相继开展的整风整社运动，对于转变农村党政干部的作风、刹住农村党政干部生活特殊化风、纠正和制止党政干部队伍中的严重违法乱纪行为，起到了重要作用。运动中也出现了某些偏差，主要是一些地方处分面偏大，处分偏重，把一些属于人民内部矛盾的问题当成敌我问题处理，把一般性问题当作严重问题处理；也有一些地方处理过宽，把严重违法乱纪、贪污盗窃等行为当作一般“五风”错误，不予处分。这些偏差在运动的后期在一定程度上得到了纠正。

毛泽东以民主集中制作为转变干部作风的锐利武器。1962 年 1 月 30 日，毛泽东在扩大的中央工作会议（即七千人大会）上讲话，比较系统地阐述了实行民主集中制和在党内、党外发扬民主的问题。他指出："我们有些同志，对于马克思、列宁所说的民主集中制，还不理解。""他们怕群众，怕群众讲话，怕群众批评。""有了错误，自己不讲，又怕群众讲。越怕，就越有鬼。我看不应当怕。有什么可怕的呢？我们的态度是：坚持真理，随时修正错误。我们工作中的是和非的问题，正确和错误的问题，这是属于人民内部矛盾问题。解决人民内部矛盾，不能用咒骂，也不能用拳头，更不能用刀枪，只能用讨论的方法，说理的方法，批评和自我批评的方法，一句话，只能用民主的方法，让群众讲话的方法。"针对民主集中制，他指出："不论党内党外，都要有充分的民主生活，就是说，都要认真实行民主集中制。要真正把问题敞开，让群众讲话，哪怕是骂自己的话，也要让人家讲。"关于批评和自我批评，毛泽东又指出："我们是干革命的，如果真正犯了错误，这种错误是不利于党的事业，不利于人民的事业的，就应当征求人民群众和同志们的意见，并且自己作检讨。这种检讨，有的时候，要有若干次。一次不行，大家不满意，再来第二次；还不满意，再来第三次；一直到大家没有意见了，才不再作检讨。"毛泽东在讲话中论述了批评和自我批评同民主集中制的关系："批评和自我批评是一种方法，是解决人民内部矛盾的方法，而且是唯一的方法。除此以外，没有别的方法。但是，如果没有充分的民主生活，没有真正实行民主集中制，就不可能实行批评和自我批评这种方法。"他要求全体领导干部要认识到："不依靠群众，不发动群众和干部的积极性，就不可能克服困难。"关于民主和集中的关系，他指出，没有民主，就不可能有正确的集中，"我们的集中制，是建立在民主基础上的集中制。无产阶级的集中，是在广泛民主基础上的集中"。毛泽东在讲话中还对几年来工作中存在的缺点、犯的错误承担了责任。他说："凡是中央犯的错误，直接的归我负责，间接的我也有份，因为我是中央主席。我不是要别人推卸责任，其他一些同志也有责任，但是第一个负责的应当是我。""我们这几年工作中的缺点、错误，第一笔账，首先是中央负责，中央又是我首先负责；第二笔账，是省委、市委、自治区党委的；第三笔账，是地委一级的；第四笔账，是县委一级的；第五笔账，就算到企业党委、公社党委了。总之，各有各的账。”[①]他希望通过贯彻民主集中制与批评和自我批评，恢复党的优良传统，彻底转变各级干部的作风，密切与人民群众的联系。

这一时期，毛泽东还一再强调人民群众当家作主和治理国家的权力。他认为：劳动者管理国家、管理军队、管理各种企业、管理文化教育的权利，“这是社会主义制度下劳动者最大的权利，最根本的权利。没有这种权利，劳动者的工作权、休息权、受教育权等等权利，就没有保证”[②]。他通过舆论宣传和树立劳动模范典型，引导和培育全社会形成人民群众是创造历史的动力的历史唯物主义观念，同时致力于解决主观主义、官僚主义和宗派主义问题，大力发扬社会主义民主，以充分发挥广大人民群众建设自己国家的主力军作用。

此后，毛泽东提出“要把社会主义教育好好抓一下”。他认为：“我们的干部，包括生产队长以上的这些不脱离生产的以及脱离生产的，绝大多数不懂社会主义。”[③]为此，他发动了城乡社会主义教育运动。历时三年的社教运动，对于纠正干部多吃多占、强迫命令、欺压群众等作风和解决公社集体经济经营管理方面的问题，起到一定作用。但是，在“以阶级斗争为纲”的指导思想影响下，许多不同性质的问题被看作阶级斗争或阶级斗争在党内的反映，混淆了两类不同性质的矛盾，错误打击了一部分干部群众，对一些发展农村经济的政策加以种种限制。

---

① 《毛泽东文集》第 8 卷，人民出版社 1999 年版，第 290—310 页。

② 《毛泽东文集》第 8 卷，人民出版社 1999 年版，第 129 页。

③ 《毛泽东年谱（1949—1976）》第 5 卷，中央文献出版社 2013 年版，第 199 页。

五、社会主义条件下调查研究理论方法的丰富和发展

新中国成立后，毛泽东担任党和国家最高领导人，是党的第一代中央领导集体的核心，同时也是中国共产党人在社会主义条件下调查研究理论的集大成者。作为杰出的马克思主义者，尽管党务、国务极其繁重，毛泽东仍然不改调查研究的初衷，除通过会议和批阅各种报告进行调研外，每年都用几个月的时间赴外地作专题或全面的调查研究。他在不同时间、不同场合针对调查研究工作发表过若干讲话、谈话，作出过一些批示、指示。这些内容既是对调查研究工作的安排部署，也是对调查研究实践的理论升华，具有马克思主义认识论和方法论的重要意义。

（一）关于社会主义时期调查研究的理论

在长期的调查研究实践中，毛泽东逐渐形成一套系统的调查研究理论。这套理论散见于他的大量讲话、谈话、批示、报告中，涵盖调查研究的意义和目的、遵循原则、方式方法等内容，涉及政治和社会生活的方方面面。这些理论观点闪耀着马克思主义的光辉，是马克思主义认识论在社会主义条件下的新发展，是毛泽东思想的重要组成部分，成为指导党政领导干部做好调查研究工作的思想指南。概括起来，毛泽东关于调查研究的理论主要有以下 6 点。

第一，调查研究是获得科学决策的前提，其目的是解决问题。社会实践决定社会认识。调查研究作为一种社会实践，直接决定人们的思维认识水平。关于调查研究的重要性和意义，毛泽东在新中国成立前的革命斗争中，已经有了十分深刻的体会。这对新中国成立后的调查研究实践起到直接的指导作用。新中国成立后，在如何实现由新民主主义向社会主义的转变，如何建设社会主义等重大问题上，以毛泽东为代表的中国共产党人没有现成的经验可循。尽管苏联社会主义模式为新中国提供

了一种路径参考，但在毛泽东看来，苏联同中国国情不同，苏联模式只能是一种参考，不能照搬。为此，毛泽东强调："民主革命阶段，要进行调查研究，社会主义革命和社会主义建设阶段，还是要进行调查研究，一万年还是要进行调查研究工作。"①这是毛泽东专门针对调查研究的重要性来讲的，反映了调查研究在他心目中的重要地位。

毛泽东强调，调查研究的目的是解决问题。调查研究要有明确的目的，认识世界的目的是改造世界。他要求针对不同问题来开展不同主题的调查研究，进而为制定政策提供依据。1950 年 3 月，毛泽东在接见外交部首批驻外大使时，勉励他们要发扬在部队的长处，开展调查研究，并要学点驻在国的语言文字，要通过研究，认识和学习别国的长处。1951 年，在"三反"运动中，毛泽东要求有关部门要做好调查研究，注意掌握政策界限，区别对待各种犯错误分子。1955 年，当毛泽东通过身边工作人员了解到血吸虫病的巨大危害后，很快强调"血吸虫病，威胁很大，比其他病都严重，必须消灭"②，推动血吸虫病防治工作走上正轨。1956 年春，针对工业化问题，毛泽东连续听取 34 个部委的工作汇报，形成了著名的《论十大关系》。三年困难时期，为了解人民群众生活，毛泽东亲自深入农村并委托身边工作人员到各地实地调查，获得了重要的一手信息，对群众生活的困难状况有了直观的感性认识。1962 年，在"农业六十条"修改和正式下发前后，毛泽东指出调查研究工作应根据"农业六十条"去调查研究问题。这些在不同时期、针对不同问题所开展的调查研究工作，对毛泽东了解情况、制定政策具有重要意义。

第二，调查研究要相信群众，坚持走群众路线。群众是真正的英雄，群众路线是马克思主义的根本认识路线，是马克思主义唯物史观基本原理在中国的具体运用，是以毛泽东为代表的中国共产党人在长期革

---

① 《毛泽东文集》第 8 卷，人民出版社 1999 年版，第 262 页。

② 《毛泽东年谱（1949—1976）》第 2 卷，中央文献出版社 2013 年版，第 468 页。

命斗争中作出的理论和经验总结。中国共产党的宗旨是全心全意为人民服务，而要真正了解群众疾苦、愿望和要求，就必须倾听群众呼声，开展细致的调查研究。因此，调查研究工作与坚持群众路线密不可分。在调查研究过程中，毛泽东以群众路线为指导，强调要深入群众，倾听群众的声音，作为了解情况、制定政策的基本依据；调查研究和制定政策的出发点和落脚点都是为了人民群众；制定的政策和采取的措施必须有利于改善群众生产生活条件。

新中国成立后，毛泽东更加重视党群干群关系问题，努力杜绝脱离人民、脱离实际的现象发生。毛泽东强调干部要眼睛向下，甘当群众的学生，时刻向人民群众请教。在外出调研时，毛泽东始终轻车简从，经常不打招呼就到访某地，搞“突然袭击”。他认为只有这样才能真正贴近群众，听到群众真正的心声。在“农业六十条”制定过程中，毛泽东强调坚持群众路线，充分倾听广大人民群众的意愿，集思广益，调整政策，迅速作出符合群众要求的正确决断。毛泽东坚决反对不作调查研究的主观主义作风，强调“各级党委，不许不作调查研究工作。绝对禁止党委少数人不作调查，不同群众商量，关在房子里，作出害死人的主观主义的所谓政策”①。身为党和国家领导人的毛泽东生活简朴，吃穿住用行一切从简。三年困难时期，他了解到群众生活十分困难后，也给自己定下“三不”：不吃肉、不吃蛋、吃粮不超定量。他曾坚持 7 个月不吃一口肉，由于缺乏营养，同普通群众一样得了浮肿病。这既是出于对经济工作出现严重失误的内疚，更体现了共产党人与群众同甘共苦的精神。

第三，调查研究必须坚持实事求是，摒弃主观臆断。实事求是是马克思主义的精髓，是开展调查研究的出发点和落脚点。毛泽东曾经对实事求是的内涵进行了高度概括：“‘实事’就是客观存在着的一切事物，

---

① 《毛泽东文集》第 8 卷，人民出版社 1999 年版，第 272 页。

‘是’就是客观事物的内部联系，即规律性，‘求’就是我们去研究。”可见，实事求是本身也包含了调查研究的内容。毛泽东强调作调查不能先入为主、按图索骥，而应该从实际情况出发，引出固有的而不是臆造的规律性，找出事物的内部联系，从而指导实际工作。从这一原则出发，要求我们开展调查研究必须实事求是，摒弃主观臆断，以马克思主义为指导，得出正确和科学的结论。农业合作化时期，为亲自了解各地农业生产情况和农民对合作化的真实意愿，他多次南下视察，亲自到田间地头查看庄稼长势，连续接见各地干部、群众，以此来防止因只听汇报、看材料而导致的主观臆断。

第四，调查研究必须遵循马克思主义辩证法。马克思主义辩证法博大精深，是指导各项工作的哲学指南。在调查研究过程中，要善于抓主要矛盾，运用分析和综合相结合的方法、一般与个别的原理来分析问题。新中国成立后，毛泽东在极其繁重的工作中，充分运用马克思主义辩证法的基本原理指导调查研究工作。一是他善于抓主要矛盾，优先调查最迫切、最关系民生的问题，并在分析问题时抓住核心要素。二是善于以点带面，“解剖麻雀”。毛泽东曾经形象地指出：“麻雀虽然很多，不需要分析每个麻雀，解剖一两个就够了”，“党的领导机关，包括全国性的、省的和县的负责同志，也要亲自调查一两个农村，解剖一两个‘麻雀’。这就叫做‘解剖学’。”[①]在指导各级干部调查农村情况时，他强调重点调查几个不同类型的生产队，进行深入分析，进而上升到一般层面。三是调查研究要常抓不懈，经常进行。毛泽东曾经说过：“今天需要我们调查，将来我们的儿子、孙子，也要作调查，然后，才能不断地认识新的事物，获得新的知识。”[②]毛泽东从辩证唯物主义和历史唯物

---

① 《毛泽东文集》第 7 卷，人民出版社 1999 年版，第 134 页。

② 《建党以来重要文献选编（1921—1949）》第 18 册，中央文献出版社 2011 年版，第 601 页。

主义基本原理出发，把唯物论、辩证法和认识论有机结合，由浅入深、由片面到全面地开展调查研究工作。

第五，调查研究要情况明、决心大、方法对。1961 年 1 月 13 日，毛泽东在中央工作会议全体会议上讲话，对“情况明，决心大，方法对”进行了阐述。“第一条情况明。这是一切工作的基础，情况不明，一切无从着手。因此要摸清情况，要做调查研究。第二条决心大。这次会议我们开了二十几天，情况逐步明了了，决心逐步增大了，但是决心还是参差不齐。”“第三条方法对。……方法就是措施、办法，实现方针、政策要有一套方法。”① 毛泽东说：“过去这几年我们犯错误，首先是因为情况不明。情况不明，政策就不正确，决心就不大，方法也不对头。医生看病是先诊断，中医叫望、闻、问、切，就是先搞清病情，然后处方。我们打仗首先要搞侦察，侦察敌情、地形，判断情况，然后下决心，部署队伍、后勤等等。历来打败仗的原因大都是情况不明。最近几年吃情况不明的亏很大，付出的代价很大。大家做官了，不做调查研究了。”②“现在我们中央搞的文件，如果没有具体措施也是不可能实现的。要有正确的措施，就要做调查研究工作。”③

第六，第一书记要率先垂范，亲自到群众中做调查研究。各级党委承担着领导重任，而各级党组织的第一书记则是“班长”，是带头人，必须亲自进行实际调查，不能单靠书面报告。只有各级党组织第一书记带头，真诚地拜人民群众为师，甘当人民群众的学生，才能起到示范效应，其他领导干部也才会更加积极地向人民群众请教。无论在革命战争时期，还是在社会主义革命和建设时期，毛泽东都坚持进行亲身调查，为全党作出了表率。

---

① 《毛泽东文集》第 8 卷，人民出版社 1999 年版，第 234、235 页。

② 《毛泽东文集》第 8 卷，人民出版社 1999 年版，第 253 页。

③ 《毛泽东文集》第 8 卷，人民出版社 1999 年版，第 257 页。

毛泽东尤其强调各级党委的第一书记要带好头。他曾经指出：“调查研究极为重要，要教会所有的省委书记加上省委常委、省一级和省的各个部门的负责同志、地委书记、县委书记、公社党委书记做调查研究。他们不做调查，情况就不清楚。”①“省委第一书记要亲自做调查研究，我也是第一书记，我只抓第一书记。其他的书记也要做调查研究，由你们负责去抓。只要省、地、县、社四级党委的第一书记都做调查研究，事情就好办了。”②毛泽东关于第一书记带头作调查研究的思想，体现了马克思主义唯物辩证法关于抓重点的理论内核，具有很强的指导性和操作性。在他的影响下，中央其他党和国家领导人、地方各级党委第一书记纷纷下到基层开展调查研究，全党形成了重视调查研究的良好氛围。

（二）在社会主义时期开展调查研究的方法

新中国成立后，毛泽东作为党和国家主要领导人，政务十分繁忙。在这种情况下，他的调查研究的方式方法必须多样化，不能仅仅局限于单纯的外出实地调研。通过梳理毛泽东的调查研究实践，可以总结出以下几种方式：

第一，实地外出调研。尽管毛泽东担任了党和国家最高领导人，但并没有因此而高高在上，用一道红墙将自己同外界隔离开来。相反，他认为北京不能产生思想，生动的经验都来自外地和基层，因此不能囿于北京。新中国成立后，他利用视察、开会、写作、休假等机会离京外出，奔走各地，同地方领导干部、人民群众座谈交流，了解真实民情。据统计，从 1949 年到 1976 年的 27 年间，毛泽东共出行 58 次，在外地的时间有 2943 天，按一年 365 天计算，有 8 年多的时间在外地。粗略

① 《毛泽东文集》第 8 卷，人民出版社 1999 年版，第 234 页。

② 《毛泽东文集》第 8 卷，人民出版社 1999 年版，第 252 页。

计算，毛泽东在基层的时间占其新中国成立后生涯的三分之一[①]。27年间，平均每年有三分之一的时间在外地奔波调研，不能不说是一个惊人的数字，这个数字对于普通人来说已然很大，遑论对于长期担任党和国家最高领导人的毛泽东了。在外出调研过程中，毛泽东没有足够的时间像民主革命时期那样用一段长时间集中在一个地方作非常细致全面的调查，如当年在寻乌用一个月时间专门搞调查研究。因此，他主要是通过“走马观花”的方式开展调查研究。所谓“走马观花”，是指途经一地便组织当地党政军领导干部或群众代表进行谈话、座谈，从个别中找出一般，从特殊中寻出普遍存在的规律性。当然，仅仅通过“走马观花”势必流于片面，正如他自己所一再强调的，还需要针对个别问题进行深入的“下马看花”式的调查研究，这就需要“解剖麻雀”。他不仅自己外出调研，还要求中央、省、地、县的各级领导都要深入基层实地调研。可能是为弥补他晚年因身体的缘故不能再亲自深入基层调研的遗憾，他曾多次要求选拔到中央工作的同志，每年要有三分之一的时间在中央工作，三分之一的时间学习，至少三分之一的时间到基层了解情况。

第二，组织专人外出调研。毛泽东不仅自己亲自到群众中去进行调查研究，而且还要求身边工作人员到群众中去作更广泛、具体的调查研究，并要求身边工作人员将了解到的情况写成汇报材料报送上来，作为了解情况的重要依据。“大跃进”遭受严重挫折后，他提出要搞个“实事求是年”。他率先垂范，并多次直接组织调查组到各地进行专题调研。例如，20世纪60年代初，毛泽东号召大兴调查研究之风后，亲自组织了由田家英、胡乔木、陈伯达分别担任组长的3个调查组，用10天到15天的时间，分赴浙江、湖南、广东进行农村调查，然后到广州会合，向他作报告。他还有计划地组织自己身边的卫士和警卫战士到基层一线

① 袁小荣：《毛泽东离京巡视纪实（1949—1976）》上卷，人民日报出版社2014年版，前言。

作实地调查，或者让他们利用探亲、休假的机会了解民情。毛泽东经常嘱咐身边工作人员，在群众面前不要摆架子，以免脱离群众。这种做法锻炼了身边的工作人员，使大家受到了教育，得到了提高。例如，为了更多地了解群众呼声，毛泽东还指示中央办公厅和中央警卫局为他作调查研究专门成立一个警卫中队，成员均具有一定文化水平，来自全国各地。毛泽东为队员们规定了 3 项任务，其中最重要的一项就是帮助他搞社会调查。他拿出自己的稿费为警卫中队的战士买文化课本，为他们办文化补习学校，不仅亲自批改评点他们探家回来后写的调研报告，还亲自到补习学校为他们讲课，讲课重点是如何调研和写调研报告。毛泽东还鼓励警卫干部和战士多同家人和亲友通信，将其作为调查研究的一种方式，并嘱咐把回信拿给他看。毛泽东组织的调研队伍尽职尽责，按照毛泽东的嘱托，深入群众，如实反映问题，取得了事半功倍的效果。刘少奇、周恩来、朱德、陈云、邓小平等其他中央领导同志外出调研过程中，遇到重要问题都会及时向毛泽东请示、汇报，调查结束后会向党中央和毛泽东作专题报告。这些都是毛泽东全方位、多角度了解情况的有效途径。

第三，通过批阅文件、阅读材料或者开会了解下情。这是毛泽东在新中国成立后了解民情的重要渠道。毛泽东为国操劳，夙夜在公，每天都要付出数倍于常人的精力和时间处理政务。据他的卫士李银桥回忆："有个卫士曾经给毛泽东计算过一周内的工作与睡眠时间。结果在一周 168 小时中毛泽东的睡眠时间还不足 27 小时，其余的时间几乎全在工作和读书。"[①] 毛泽东将大部分工作时间花在批阅文件或者阅读材料上。例如，在"三反""五反"时期，全国各地的报告数量十分惊人，毛泽东事必躬亲，充分展现出他为党的事业鞠躬尽瘁的崇高品格；在农业合作化高潮时期，毛泽东把自己关起来，认真阅读精心挑选的各地农业合作

① 《缅怀毛泽东》上册，中央文献出版社 1993 年版，第 445 页。

化的材料，亲自修改冗长的标题，修改材料文字，并撰写2篇序言和104篇按语，最后编辑成《中国农村的社会主义高潮》一书，用于指导全国的农业合作化运动；在1956年春季，他听取国务院34个部委汇报期间，在43个日夜里，毛泽东几乎每天都是“床上地下，地下床上”。一起床，就开始听汇报，每次都是四五个小时，十分辛苦。

第四，指导领导干部要立足岗位抓好学习，提高调查研究本领。新中国成立初期，中央从部队中挑选出一批优秀干部出任外交官。1950年3月10日，毛泽东在接见参加外交部首批驻外大使学习班干部时说，你们到国外当大使要发扬在部队的长处，要开展调查研究。“学点驻在国的语言文字，只有懂得外语，才能阅读当地报纸，才能和别人交谈，也才能做好调查研究。”他在这次接见中还强调，对于通过调查而了解到的情况，必须加以研究，去其糟粕，取其精华。“研究很重要，只有通过研究，才能透过现象看到本质。凡事都不会孤立地存在，要看到事物间的联系。”①1970年12月下旬，毛泽东同即将担任北京军区司令员的李德生谈话。毛泽东希望李德生阅读顾祖禹的《读史方舆纪要》，先读有关华北部分。毛泽东嘱咐他说，当北京军区司令员，要了解北京的历史地理，了解华北的历史地理②。毛泽东深刻认识到有针对性地学习知识能够开阔眼界、丰富思路、增强自身能力，故而要求领导干部立足岗位抓好学习，不断提高调查研究和工作本领。

第五，建立信访制度，作为党联系人民群众的重要渠道。毛泽东亲自指导创建了党的信访工作机构，并提出信访工作的指导思想和基本方针，是党的信访工作的奠基者。1951年5月16日，毛泽东就必须重视人民来信作出批示：“必须重视人民的通信，要给人民来信以恰当的处

---

①《毛泽东年谱（1949—1976）》第1卷，中央文献出版社2013年版，第100—101页。

②《毛泽东年谱（1949—1976）》第6卷，中央文献出版社2013年版，第364页。

理，满足群众的正当要求，要把这件事看成是共产党和人民政府加强和人民联系的一种方法，不要采取掉以轻心置之不理的官僚主义的态度。”①人民群众来信来访所反映的问题往往生动形象、实事求是、有说服力，且往往是官方汇报材料中易于疏漏的内容，对于帮助毛泽东等中央领导人了解民意具有独到的参考价值，是开展调查研究的特殊途径。毛泽东对群众来信始终一视同仁，只要内容属实、意见合理，他都会认真对待，及时批阅处理。毛泽东日理万机，还不忘嘱咐身边工作人员每日挑选几封群众来信送他审阅。他不时亲自给来信人写回信，经常忙到深夜。在他的带领下，各级领导干部进一步重视信访工作，信访干部认真处理人民来信来访，为广大群众办了不少大实事、大好事。毛泽东对于经他批转的群众来信，要求相关部门及时处理并汇报结果，不允许走形式。

（三）学习毛泽东调查研究理论和实践的思考

从1949年到1976年，在毛泽东的领导下，党带领人民对适合中国情况的社会主义建设道路进行了艰苦探索，找到一条适合中国国情的社会主义革命和建设道路，完成了马克思列宁主义基本原理同中国实际进行的“第二次结合”。实现“第二次结合”的根本途径和前提，就是调查研究。通过梳理毛泽东27年间的调查研究理论和实践，我们可以看到，社会主义时期的调查研究理论同新中国成立前的理论是一脉相承的，对调查研究重要性的认识、调查研究应坚持实事求是原则、调查研究应掌握科学方法等基本思想得以延续，长期得到坚持。然而，毛泽东认识中国国情和探索中国式建设道路的实践，受到他本人某些主观认识的影响，受到多种客观条件的局限和干扰，受到他晚年身体和精力的制约。新中国成立后，毛泽东日理万机，工作内容、工作强度、工作范围

---

①《建国以来重要文献选编》第2册，中央文献出版社1992年版，第265页。

明显大于民主革命时期，加上安全保卫部门对毛泽东的出行作了诸多限制，这些因素客观上对毛泽东外出实地调研造成一定的影响。从毛泽东本身来看，随着他的党和国家领袖地位的不断巩固，全国人民衷心爱戴他、拥护他，对他的尊崇与日俱增。在这种巨大声望笼罩下，毛泽东已经很难同民主革命时期的“毛委员”那样，下到农户家中住上一段时间，详细、真切地了解情况。毛泽东提出的政策主张极容易得到各级领导干部和全国人民的信任进而得到贯彻落实。加上新生的人民政权在民主监督、制度建设等方面尚不完善，久而久之导致毛泽东的一些政策主张逐渐脱离实际却很难察觉。随着“左”的思想在全党的日渐蔓延，失误就在所难免了。

新中国成立后，在农业合作化运动后期及此后的“大跃进”和农村人民公社化运动中，毛泽东进行了若干调查研究，但是这些调查研究或者由于没有抓住主要矛盾，或者由于调查范围过窄，再或者由于毛泽东“按图索骥”，而没有收到应有的效果。1955 年 3 月，当毛泽东了解到农业合作化运动出现过急、过快问题后，立即召集有关负责人谈话，强调“生产关系要适应生产力发展的要求，否则生产力就会起来暴动”，重申了马克思主义的基本原理。同时，他还在调查研究基础上，提出“停、缩、发”的调整方针，很快起到积极作用，扭转了农村的不利局面。但是到了 4 月，当他在南方视察期间，感觉到农村形势同他看的材料有较大出入时，他随即改变了 3 月的正确方针。6 月，毛泽东在视察农业合作化过程中，进一步感觉农民的生产积极性高涨，随即决定大幅度提高组建合作社的计划数量，最终导致农业合作化运动加速完成，遗留了一些问题。

“大跃进”和人民公社化运动的发起，也同毛泽东等中央领导人没有进行实事求是的调查研究有着密不可分的关系。1958 年夏，在北戴河会议召开前夕，毛泽东用一个星期时间视察了河北、河南和山东的农村。毛泽东冒着酷暑实地走访农村，同地方干部一拨一拨地座谈，听到的声音大多是希望小社并大社、办大社，以及对“大跃进”的高度赞同。在视察河北徐水、定县、安国以及河南新乡、襄城、长葛、商丘等地时，他被听到和看到的脱离实际的现象所误导，对人民公社的做法给予肯定，提出“还是办人民公社好，它的好处是，可以把工、农、商、学、兵合在一起，便于领导”①。

这些偏离实际的调查研究，很大程度上导致毛泽东无法对形势作出准确、客观的判断。这些失误不能归咎于毛泽东一个人。正如习近平总书记所指出的那样，革命领袖是人不是神。尽管他们拥有很高的理论水平、丰富的斗争经验、卓越的领导才能，但这并不意味着他们的认识和行动可以不受时代条件限制。作为一名在中国享有崇高威望、深受爱戴和信赖的领袖，毛泽东为实现中华民族独立和振兴、中国人民解放和幸福，作出了彪炳史册的贡献。

尽管毛泽东在以上调查研究过程中存在不足，但他对调查研究的初心不改，对人民群众的热爱不改。新中国的血吸虫病防治、医疗卫生等工作，就是在毛泽东的直接关心和推动下取得重大胜利的，充分体现出他始终站稳人民立场、全心全意为人民服务的崇高品质，以及想人民之所想、急人民之所急的赤子情怀。他始终坚持实事求是、一切从实际出发、理论联系实际的工作态度，希望通过调查研究获得一手的、准确的信息，从而为制定政策提供科学依据。

毛泽东在作出重大决定、采取重要措施前，总是坚持调查研究，反复征求意见，力争做到“情况明，决心大，方法对”②。当出现失误后，毛泽东也勇于承认错误，敢于承担责任，带头作自我批评，展现出一名伟大的马克思主义者的博大胸襟和领袖风范。毛泽东在调查研究过程中，不为苏联经验和马克思主义经典作家一般性论述所局限，坚持尊重

① 《建国以来毛泽东文稿》第 7 册，中央文献出版社 1991 年版，第 318 页。

② 《建国以来重要文献选编》第 13 册，中央文献出版社 1996 年版，第 693 页。

真理、实事求是。同时，他长期担任党和国家最高领导人，无法像普通领导干部那样亲自开展调查研究，因此创造出若干新颖的调查研究方法。这些方法尽管大多要依靠地方各级领导干部、身边工作人员等来完成，但是由于毛泽东能够亲自指导、知人善任，这些调查研究工作往往能够达到事半功倍的效果，既锻炼了调查组同志的能力，又获得了准确、客观的一手资料，实现了“双赢”目标。可以说，毛泽东不愧为我们党开展调查研究的典范。

历史是最好的教科书，学习历史可以给我们带来智慧和启迪。回顾 1949 年到 1976 年的历史，凡是坚持并正确贯彻实事求是思想路线的时期，中国的各项建设事业就取得辉煌的成绩；凡是偏离这一思想路线的时候，就会遭受挫折，甚至蒙受巨大的损失。我们学习毛泽东同志的调查研究理论和实践，就要继承党一切从实际出发、实事求是、理论联系实际的优良传统，学习毛泽东关于调查研究的世界观和方法论，学习他一生坚持调查研究、勇于承认错误的优良品德，立足当前工作，将毛泽东关于调查研究的光荣传统、理论和实践努力发扬光大。

结束语

在中国共产党人的斗争历程和理论体系中，调查研究既是思想方法和工作方法，又是工作制度，是把马克思主义与中国革命、建设和改革的实际相结合的基本手段，是确立和坚持党的实事求是思想路线的中心环节，是制定和贯彻党在各个历史时期政治路线的必经途径，是党的群众路线最主要的实现形式，是马克思主义哲学认识论观点在中国的具体实践与升华。

注重调查研究是由共产党人的马克思主义世界观和认识论所决定的。马克思主义辩证唯物论的一个显著特征，就是“它的实践性，强调理论对于实践的依赖关系，理论的基础是实践，又转过来为实践服务”[①]。事实上，马克思主义本身就是调查研究的产物。站在工人阶级立场上，毕生从事社会调查和对历史的、现实的社会调查材料进行深入、周密、系统、综合的分析研究，是马克思、恩格斯正确认识人类社会特别是资本主义社会的本质，创建科学社会主义的主要路由。对于中国共产党人来说，调查研究则具有更为独特的重要意义。

众所周知，马克思主义在中国的传播和中国共产党的诞生，是由中国近代历史的发展所在决定的。虽然其阶级基础的客观性和在中国出现的历史必然性不容置疑，但是中国共产党在成立之初也确实存在着人数少和理论准备不足以及缺乏实践经验的问题。在欧洲，社会主义从空想到科学，经历了300多年的酝酿与发展；而中国共产党诞生前，马克思的名字在中国出现不过二三十年光景，严格意义上的马克思主义在中国的传播更是只有三四年时光。不要说整个中国社会，即使是那些已经接

① 毛泽东：《实践论》，人民出版社1992年版，第4页。

受了马克思主义的先进知识分子，当年对于马克思主义的理解，也是既不全面，也不深入的。毛泽东在党的七大召开前夕深有感触地指出：“我们开始的时候，也是很小的小组。这次大会发给我一张表，其中一项要填何人介绍入党。我说我没有介绍人。我们那时候就是自己搞的，知道的事也并不多，可谓年幼无知，不知世事。但是这以后 24 年就不得了，翻天覆地！整个世界也是翻天覆地的。”①

不仅如此，那时的中国社会还是一个“两头小中间大”的状况，农民阶级和城市小资产阶级占总人口的 80% 以上，形成小资产阶级的汪洋大海。在中国当时的社会历史条件下，小资产阶级的经济地位很不稳定，多数处于破产或濒于破产的状态，是一个过渡的阶级，具有摇摆、偏激和小生产者的顽固、保守等特点。这导致其思想方法基本上表现为观察问题时的主观性和片面性。即所谓：“小资产阶级革命家的许多代表人物希望革命马上胜利，以求根本改变他们今天所处的地位，因而他们对于革命的长期努力缺乏忍耐心，他们对于‘左’的革命词句和口号有很大的兴趣，他们容易发生关门主义和冒险主义的情绪和行动。”②这一特征反映在党内，不仅是小资产阶级出身的党员占多数，而且小资产阶级思想的影响无所不在。在上述因素的影响和国民党反动派疯狂屠杀政策的刺激下，右倾的失望、消极和动摇，与“左”倾的盲动、冒险和激进，因中国革命形势的变化而交替出现，造成机会主义、教条主义和经验主义的错误在党内长期盛行。再加上中国共产党当时与共产国际的组织隶属关系，致使党内把苏联经验和共产国际指示神圣化、教条化的问题一直严重存在，这在中国共产党的整个幼年时期（遵义会议前），始终是干扰中国共产党对中国革命事业正确领导的主要问题。这是一个方面的问题。

---

① 《毛泽东在七大的报告和讲话集》，中央文献出版社 1995 年版，第 6 页。

② 《建党以来重要文献选编（1921—1949）》第 22 册，中央文献出版社 2011 年版，第 107—108 页。

另一方面，正如毛泽东1941年5月19日在《改造我们的学习》中所指出的，“中国共产党的二十年，就是马克思列宁主义的普遍真理和中国革命的具体实践日益结合的二十年”。中国共产党自诞生之日起，就自觉或不自觉地开始了马克思主义中国化的历史进程。与此相应，在领导中国革命的具体实践中，中国共产党人从那时起就有意识或无意识地拿起调查研究这个锐利武器，以正确认识中国社会和中国革命的问题。中国共产党诞生后的一年间主要致力于开展工人运动，中共二大完善了一大党纲关于“推翻资本家阶级的政权”与“消灭私有制”的奋斗目标，解决了与中国革命尚处在反帝反封建民主革命阶段之间相抵触的问题（在半殖民地半封建社会条件下，民族资产阶级不是革命的对象，而是革命联合的对象），确定了中国共产党的最高纲领和最低纲领，把社会主义和共产主义的远大奋斗方向和当务之急的争取民族独立和人民解放的现实任务有机地统一起来，明确了中国共产党人的初心与使命；在与国民党合作推进国民革命，特别是领导开展五卅反帝爱国运动的过程中，毛泽东、瞿秋白、恽代英等共产党人开始自觉地运用马克思主义分析研究中国社会阶级，发表了《中国社会各阶级的分析》等标志性的调查研究著作，从而进一步明确了中国革命的对象、领导阶级、主力军和同盟者；随后，又有了毛泽东组织广州农民运动讲习所学员大规模开展农村调研和亲自考察湖南农民运动这样著名的调查研究活动，从而得出与脱离中国革命实际的右倾机会主义者完全相反的指导农民运动发展的正确结论；大革命失败后，以毛泽东为代表的一批共产党人，在斗争第一线贯彻实施八七会议关于土地革命和武装反抗国民党反动派总方针的过程中，开始更加自觉地运用调查研究的武器，深入各地农村，开展土地革命，涌现出方志敏式、朱德毛泽东式、李文林式和贺龙式等斗争典型，独立自主地开辟了切合中国革命实际的中国式革命道路——井冈山道路。

这两个方面的情况说明，中国共产党自成立之初就开始以马克思主义武装全党，并致力于把马克思主义与中国革命实际相结合。但同时，以理论与实践相脱节为特征的教条主义、主观主义、经验主义的问题也严重存在。中国共产党人是在领导中国革命的实践中，是在一次次成功与失败的反复比较中，逐步认识到调查研究在学习马克思主义、运用马克思主义和把马克思主义与中国的实际相结合过程中，具有非同寻常的独特意义和不同于任何国家、任何政党的重要性。在此问题上，毛泽东的观点逐渐成为全党的共识，这主要是：

第一，调查研究不是为了开展如社会学、统计学等方面一般性的学术研究，而是为了夺取中国革命胜利的需要。毛泽东在其关于调查研究的代表作《反对本本主义》中就旗帜鲜明地指出："我们的斗争需要马克思主义。"他认为"共产党的正确而不动摇的斗争策略，决不是少数人坐在房子里能够产生的，它是要在群众的斗争过程中才能产生的，这就是说要在实际经验中才能产生。因此，我们需要时时了解社会情况，时时进行实际调查"，"离开实际调查就要产生唯心的阶级估量和唯心的工作指导，那末，它的结果，不是机会主义，便是盲动主义"。他第一次提出"共产党人从斗争中创造新局面的思想路线"，号召"到斗争中去！到群众中作实际调查去！"[①]并第一次提出"没有调查，没有发言权"的重要论断，不久又提出"不做正确的调查同样没有发言权"[②]的观点。可见，大力倡导调查研究，不是哪个人头脑发热或无病呻吟，而是出于革命斗争的需要。围绕党在各个时期的政治路线，也就是党的中心工作进行调查研究，成为中国共产党人开展调查研究的主要特征。

第二，调查研究不是"庸俗的事务主义者"的烦琐，而是共产党人认识世界和改造世界之必需，是马克思主义哲学的认识论使然。毛泽东之所以一生都强调必须开展调查研究，甚至说"一万年也要做调查研

① 《毛泽东选集》第 1 卷，人民出版社 1991 年版，第 111—116 页。

② 《毛泽东农村调查文集》，人民出版社 1982 年版，第 13 页。

究”，是基于他认为“人的正确思想，只能从社会实践中来”[1]，“只有人们的社会实践，才是人们对于外界认识的真理性的标准”，“人们要想得到工作的胜利即得到预想的结果，一定要使自己的思想合于客观外界的规律性，如果不合，就会在实践中失败”[2]。他认为“理论与实践的统一，是马克思主义的一个最基本的原则”[3]，“是我们共产党人区别于其他任何政党的显著标志之一”[4]；他强调“实事求是，理论与实际密切联系，则是一个党性坚强的党员的起码态度”[5]；他提出科学的认识路线必须遵循“实践、认识、再实践、再认识”的次序，“我们的结论是主观和客观、理论和实践、知和行的具体的历史的统一，反对一切离开具体历史的‘左’的或右的错误思想”。[6]在毛泽东那里，调查研究既是认识论，也是方法论，是二者的有机统一。

第三，调查研究不是出于毛泽东个人的一己之愿，也不是为了满足少数人的要求，而是代表了最广大人民群众的根本利益和愿望，是中国共产党人在领导全国各族人民争取民族独立、人民解放和国家富强、人民幸福的历史过程中形成的重要工作方法，是党的群众路线的本质体现。由无产阶级的阶级立场和马克思主义的唯物史观所决定，毛泽东认为“群众观点是共产党员革命的出发点与归宿”[7]。他运用马克思主义认识论的观点，对如何贯彻党的群众路线进行了生动明了的阐述：“在我党的一切实际工作中，凡属正确的领导，必须是从群众中来，到群众中去。这就是说，将群众的意见（分散的无系统的意见）集中起来（经过

---

① 《毛泽东著作选读》下册，人民出版社 1986 年版，第 839 页。

② 《毛泽东选集》第 1 卷，人民出版社 1991 年版，第 284 页。

③ 《毛泽东年谱（1949—1976）》第 2 卷，中央文献出版社 2013 年版，第 613 页。

④ 《毛泽东选集》第 3 卷，人民出版社 1991 年版，第 1094 页。

⑤ 《毛泽东文集》第 2 卷，人民出版社 1993 年版，第 361 页。

⑥ 《毛泽东选集》第 1 卷，人民出版社 1991 年版，第 296 页。

⑦ 《毛泽东文集》第 3 卷，人民出版社 1996 年版，第 71 页。

研究，化为集中的系统的意见），又到群众中去作宣传解释，化为群众的意见，使群众坚持下去，见之于行动，并在群众行动中考验这些意见是否正确。然后再从群众中集中起来，再到群众中坚持下去。如此无限循环，一次比一次地更正确、更生动、更丰富。这就是马克思主义的认识论。”[①]从这段话中，我们不仅可以体会到调查研究与党的群众路线之间那种须臾不可分离的密切关系，而且还可以充分认识和领会调查研究在贯彻执行党的群众路线中所发挥的无可替代的重要作用。

第四，调查研究不是一般的工作方法，而是坚持辩证唯物主义和实事求是思想路线的关键，是推动把马克思主义与中国革命的实际相结合的中心环节，是马克思主义中国化之必需。毛泽东在《反对本本主义》中就提出“中国革命斗争的胜利要靠中国同志了解中国的情况”。他指出“我们说马克思主义是对的，决不是因为马克思这个人是什么‘先哲’，而是因为他的理论在我们的实践中，在我们的斗争中，证明了是对了”[②]。他认为“马克思主义的‘本本’是要学习的，但是必须同我国的实际情况相结合”[③]。毛泽东在中共六届六中全会上第一次鲜明地提出马克思主义中国化的命题，他指出：“共产党员是国际主义的马克思主义者，但是马克思主义必须和我国的具体特点相结合并通过一定的民族形式才能实现。马克思列宁主义的伟大力量，就在于它是和各个国家具体的革命实践相联系的。对于中国共产党说来，就是要学会把马克思列宁主义的理论应用于中国的具体的环境。成为伟大中华民族的一部分而和这个民族血肉相连的共产党员，离开中国特点来谈马克思主义，只是抽象的空洞的马克思主义。因此，使马克思主义在中国具体化，使之在其每一表现中带着必须有的中国的特性，即是说，按照中国的特点去应用它，成为全党

---

① 《毛泽东选集》第 3 卷，人民出版社 1991 年版，第 899 页。

② 《毛泽东选集》第 1 卷，人民出版社 1991 年版，第 111 页。

③ 《毛泽东选集》第 1 卷，人民出版社 1991 年版，第 111—112 页。

亟待了解并亟须解决的问题。”[①]如何才能做到这一点呢？就是调查研究。调查研究是把马克思主义与中国革命的实际相结合的桥梁和纽带，是肃清中共党内主观主义、教条主义和经验主义的主要工具；只有调查研究，才能具体问题具体分析，才能实事求是，才能解决中国革命道路方针政策等大大小小一切问题。调查研究是中国革命和建设的成功之道，是改革开放新时期开辟中国特色社会主义道路的关键，是取得新时代中国特色社会主义事业伟大成就的基本遵循，是实现中华民族伟大复兴的中国梦的必由之路。习近平总书记在庆祝中国共产党诞生 100 周年大会上指出：“新的征程上，我们必须坚持马克思列宁主义、毛泽东思想、邓小平理论、‘三个代表’重要思想、科学发展观，全面贯彻新时代中国特色社会主义思想，坚持把马克思主义基本原理同中国具体实际相结合、同中华优秀传统文化相结合，用马克思主义观察时代、把握时代、引领时代，继续发展当代中国马克思主义、21 世纪马克思主义！”[②]

在毛泽东的身体力行和全力推动下，经过延安整风运动的广泛培育，调查研究逐渐在中共党内蔚然成风。从毛泽东到邓小平，再到江泽民和胡锦涛，中国共产党几代领导集体始终倡导调查研究，全党上下在长期的探索中，总结和积累了关于调查研究的丰富经验，形成了一整套的相关理论、方法和相应的规章制度。进入新时代，习近平总书记针对新时代的新形势、新问题和新任务，在前人的基础上，对调查研究问题的理论、方法、制度等进行了系统的创新与发展，有力地推动了新时代中国特色社会主义事业的大发展。

回顾百年党史，习近平总书记指出：“重视调查研究，是我们党在革命、建设、改革各个历史时期做好领导工作的重要传家宝。”他在庆祝建党 100 周年大会上的重要讲话中，深刻总结了马克思主义中国化的

---

① 《毛泽东选集》第 2 卷，人民出版社 1991 年版，第 534 页。

② 《习近平著作选读》第 2 卷，人民出版社 2023 年版，第 483 页。

历史经验。他强调："马克思主义是我们立党立国的根本指导思想，是我们党的灵魂和旗帜。中国共产党坚持马克思主义基本原理，坚持实事求是，从中国实际出发，洞察时代大势，把握历史主动，进行艰辛探索，不断推进马克思主义中国化时代化，指导中国人民不断推进伟大社会革命。"回首百年，在中国共产党的发展历程中，什么时候全党从上到下重视并坚持和加强调查研究，党的工作决策和指导方针符合客观实际，党的事业就顺利发展；而忽视调查研究或者调查研究不够，往往导致主观认识脱离客观实际、领导意志脱离群众愿望，从而造成决策失误，使党的事业蒙受损失。只有坚持进行调查研究，才能真正做到一切从实际出发、理论联系实际、实事求是，真正保持党同人民群众的密切联系，也才能从根本上保证党的路线方针政策和各项决策的正确制定与贯彻执行，保证我们在工作中尽可能防止和减少失误，即使发生了失误也能迅速得到纠正而又继续胜利前进①。习近平总书记强调指出，调查研究是谋事之基、成事之道，没有调查就没有发言权，没有调查就没有决策权；正确的决策离不开调查研究，正确的贯彻落实同样也离不开调查研究；调查研究是获得真知灼见的源头活水，是做好工作的基本功；要在全党大兴调查研究之风。

在"两个一百年"奋斗目标的历史交汇点上，全面深入学习和研究一个世纪以来中国共产党人关于调查研究的理论与历史，特别是深入学习和研究习近平总书记的相关理论与实践活动，对于领会党的思想路线和群众路线在新时代的应用与发展，对于深化对马克思主义中国化和继续发展当代中国马克思主义、21世纪马克思主义之必要性、重要性与长期性的认识，对于增强并坚定贯彻执行党的路线方针政策和党中央重大决策部署的自觉性和能力，对于推动中华民族伟大复兴奋斗目标的最终实现，具有重要的现实意义和深远的历史意义。

---

① 习近平:《谈谈调查研究》,《学习时报》2011年11月21日。

后记

这本书稿由两部分组成，1949 年以前的内容，大体可以算是毛泽东调查研究史，1949 年以后的内容，只是一篇关于毛泽东以调查研究为武器，探索中国式社会主义建设道路的专题研究。之所以一本书的前后体例不一，并且前重后轻，主要是因为我的研究水平所限，同时也是为了保证书稿能够早日顺利出版。

此外，关于毛泽东调查研究的理论，以遵义会议前、新中国成立前和成立后为界限，可分为 3 个发展阶段。书稿在描述其调查研究实践过程中，曾分别论及其相关理论和方法，但没有做集中的阐述，只是在结束语部分从重要性的角度做了简要的概括。这既是囿于书稿的篇幅，更是为了增强可读性。

必须强调的是，虽然我提供了大部分的书稿，并负责框架、观点、史实和文字风格等的把关，但不是独著，而是一本团队合作的书稿。其中第三章书稿由赣南师范大学谢建平博士撰稿，苏区史研究资深专家丁仁祥同志也为这章书稿的修改提供了他的研究成果。此外，还有几位我过去的同事，直接或间接参加了书稿的写作。或许是出于谦虚等缘故，他们再三叮嘱不要给他们署名。

但他们的贡献是不能忘怀的，将来也许还有机会弥补这个遗憾。

由于我的水平能力有限，书稿一定存在许多不足和缺憾，敬请广大读者批评指正。

蒋建农

2023 年 7 月 22 日于华南师大教师村